RECONSTRUÇÃO
— o Brasil nos anos 20 —

www.editorasaraiva.com.br/direito
Visite nossa página

Série IDP/Saraiva
Conselho Científico

Presidente: Gilmar Ferreira Mendes
Secretário-Geral: Jairo Gilberto Schäfer
Coordenador-Geral: João Paulo Bachur
Coordenador Executivo: Atalá Correia

Alberto Oehling de Los Reyes
Alexandre Zavaglia Pereira Coelho
António Francisco de Sousa
Arnoldo Wald
Carlos Blanco de Morais
Elival da Silva Ramos
Everardo Maciel
Fábio Lima Quintas
Felix Fischer
Fernando Rezende
Francisco Balaguer Callejón
Francisco Fernández Segado
Ingo Wolfgang Sarlet
Jorge Miranda
José Levi Mello do Amaral Júnior
José Roberto Afonso
Katrin Möltgen
Laura Schertel Mendes
Lenio Luiz Streck
Ludger Schrapper
Maria Alicia Lima Peralta
Michael Bertrams
Miguel Carbonell Sánchez
Paulo Gustavo Gonet Branco
Pier Domenico Logroscino
Rainer Frey
Rodrigo de Bittencourt Mudrovitsch
Rui Stoco
Ruy Rosado de Aguiar
Sérgio Antônio Ferreira Victor
Sergio Bermudes
Sérgio Prado
Walter Costa Porto

Organização
Felipe Salto
João Villaverde
Laura Karpuska

RECONSTRUÇÃO
— o Brasil nos anos 20 —

1ª edição
2ª tiragem
2022

Av. Paulista, 901, Edifício CYK, 3º andar
Bela Vista – SP – CEP 01310-100

SAC | sac.sets@saraivaeducacao.com.br

Diretoria executiva	Flávia Alves Bravin
Diretoria editorial	Ana Paula Santos Matos
Gerência editorial e de projetos	Fernando Penteado
Novos projetos	Aline Darcy Flôr de Souza Dalila Costa de Oliveira
Gerência editorial Edição	Isabella Sánchez de Souza Deborah Caetano de Freitas Viadana Estevão Bula Gonçalves Marisa Amaro dos Reis
Produção editorial	Daniele Debora de Souza (coord.) Cintia Aparecida dos Santos Carolina Mihoko Massanhi
Arte e digital	Mônica Landi (coord.) Camilla Felix Cianelli Chaves Claudirene de Moura Santos Silva Deborah Mattos Guilherme H. M. Salvador Tiago Dela Rosa
Projetos e serviços editoriais	Daniela Maria Chaves Carvalho Emily Larissa Ferreira da Silva Kelli Priscila Pinto Klariene Andrielly Giraldi
Diagramação	SBNigri Artes e Textos
Revisão	Amélia Kassis
Capa	Tiago Dela Rosa
Imagem de capa	Marthô estúdio criativo
Produção gráfica	Marli Rampim Sergio Luiz Pereira Lopes
Impressão e acabamento	Gráfica Paym

DADOS INTERNACIONAIS DE CATALOGAÇÃO NA PUBLICAÇÃO (CIP)
VAGNER RODOLFO DA SILVA — CRB-8/9410

R311   Reconstrução: o Brasil nos anos 20 / orgs.: Felipe Salto, João Villaverde, Laura Karpuska. – São Paulo : SaraivaJur, 2022.
(Série IDP – Linha Administração e Políticas Públicas)
488 p.
ISBN 978-65-5362-305-7 (Impresso)
1. Direito. 2. Estado brasileiro. 3. Políticas Públicas. I. Salto, Felipe. II. Villaverde, João. III. Karpuska, Laura. IV. Título. V. Série.

	CDD 361
2021-4082	CDU 364

Índices para catálogo sistemático:

1. Políticas Públicas	361
2. Políticas Públicas	364

Os textos que compõem esta obra não necessariamente refletem a opinião da SaraivaJur.

Data de fechamento da edição: 13-12-2021

Dúvidas? Acesse www.editorasaraiva.com.br/direito

Nenhuma parte desta publicação poderá ser reproduzida por qualquer meio ou forma sem a prévia autorização da Saraiva Educação. A violação dos direitos autorais é crime estabelecido na Lei n. 9.610/98 e punido pelo art. 184 do Código Penal.

CL 607628   CAE 785698

Sumário

Apresentação 15
João Villaverde, Felipe Salto e Laura Karpuska

Prefácio 21
Persio Arida

Parte I:
O Estado Brasileiro

Capítulo 1

O papel do Estado no desenvolvimento econômico e social 25
Bráulio Borges

Introdução 26

As diferentes visões sobre o papel do Estado no desenvolvimento econômico e social ao longo do último século 28

Bem-estar social, economia e Estado 34

O debate sobre o papel do Estado no caso brasileiro 39

Referências 43

Capítulo 2

Democracia e inclusão: reflexões sobre parlamentarismo e presidencialismo para o Brasil de 2023 45
João Villaverde
Rodrigo Brandão

A democracia como princípio basilar 47

Dois sistemas 48

O presidencialismo à brasileira 49

Democracia: uma soma de inclusão e participação 54

A cidadania negada 59

Nos desafiarmos é preciso 62

Referências 64

Capítulo 3

Sistemas eleitorais e o voto distrital misto 67

Leandro Consentino

Introdução 67

Breve história do sistema eleitoral no Brasil 70

O sistema eleitoral da Nova República 75

Uma proposta de aperfeiçoamento: o sistema distrital misto 79

Referências 81

Capítulo 4

Federalismo Fiscal: uma agenda de equidade 85

Karina S. S. Bugarin

De onde vem o conceito de federalismo fiscal e um pouco de história brasileira 85

Cenário fiscal federativo 87

Capacidade arrecadatória e gastos dos entes subnacionais . 88

Transferência do governo federal aos entes subnacionais ... 91

O Judiciário e o Executivo: uma relação desalinhada 98

O que podemos aprender com as experiências internacionais? 99

Desafios e propostas de soluções 102

Referências 104

Parte II:
O governo a serviço do povo

Capítulo 5

A imprensa e as redes sociais no processo de "accountability" 111

Laura Karpuska

Vandson Lima

1. Democracia, "accountability" e informação 111
   1.1 O papel cidadão: reeleição como"accountability"ou risco
       moral? 112
   1.2 A formação da opinião pública: acesso à informação 113
   1.3 A formação da opinião pública: interpretação da
       informação 114
2. A imprensa e a democracia 115
   2.1 O acesso à imprensa e seu financiamento em tempos
       de redes sociais 116
3. O que fazer? 122
Referências 124

Capítulo 6

REFORMAR A VERDADE FACTUAL 127

Tai Nalon

Referências 145

Parte III:
OS ALICERCES DO BRASIL

Capítulo 7

Educação pública de qualidade: um pacto coletivo pela
democracia 151

Talita Nascimento

Contexto atual da qualidade educacional no Brasil 155

Quando a educação é prioridade: os casos do Ceará e de
Pernambuco 161

1. Programa de Alfabetização na Idade Certa no Ceará 162

   Foco na aprendizagem e formação docente 162

   Formação do Leitor 163

   Governança cooperativa e incentivos 163

   Avaliação e monitoramento 164

2. Ensino Médio Integral em Pernambuco 166

Tempos difíceis exigem mudanças extremas 170

Referências 171

Capítulo 8

Políticas públicas para a juventude: como o governo
pode apoiar a transição da educação para o trabalho e
destravar o potencial de uma geração.............................. 175

Daniel Barros

Referências.. 195

Capítulo 9

A Importância e os Desafios do Sistema Público de
Saúde Brasileiro... 197

Maria Dolores Montoya Diaz
Paula Pereda

1. Introdução.. 198
2. Sistema de Saúde Brasileiro.................................... 200
   2.1 Criação do Sistema Único de Saúde (SUS) no Brasil...... 201
   2.2 Os avanços do SUS em 30 anos............................ 203
   2.3 Enfrentamento da covid-19................................. 206
3. Desafios e futuro do SUS.. 209
   3.1 Mudanças no padrão da demanda......................... 209
   3.2 Relacionamento entre os setores público e privado........ 211
   3.3 Judicialização da Saúde.................................... 213
   3.4 Financiamento do SUS..................................... 216
   3.5 Oportunidades: Telemedicina.............................. 217
4 Considerações Finais.. 218
Referências... 220

Capítulo 10

Direitos Humanos e Desenvolvimento: um debate urgente para
o Brasil.. 225

Nathalia Novaes Alves

O primado dos direitos humanos.................................. 225
Recentes desenvolvimentos no Brasil............................. 228
A importância dos direitos humanos para o desenvolvi-
mento das nações.. 231

Temas correntes e um projeto para o Brasil: governança e combate à corrupção 238

Referências 243

Parte IV:
UM BRASIL PARA TODOS

Capítulo 11

Prioridade absoluta: por que é urgente investir em um benefício infantil 247

Pedro Fernando Nery

Introdução 247

A ciência do gasto público 248

O benefício universal infantil 251

Benefício infantil na OCDE 255

Considerações finais 262

Referências 264

Capítulo 12

O resgate da progressividade tributária: uma agenda para a justiça social e ambiental 267

Rodrigo Octávio Orair
Theo Ribas Palomo
Laura Carvalho

Introdução 267

2. O resgate da progressividade do Imposto de Renda 269

   2.1 Diagnóstico do Imposto de Renda no Brasil 269

   2.2 Alternativas para o resgate da progressividade do Imposto de Renda 272

   2.3 Simulação dos resultados do resgate da progressividade .. 276

3. Reforço da tributação de bens e serviços 279

   3.1 Distorções na Tributação de Bens e Serviços no Brasil.... 279

   3.2 Simulação de um Imposto sobre Bens e Serviços (IBS) 281

4. Uma retomada sustentável: tributação sobre carbono 282

   4.1 A pegada de carbono 282

   4.2 Simulação da tributação sobre carbono 284

5. Considerações finais 286

Referências 287

Capítulo 13

Propostas para tornar o Brasil uma liderança efetiva na corrida climática global **289**

Natalie Unterstell

Gustavo Tosello Pinheiro

1. A questão climática no mundo 289
2. O caso do Brasil 292
   - 2.1 Desmatamento 295
   - 2.2 Fossilização 301
   - 2.3 Carbonização 303
3. Travessia: da carbonização (2011-2020) à descarbonização (2021-2030) do Brasil 304
4. Propostas de política pública para a transição de baixo carbono 306
   - a. Passar a limpo as credenciais verdes brasileiras 306
   - b. Recuperar a credibilidade internacional 307
   - c. Focar em uma pauta de exportações de baixo carbono .. 307
   - d. Reconstruir e fortalecer o controle ambiental 307
   - e. Estabilizar as "fronteiras de desmatamento" 308
   - f. Retomar a transição para o modelo de alta produtividade agrícola 308
   - g. Desenhar uma agenda pública de reversão da destruição da Amazônia 309
   - h. Fortalecer o federalismo ambiental e alinhar incentivos 309
   - i. Reverter a carbonização da matriz energética nacional, valorizando as hidrelétricas 310
   - j. Reorientar os subsídios e o planejamento de longo prazo relativo a combustíveis fósseis 311
   - k. Regular o preço do carbono 311
4. Conclusão 312

Referências 313

Capítulo 14

Integração Racial: Uma Urgência Nacional 319

Irapuã Santana

Introdução 319

O Passado 321

O Presente 325

O Futuro 329

Referências 333

Capítulo 15

Política de habitação social no Brasil: trajetória de acesso
e perspectivas futuras 335

Tainá Souza Pacheco
Laryssa Kruger Da Costa

1. Introdução 335
2. História das políticas de habitação do Brasil 337
    2.1 Intervenção tímida na habitação: os Institutos de
        Aposentadoria e Pensão e a Fundação Casa Popular 337
    2.2 BNH e a derrota da agenda de reforma urbana 339
    2.3 Do fim do BNH (1986) ao início do governo Lula
        (2002) 342
    2.4 A política habitacional nos anos 2000 344
    2.5 A política habitacional pós Minha Casa Minha Vida 349
3. Articulando o passado para pensar o futuro 349
    3.1 Centralização"versus"descentralização 350
    3.2 Característica tradicional da política habitacional no
        Brasil: exclusão das camadas de baixa renda 351
    3.3 O papel central da moradia no acesso a oportunidades 352
    3.4 Avaliação e monitoramento das políticas habitacionais. 354
4. Conclusão 356
Referências 356

Parte V:
A Economia

Capítulo 16

Política econômica: de onde partimos e para onde vamos   361

Laura Karpuska
Felipe Salto
Ricardo Barboza

1. Histórico da política econômica: 1980 a 2020 361
   - A. 1999-2007: Regime de metas, tripé macroeconômico e estabilizar para crescer e distribuir 364
   - B. 2008-2010: Resposta à crise econômica internacional.... 365
   - C. 2011-2014: O período da Nova Matriz Econômica (NME) 366
   - D. A era da economia política: 2015-2021............... 367
   - O *impeachment* e o governo Temer 367
   - Um governo liberal? 369
2. As propostas............... 371
   - 2.1 Abertura comercial,"spreads"bancários e ambiente de negócios............... 371
   - Abertura comercial............... 371
   - "Spreads"bancários............... 373
   - Ambiente de negócios............... 375
   - 2.2 Desigualdade, educação e instituições............... 376
   - 2.3 Estado e Economia: o orçamento e políticas públicas com evidência 379
   - Referências............... 382

Capítulo 17

Regras fiscais e a responsabilidade com as contas públicas.... 385

Felipe Salto
Guilherme Tinoco
Vilma Pinto

Introdução............... 385

Diagnóstico das contas públicas 387

Panorama das Regras Fiscais brasileiras................................. 394

Metas de resultado primário 395

Novo Regime Fiscal... 397

Outras Regras Fiscais 400

A necessária harmonização das regras do jogo 401

Considerações finais.. 405

Referências.. 405

Capítulo 18

Subsídios para uma reforma orçamentária no Brasil
Daniel Couri
Paulo Bijos

Parte I – Introdução.. 408

Parte II – Evidências de um orçamento em crise..................... 409

    Inflação de regras 409

    Rigidez orçamentária.. 424

Parte III – Por um novo marco orçamentário 426

    Tripé Orçamentário.. 427

    1.   Regra fiscal de despesa 427

    2.   Marco fiscal e orçamentário de médio prazo................. 428

    3.   Revisão periódica do gasto público............................... 429

Parte IV – Conclusão.. 431

Referências.. 432

Capítulo 19

Infraestrutura: diagnóstico e propostas............................ **434**

Igor Rocha

Introdução.. 434

1.   Diagnóstico da infraestrutura brasileira................................ 436

2.   O papel do investimento público e privado 440

3.   Propostas para aumentar os investimentos........................... 447

Conclusão 449

Referências.. 450

Capítulo 20

A Jangada brasileira.. 452

Mathias Alencastro

Laura Trajber Waisbich

    Ruínas diplomáticas... 455

    Pax Sinica ou hegemonias em disputa?.............. 460

    Amazônia *mundi*.. 463

    Um novo lugar no mundo.................................. 467

    Referências.. 471

Biografias dos autores e das autoras 475

Agradecimentos dos organizadores.................... 485

Apresentação

Ainda é tarde
para saber
Ainda há facas
cruas demais para o corte
Ainda há música
no intervalo entre as canções
Escuta:
é música ainda
Ainda há cinzas
por dizer.

Ana Martins Marques, poeta mineira.

Esquecer não é permitido. O exercício da memória é histórico, secular e útil. Contar histórias sobre o que aconteceu é, ao mesmo tempo, informação e entretenimento. Esse ato, de contar histórias, nos acompanha desde que a caminhada humana começou. Momentos felizes, mas também períodos trágicos. Acertos e erros. Tudo precisa ser lembrado.

Por diversas ocasiões, a construção de um país foi interrompida na história recente. O caso alemão, há quase cem anos, é possivelmente o mais famoso e pedagógico. É, também, o mais trágico. O nazismo, a partir de 1932, interrompe a construção nacional iniciada com a República de Weimar, que produzira um dos períodos mais criativos da humanidade, especialmente no cinema. A destruição produzida pelo fascismo na Alemanha foi completa: econômica, política, estética e moral. Terminou em 1945, com a derrota na Segunda Guerra Mundial. De imediato, a partir daquele ano, a reconstrução foi iniciada. Mas, como assinala o inesquecível escritor alemão W.G. Sebald, a reconstrução "impediu de antemão qualquer recordação do passado, direcionando a população, sem exceção, para o futuro. Obrigou-a, por assim dizer, ao silêncio sobre aquilo que enfrentara" (SEBALD, 2003, p.17).

Mas um trauma não pode ser esquecido. A memória precisa ser frequentemente estimulada, de forma a facilitar o desenho do futuro. Essa premissa vale para todos; vale para o Brasil.

Sim, a leitora e o leitor devem suspeitar que chegaremos no clichê "brasileiro tem memória curta". É sedutora a ideia do clichê. O atual presidente da República, afinal, é um histórico defensor da ditadura militar. Um ardoroso apoiador de torturadores, um apologista de assassinatos políticos, um arauto do fechamento das instituições democráticas. Jair Messias Bolsonaro sempre renegou a construção nacional feita por homens e mulheres entre março de 1985 e dezembro de 2018. Coerente com seus ideais, Bolsonaro pratica diuturnamente a destruição daquilo que foi levantado antes dele. Quer fazer o país retornar ao que existia antes da ascensão democrática.

É por isso que nos é tão cara a ideia da memória. Não podemos nos esquecer do que foi feito desde 1985. Estamos sob a égide de Natalia Ginzburg: "quando somos felizes, nossa fantasia tem mais força; quando somos infelizes, então é nossa memória que age com mais vivacidade" (GINZBURG, 2020, p.79). O desafio é buscar inspiração na bela história escrita pelo Brasil pós-redemocratização e evitar os erros do passado. Reconstruir, por isso, é uma ideia-força tão viva para os idealizadores desta coletânea.

O país legado pelo regime militar era uma tragédia social. A inflação estava descontrolada (e logo redundaria em hiperinflação). Não havia transparência sobre os atos da administração pública, insulada da sociedade. O governo federal, aliás, contava com três orçamentos anuais e muitas políticas públicas passavam ao largo do processo orçamentário. O presidente-general governava majoritariamente com decretos-leis. Os níveis educacionais eram alarmantes. Não havia saúde universal nem seguro-desemprego.

A construção que se seguiu foi inspiradora, ainda que incompleta. Tão logo começou o primeiro governo civil, depois de 21 anos, a primeira revolução: o governo do presidente José Sarney propôs e aprovou a emenda constitucional a permitir o voto de analfabetas e analfabetos. Eram 18 milhões de pessoas. Pela primeira vez em nossa história, teríamos uma verdadeira democracia eleitoral. Toda e qualquer pessoa poderia votar livremente.

Em 1988, foi promulgada a Constituição Cidadã ("temos ódio e nojo da ditadura", declarou Ulysses Guimarães, o presidente da Câmara naquele dia histórico). Em 1989, foi criado o Ibama, no início de uma longa luta de proteção ambiental. Em 1994, o Plano Real fez a inflação despencar de 2.553% ao ano para os níveis a que estamos todos acostumados, desde então; civilizados. A universalização da escola pública (com o Fundef, depois Fundeb) e a criação do SUS foram marcos.

Assistimos a uma transição pacífica, em 2002, quando rivais eleitorais trabalharam juntos – Fernando Henrique Cardoso e Luiz Inácio Lula da Silva. Em 2003, o programa Bolsa Família foi criado, a partir do antigo Bolsa-Escola. Em 2007, criou-se o ICMBio e, no ano seguinte, o Supremo Tribunal Federal, em decisão histórica, reconheceu a Reserva Indígena Raposa/Serra do Sol. Vieram a lei de cotas e o ProUni. Em 2015, a regularização do trabalho doméstico. Em 2017, a queda – de forma segura e sustentável – da taxa básica de juros para níveis mínimos históricos.

Nós, que organizamos este **Reconstrução,** agora em suas mãos, somos filhos deste período histórico. Somos justamente da geração da construção: nascemos antes da Constituição de 1988, mas após a debacle do regime militar. Os problemas da "nossa turma" não eram a luta pela redemocratização ou o enfrentamento da hiperinflação. Isso já tinha sido resolvido. Somos, portanto, gratos pela construção que nos antecedeu. Ela motiva, porque evidencia algo simples: um novo futuro é possível; a história recente está aí a atestar do que o Brasil é capaz.

Mas este período foi interrompido. É conhecido o histórico de Bolsonaro. Praticou insubordinação militar e planejou atos terroristas contra o próprio Exército (MAKLOUF, 2019, p. 74 e p. 111-115). Votou contra o Plano Real. Foi crítico ferrenho do Bolsa Família, das cotas raciais e de toda e qualquer reforma modernizante realizada no país. A pandemia, que ceifou a vida de mais de 620 mil homens e mulheres, coroou a destruição bolsonarista: o presidente sabotou abertamente a vacinação; celebrou a morte ao estimular recorrentes aglomerações (todas sem o uso de máscaras); estimulou conflitos institucionais enquanto o país enterrava milhares de pessoas por dia.

É preciso reconstruir o país.

A reconstrução que aqui propomos, no entanto, não se confunde com retomada. Não é nosso desejo voltar ao estado de coisas pré-Bolsonaro, tão somente. Isso não faz sentido: aquele contexto de 2018 era tóxico o suficiente para gerar o bolsonarismo. Uma vereadora negra e LGBTIQ+ foi assassinada no meio da rua, no Rio de Janeiro, naquele ano. O país sofria com encarceramento em massa de jovens negros e pobres e estava preso numa ciranda de baixo crescimento econômico e elevada precariedade social. Problemas havia e muitos deles eram óbvios.

É necessário, sim, uma reconstrução sobre novas bases. As páginas que se seguem tratam justamente disso. Não faremos aqui, nesta apresentação, um resumo do que cada um dos 20 capítulos apresenta. Corremos contra o tempo. Estamos convencidos de que a leitora e o leitor que caminha conosco compartilham inquietações semelhantes. Cumpre dizer, no entanto, que os temas que você encontrará nas próximas páginas versam sobre momentos felizes que certamente estão diante de todos nós, mas sem jamais deixar de lado o trato da memória. Adota-se o binômio diagnósticos-propostas.

Cada um dos capítulos conta com um diagnóstico claro do problema específico de cada tema. Todos também têm em comum a veia propositiva: as autoras e os autores por nós arregimentados apresentam ideias de soluções. Agradecemos muitíssimo a todas e todos que escreveram o **Reconstrução**. O grupo nasceu ainda no fim de 2020 e, por meses a fio, reuniu-se (digitalmente) para debater os temas de cada capítulo. A prosa é direta e os capítulos são propositadamente curtos. Agradecemos muito à economista Ana Luiza Pessanha, que nos ajudou com a revisão dos originais.

Trata-se de um convite à reflexão nas diferentes áreas: política econômica, meio ambiente, direitos humanos, sistema de governo, a questão racial, a educação básica, o ensino superior e técnico, os programas sociais, a política tributária, o papel do Estado, o debate federativo, o SUS, a habitação, o desenvolvimento econômico e o seu financiamento. Há espaço para a esquerda, para o centro e para a direita. O que não existe – não pode existir! – na reconstrução que vislumbramos, é espaço para intolerantes. O limite da tolerância é dado justamente com aqueles que trabalham pela destruição do espaço público e do ambiente democrático. É contra este pensamento que devemos, sempre, exercer a memória. Lembrar, lembrar, lembrar. Jamais esquecer o horror, com a missão de não repetir erros.

Em 1970, auge do horror da ditadura militar, o poeta italiano Pier Paolo Pasolini verteu as seguintes linhas:

"Ó Brasil, minha pátria desgraçada,
destinada sem escolha à felicidade

(de tudo são donos o dinheiro e a carne,
ao passo que você é tão poético)
dentro de cada habitante seu, meu concidadão,
há um anjo que não sabe nada,
sempre dobrado sobre seu sexo,
que se move, velho ou jovem,
para pegar em armas e lutar
indiferentemente pelo fascismo ou pela liberdade –
Oh, Brasil, minha terra natal, onde
as velhas lutas – bem ou mal já vencidas –
para nós, velhos, readquirirem sentido –
respondendo à graça de delinquentes ou de soldados
à graça brutal" (PASOLINI, 2015, p.221).

Estamos confiantes que a reconstrução virá. Essa é nossa fantasia (em termos de Natalia Ginzburg). Convidamos você, leitora e leitor, à leitura destes vinte capítulos que organizamos. Se, por acaso, sua sensação ao terminar esta apresentação é de que entregamos, aqui, uma utopia, gostaríamos de dizer que entendemos essa sensação. Mas discordamos. O que propomos aqui é uma anti-utopia. Nosso projeto é, como diria Darcy Ribeiro:

"(...) apenas uma máquina de pensar, um contraste para obrigar a pensar, uma forma de quebrar a ilusão das falsas utopias que nos oferece o desenvolvimento progressista. Assim, minha utopia é, na realidade, uma anti-utopia. Meu projeto utópico é para ser realizado aqui e agora" (RIBEIRO, 2007, p.127).

Reconstrução aqui e agora. É o que propomos com este livro. Boa leitura!

João Villaverde, Felipe Salto e Laura Karpuska

P.S. Este livro é dedicado a Teodoro Pombo Villaverde, Maria José e João Salto Neto, Marcos Ross e Iara Karpuska Ross.

REFERÊNCIAS

GINZBURG, Natalia. **As pequenas virtudes**. São Paulo: Companhia das Letras, 2020.

MAKLOUF, Luiz Carvalho. **O Cadete e o Capitão**. São Paulo: Todavia, 2019.

MARQUES, Ana Martins. **O livro das semelhanças**. São Paulo: Companhia das Letras, 2015.

PASOLINI, Pier Paolo. **Poemas**. São Paulo: Cosac Naify, 2015.

RIBEIRO, Darcy. **Encontros**. Rio de Janeiro: Azougue Editorial, 2007.

SEBALD, W. G. **Guerra aérea e literatura**. São Paulo: Companhia das Letras, 2003.

Prefácio

Essa ótima coletânea vem em boa hora. Eleições, é bem verdade, são em grande medida decididas pelo carisma dos candidatos, pela simbologia e retórica políticas, pelas alianças partidárias e estratégias midiáticas, para não falar no acesso a recursos e a verbas públicas. Há os clichês e as promessas vazias, mas há também a dimensão substantiva do programa de governo de cada candidato. Em um ano eleitoral, como é o caso de 2022, cresce naturalmente o interesse pelas políticas públicas. Nesse contexto, a edição de ensaios como os que o leitor encontrará nesse livro, vem a calhar.

É que, ao contrário dos artigos acadêmicos, permeados de equações e análises de cunho estatístico, os artigos aqui apresentados são de leitura corrente, prescindindo de conhecimento prévio de métodos quantitativos. Os tópicos são muito diversos, e igualmente diverso é o estilo de cada autor, como se deveria esperar, mas há uma estrutura comum no tratamento dos vários temas:

- referência à boa literatura e políticas públicas que deram certo;
- um pouco da história do Brasil e das nossas leis e normas pertinentes a cada tema;
- e, finalmente, propostas efetivas de política pública.

Essa estrutura comum, mérito sem dúvida dos organizadores, dá unidade a essa coletânea e a torna utilíssima. Nela o leitor, mesmo que inteiramente leigo em algum tema, encontrará o que precisa para se situar no espaço dos debates e propostas para a construção do Brasil que queremos.

A diversidade de tópicos contribui, em muito, para que esse livro se torne uma referência em política pública. A escolha de temas é excelente: papel do Estado, educação e saúde públicas, benefícios à primeira infância, racismo, agenda ambiental, direitos humanos, redes sociais e *fake news*, infraestrutura e moradia urbana, déficit público e gestão orçamentária, sistemas eleitorais e federalismo – uma lista quase que exaustiva das inúmeras dimensões dos problemas que enfrentamos para ter um melhor futuro para nossa sociedade. Digo quase exaustiva porque a ela se poderiam acrescentar temas outros como economia digital e as mudanças necessárias no sistema jurídico e de contratos.

Mas ao leitor o que já está oferecido é muito. Alguns dos temas vêm desde a Constituição de 1988, como a centralidade da educação e saúde. Outros se tornaram mais importantes pelo crescimento da consciência coletiva, como é o caso do racismo e da agenda ambiental. Outros ainda se tornaram críticos à luz da nossa própria experiência desde 1988, como é o caso das distorções do sistema político atual e das alternativas parlamentaristas. Nenhum desses temas, no entanto, é conjuntural ou circunscrito a um momento específico da nossa história. Evitou-se, assim, que o livro ficasse datado ou perdesse rapidamente sua atualidade.

Há, por último, um aspecto a destacar. Alguns dos autores já têm colunas regulares na mídia e são, por isso mesmo, bastante conhecidos. Outros são conhecidos como especialistas em suas áreas de atuação, mas pouco conhecidos fora delas. Há ainda os que começam a despontar no debate público. O que é comum a todos é a juventude. Para quem, como é meu caso, acaba de chegar aos 70 anos, a emergência de uma nova geração, engajada nos debates públicos e capaz de trabalhar com profundidade cada tema, renova a esperança no futuro do nosso País.

Boa leitura!

Persio Arida
Doutor em Economia pelo MIT,
ex-presidente do Banco Central e do BNDES.

Parte I:
O Estado Brasileiro

1

O papel do Estado no desenvolvimento econômico e social

Bráulio Borges

"A revolutionary moment in the world's history is a time for revolutions, not for patching."

Trecho do *Social Insurance and Allied Services* (Pt.1, 7), de 1942, de autoria de William Beveridge, economista britânico. Também conhecido como *Beveridge Report*, esse relatório é considerado o marco das políticas de bem-estar social que se disseminaram nas décadas seguintes em diversos países.

"Capitalism needs a welfare state to survive."

Título de editorial publicado em 14 de julho de 2018 pela revista *The Economist*, tradicional publicação de orientação liberal e que, atualmente, se define como "radical de centro".

RESUMO: A sequência de duas grandes crises globais, separadas por apenas uma década, bem como a ameaça existencial ensejada pelas mudanças climáticas causadas pela ação humana, vêm suscitando uma reavaliação sobre qual deve ser o papel do Estado no desenvolvimento econômico e social dos países. Mesmo as métricas de sucesso têm sido questionadas, incorporando dimensões adicionais em relação àquelas captadas apenas pelo indicador de PIB *per capita* (que durante muito tempo foi tratado como um sinônimo perfeito de bem-estar social). Este capítulo aponta que o Estado tem um importante papel a cumprir, em conjunto com as forças de mercado, na consecução de um desenvolvimento econômico e social mais inclusivo e sustentável, no mundo e no Brasil.

INTRODUÇÃO

Após o período denominado por muitos analistas como a "Grande Moderação"[1], entre o começo dos anos 1980 e o final da década de 2000, a economia mundial encarou uma sequência de duas enormes crises em um curto espaço de tempo: a grande crise financeira de 2008/09 e o choque desfavorável causado pela pandemia de um novo coronavírus, em 2020.

A crise de 2008/09 foi "endógena", associada ao próprio funcionamento do sistema econômico, que alimentou bolhas de preços de ativos e de crédito que acabaram estourando naquele momento. Aquela crise evidenciou que a "Grande Moderação" das décadas anteriores era ilusória e frágil em vários aspectos, em especial no que tange à administração dos riscos ligados à estabilidade financeira (potencializados por um movimento de expressiva desregulamentação governamental do setor bancário/financeiro iniciado no começo dos anos 1980).

Embora o aprendizado associado à "Grande Depressão" dos anos 1930 tenha impulsionado os governos a adotarem respostas expressivas e tempestivas de política econômica nas searas monetária e fiscal, boa parte dos estímulos fiscais começou a ser retirado já a partir de 2010/11, quando a recuperação ainda era incompleta. Com efeito, somente em 2018/19, praticamente dez anos depois da eclosão da crise, as economias avançadas retornariam a um quadro de pleno-emprego de seus fatores de produção. Isto denotou, em alguma medida, um fracasso do arcabouço de política macroeconômica vigente em estabilizar completamente essas economias.

Já a crise de 2020 foi "exógena", gerada pelo espraiamento de um novo vírus mortal mundo afora. Para minimizar o número de mortes e evitar o colapso dos sistemas médico-hospitalares, as autoridades adotaram diversas medidas restringindo a mobilidade das pessoas e o funcionamento de estabelecimentos. Isso, conjugado ao fato de que boa parte da população ficou mais receosa em sair de casa e consumir nesse contexto pandêmico, afetou negativamente a atividade econômica, sobretudo naqueles setores mais dependentes de mobilidade e interação social (como

---

1 Essa expressão deriva do fato de que, para as economias avançadas, esse período se caracterizou por uma inflação baixa e pouco volátil (após a década de "estagflação" nos anos 1970), bem como por um crescimento econômico bastante satisfatório, ao menos em termos mais agregados. Vale notar, contudo, que para boa parte das economias emergentes, em especial para a América Latina, a década de 1980 e boa parte da década de 1990 foram "perdidas", com baixo crescimento econômico médio, muita volatilidade macroeconômica e inflação galopante.

é o caso de boa parte dos serviços tradicionais, notadamente turismo e outros serviços prestados às famílias).

As respostas de política econômica foram significativamente mais expressivas em 2020 do que em 2008/09, com os Estados atuando como emprestadores, compradores e garantidores de última instância de famílias e empresas, além de suportarem ativamente as empresas farmacêuticas do setor privado na busca por tratamentos e vacinas eficazes. Ademais, em função do aprendizado associado ao episódio da crise de 2008/09, vários gestores públicos sinalizaram disposição em manter tais estímulos pelo tempo que fosse necessário para o completo restabelecimento dos mercados de trabalho locais para os níveis pré-pandemia, mesmo que isso signifique tolerar um pouco mais de inflação no curto prazo.

Embora a descoberta de vacinas eficazes contra o novo coronavírus tenha ocorrido em tempo recorde, uma completa superação desta crise mais recente ainda não pode ser "comemorada", na medida em que uma série de legados negativos pode afetar consideravelmente as trajetórias prospectivas dos países em termos econômicos, sociais e políticos caso algumas políticas governamentais, locais e globais, não sejam implementadas, redesenhadas e/ou reforçadas. Isso vale especialmente para as economias emergentes e em desenvolvimento, que não puderam adotar medidas de suporte tão agressivas como aquelas dos países que emitem "moedas de reserva" (isto é, internacionalmente aceitas) e que sofreram mais com o choque pandêmico, além de estarem mais atrasadas em termos da vacinação em massa de suas populações.

Aguirre e Hannan (2021), por exemplo, apontaram, a partir do estudo de cinco episódios no período 1990-2019 em 55 países, que as pandemias geram efeitos deletérios de médio prazo sobre o Produto Interno Bruto (PIB), o nível de emprego, a pobreza e a desigualdade. Esses efeitos foram menores ou até neutralizados em países que adotaram pacotes de suporte fiscal e que tinham condições iniciais mais favoráveis (elevada taxa de formalização do mercado de trabalho e uma rede de proteção social mais abrangente).

Essa sequência de duas grandes crises globais separadas por apenas uma década teve também consequências políticas, como a chamada "recessão democrática" associada à emergência de diversos governos populistas e autoritários mundo afora, e, na crise mais recente, um aumento das desigualdades dentro dos países e dentre os países. Esse quadro vem suscitando diversos questionamentos quanto ao modelo de desenvolvimento econômico e social predominante nas últimas décadas em boa parte dos países. Mais recentemente, a ameaça existencial associada às mudanças climáticas causadas pela ação humana também vem alimentando esses questionamentos.

No fundo, o principal debate é aquele sobre o papel do Estado no desenvolvimento econômico e social dos países. Não há um consenso sobre isso: há tempos se discute calorosamente qual deveria ser o tamanho e o papel do Estado nos vários aspectos da vida coletiva. Naturalmente, houve muito progresso, particularmente no último século, no entendimento mais técnico desse assunto, envolvendo os temas de bens públicos, externalidades, falhas de mercado e de governo, políticas de estabilização dos ciclos econômicos, dentre outros.

Contudo, a despeito dos avanços no conhecimento científico, esse debate ainda continua muito suscetível a visões mais ideológicas. Um debate de alto nível e bastante pragmático sobre a forma de atuação do Estado – no sentido de promover desenvolvimento econômico e melhoria contínua do bem-estar social – deveria fugir de estereótipos como o "Estado mínimo" ou o anarcocapitalismo, de um lado do espectro político, e do Estado com capacidade orçamentária infinita e altamente interventor em todos os aspectos da vida dos indivíduos, do outro lado. Afinal, como bem colocado pela economista especializada em estudo da pobreza, Esther Duflo, há três "is" que são inimigos das boas políticas de desenvolvimento: ideologia, ignorância e inércia[2].

Nesse contexto, é interessante analisar como esse debate sobre o papel do Estado no desenvolvimento econômico e social evoluiu desde o começo do século XX, algo que será feito na próxima seção, ainda que de forma relativamente resumida. Na seção seguinte será feita uma discussão sobre como Estado, economia e bem-estar se relacionam. Na terceira e última seção esse debate é inserido na realidade brasileira.

AS DIFERENTES VISÕES SOBRE O PAPEL DO ESTADO NO DESENVOLVIMENTO ECONÔMICO E SOCIAL AO LONGO DO ÚLTIMO SÉCULO

Reavaliações abrangentes de paradigmas à luz de acontecimentos históricos de caráter mais disruptivo, como aqueles que aconteceram na

---

2 Ver "Policies, Politics: Can Evidence Play a Role in the Fight against Poverty?", The sixth annual Richard H. Sabot Lecture, April 2011 (p. 10).

última década, não chegam a ser exatamente uma novidade: após os choques negativos gerados pela Grande Depressão dos anos 1930 e pela Segunda Guerra Mundial (1937-1945), que geraram perdas expressivas e generalizadas de bem-estar em boa parte do mundo, a resposta das economias mais avançadas naquele momento se deu sob a forma da adoção de dois grandes conjuntos de políticas públicas, realizadas pelos Estados: as políticas de estabilização macroeconômica, combinando atuações da política monetária e fiscal visando manter as economias operando em torno do pleno-emprego; e as chamadas políticas de bem-estar social.

A experiência da Grande Depressão dos anos 1930, em que o PIB mundial recuou cerca de 5% a.a. durante três anos consecutivos (contra uma variação de cerca de -3,5% em 2020, ano da pandemia do novo coronavírus), deu impulso ao próprio surgimento da macroeconomia, liderada pelos estudos do economista britânico John Maynard Keynes. Até então, a ciência econômica se confundia com a microeconomia, o estudo das decisões individuais de consumidores e de empresas (embora em sua gênese a ciência econômica tenha emergido como algo mais abrangente, a Economia Política).

Keynes chamou a atenção para o papel crucial que as políticas de estabilização macroeconômica conduzidas ativamente pelos Estados teriam para evitar quadros de recessões muito severas e prolongadas, ou mesmo depressões, apontando que o sistema econômico não necessariamente converge naturalmente para situações de equilíbrio, ou pleno-emprego. Suas ideias não se limitaram ao meio acadêmico: os tomadores de decisões adotaram boa parte dessas prescrições (o programa *New Deal*, nos EUA, muitas vezes é considerado o maior exemplo dessa mudança de postura dos gestores públicos).

Já a adoção de políticas de bem-estar social, além de ter sido impulsionada pelo contexto histórico mencionado acima[3], também foi uma resposta ao temor das elites econômicas e políticas de que o capitalismo que emergira com a Segunda Revolução Industrial – bastante "predatório", com jornadas desumanas para adultos e crianças, enorme precarização das condições do ambiente de trabalho, dentre outros aspectos deletérios – seria insustentável, em termos políticos, sobretudo em democracias.

---

3   Rigorosamente falando, as primeiras políticas desse tipo foram adotadas na Alemanha na década de 1880, então liderada por Otto Von Bismarck. Mas eram medidas bem pontuais, basicamente voltadas a assegurar que a população tivesse condições de saúde para eventualmente combater em guerras.

Muitos avaliavam e temiam que a disseminação do sufrágio universal nas democracias liberais poderia levar esses países, pelo voto, ao socialismo/ comunismo – tipo de organização econômica/social que ganhou espaço em diversos países após a Revolução Russa (1917) e que se apresentava como uma alternativa mais atraente em vários aspectos, sobretudo para o chamado proletariado, composto de camponeses e operários (não à toa boa parte dos movimentos trabalhistas/sindicais tinham uma orientação político-ideológica mais à esquerda).

Ou seja: as políticas de bem-estar social buscavam incorporar ao capitalismo e ao sistema de mercado alguns aspectos que eram supostamente de regimes socialistas, buscando tornar o crescimento econômico mais inclusivo e efetivo em termos de desenvolvimento humano das sociedades. Foi por isso que esse movimento acabou sendo denominado como social-democracia (também sendo denominado de coletivismo liberal[4]).

O grande marco histórico dessa reavaliação do papel do Estado em termos de políticas de bem-estar social foi a publicação do chamado *Beveridge Report* (oficialmente *Social Insurance and Allied Services*, SIAS), em 1942. O relatório recebeu esse nome em alusão ao economista William Beveridge, um liberal, que o preparou sob encomenda do governo britânico. Ao sugerir um conjunto de políticas que criaria um sistema bastante abrangente de seguro social amparando a população do "berço ao caixão" (*"from cradle to grave"*), Beveridge propôs uma mudança radical da atuação do Estado sob o regime capitalista – como sugere a epígrafe deste texto.

Beveridge tinha consciência de que tais políticas estavam sujeitas a algumas restrições, mais especificamente um "trilema", envolvendo os seguintes aspectos: i) abrangência das políticas – em termos de impacto sobre a redução da pobreza e aumento do bem-estar da sociedade; ii) custos das políticas, em termos de tamanho e distorções gerados pela tributação e pelo endividamento público; e iii) eventuais desincentivos à oferta de trabalho pelas pessoas e à constituição de poupança. Nesse contexto, ele apontou que "The citizens (...) should not be taught to regard the State as the dispenser of gifts for which no one needs to pay"[5]. Ou seja: a calibragem numérica das políticas é tão importante quanto o seu desenho e seu escopo.

Sendo um liberal, Beveridge reconhecia que os indivíduos somente teriam capacidade de exercer plenamente a liberdade de escolha dos rumos

---

4   Para mais detalhes, ver Cutler, Williams e Williams (1986).
5   BEVERIDGE (1942, p. 108).

de sua vida caso não estivessem acometidos pelos "cinco grandes males" (*five giants*): i) escassez; ii) doença; iii) ignorância; iv) miséria; e v) ociosidade. Portanto, o Estado deveria atuar de forma ativa, buscando nivelar o ponto de partida para cada um dos cidadãos, além de implementar políticas mais macroeconômicas que minimizassem a volatilidade macroeconômica e buscassem manter a economia operando próxima do pleno-emprego na maior parte do tempo.

Os *welfare states* começaram a se disseminar a partir dos anos 1950 nas principais economias do mundo, ainda que sob formas distintas a depender dos contextos políticos/sociais de cada localidade, criando regimes mais universalistas em alguns países (como nos escandinavos) e outros mais focados em garantias mínimas, como nos Estados Unidos (EUA) e Japão (com a Europa continental e o Reino Unido situando-se no meio do caminho entre esses dois "extremos"). Coincidentemente – ou não – o período de cerca de 25 anos iniciado após a II Guerra Mundial ficou conhecido como a "Era de Ouro" do capitalismo, com crescimento econômico vigoroso em boa parte dos países e queda da desigualdade de renda/riqueza de forma concomitante à expansão das políticas de bem-estar social (que foram financiadas por aumentos relevantes da carga tributária, notadamente sobre a renda).

Não obstante, esse movimento de expansão da atuação dos Estados começou a enfrentar resistências ainda na década de 1940/50, quando vários formadores de opinião – com destaque para os economistas Friedrich Hayek e Milton Friedman[6], dentre vários outros – passaram a defender uma volta ao chamado liberalismo clássico, em que a atuação do Estado em regimes capitalistas deveria se restringir, grosso modo, à garantia dos direitos de propriedade e de algumas outras "regras de jogo", legando à "mão invisível" dos mercados e ao autointeresse dos indivíduos

---

6   Hayek escreveu, nos anos 1930, o livro "The Road for Serfdom" (O caminho para a servidão), em que ele apontava uma incompatibilidade entre as políticas socialistas, de um lado, e a democracia e o Estado de direito, do outro. Esse trabalho até hoje tem muita influência sobre os libertários. Já Friedman se notabilizou, dentre outras coisas, por ter proposto aquilo que acabou ficando conhecido como "doutrina Friedman", ao estabelecer, em artigo publicado em 1970 no *The New York Times*, que "a responsabilidade social das empresas é a de aumentar seus lucros". Hayek fundou, em 1947, em conjunto com Friedman e Ludwig von Mises, dentre outros, a *Mont Pelerin Society* (MPS), um *think-tank* internacional que advogaria pela liberdade de expressão, livres mercados e os valores políticos de uma sociedade aberta, combatendo o intervencionismo estatal e a planificação econômica marxista e keynesiana.

(livres) a tarefa de alocar da forma mais eficiente os recursos da sociedade e mesmo lidar com outras questões como racismo e misoginia.

Essa guinada para uma visão anti-Estado ganhou bastante força ao longo da década de 1970, com o advento do quadro que veio a ser denominado de estagflação – crescimento baixo e inflação em aceleração – observado em algumas economias centrais, notadamente nos EUA. Esse quadro emergiu por várias razões, inclusive por excesso de intervencionismo dos Estados em diversos aspectos econômicos.

Foi a partir do começo dos anos 1980 que o jogo definitivamente virou, com a ascensão de Ronald Reagan à presidência dos EUA e de Margaret Thatcher ao cargo de primeira-ministra no Reino Unido. Teve início, a partir de então, a implementação de uma agenda envolvendo diversas medidas de desregulamentação, privatização, enfraquecimento de sindicatos e, ainda, redução da tributação sobre o capital e sobre os mais ricos, os capitalistas – no âmbito daquilo que ficou conhecido como *supply-side economics* (ou *trickle-down economics*). Em alguns países também foram adotadas medidas reduzindo o escopo de várias das políticas de bem-estar social adotadas nas décadas anteriores, sob a justificativa de que elas criariam uma "cultura da dependência", desestimulando as pessoas a empreenderem e buscarem ascensão econômica e social.

Em termos de gestão das oscilações macroeconômicas, a visão predominante entre os economistas passou a tratar os ciclos econômicos de maneira praticamente independente das discussões sobre crescimento/ desenvolvimento. As políticas tradicionais de gestão da demanda agregada, monetária e fiscal, eram vistas como podendo afetar apenas distúrbios passageiros, com pouca ou nenhuma influência sobre o PIB potencial/ tendencial. E mais: a política monetária deveria ser a estrela desse "espetáculo" – amparada na chamada "divina coincidência"[7] –, relegando à política fiscal um papel de mera figurante, nem mesmo coadjuvante. Por detrás disso havia uma avaliação de que os custos das recessões, em termos de bem-estar, eram baixos.

Duas frases, ditas por ex-presidentes norte-americanos, um republicano e outro democrata, resumem muito bem o pensamento dominante sobre o papel do Estado ao longo das últimas quatro décadas: "*Government is not the solution to our problem, government is the problem*" (ESTADOS UNIDOS, 1981); "*The era of big government is over*" (ESTADOS UNIDOS, 1996).

---

7   Resultado teórico que estabelece que a economia sempre estará operando no pleno-emprego quando a inflação efetiva estiver alinhada à meta.

Em meio a esse sentimento geral anti-Estado, as recomendações de política dos organismos multilaterais – como o Fundo Monetário Internacional (FMI) e Banco Mundial – para as economias emergentes e em desenvolvimento passaram a ser algo bastante padronizado, consubstanciado na trinca *"stabilize, privatize and liberalize"*, que acabou sendo denominada como Consenso de Washington.

Contudo, os resultados entregues por esse modelo de desenvolvimento econômico e social, embora tenham sido bem-sucedidos em certos aspectos – boa parte da queda do percentual da população mundial vivendo na extrema pobreza, que passou de 36% em 1990 para 10% em 2017[8], pode ser creditada ao crescimento relevante do PIB *per capita* nesse período[9] –, também geraram efeitos colaterais negativos bastante relevantes.

Guy Standing, economista britânico que vem defendendo já há algum tempo a criação de esquemas de renda mínima universal como um novo bem público, aponta um diagnóstico bastante crítico e preciso sobre a versão predominante do capitalismo nas últimas quatro décadas, que, segundo ele, gerou "8 gigantes modernos" (em alusão aos 5 gigantes de Beveridge), que bloqueiam o desenvolvimento sustentável de uma economia baseada em mercados. São eles: a desigualdade – de oportunidades e de resultados; a insegurança – sobre a permanência no emprego, sobre o fluxo de renda e também a segurança pessoal; a dívida; o estresse; a precariedade; a excessiva automação – induzida pelo barateamento relativo do capital em relação ao trabalho gerado pela política tributária, dentre outros fatores; a extinção – mudanças climáticas/degradação ambiental; e, como consequência dos fatores anteriores, a emergência do populismo com tendências autocráticas[10].

---

8   Como aponta o relatório *Reversals of Fortune* do Banco Mundial, publicado em 2021. Disponível em: https://www.worldbank.org/en/publication/poverty-and--shared-prosperity#:~:text=Through%202017%2C%20the%20last%20year,slowed%20compared%20with%20previous%20decades.&text=By%20most%20estimates%2C%20this%20reversal,into%20extreme%20poverty%20in%202020. Acesso em: 17 jul. 2021.

9   Ainda que parte importante desse efeito tenha advindo do modelo particular de capitalismo de Estado praticado na China.

10   Funke, Schularick e Trebesch (2020) apontaram que o populismo gera impactos negativos persistentes sobre o desempenho econômico dos países, independentemente se esse populismo é de esquerda ou de direita. Ademais, o populismo é politicamente disruptivo, alimentando instabilidade e retrocesso institucional.

É interessante analisar a maior economia do mundo, os Estados Unidos, à luz desse diagnóstico de Standing: embora seu PIB *per capita* tenha praticamente dobrado entre 1980 e 2019, atingindo um nível quase 40% maior do que aquele observado na Europa Ocidental, a expectativa de vida ao nascer nos EUA vem recuando já há alguns anos – antes mesmo da pandemia e na contramão do restante do mundo; o número de "mortes por desespero" cresceu vertiginosamente nas últimas duas décadas[11]; e a renda da população situada no grupo dos 50% mais pobres se manteve praticamente estagnada ao longo de 40 anos (em termos reais). A economia foi bem (até 2007, e em bases bastante frágeis e insustentáveis, como já colocado anteriormente), mas boa parte do povo foi mal. Não à toa, os indicadores de felicidade subjetiva europeus eram bem superiores aos norte-americanos em 2019.

É nesse contexto que o papel do Estado no desenvolvimento econômico e social vem sendo novamente reavaliado, sobretudo no Ocidente. Embora esse processo tenha se iniciado após a crise de 2008/09, é notório que o choque deletério causado pela pandemia nas economias e sociedades e a ascensão de uma nova liderança na maior economia do mundo suportando essa guinada na atuação do Estado, Joe Biden, deram forte impulso a esse movimento. Alguns analistas até mesmo enxergam nisso uma espécie de "batalha final" para a sobrevivência do modelo de democracia liberal em boa parte do mundo, em um contexto no qual atualmente 68% da população global vive em países com regimes políticos autoritários, contra 48% em 2010[12].

BEM-ESTAR SOCIAL, ECONOMIA E ESTADO

É razoável assumir que a grande maioria dos seres humanos quer ser feliz. E não somente em um ou outro momento, mas na maior parte do tempo de suas vidas. E que suas vidas sejam as mais longas possíveis, de forma saudável.

Mas o que vem a ser felicidade, utilidade ou, ainda, bem-estar subjetivo? Não muito tempo atrás, bem-estar e consumo de bens/serviços eram tratados, na teoria e na prática, como sinônimos quase perfeitos –

---

11   Para mais detalhes, ver Case e Deaton (2020).

12   De acordo com o *Democracy Report* 2021, preparado pelo *think-tank* V-Dem. Disponível em: https://www.v-dem.net/en/publications/democracy-reports/. Acesso em: 17 jul. 2021.

algo que só foi reforçado com a "vitória" do capitalismo sobre o socialismo real, após o colapso da União das Repúblicas Socialistas Soviéticas no final dos anos 1980.

Foi nesse contexto que o PIB *per capita* acabou se tornando a principal métrica, senão a única, para se aquilatar o desenvolvimento econômico e social de um país – em termos absolutos (em relação a ele mesmo, ao longo do tempo) e em termos relativos.

Contudo, nas últimas décadas essa visão vem sendo reavaliada em várias dimensões. Um primeiro e importante passo nessa direção veio com a criação, em 1990, do Índice de Desenvolvimento Humano (IDH) pelos economistas Mahbub ul Haq e Amartya Sen, o qual combinava, além da renda *per capita*, indicadores de escolaridade e longevidade, mudando o foco da análise do desenvolvimento econômico e social para o indivíduo.

Alguns anos mais tarde, floresceram inúmeros estudos nas áreas de economia comportamental e economia da felicidade, que alimentaram questionamentos crescentes de vários dos preceitos da visão predominante da teoria econômica que emergiu nos anos 1970 (os quais orientaram várias prescrições de política econômica mundo afora, sobretudo nas economias em desenvolvimento)[13].

De fato, diversos trabalhos multidisciplinares conduzidos nas últimas décadas, envolvendo, para além da economia, a sociologia, a antropologia, a psicologia, a neurociência e outros campos do conhecimento científico, sugerem que, embora o bem-estar subjetivo seja altamente correlacionado com a renda absoluta – tanto no nível do indivíduo como em termos dos países –, ele também depende de vários outros fatores. E não necessariamente essa correlação positiva se mantém ao longo do tempo e considerando todos os níveis de renda.

A iniciativa *Better Life Index (Índice de Vida Melhor, em tradução livre)*, lançada em 2011 pela Organização para Cooperação e Desenvolvimento Econômico (OCDE) e que se assenta em vários dos *insights* trazidos por esses novos campos de estudo, ajuda a compreender melhor o que estaria por detrás do "bem-estar subjetivo".

---

13   Clark (2018) fez uma boa revisão bibliográfica da evolução dessa literatura. Embora os primeiros estudos sobre bem-estar subjetivo/felicidade tenham emergido em meados da década de 1970, eles eram tratados como uma mera curiosidade até os anos 1990.

O Índice de Vida Melhor considera que, em um determinando momento do tempo, o bem-estar depende da interação de onze grandes aspectos quantitativos e qualitativos, quais sejam: moradia; renda/riqueza; empregos/salários; comunidade/conexões sociais; educação/habilidades; qualidade ambiental; engajamento cívico; saúde; satisfação pessoal; segurança; e equilíbrio entre trabalho e lazer. A sustentabilidade disso ao longo do tempo, por sua vez, exige que se preserve/desenvolva o capital econômico, o capital natural, o capital humano e o capital social.

Esse olhar mais abrangente sobre bem-estar/felicidade deixa evidente que as políticas públicas, realizadas pelo Estado, desempenham papel fundamental na maximização intertemporal do bem-estar das sociedades, em aspectos que vão muito além da tarefa de tentar produzir apenas o maior PIB *per capita* possível. Ademais, cada vez mais tem sido enfatizada a importância de se observar quem se apropria do crescimento econômico (e não somente o desempenho agregado).

Assim, o Estado é um ator indispensável na consecução desse objetivo, embora ele não esteja sozinho nisso: Daron Acemoglu & Joan Robinson, em seu livro mais recente *"The Narrow Corridor"* (2019), apontam que, em termos históricos, o desenvolvimento econômico, social, político e institucional é resultado tanto de Estados ("Leviatã") como de sociedades fortes, em um jogo de cooperação e contestação ao longo do tempo que reforça esse círculo virtuoso e evita que se degenere ou para situações em que o Estado é excessivamente forte e opressor das liberdades individuais ou para quadros em que os Estados são quase totalmente ausentes, algo que dá margem para guerras civis, opressão de minorias e para uma virtual ausência de sociedade propriamente dita.

O papel do Estado no desenvolvimento econômico e social também pode ser entendido a partir da lógica sugerida por Jean Tirole no livro "Economia do bem comum" (2016). No livro, ele aponta que, muitas vezes, a intervenção estatal é necessária para assegurar que a busca do bem-estar individual não seja incompatível com o bem comum, da coletividade, algo que pode acontecer em função de diversos fenômenos apontados pelas ciências econômica e política, tais como "a tragédia dos comuns", externalidades negativas, falhas de mercado/mercados incompletos, problemas de coordenação, excessivo poder de mercado/falta de competição, dentre outros. Ademais, a existência de externalidades positivas justifica a provisão direta pelo governo e/ou a concessão de subsídios para a oferta de alguns bens públicos, tais como educação, saúde, pesquisa científica básica e infraestrutura urbana e econômica (idealmente mediante avaliações cuidadosas e sistemáticas, em termos *ex-ante e ex-post*, de custo-benefício econômico, social e ambiental).

Já no contexto atual de reavaliação do papel do Estado no desenvolvimento econômico e social, Rodrik e Stantcheva (2021) propuseram o esquema apresentado abaixo como uma espécie de guia para a busca de uma prosperidade inclusiva/compartilhada.

Figura 1. Uma matriz de políticas para uma prosperidade inclusiva

		Em que estágio econômico a política intervém?	
		Estágio pré-produção	**Estágio da produção**
Qual segmento de renda nós nos preocupamos?	**Rendas mais baixas**	Educação primária e políticas voltadas à primeira infância; treinamento vocacional	Salário-mínimo; programas de aprendizes; contribuições reduzidas das empresas para a seguridade social; pacote de benefícios além do salário
Classe média	**Classe média**	Educação superior pública; programas ativos de retreinamento da mão de obra adulta	Políticas industriais; licença ocupacional; treinamento no trabalho; barganha coletiva & conselhos de trabalhadores; políticas compensatórias à abertura comercial
Rendas elevadas	**Rendas elevadas**	Tributação sobre heranças, doações e patrimônio imobiliário	Créditos tributários para Pesquisa & Desenvolvimento; políticas pró-competição e antitruste

Fonte: Rodrik e Stantcheva (2021).

Os autores ressaltam que as políticas descritas nas células dessa matriz 3x3 estão, em alguma medida, interconectadas entre si e por isso é importante que o desenho delas seja feito de forma integrada. Eles também apontam que a ênfase deveria recair sobre medidas pré-distributivas (estágio pré-produção e da produção), embora políticas redistributivas (pós-produção) ainda sejam necessárias (tanto para reduzir a desigualdade de resultados, que pode alimentar instabilidade política, como para financiar as demais políticas, via taxação progressiva sobre renda e patrimônio).

Muitos dos críticos das políticas de bem-estar social, que as associam a uma "cultura de dependência", têm em mente sobretudo essas medidas mais redistributivas (terceira coluna da Figura 1), além de enfatizarem que seu financiamento, por meio da tributação, acaba afetando negativamente a performance econômica como um todo – em especial a tributação sobre o capital, já que isso inibiria investimentos em capital físico e a própria inovação.

Implícito nesse entendimento está a ideia de que haveria um *trade-off*, um dilema, entre eficiência e equidade – como colocado originalmente por Okun (1975). Trata-se, contudo, de uma visão bastante limitada.

Em primeiro lugar, porque esse *trade-off* não existe quando não se está na fronteira tecnológica em termos de produtividade: Andersen e Maibom (2016) apontam que a grande maioria dos países está aquém dessa fronteira, o que significa dizer que são possíveis avanços concomitantes nos dois *fronts* (como aliás fizeram os países escandinavos ao longo dos últimos 60 anos, como apontei no capítulo inicial do livro "Contas Públicas no Brasil", publicado em 2020).

Em segundo lugar porque mesmo para os países que estão na fronteira em termos de produtividade do trabalho, esse *trade-off* entre eficiência e equidade constatado por Andersen e Maibom (2016) não é tão acentuado e não necessariamente se sustenta quando a métrica de desenvolvimento econômico e social considera um indicador mais abrangente do que o PIB *per capita* agregado. Os países escandinavos apresentam uma produtividade do trabalho semelhante à norte-americana agora (ou seja, são tão eficientes quanto a maior economia do mundo), mas seus PIBs *per capitas* são mais baixos, uma vez que há um equilíbrio distinto entre trabalho e lazer (lembrando que o PIB *per capita* é igual à produtividade do trabalho multiplicada pelo número total de horas trabalhadas na economia, dividido pelo total da população). Contudo, os diversos indicadores de felicidade subjetiva mostram um quadro significativamente mais favorável aos escandinavos, indicando que, do ponto de vista do bem-estar social, o *trade-off* entre equidade e eficiência pode ser *misleading*.

Em terceiro lugar, Andersen (2015) aponta que nem sempre é possível tratar separadamente essas duas dimensões, eficiência (entendida como algo associado à performance econômica) e equidade. De fato, seria de se esperar que as redes de proteção social e as políticas de estabilização macroeconômica – que atuam com um seguro contra as adversidades da vida, sejam elas oriundas de fatores mais individuais ou de oscilações cíclicas da economia – aprimorassem o bem-estar da sociedade, na medida em que boa parte dos indivíduos é avessa ao risco[14]. Contudo, ao prover

---

14 Constantinides (2021) estima que o ganho de bem-estar de se eliminar choques idiossincráticos e agregados sobre a renda e o consumo corresponde a 52,3% da utilidade de um membro de uma família.

mais segurança para os indivíduos, essas políticas podem acabar permitindo uma maior assunção de riscos pelos membros da sociedade, impulsionando o empreendedorismo e a inovação (e, portanto, a performance econômica).

Por fim, ainda segundo Andersen (2015), associar o desempenho econômico ao tamanho agregado do Estado (medido pela carga tributária e/ou pela despesa) é algo muito simplista: ele propõe o esquema analítico abaixo para organizar melhor essa discussão.

Figura 2. Efeitos da tributação e dos gastos públicos sobre o crescimento

		Gastos públicos	
		Produtivos	**Não produtivos**
Tributação	**Distorciva**	Ambíguo – possível efeito não linear (formato de "U" invertido")	Inibe o crescimento
	Não distorciva	Impulsiona o crescimento	Neutro em termos de crescimento

Fonte: Andersen (2015).

Com efeito, tão ou mais importante do que o tamanho do Estado, é <u>como</u> ele arrecada os recursos necessários para financiar suas políticas e <u>no que</u> e <u>como</u> ele gasta. No mais, como abordado ao longo desta seção, o papel do Estado vai além de maximizar o PIB *per capita*, na medida em que o bem-estar da sociedade depende de outras dimensões (desigualdades diversas, sustentabilidade ambiental etc.). O Estado também desempenha um papel crucial como um coordenador em situações de crise, sejam elas endógenas ao sistema econômico ou exógenas (como uma pandemia).

O DEBATE SOBRE O PAPEL DO ESTADO NO CASO BRASILEIRO

Usando o arcabouço analítico proposto por Acemoglu e Robinson (2019), apresentado na seção anterior, é possível afirmar que, durante boa parte de nossa história, o Estado brasileiro se aproximou mais de um "Leviatã despótico", com a sociedade bastante enfraquecida em vários aspectos, sobretudo nos estratos de classe média baixa e classe baixa.

As instituições brasileiras, formais e informais, foram moldadas ao longo dos séculos levando em conta o fato de que o modelo de colonização adotado nos países/regiões do "Novo Mundo" ricos em recursos naturais era um modelo baseado em exploração predatória (em países/regiões com menor dotação de recursos naturais o modelo adotado foi mais de ocupação do território). Assim, estão enraizadas no Brasil instituições mais extrativistas, bem como o fato de as elites brasileiras, políticas e econômicas, usarem o Estado para buscar manter seu *status quo*. Isso ajuda a compreender por que o Brasil foi um dos últimos países a acabar com a escravidão, bem como por que diversos governos, autocráticos e democráticos, negligenciaram a importância de medidas que desenvolvessem o capital humano de boa parte da sociedade (por meio de políticas públicas buscando universalizar o acesso à saúde e à educação)[15].

Mas, por uma confluência de fatores que não cabe explorar detalhadamente neste texto, essa inércia institucional foi rompida com a promulgação da Constituição Federal de 1988, alguns anos depois de o Brasil voltar a ser uma democracia. A nova Carta Magna, muitas vezes denominada de "Constituição cidadã", tinha claramente uma essência socialdemocrata, ao instituir a saúde pública universal, ao definir vinculações de gastos para saúde e educação (evitando que esses investimentos, com longos prazos de maturação, fossem excessivamente afetados pelos ciclos políticos-eleitorais), dentre várias outras medidas que criaram uma rede bastante abrangente de proteção social[16].

Entre 1988 e 2013/14, o PIB *per capita* brasileiro praticamente dobrou – desempenho relativo semelhante ao chileno e da média/mediana de quase 170 países nesse mesmo período (e isso a despeito de o Brasil ter conquistado a estabilização da inflação crônica somente a partir de meados de 1994). Ademais, o Brasil também experimentou notável evolução em termos dos demais componentes do IDH, como aponta a Figura 3, abaixo. Saímos de uma faixa de IDH de médio desenvolvimento humano em 1990 para uma de alto desenvolvimento no último quinquênio.

---

15   Para um bom resumo dessa discussão, com diversas referências bibliográficas, ver um texto recente de Pablo Peña Corrales publicado na plataforma Medium ("The elusive quest for economic development in Latin America").

16   Vale notar que, em 1988, o PIB *per capita* brasileiro, de cerca de US$ 8 mil (a preços de 2011 e ajustados pela Paridade do Poder de Compra) era praticamente igual ao PIB *per capita* dos países escandinavos e da Europa continental por volta do começo dos anos 1950 – justamente o período a partir do qual as políticas de bem-estar começaram a se disseminar naquela região (segundo dados da *Maddison Database* 2020).

Figura 3. Evolução do IDH brasileiro e de seus subcomponentes

	Expectativa de vida ao nascer (anos)	Expectativa de anos de escolaridade	Anos médios de escolaridade	Renda nacional *per capita* (em US$ de 2017, PPP)	Índice de Desenvolvimento Humano (IDH)
1990	66,3	12,2	3,8	10251	0,613
1995	68,3	13,3	4,6	11084	0,651
2000	70,1	14,3	5,6	11276	0,685
2005	71,9	13,8	6,3	12208	0,700
2010	73,6	14,0	6,9	14409	0,727
2015	75,0	15,3	7,6	14775	0,756
2016	75,2	15,4	7,7	14139	0,758
2017	75,5	15,4	7,8	14248	0,761
2018	75,7	15,4	7,8	14182	0,762
2019	75,9	15,4	8,0	14263	0,765

Fonte: Relatório de Desenvolvimento Humano/ ONU.

Essa é a visão do "copo meio cheio". Contudo, é importante também lembrar do "copo meio vazio": como explorei em detalhe com diversos indicadores quantitativos no capítulo inicial do livro "Contas Públicas no Brasil" (2020), o Estado brasileiro arrecada mal (no sentido de gerar muitas distorções) e mais do que países de mesmo nível de desenvolvimento econômico e social, além de gastar muito mal os recursos obtidos junto à sociedade, com políticas pouco focalizadas, regressivas, e que não buscam maximizar a igualdade de oportunidades entre os cidadãos brasileiros. Além disso, ainda não está totalmente enraizada na administração pública brasileira (tanto na burocracia como nos governantes) a "cultura" de avaliação das políticas públicas, tanto em termos *ex-ante* como em termos *ex-post*.

Ademais, há, atualmente, alguns elementos novos colocando pressão adicional sobre os Estados de bem-estar social (e mesmo sobre os demais países que não adotam todas essas políticas), como o envelhecimento mais rápido da população, as fortes ondas imigratórias em algumas regiões do globo (envolvendo muitas vezes choques de cultura/religião), as novas relações de trabalho (no âmbito daquilo que tem sido chamado de *gig* ou *freelance economy*, reflexo de transformações tecnológicas associadas à tecnologia da informação), bem como a aceleração da automação/ robotização em várias atividades, não mais restritas à manufatura.

Com efeito, é preciso reformar – e não abandonar – o Estado de bem-estar social, de modo a lidar com esses novos desafios que vêm se colocando, bem como corrigir os "desvios de finalidade" gerados pela captura do Estado por algumas corporações e mesmo por alguns interesses do setor privado.

Nesse esforço de reforma, é importante ter em mente que as políticas públicas devem buscar maximizar as chamadas operações pré-distributivas e minimizar as operações redistributivas. Isso é extremamente importante, pois somente com elevada mobilidade intergeracional o Brasil (e outros países) irão superar a "armadilha da desigualdade/populismo" e caminhar em direção ao desenvolvimento econômico e social inclusivo, cumprindo as metas estabelecidas em 2015 pela agenda Objetivos de Desenvolvimento Sustentável (*Sustainable Development Goals*), liderada pela Organização das Nações Unidas (ONU)[17].

Com efeito, o Estado brasileiro idealmente deveria atuar, via gasto, tributação e regulação, de modo a assegurar a maior equidade horizontal possível em termos da provisão de saúde, educação e segurança à população, bem como proteger os indivíduos mais vulneráveis em circunstâncias mais desfavoráveis. Isto também exige que reformemos nosso arcabouço de política macroeconômica de estabilização, em especial as regras fiscais e os estabilizadores automáticos da tributação e gasto público. Assim, cada um dos indivíduos da sociedade, partindo de bases ("dotações iniciais") semelhantes, teria plena liberdade para tomar suas próprias decisões sobre sua alocação de trabalho/lazer e consumo/poupança ao longo de sua vida, tendo como pano de fundo regras do jogo bem definidas e razoavelmente previsíveis/estáveis, bem como mercados livres e competitivos.

Sobre este último ponto – mercados livres e competitivos –, nada mais equivocada do que a ideia de que isso somente seria possível por meio de um Estado mínimo, como defendem os libertários e defensores do liberalismo "clássico". Para que isso ocorra e se mantenha ao longo do tempo, o Estado, além de garantir os direitos de propriedade, deve atuar ativamente para regular alguns setores (monopólios naturais, por exemplo), para corrigir falhas de mercado/externalidades negativas (como

---

17   A agenda fixou metas para serem cumpridas até 2030 em 17 pilares (erradicação da pobreza; fome zero e agricultura sustentável; saúde e bem-estar; educação e qualidade; igualdade de gênero; água potável e saneamento; energia limpa e acessível; trabalho decente e crescimento econômico; indústria, inovação e infraestrutura; redução das desigualdades; cidades e comunidades sustentáveis; consumo e produção responsáveis; ação contra a mudança global do clima; vida na água; paz, justiça e instituições eficazes; e parceiras e meios de implementação). Para mais detalhes, acessar: https://odsbrasil.gov.br).

poluição, por exemplo), para planejar ações envolvendo a infraestrutura econômica (com a execução podendo ser eventualmente delegada ao setor privado) e, por fim, para promover a concorrência entre as empresas. Convém assinalar que políticas pró-negócios não são sinônimos exatos de políticas pró-mercado, como bem colocado há um bom tempo pelos economistas Zingales e Rajan (2003).

Em resumo: um maior nível de bem-estar, mais espraiado/inclusivo e sustentável (ao longo do tempo e em termos ambientais) não pode prescindir de uma parceria "inteligente" entre Estado e mercados, em diversas dimensões. Isso vale para o mundo e especialmente para o Brasil, uma vez que ainda somos um país de renda média e com uma das maiores desigualdades de renda/riqueza do mundo.

REFERÊNCIAS

ACEMOGLU, Daron; ROBINSON, James A. **The narrow corridor: states, societies, and the fate of liberty**. Nova York: Penguin Books, 2019.

AGUIRRE, Juan; HANNAN, Swarnali. Recoveries after pandemics: the role of policies and structural features. **IMF Working Paper**, 181, 2021.

ALIZADA, Nazifa et al. **Autocratization Turns Viral. Democracy Report 2021.** University of Gothenburg: V-Dem Institute, 2021. Disponível em: https://www.v-dem.net/en/publications/democracy-reports/. Acesso em: 17 jul. 2021.

ANDERSEN, Torben. **The welfare state and economic performance: Bilaga 4, Långtidsutredningen**. Statens Offentliga Utredningar (Sverige), 2015.

ANDERSEN, Torben; MAIBOM, Jonas. The big trade-off between efficiency and equity – is it there? **CEPR Discussion Paper 11189**, 2016.

BEVERIDGE, William. **Social Insurance and Allied Services,** 1942.

CASE, Anne; DEATON, Angus. **Deaths of despair and the future of capitalism**. Princeton: Princeton University Press, 2020.

CLARK, Andrew. Four decades oh the economics of happiness: Where next? **The Review of Income and Wealth**, v. 64 (2), 2018.

CONSTANTINIDES, George. Welfare costs of idiosyncratic and aggregate consumption shocks. **NBER Working Paper**, 29009, 2021.

CUTLER, Tony; WILLIAMS, Karel; WILLIAMS, John. Keynes, Beveridge and Beyond. **Journal of Social Policy**, 16(2), 281-282, 1987.

ESTADOS UNIDOS. Presidente (1981-1989:Ronald Reagan). **Inaugural Address**. 20 jan. 1981. Disponível em: https://www.reaganfoundation.org/ronald-reagan/reagan-quotes-speeches/inaugural-address-2/. Acesso em: 31 ago. 2021.

ESTADOS UNIDOS. Presidente (1993-2001:Bill Clinton). **STATE OF THE UNION ADDRESS**. 23 jan. 1996. Disponível em: https://clintonwhitehouse4.archives.gov/WH/New/other/sotu.html. Acesso em: 31 ago. 2021.

FUNKE, Manuel; SCHULARICK, Moritz; TREBESCH, Christoph. Populist leaders and the economy. **CEPR Discussion Paper,** 15405, 2020.

HAYEK, Fredrich. The road to Serfdom. 1. ed. Chicago: University of Chicago Press, 2003.

ORGANIZAÇÃO DAS NAÇÕES UNIDAS. **Human Development Report 2020: The next frontier**. Disponível em: http://hdr.undp.org/en/2020--report. Acesso em: 17 jun. 2021.

OKUN, Arthur. **Equality and efficiency: the big tradeoff**. Washington: Brookings Institution Press, 1975.

RODRIK, Dani; STANTCHEVA, Stefanie. A policy matrix for inclusive prosperity. **NBER Working Paper,** 28736, 2021.

SALTO, Felipe; PELLEGRINI, Josué (org.). **Contas Públicas no Brasil**. Saraiva, 2020.

STANDING, Guy. **Battling eight giants: basic income now.** Londres: I. B. Tauris & Company, 2020.

TIROLE, Jean. **Economia do bem comum**. 1. ed. Zahar, 2016.

WORLD BANK. **Poverty and Shared Prosperity 2020: Reversals of Fortune.** Washington. DC World Bank, 2020. Disponível em: https://openknowledge.worldbank.org/bitstream/handle/10986/34496/9781464816024.pdf. Acesso em: 17 jul. 2021.

ZINGALES, Luigi; RAJAN, Raghuram. **Saving capitalism from the capitalists: unleashing the power of financial markets to create wealth and spread opportunity**. Princeton: Princeton University Press, 2003.

2

Democracia e inclusão: reflexões sobre parlamentarismo e presidencialismo para o Brasil de 2023

João Villaverde

Rodrigo Brandão

RESUMO: Três *impeachments* de presidentes tornam flagrantes os vícios da forma como o presidencialismo é adotado no Brasil. O número crescente de partidos políticos representados no Congresso Nacional força uma relação crescentemente complexa e volátil. Seria o parlamentarismo a solução óbvia ou, ao contrário, um aprimoramento do atual sistema é a melhor opção? O debate que aqui se apresenta parte dos problemas, passa por breve discussão sobre nossa democracia eleitoral e as lacunas de formação de cidadania no país, e conclui de forma propositiva.

Há uma roda viva curiosa na relação entre presidentes brasileiros e o Congresso Nacional. Essa roda viva envolve alguns nomes, unindo três séculos de política em torno de um ato só, sempre repetido. Com essa repetição – virtuosa para alguns, viciosa para muitos – uma revelação sobre o presidencialismo, nosso sistema de governo.

Primeiro, vamos à curiosidade que salta da roda viva histórica. Em 1954, os deputados federais, como o jovem Ulysses Guimarães (então em primeiro mandato), subiam as escadarias do Palácio Tiradentes, no centro do Rio, para discursar e votar. Lá ficava a Câmara dos Deputados. Naquele ano, em junho, enquanto a seleção brasileira disputava a Copa na Hungria, os parlamentares votavam o primeiro *impeachment* de um presidente em nossa história. Era um processo dramático contra Getúlio Vargas. Ele foi absolvido, mas menos de dois meses depois cometeria o ato último, com o suicídio.

O mesmo Ulysses Guimarães (agora trabalhando da nova capital, Brasília) votava no segundo *impeachment* de nossa história, contra o presidente Fernando Collor, em setembro de 1992. Afastado, Collor é condenado ao ocaso político por 10 anos. No século XXI, volta à política. Em 2016, o senador Collor vota no terceiro *impeachment*: condena a então presidente Dilma Rousseff por crimes de responsabilidade.

Três presidentes sofrendo *impeachments* em um período de tempo curto. Os EUA, de onde copiamos o sistema presidencialista (SADEK, 1992), levaram 233 anos para praticar três *impeachments* presidenciais. Já no Brasil foram três em 62 anos.

Há uma revelação, portanto, sobre nosso sistema de governo. Há problemas graves com o formato do nosso presidencialismo quando o cargo que dá nome a esse sistema – o presidente – é constantemente afastado do cargo.

Seriam problemas intrínsecos ao presidencialismo e, portanto, insolúveis? Se a resposta para essa pergunta for sim, resta claro que o parlamentarismo ressurge como alternativa. Por outro lado, se os problemas com nosso presidencialismo podem ser solucionados sem alterar o sistema, também nos parece claro que uma discussão franca, nacional, sobre o parlamentarismo – seus pontos fortes e fracos – seria bem-vinda.

É essa a nossa motivação com este capítulo. Temos claro que a sociedade usufruiria de um novo debate sobre sistemas de governo. A última vez em que isso ocorreu foi no início de 1993, quando do plebiscito popular. Houve campanhas de televisão e rádio, comícios nas ruas, uma série de artigos e reportagens na imprensa, publicações de livros sobre teoria e prática, debates acadêmicos e entre movimentos sociais, sindicatos etc. Enfim, um debate aberto. Em 2023, este debate a que mencionamos aqui completará 30 anos. Entendemos ser hoje um momento propício da história nacional para retomarmos essa discussão, à luz dos problemas flagrantes ("a roda viva do *impeachment*").

Se a leitora e o leitor dividem conosco essa inquietação sobre o presidencialismo, as linhas que se seguem devem ser de seu interesse. Devemos aprimorar o presidencialismo ou simplesmente substituí-lo pelo parlamentarismo? Para isso, apresentaremos uma breve discussão sobre democracia, seguida de nossa opção histórica pelo presidencialismo e as idiossincrasias do modelo presidencialista no Brasil. Partiremos então para as dimensões da cidadania, faceta indissociável de um sistema de governo eficiente, qualquer que seja ele e, por fim, na conclusão, ficará clara a urgência deste debate.

A DEMOCRACIA COMO PRINCÍPIO BASILAR

A democracia pode ser entendida como um sistema de governo que possui três atributos básicos: a) eleições competitivas; b) direitos de expressão e associação assegurados aos cidadãos; c) Estado de direito. Podemos dizer que "eleições processam conflitos de forma pacífica se alguma coisa está em jogo, mas não coisas demais" (PRZEWORSKI, 2020)[1]. Parece ser esse o caso das vindouras eleições, que ocorrerão após quatro anos consecutivos de total tensão institucional provocada unilateralmente pelo presidente Jair Bolsonaro.

Os conflitos frequentes (contra governadores e prefeitos, contra o Supremo Tribunal Federal (STF) e o Congresso, contra a imprensa, contra o controle ambiental e contra líderes estrangeiros democráticos, contra a vacinação na pandemia etc.) são marcas do atual presidente desde sua eleição, em fins de 2018. Embora seja conhecida a adoração do presidente pelo regime ditatorial de 1964-85, Bolsonaro sempre manteve na superfície um véu de "defesa" da Constituição e da democracia. Trata-se, portanto, de um exemplo paradigmático do que a literatura especializada em ciência política vem chamando de sub-repção: "o uso de mecanismos legais existentes em regimes com credenciais democráticas favoráveis para fins antidemocráticos" (VAROL, 2015 apud PRZEWORSKI, 2020).

A sub-repção, isto é, o ato de obter um ganho particular sem explicitar totalmente suas razões e interesses, demanda atenção e cuidado. As democracias contemporâneas não devem se preocupar apenas com colapsos, ou seja, quando um grupo político – em geral, de modo violento – apeia outro do controle da nação, tal como ocorreu com o golpe civil-militar de 1º de abril de 1964. No presente, as democracias devem ser protegidas principalmente dos processos lentos e graduais de deslegitimação das normas democráticas levadas a cabo por meio das próprias instituições políticas e que, em geral, não possuem um ponto claro de inflexão que marque o fim da democracia (PRZEWORSKI, 2020; MAINWARING; BIZARRO, 2019; LEVITSKY; ZIBLATT, 2018). Expostos a esse risco, uma questão de natureza contrafactual acaba por se impor: o governo Bolsonaro conseguiria ter ido tão longe com seus movimentos sub-reptícios se nossas instituições fossem diferentes? Precisamente: se fôssemos parlamentaristas

---

1   As citações de PRZEWORSKI (2020) vieram de edição digital (e-book) de seu livro, que não conta com a marcação definida de páginas. Nestes casos, portanto, elas foram suprimidas.

em vez de presidencialistas, seria menor o perigo atual que corre a democracia brasileira?

Para isso, vamos agora investigar como funcionam os dois modelos – o presidencialismo e o parlamentarismo – antes de nos pensarmos nos dois sistemas no contexto brasileiro.

DOIS SISTEMAS

O parlamentarismo é muito anterior ao presidencialismo. Já na baixa Idade Média, o Estado inglês se organizava a partir de seu Parlamento, com os primeiros choques entre parlamentaristas e monarquistas verificados em meados do século XIV (VILLAVERDE, 2019, p.23). Já o presidencialismo surgiu mais de quatro séculos depois, em 1787, com a Constituição dos Estados Unidos, sendo efetivamente implementado dois anos depois, com a eleição do primeiro presidente, George Washington. Basicamente, os dois modelos têm distinções que podem ser resumidas da seguinte forma:

> Presidencialismo é o sistema de governo em que a Chefia do Governo está fundida à Chefia do Estado, formando um comando unipessoal. Quer seja escolhido diretamente pelo eleitorado ou indiretamente por algum tipo de colégio eleitoral, o titular dessas duas funções (Presidente da República) tem um mandato fixo, geralmente de quatro ou cinco anos, que não pode ser interrompido (a não ser no caso de *impeachment*) por um voto do Legislativo. No Parlamentarismo, ao contrário, a Chefia do Estado e a do Governo estão fisicamente separadas e confiadas a titulares distintos. O Chefe de Governo (Primeiro-Ministro) é designado para um mandato em aberto, permanecendo na função enquanto tiver a confiança do Parlamento (LAMOUNIER, 1991, p. 9-10).

Para fins de governabilidade, seja no presidencialismo ou no parlamentarismo um regime funciona bem quando... ele funciona. Simples assim. As demandas sociais são atendidas, com respeito às minorias e com um sistema eficiente de pesos e contrapesos ao governante de turno, independente do formato democrático, se majoritário ou consensual (LIJPHART, 2019, p. 335). Em democracias representativas, o governo é exercido por lideranças políticas filiadas a partidos. Um presidencialismo saudável, democrático, exige boa relação entre os partidos políticos que estão no Congresso e aquele que ocupa a Presidência. Exige-se uma cooperação entre Executivo e Legislativo nesse sistema (LINZ,1994, p.3). Da mesma forma, um parlamentarismo saudável, democrático, exige relações relativamente harmoniosas entre o(a) primeiro(a)-ministro(a) e seu partido.

Em democracias parlamentaristas, o primeiro-ministro é um membro do parlamento e é selecionado pelos partidos que comandam o parlamento, o que virtualmente assegura que ele ou ela serão aceitáveis para os *insiders* políticos. O próprio processo de formação de governo serve como filtro. Presidentes, ao contrário, não são membros do Congresso, nem são selecionados por ele (LEVITSKY; ZIBLATT, 2018, p. 46).

Na prática, no entanto, a teoria é outra. A forma como importamos, no Brasil, os sistemas de governo, em especial o presidencialismo, foi idiossincrática.

O PRESIDENCIALISMO À BRASILEIRA

Entre a Independência, em 1822, e a Proclamação da República, em fins de 1889, o sistema de governo no Brasil foi parlamentarismo. Ou, como diria Bonavides (2006), um "pseudoparlamentarismo" que tentava imitar a potência global naquele século, a Inglaterra. O imperador brasileiro exercia o Poder Moderador e o governo era tocado sob o parlamentarismo, tendo apenas dois partidos grandes.

Com a República, a partir de 1889, o sistema muda. O país passa, então, a copiar a potência econômica mais importante naquela altura da caminhada histórica: os Estados Unidos. Rui Barbosa, grande artífice da Constituição republicana original, nunca escondeu seu objetivo de importar para o Brasil o regramento institucional dos Estados Unidos (EUA) (FAORO, p.748, 2016). Segundo Vilhena (2018), havia a perspectiva de que, adotando por aqui o sistema norte-americano, partilharíamos do mesmo destino.

É digno de nota, para nós, o ensaio em que o modernista Paulo Prado analisa a tristeza brasileira. Prado foi contemporâneo do parlamentarismo e tinha 20 anos de idade quando da Proclamação da República e início do presidencialismo. Escrevendo em fins de 1926, Prado rememora que durante o Segundo Reinado ocorrera a "comédia do parlamentarismo à inglesa". A mudança de sistema de governo, para o presidencialismo, gerou vitalidade inicial. Segundo Prado:

> Além das leis liberais, que eram votadas como se se destinassem ao mais esclarecido dos condados da Inglaterra, e além dos discursos de admirável eloquência parlamentar, só nos ficou, talvez, dessa época falsa e estéril, a consolidação da unidade nacional e a abolição. Apenas duas datas para um longo reinado. O país desconhecia geralmente o que fosse administração pública (...) A questão militar, mal de nascença de que

nunca se curou o país, a desorganização dos partidos, as falhas da administração, o romantismo da abolição, a desordem geral dos espíritos – fizeram a República (...) O profundo abalo da mudança da forma de governo, a inevitável transmutação de valores sociais e políticos, deram a princípio uma aparência de vitalidade ao organismo nacional. Mas não estava longe o atoleiro em que hoje chafurdamos (PRADO, 2011, p.140).

O ensaio de Paulo Prado, escrito há quase um século, termina com um chamado à revolução, de forma a sacudir o estado de coisas do país. Ela viria logo depois, em 1930. O presidencialismo ganharia, então, um novo significado[2].

A forma como o presidencialismo funciona por aqui é, no entanto, idiossincrática. Enquanto, nos EUA, o presidencialismo funciona desde o princípio com apenas dois partidos tendo representatividade (que são, desde 1850, os Republicanos e os Democratas), por aqui o presidencialismo opera com uma miríade de agremiações representadas no Congresso. Desde o fim da Segunda Guerra Mundial, como diagnosticou Abranches (2018), há entre o Executivo e o Legislativo o modelo do "presidencialismo de coalizão". Basicamente, o presidente precisa montar uma coalizão de partidos de forma a ter maioria congressual, de forma a passar projetos de lei de seu interesse – ou, no mínimo, para evitar um *impeachment*.

O presidencialismo de coalizão vem ficando mais complexo com o passar do tempo. O número de partidos (grandes, médios, pequenos e minúsculos) com representação no Congresso foi aumentando dramaticamente. Ainda no começo do presidencialismo à brasileira, o deputado federal paraibano Osvaldo Trigueiro, da União Democrática Nacional (UDN), fez um diagnóstico preciso: "Como nenhum partido [sozinho] está em condições de eleger presidentes, senadores, governadores e prefeitos, as coligações de partidos, dando lugar às mais variadas, imprevistas ou mesmo absurdas combinações, tornam-se não apenas prováveis como imprescindíveis" (MELO, 2019).

Nos anos da II República, entre 1945 e 1965[3], eram basicamente três partidos grandes (Partido Trabalhista Brasileiro (PTB), à esquerda;

---

2 Exceção feita ao breve interregno parlamentarista entre setembro de 1961 e fevereiro de 1963.

3 Em 1965, as eleições diretas para governadores foram relativamente livres, além de contarem com os mesmos partidos (PSD, UDN e PTB) da II República. Somente após aquelas eleições que o regime baixou o AI-2, extinguiu os partidos e cancelou qualquer hipótese de eleição presidencial direta.

Partido Social Democrático (PSD), ao centro; UDN, à direita), com algumas siglas de tamanho pequeno servindo para fortalecer alguma maioria oportunista (caso do Partido Social Progressista (PSP) de Adhemar de Barros e Café Filho). Como "partido âncora" (ou "pivô" entre a esquerda e a direita, para usarmos a nomenclatura de SINGER, 2018, p.140), o PSD servia de ponto de equilíbrio inescapável à governabilidade e, portanto, ao bom funcionamento do presidencialismo. A ditadura extingue os partidos no fim de 1965, colocando em suspenso o modelo de presidencialismo até 1980, quando o regime em seus estertores permite a volta da livre organização partidária. É quando ressurge o presidencialismo de coalizão.

De 1981 até o presente, o jogo ficou mais complexo. Resta claro que na III República, que nasce com a redemocratização, o Partido do Movimento Democrático Brasileiro (PMDB) exerceu o papel de pivô que cabia ao PSD anteriormente. Era necessário ter o PMDB como aliado para garantir o bom funcionamento do sistema. Mas, de partida, a esquerda passou a ter pelo menos dois partidos relevantes. o Partido dos Trabalhadores (PT) de Lula e o Partido Democrático Trabalhista (PDT) de Leonel Brizola; e a direita passou a ter agremiações igualmente robustas no jogo institucional, como o Partido Progressista Brasileiro (PPB) de Paulo Maluf, e o Partido da Frente Liberal (PFL) de Marco Maciel e Antônio Carlos Magalhães. Com o passar dos anos, mais siglas surgiram: de partidos grandes, como o Partido da Social Democracia Brasileira (PSDB), a partidos médios, passando por pequenos e até minúsculos.

No século XXI, o presidencialismo de coalizão continua soberano, mas são quase 30 as siglas com representação no Congresso Nacional. Temos, segundo Nicolau (2017), a maior proliferação partidária de todo o mundo. Sugerimos à leitora e ao leitor um rápido exercício mental aqui: pense quantos partidos brasileiros você consegue citar. Com certeza você pensará em mais de cinco. Talvez uma dezena ou mais. São muitos partidos.

À esquerda, ao centro, à direita, o país passou a conviver com uma miríade de partidos, todos com amplo acesso a recursos públicos e, mais importante para o tema em tela, todos com relativo poder de obstrução legislativa. O que ocorre no país sob Jair Bolsonaro é especialmente simbólico: Bolsonaro entrou no ano eleitoral de 2018 sem sequer ter um partido (EXAME, 2017); em seguida alugou um (o Partido Social Liberal – PSL) e já em seu primeiro ano de mandato deixou a sigla com interesse em criar um novo partido! (MAZUI; RODRIGUES, 2019).

Nosso presidencialismo de coalizão funciona. O problema nessa interpretação, no entanto, é que, para garantir a tão falada 'governabilidade', mantendo a lealdade de sua base de governo para, assim, aprovar a agenda legislativa, o presidente da República tem que fazer muitas concessões: nomeações de apadrinhados para cargos comissionados e diretorias de estatais, execução de emendas parlamentares e até mesmo certa leniência com a corrupção. Para agravar a situação, como as coalizões governamentais não são montadas com base no alinhamento de visões ideológicas, essas negociações precisam ser feitas no varejo (CARAZZA, 2018, p. 119).

São diversos os empecilhos colocados ao parlamentarismo no Brasil. Alguns são conhecidos, como a ojeriza das Forças Armadas ao regime de soberania parlamentar (NÓBREGA, 2010, p.490). Neste sentido, cumpre ter em mente o testemunho de uma figura privilegiada sobre este assunto. Constituinte, senador, ex-presidente da República e um político que também criou um partido, Fernando Henrique Cardoso anotou em suas memórias como se deu a travessia entre sistemas de governo na Constituinte:

> Na Constituinte voltamos ao debate (...) sobre o sistema: presidencialista ou parlamentarista? A questão central é a do ovo e da galinha: sem partidos, como criar um sistema de partidos, como é o parlamentarismo? Por outro lado, como criar partidos que representem os diversos setores da sociedade, seus pensamentos e interesses, quando "autenticamos" o sistema tradicional com ênfase no Poder Executivo? No limite, os partidos dependem ou mantêm conexões com a burocracia e com a situação, com governos locais, estaduais ou com o nacional. Não só criamos uma dependência financeira entre partidos e Tesouro, como criamos um sistema esdrúxulo: parte da Constituição supõe um regime de gabinete e, no final, se aprovou o presidencialismo (...) Não obstante, a Constituição havia sido escrita em momento no qual parecia haver tendência ao parlamentarismo (...) O resultado foi o de uma Constituição com resquícios de um futuro poder parlamentar e a manutenção da tradição cultural e de decisão da regra votada, finalmente, em favor do presidencialismo. Com o tempo, houve crescente fragmentação dos partidos... (CARDOSO, 2021, p.206).

É ingenuidade, no entanto, achar que o parlamentarismo é a senha para lidar com todos os problemas sociais, econômicos e políticos ou para que a política dê conta perfeitamente dos desafios de um mundo que se move cada vez mais rápido e onde a desigualdade de renda vai se firmando como um dos principais desafios do século (PIKETTY, 2014; MILANOVIC, 2020). Afinal, há casos notórios de instabilidade no parlamentarismo, com gabinetes ministeriais sendo formados e dissolvidos em uma velocidade impressionante. Há, no entanto, um padrão visível a olho nu: em países onde o parlamentarismo funcionou de forma estável (como na Inglaterra entre o século XIX e o *Brexit*, de 2016; na Espanha entre 1981 e 2018), eram apenas dois partidos realmente expressivos galvanizando os interesses e ambições sociais[4]. Tal como o presidencialismo nos EUA. Poucos partidos, mas verdadeiramente representativos, tornam os sistemas de governo menos voláteis. Neste sentido, cumpre notar que não foram os sistemas de governo que geraram poucos partidos, mas sim o sistema eleitoral. Com poucos e fortes partidos, tanto o parlamentarismo quanto o presidencialismo podem funcionar bem. Como ensina Lijphart (2019, p.88), nos sistemas com poucos e fortes partidos, as disputas por conjuntos distintos de políticas públicas tendem a ser mais claras para o eleitor – tanto em regimes parlamentaristas quanto em regimes presidencialistas. Além disso, disputas como essas costumam aumentar, a despeito do tipo de regime, a influência dos eleitores de "centro", representados geralmente pela parcela indecisa do eleitorado.

A rigidez do mandato presidencial talvez seja responsável por tornar as democracias em que esse sistema é adotado mais vulneráveis a processos de ruptura democrática. Essa relação causal não é confirmada pela literatura especializada em transições de regimes, mas existem correlações entre esses dois elementos (presidencialismo, de um lado, e retrocessos e colapsos democráticos, de outro) que tornam a suspeita plausível. Przeworski (2020), por exemplo, faz menção a um conjunto de 86 democracias que ruíram e que sobreviveram antes de 2008. Nesse universo,

> Havia 44 democracias parlamentares consolidadas, e, dessas, seis ruíram, 1 em 7,3; dezesseis sistemas mistos (ou semipresidenciais), dos quais um ruiu; e 26 presidenciais, dos quais seis ruíram, 1 em 3,7. A diferença não se deve ao sistema em si: Cheibub mostra que as democracias presidenciais são frágeis quando sucedem ditaduras militares e não civis (PRZEWORSKI, 2020).

---

4   Ao menos desde 1920, o Parlamento inglês foi basicamente ocupado por representantes dos partidos Conservador (à direita) e Trabalhista (à esquerda). Em 2016, a partir do *Brexit*, diversas forças deixam de encontrar eco dentro das estruturas partidárias tradicionais. O surgimento de novos partidos com representação parlamentar força a montagem de coalizões, por vezes oportunista, mas sempre volátil. Da mesma forma a Espanha, cujo parlamento pós-ditadura franquista foi dominado por dois partidos, o PP (à direita) e o PSOE (à esquerda). Por uma série de razões, a partir de 2017, ao menos cinco partidos novos passaram a forçar coalizões, sempre mais voláteis que o regime anterior.

Há, portanto, uma discussão urgente – que serve de pano de fundo para o debate entre sistemas de governo. Trata-se da questão eleitoral e, fundamentalmente, da inclusão genuína de homens e mulheres nas eleições e como a cidadania foi forjada por aqui.

DEMOCRACIA: UMA SOMA DE INCLUSÃO E PARTICIPAÇÃO

Ao processar conflitos políticos por meio de eleições, as democracias fazem com que os governos sejam responsivos às preferências de seus cidadãos, considerados como politicamente iguais (DAHL, 1997). Esquemas fortes de responsividade estão presentes apenas parcialmente nas democracias que conhecemos. Por isso, Robert Dahl – um dos principais teóricos da democracia – faz-se valer do termo "poliarquia" para se referir aos "casos reais de democracia". Ele observa que a responsividade só pode existir, ainda que de modo imperfeito, se aos cidadãos forem garantidas três oportunidades plenas:

1. De formular suas preferências.
2. De expressar suas preferências a seus concidadãos e ao governo através da ação individual e da coletiva.
3. De ter suas preferências igualmente consideradas na conduta do governo, ou seja, consideradas sem discriminação decorrente do conteúdo ou da fonte da preferência (DAHL, 1997, p.26).

A existência dessas oportunidades, por sua vez, depende de uma série de garantias institucionais, como: liberdade de formar e aderir a organizações, liberdade de expressão, direito de voto, elegibilidade para cargos políticos, direito de líderes políticos disputarem apoio (bem como direito de líderes políticos disputarem votos), fontes alternativas de informação, eleições livres e idôneas e, por fim, instituições para fazer com que as políticas governamentais dependam de eleições. Segundo Dahl (1997), essas garantias institucionais constituem duas dimensões distintas dos processos de democratização: a "contestação pública" – ou seja, o exercício da oposição – e o "direito de participar em eleições e cargos públicos" – elemento esse que faz referência à extensão da população incluída na vida política oficial do país. Mais próximos de uma poliarquia estarão os regimes que apresentarem altos níveis nesses dois eixos. Dahl (1997, p.36) aponta ainda que "quanto maior o conflito entre governo e oposição, mais provável é o esforço de cada parte para negar uma efetiva oportunidade de participação à outra nas decisões políticas. Em outras palavras, quanto maior o conflito entre um governo e seus oponentes, mais difícil se faz a tolerância de cada um para com o outro".

É evidente que "baixos custos de tolerância" são favoráveis ao governo, ao passo que "altos custos de supressão" são convenientes à oposição. Devemos nos perguntar, portanto, quais são as condições necessárias para que "baixos custos de tolerância" possam ser compatibilizados com "altos custos de supressão da oposição". Parte da resposta está no pluralismo societal, pois,

> Em sociedades plurais, nenhum grupo social teria acesso exclusivo a qualquer dos recursos de poder, isto é, nenhum grupo social poderia garantir sua preponderância sobre os demais. Pelo contrário. O resultado seria a neutralização recíproca dos grupos em conflito. Em outras palavras, Dahl e a escola pluralista a que ele se filia creditam a preservação da liberdade política à sobrevivência e à contraposição de inúmeros poderes sociais independentes (LIMONGI,1997, p.19).

É visível nesta leitura que a democracia, segundo o modelo dahlsiano, "sustenta-se a partir de um equilíbrio de forças, isto é, quando nenhum grupo social está em condições de eliminar os demais. Sobretudo, é fruto de um cálculo de atores políticos inseridos em uma relação estratégica" (LIMONGI, 1997, p.21). Logo, podemos postular que a realidade política de um país não será um espelho fiel do que se passa na sociedade civil, sendo muito mais um produto das interações estratégicas de atores políticos. Portanto, "se a viabilidade da democracia depende de alguma coisa, o primeiro elemento a ser considerado são as estratégias das forças políticas com capacidade para derrubá-la. E essas estratégias, por sua vez, dependem de interesses estruturais, da distribuição da força militar, e dos arranjos institucionais" (PRZEWORSKI, 2008, p.3-4).

Por mais que um país seja formado por cidadãos que valorizem pouco a democracia ou por mais que apresente uma história como a brasileira, na qual, como veremos, os direitos que constituem a cidadania foram desenvolvidos com dificuldade, os riscos de um rasgo autoritário dependerão muito mais das posições e das interações entre os diferentes setores de sua elite política. Nesse sentido, vale registrar que

> Seis meses antes do golpe no Chile, apenas 27,5% dos entrevistados achavam que "um golpe militar é conveniente para o país". Se a democracia precisa de democratas, se sua existência depende de atitudes individuais, é um tema controverso. Ainda que a resposta seja afirmativa, a relação de causa e efeito entre respostas de pesquisas e o desgaste da democracia deve depender das ações de grupos políticos organizados. Respostas a

pesquisas são informativas, mas não proféticas. Para começar, ninguém sabe o que as pessoas, em diferentes países e diferentes momentos, entendem por democracia quando lhes perguntam se esta é a melhor forma de governo, ou se é essencial que seu país seja governado democraticamente. Embora as elites vejam a democracia em termos institucionais, várias pesquisas indicam que o público em geral costuma concebê-la em termos de "igualdade social e econômica" (PRZEWORSKI, 2020).

Alguns autores, no entanto, parecem enxergar, na contramão de Dahl (1997), a ampliação do eleitorado como um fenômeno digno de cautela. Tomemos o clássico ensaio "Political development and political engineering" (1968), de Giovanni Sartori, como exemplo. Para ele, um sistema eleitoral é tanto mais forte quanto maior a sua capacidade de "fabricar maiorias", o que se deve mais à magnitude do distrito do que a fórmulas eleitorais majoritárias. Já um sistema partidário forte é aquele no qual os partidos conseguem oferecer ao eleitor uma imagem do partido – e não de candidatos isolados –, a qual, no entanto, só será apreendida se o eleitorado for suficientemente preparado para conseguir realizar operações mentais de abstração.

Seguindo a lógica de Sartori, é possível afirmarmos que, ao se aterem a partidos e ao compreenderem que a disputa eleitoral é tão mais acirrada quanto menor a magnitude eleitoral, os eleitores passarão a se aglomerar em torno de uma quantidade reduzida de partidos. Diante disso, não é exagero afirmar que um baixo número de partidos seria uma marca de "evolução política", a qual, ao menos na década de 1960, seria exibida apenas pelo Chile entre os países da América Latina. Já nas demais localidades da região, "[...] a inclusão maciça de setores incultos e necessitados das massas populares não [...] [faria] nenhum bem a qualquer democracia nascente [...]" (SARTORI, 1968, p.277), uma vez que apenas contribuiria para a multiplicação partidária.

O Congresso brasileiro era um dos mais poderosos da América Latina até abril de 1964, aponta Stepan (1975), o que, além de conferir força e visibilidade aos projetos políticos de sua autoria, tornava o seu apoio fundamental à implementação de qualquer iniciativa do Poder Executivo. Todavia, quando já próximo do golpe militar, o parlamento brasileiro daquele período estaria enfrentando grandes dificuldades para apoiar e estruturar demandas políticas diversas. Para Stepan (1975, p. 104), tal debilidade pode ser explicada, entre outros fatores, pela crescente expansão do eleitorado no período 1945-64: "o número total de eleitores aumentou de 6.200.805, na eleição presidencial de 1945, para 14.747.221 nas eleições para governador e para o Congresso, em 1962".

O aumento do número de eleitores teria sido um elemento perturbador da ordem política porque, junto com ele, aumentaram não só a quantidade das demandas sociais, mas também a natureza delas. Nesse sentido, vale destacar também – ainda segundo Stepan (1975) – que, naquele curto período de tempo, o eleitorado rural não só cresceu, como também passou a fazer novos tipos de reivindicações. Isso teria acontecido com o eleitorado urbano, mas, nesse caso, as mudanças teriam sido ainda mais significativas, pois, além de ser mais comprometido com as suas próprias demandas, essa parcela da população saltara de 19 milhões para 32 milhões no curso da década de 1950. O cientista político ora em voga aponta ainda que tais mudanças sociopolíticas foram acompanhadas por um decréscimo na capacidade governamental de extrair rendas da população, impedindo a classe política de responder as demandas que se diversificavam.

Como se pode perceber, pela argumentação de autores como Sartori (1968) e Stepan (1975), o número de partidos na arena legislativa dependeria fortemente do número de partidos na arena eleitoral. Tal conexão tornaria a vida política oficial de um país um espelho das mudanças observadas no seio de sua sociedade civil. Por esse esquema, aumento e diversificação de demandas sociais em um país como o Brasil, no qual os indivíduos parecem se relacionar mais com os candidatos do que com os partidos, culminaria em uma fragmentação partidária na arena eleitoral, a qual, por sua vez, se reproduziria na arena legislativa, conduzindo, assim, à ingovernabilidade. Essa é uma das razões pelas quais a representação proporcional – sistema eleitoral utilizado para a formação da Câmara dos Deputados tanto no período 1946-1964 quanto no pós-1988 – sempre foi vista com receio por diferentes autores, como, por exemplo, Abranches (1988), e que embasa uma máxima popular até hoje: a de que o presidente quer governar e o Congresso não deixa. Aliás, lembramos aqui do anátema lançado por Ulysses Guimarães durante as eleições presidenciais diretas de 1989. Assistindo à disparada de Fernando Collor nas pesquisas, Ulysses, um profundo conhecedor do Congresso Nacional e da Constituição que acabara de ser promulgada, soltou: "Governo no Brasil é presidente da República *mais* Congresso Nacional. Presidente sem Congresso não governa".

Por certo, sistemas eleitorais podem atenuar ou, ao contrário, provocar crises políticas. Esse entendimento encontra eco, por exemplo, em diagnósticos sobre a crise atual pela qual passa a democracia em todo o mundo.

Talvez o melhor diagnóstico da situação atual em muitas democracias seja "partidarismo intenso com partidos fracos". Eleições democráticas só processam conflitos de maneira pacífica quando os partidos conseguem estruturar os conflitos e conduzir as ações políticas visando as eleições. Instituições representativas só absorvem conflitos se todos tiverem o direito de participar dessas instituições, se os conflitos forem estruturados por partidos políticos, se os partidos tiverem a capacidade de controlar seus correligionários e se essas organizações forem incentivadas a buscar seus interesses através do sistema representativo (PRZEWORSKI, 2020).

Vale notar ainda que a história brasileira recente é exemplo claro da importância dos sistemas eleitorais. Até as eleições de 2016, permitimos que os partidos se coligassem para a eleição de deputados (federais e estaduais) e vereadores, e, até as eleições de 2018, não tínhamos cláusula de barreira. Essa combinação é uma das razões pelas quais temos, atualmente, 33 partidos registrados no Tribunal Superior Eleitoral (TSE), sendo que 24 deles possuem representação na Câmara dos Deputados, o que dificulta a construção de alinhamentos entre os poderes executivo e legislativo.

Mas, ao menos em formulações como as de Sartori (1968), o problema parece estar mais no eleitor do que no sistema eleitoral. Desconfianças como essa em relação ao eleitor latino-americano, em geral, e ao brasileiro, em particular, devem-se ao modo como o eleitorado da região foi formado, mais exatamente, como os direitos civis, políticos e sociais foram conquistados por aqui. Essa trinca de direitos constitui o que T. H. Marshall, em seu icônico ensaio "Cidadania, Classe Social e Status" (1967), chama de cidadania. Ao se debruçar sobre a história de países europeus, o estudioso identificou que, nessas localidades, a sociedade civil teria conquistado, inicialmente, os direitos civis, os quais permitiram a reivindicação dos direitos políticos, que, ao serem exercidos, levaram à conquista dos direitos sociais.

No Brasil, como se sabe, a construção da cidadania não seguiu este caminho (CARVALHO, 2002). Aqui, os direitos políticos precederam os civis no início do período imperial, assim como os sociais tomaram a dianteira entre 1930 e 1945. Nos dois casos, os direitos desfrutados teriam resultado de concessões estatais e não de conquistas da sociedade civil, logo, seriam pouco enraizados entre os cidadãos. Em virtude disso, alguns críticos da democracia brasileira entendem que, por aqui, os direitos civis, políticos e sociais não só seriam altamente dependentes dos desígnios estatais, como também os cidadãos brasileiros não estariam habituados a apreciar e a lutar pela conquista e pela manutenção de tais direitos. Ou seja, por uma histórica falta de intimidade com a cidadania, os cidadãos brasileiros também seriam fortemente dependentes das determinações do Estado. Nessa relação, esses indivíduos pouco afeitos à cidadania frequentemente aceitariam restrições em alguns de seus direitos em benefício da expansão de outros – um entendimento ainda comum nos dias de hoje e que encontra eco, por exemplo, na ideia de que cidadãos pobres estariam dispostos a "vender" seus votos a governos que lhes garantam benefícios sociais.

Se a cidadania brasileira encontra obstáculos a seu desenvolvimento desde os seus primórdios, não nos resta outra opção que não a realização de uma análise histórica que retroceda até o período colonial brasileiro, o qual foi marcado, como sabemos, pela escravidão e pela grande propriedade.

A CIDADANIA NEGADA

É preciso dizer diretamente: até as eleições municipais de 1985, o país nunca tinha sido uma democracia plena em termos eleitorais. Saímos da ditadura, por óbvio, mas o ponto aqui é que nem mesmo as eleições realizadas de 1945 a 1965 foram realmente democráticas. Apenas quando o voto dos analfabetos foi autorizado por emenda constitucional logo nos primeiros meses do governo José Sarney, em 1985, que pleitos políticos ganharam as roupas realmente democráticas.

Votar livremente não necessariamente assegura participação ativa e cidadã. Mas certamente é o passo fundamental, ao garantir inclusão de milhões de homens e mulheres em um processo antes circunscrito a grupos específicos.

É nesta chave agora, da cidadania, que gastaremos algumas linhas. Sistemas de governo (presidencialismo ou parlamentarismo), em seus tipos-ideais ou em seus aspectos práticos e empíricos, trazem consigo a dimensão da cidadania. Votos livres e universais são eminentemente basilares para o sistema ser considerado democrático, mas precisamos ter sempre em mente nosso "mal maior", nossa "chaga originária". Quando pensamos em sistemas de governo carregamos sempre em mente a seguinte questão: governo de quem para quem?

O país foi forjado no trabalho forçado, de indígenas e negros, mantidos em cativeiro a partir da violência explícita e também de um arcabouço legal inicialmente importado (durante os três séculos coloniais) e depois naturalizado, abrasileirado, com a independência. As leis régias portuguesas, em nossos anos de colônia, e as leis brasileiras, após a Independência, permitiam a escravidão. A prática comercial estimulava a escravidão. As letras (inicialmente de jesuítas, posteriormente de escritores não necessariamente religiosos) justificavam a cultura escravocrata. Por todos os poros – pelo Estado, pela ação comercial privada, pelo credo, pela literatura – o trabalho forçado de milhões e milhões de homens e mulheres era estimulado e defendido. Esse horror não foi de todo rompido de nossa cultura e, entendemos aqui, é parte constitutiva de qualquer debate que trate de sistemas de governo e de partidos políticos no Brasil.

A escravidão de negros africanos (e de angolanos, em particular), foi relevante ao ponto de ensejar guerras ultramarinas. É conhecido o memorial de 1646 do jesuíta Gonçalo João, que demandava a expulsão dos holandeses de Luanda, justificando que "sem Angola não há Brasil" (ALENCASTRO, 2000, p.226). Que fique claro: sem as angolanas e angolanos traficados por luso-brasileiros e enviados por navios para cruzar o Atlântico e chegar ao trabalho escravo não haveria Brasil. Dito e feito: quase trezentos anos antes das tropas dos EUA cruzarem o Atlântico para participar da Primeira Guerra Mundial, embarcações de guerra saíram do Rio de Janeiro, em 1648, lideradas pelo governador (e traficante negreiro) Salvador de Sá, para lutar em Angola. A guerra pelo controle dos escravos recebia depois justificativas literárias: o padre Antônio Vieira, contemporâneo da guerra, escreveria que o Brasil "vive e se sustenta" de Angola, "podendo-se com muita razão dizer que o Brasil tem o corpo na América e a alma na África" (ALENCASTRO, 2000, p.232).

A escravidão da maior parte dos habitantes do Brasil foi o fio condutor dos diferentes ciclos econômicos que perpassam os três séculos entre 1550 e 1850, quando ao menos 4,9 milhões de africanas e africanos chegaram vivos para trabalhar como escravos no Brasil (segundo dados compilados pelo consórcio de pesquisadores do Trans-Atlantic Slave Trade Database).

Esses elementos representaram verdadeiros golpes à formação de cidadãos. A escravidão e a subsequente marginalização social-eleitoral representou completa afronta à noção de igualdade de todos perante a lei.

Tais obstáculos à constituição da cidadania não foram superados pós-Independência, uma vez que ela não teve qualquer contribuição imediata à superação da escravidão e da estrutura de poder local baseada na grande propriedade. Ao contrário: "o cativeiro africano, a expropriação indígena, a desigualdade social e a exclusão da larga maioria da população da cena política foram violentamente reafirmados" (KRAUSE; GOYENA SOARES, cap. 3, no prelo). Nesse contexto, a partir do segundo quartel do século XIX, saía-se vitorioso o grande proprietário de terras que conseguisse arregimentar o maior número de dependentes, manobra essa que, não raro, tornava as eleições fraudulentas e violentas. Diante desse cenário muitas vezes caótico, ganhou força a interpretação segundo a qual tal desordem devia-se não às práticas ilícitas dos chefes locais, mas sim ao suposto despreparo dos eleitores pobres e analfabetos. "Tratava-se, sobretudo, de reduzir o eleitorado à sua parte mais educada, mais rica e, portanto, mais independente" (CARVALHO, 2002, p.36). Tal ideia escorava-se no fato de que a redução do eleitorado traduzir-se-ia em redução de custos para os grandes proprietários, pois estes poderiam passar a manter um número menor de dependentes.

Graças a alterações constitucionais realizadas em 1881, o eleitorado pôde, enfim, ser reduzido. As exigências de renda foram elevadas, o voto passou a ser facultativo e os analfabetos foram proibidos de votar. Essa última restrição foi a mais significativa, pois cerca de 85% da população era analfabeta (CARVALHO, 2002). Restrições dessa natureza significaram um retrocesso em relação à expansão do eleitorado, retrocesso esse que, além de ir na contramão do que se observava no mesmo período em outros países, foi mantido após a Proclamação da República.

Além de perpetuar esse golpe aos direitos políticos, a Primeira República foi marcada pelo fortalecimento dos chefes locais, o que representou um novo abalo no exercício do voto. Conhecido como *coronelismo*, tal fortalecimento baseou-se em uma aliança dos mandatários locais (os coronéis) com o governo central. Mais precisamente, tal fenômeno pode ser definido como um pacto no qual

> o governo estadual garante, para baixo, o poder do coronel sobre seus dependentes e seus rivais, sobretudo cedendo-lhe o controle dos cargos públicos, desde o delegado de polícia até a professora primária. O coronel hipoteca seu apoio ao governo, sobretudo na forma de votos. Para cima, os governadores dão seu apoio ao presidente da República em troca do reconhecimento deste de seu domínio no estado (CARVALHO, 1997).

Perder eleições era o mesmo que perder todo o poder político local, logo, as disputas entre os chefes locais tornaram-se ainda mais intensas, colaborando para o fortalecimento das fraudes eleitorais. Essas, no entanto, não eram prerrogativas brasileiras, uma vez que também modelos de democracia como a Inglaterra, mesmo após a realização de inúmeras reformas, mantiveram redutos eleitorais dominados por determinados políticos ou famílias. Feito esse esclarecimento, retornemos à realidade brasileira para destacarmos que o coronelismo, ao fortalecer os poderes dos grandes proprietários, dificultava o exercício dos direitos civis, contribuindo, assim, para que os direitos políticos também fossem exercidos de modo bastante irregular e insatisfatório.

Dadas essas restrições em relação aos direitos civis e políticos, é claro que, na Primeira República (1889-1930) – assim como na época do Império –, os direitos sociais eram bastante precários. A assistência social, além de ser conduzida fortemente por associações particulares, dependia, no campo, da boa vontade dos coronéis para com os seus dependentes. Ainda assim, é recorrente a visão de que no Brasil, assim como nos outros países da América Latina, "o processo político [...] foi caracterizado pela incorporação das massas às dinâmicas da competição política antes que nós tivéssemos sido bem-sucedidos na institucionalização das regras que tornam a competição política estável" (SANTOS, 1988, p.188 apud CARNEIRO, 2003, p.234), o que explicaria a recorrente instabilidade política da região. Devemos entender, então, que o futuro e o presente de nossa vida política serão para sempre uma presa do nosso passado? Defendemos que não, baseados no entendimento de que a estabilidade política depende, principalmente, do modo como as instituições políticas incentivam e constrangem as estratégias dos diferentes atores políticos na defesa de seus interesses e posicionamentos.

NOS DESAFIARMOS É PRECISO

Se Bolsonaro estivesse no cargo por decisão do Parlamento, os congressistas teriam chances maiores de controlar seus movimentos sub--reptícios? Dada a natureza hipotética da pergunta, é impossível termos qualquer certeza sobre a resposta. Mas, diante do risco de vermos, mais uma vez, nossa democracia ruir, precisamos nos desafiar a pensar novos rumos para o sistema político brasileiro.

Resta claro que, dada a miríade de problemas elencados e aprofundados neste capítulo, não há uma saída simples e definitiva. Nunca há. Com o "mal maior" da escravidão de milhões de homens e mulheres, por mais de três séculos no país, nossa formação de cidadania é claramente prejudicada. Grupos majoritários – de negros traficados, de indígenas cativos – foram marginalizados durante o período colonial e também durante o período parlamentarista (1824-1889). Continuaram marginalizados, por lei e por prática, durante o presidencialismo. Apenas com a redemocratização pós-ditadura militar passamos a gozar, no Brasil, do voto genuinamente democrático (a partir de 1985) e de eleições em que todas e todos podem votar em quem desejarem. O voto pleno, democrático, é crucial para um país que se pretende funcional, seja sob o presidencialismo ou o parlamentarismo. Mas há a dimensão da cidadania que esteve, desde sempre, maculada. Não se trata, aqui, de dizer que os eleitores tenham sido usados como massa de manobra de elites políticas, mas diagnosticar que, com larga margem de pessoas marginalizadas (como eram até 1985, em termos eleitorais), não há sistema de governo que resolva sozinho insatisfações sociais e crescentes volatilidades políticas.

Sob o presidencialismo, passamos por três crises constitucionais máximas: os processos de *impeachment*, que ensejam o afastamento do presidente. Uma "roda viva do *impeachment*" é evidente e reveladora. Ela une Getúlio Vargas, Fernando Collor e Dilma Rousseff em um mesmo fio da história. No presente, sob Jair Bolsonaro, flagrantes atentados à Constituição foram praticados periodicamente.[5] Contra ele, no entanto, um procedimento de *impeachment* não foi tentado. Como vimos também neste capítulo, temos no país um presidencialismo à brasileira, que enseja a formação de (cada vez maiores) coalizões de partidos. Com dezenas de partidos políticos representados no Congresso, ambos presidencialismo e parlamentarismo tendem a ser extremamente voláteis. Há urgência para partidos mais representativos, conectados ao tempo presente, às redes sociais (mas não apenas elas), à luta pela proteção ambiental, que compreendam e dialoguem com as diferentes forças vivas da sociedade. Menos partidos, porém fortes e vivos, farão bem ao presidencialismo – além de serem absolutamente imprescindíveis ao parlamentarismo, caso troquemos de regime.

É preciso retomar o debate sobre sistemas de governo no país. Um debate maduro, três décadas depois do último, pode ser feito tendo como pano de fundo a necessária inclusão de grupos e etnias nos marcos civilizatórios, de defesa de minorias, de respeito às diferenças e de proteção social. Parte dos esforços para isso passa por sabermos se queremos continuar insistindo no presidencialismo de coalizão – que, teoricamente, pode ser governável, mas que, empiricamente, apresenta evidências contraditórias em relação a isso –, ou explorarmos caminhos novos.

---

5   Crimes como tentar dissolver o Congresso Nacional, atrapalhar investigações, violar o direito à vida dos cidadãos na pandemia, incitar militares à desobediência à lei e não agir contra subordinados que agem ilegalmente. Todos previstos na Lei n. 1.079/1950, a "Lei do *Impeachment*". Um pedido de *impeachment* protocolado em julho de 2021 listou 23 crimes de responsabilidade (BBC, 2021). Essa lista aumentou após a conclusão da CPI da Pandemia no Senado Federal, em outubro de 2021 (TEIXEIRA, 2021).

REFERÊNCIAS

ABRANCHES, Sérgio. **Presidencialismo de coalizão: raízes e evolução do modelo político brasileiro.** São Paulo: Companhia das Letras (Cia das Letras), 2018.

ABRANCHES, Sérgio. Presidencialismo de coalizão: o dilema institucional brasileiro. **DADOS**, v. 31, n. 1, p. 5-34, 1988.

ALENCASTRO, Luiz Felipe de. **O Trato dos Viventes: a formação do Brasil no Atlântico Sul.** São Paulo: Companhia das Letras, 2000.

BOLSONARO, o candidato (ainda) sem partido para 2018. **EXAME Hoje**, São Paulo, 22 dez. 2017. Disponível em: https://exame.com/brasil/bolsonaro-o-candidato-ainda-sem-partido/. Acesso em: 12 dez. 2021.

BONAVIDES, Paulo. **Curso de direito constitucional**. São Paulo: Malheiros, 2006.

CARAZZA, Bruno. **Dinheiro, eleições e poder.** SP: Cia das Letras, 2018.

CARDOSO, Fernando Henrique. **Um intelectual na política**. SP: Cia das Letras, 2021.

CARNEIRO, Leandro Piquet. Democratic consolidation and civil rights: Brazil in comparative perspective. In: KINZO, Maria D' Alva & DUNKERLEY, James. **Brazil since 1985 – economy, polity and society**. Londres: Institute of Latin American Studies, p. 232 a 250, 2003.

CARVALHO, José Murilo. Mandonismo, Coronelismo, Clientelismo: uma discussão conceitual. **DADOS**, 40(2), p. 229 a 250, 1997.

CARVALHO, José Murilo. **Cidadania no Brasil**. Rio de Janeiro: Civilização, 2002.

DAHL, Robert. **Poliarquia – Participação e Oposição**. São Paulo: Edusp, 1997.

FAORO, Raymundo. **Os donos do Poder**. São Paulo: Globo, 2016.

KRAUSE, Thiago & GOYENA SOARES, Rodrigo. **Império em Disputa: Coroa, Oligarquias e Povo na Formação do Estado brasileiro (1823-1870)**. Rio de Janeiro: FGV Editora (no prelo).

LAMOUNIER, Bolívar. Parlamentarismo, sistema eleitoral e governabilidade. **Nova Economia**, Belo Horizonte, v. 2, n. 2, p. 9-25, 1991.

LEVITSKY, Steven; ZIBLATT, Daniel. **Como as democracias morrem**. SP: Cia das Letras, 2018.

LIJPAHRT, Arend. **Modelos de democracia**. Rio: Civilização Brasileira, 2019.

LIMONGI, Fernando. Prefácio. In: DAHL, Robert. **Poliarquia – Participação e Oposição**. São Paulo: Edusp, 1997.

LINZ, Juan J. Presidential or parliamentary democracy: does it make a difference? In: LINZ, J. J.; Valenzuela, A. (eds.). **The failure of presidential democracy: the case of Latin America**. Baltimore: The John Hopkins University Press, v.2, 1994.

MAINWARING, Scott; BIZARRO, Fernando. O que aconteceu com as democracias da terceira onda? **Journal of Democracy em Português**, v. 8, n. 1, 2019.

MARSHALL, T. H. **Cidadania, Classe Social e Status**. Rio de Janeiro: Zahar, 1967.

MAZUI, Guilherme; RODRIGUES, Paloma. Bolsonaro anuncia saída do PSL e criação de novo partido. **G1 e TV Globo**, Brasília, 12 nov. 2019. Disponível em: https://g1.globo.com/politica/noticia/2019/11/12/deputados--do-psl-dizem-que-bolsonaro-decidiu-deixar-partido-e-criar-nova--legenda.ghtml. Acesso em: 12 dez. 2021.

MELO, Marcus André. A democracia liberal no Brasil. **Folha de S. Paulo**, 2019. Disponível em: https://www1.folha.uol.com.br/colunas/marcusmelo/2019/01/a-democracia-liberal-no-brasil.shtml. Acesso em: 17 jul. 2021.

MILANOVIC, Branko. **Capitalismo sem rivais**. São Paulo: Todavia, 2020.

NICOLAU, Jairo. **Representantes de quem?** Rio de Janeiro: Zahar, 2017.

NÓBREGA, Maílson. **Além do feijão com arroz**. Rio: Civilização Brasileira, 2010.

PIKETTY, Thomas. **O Capital no Século XXI**. Rio de Janeiro: Intrínseca, 2014.

PRADO, Paulo. **Retrato do Brasil**. São Paulo: Companhia das Letras, 2011.

PRZEWORSKI, Adam. **The poor and the viability of democracy**. New York University: Mimeo, 2008.

PRZEWORSKI, Adam. **Crises da democracia**. Edição do Kindle. São Paulo e Rio de Janeiro: Zahar. Edição do Kindle, 2020.

SADEK, Maria Tereza. Parlamentarismo e presidencialismo: representação política, processo decisório e democracia. In: BOITO JR., Armando (org.). **Parlamentarismo e presidencialismo: a teoria e a situação brasileira**. Rio: Paz e Terra, 1992.

SARTORI, Giovanni. Political Development and Political Engineering. **Public Policy,** p. 261-298, 1968.

SINGER, André. **O Lulismo em crise.** São Paulo: Cia das Letras, 2018.

STEPAN, Alfred. **Os militares na política.** Rio de Janeiro: Artenova,1975.

SUPER pedido de *impeachment* de Bolsonaro: quais os 23 crimes de responsabilidade listados no documento. **BBC**, São Paulo, 1.º jul. 2021. Disponível em: https://www.bbc.com/portuguese/brasil-57681960. Acesso em: 12 dez. 2021.

TEIXEIRA, João Carlos. Saiba mais sobre os crimes listados pela CPI da Pandemia. **Agência Senado**, Brasília, 25 out. 2021. Disponível em: https://www12.senado.leg.br/noticias/materias/2021/10/25/saiba-mais-sobre-os-crimes-listados-pela-cpi-da-pandemia. Acesso em: 12 dez. 2021.

VILHENA, Oscar. **A batalha dos poderes.** São Paulo: Companhia das Letras, 2018.

VILLAVERDE, João. **Controle do soberano**, 2019, 168 f. Tese (Mestrado em Administração Pública e Governo) – Fundação Getulio Vargas, São Paulo.

3

Sistemas eleitorais e o voto distrital misto

Leandro Consentino

RESUMO: Este capítulo tem como objetivo debater o conceito de sistemas eleitorais e a evolução do sistema eleitoral brasileiro, concluindo com a proposta do voto distrital misto, destacando as vantagens deste modelo para o aperfeiçoamento de nossa democracia. A ideia é contribuir com o projeto da Reconstrução, pautando a discussão acerca da chamada reforma política e estabelecendo as linhas mestras para um amplo debate acerca de nosso modelo político vigente e das eventuais melhorias que devem buscar a estabilidade do regime democrático e evitar arroubos autoritários como os que, infelizmente, assistimos nos últimos anos.

INTRODUÇÃO

Desde a década de 1990, a reforma política é uma daquelas constantes prioridades jamais cumpridas. Faz parte do rol de questões fundamentais dos grandes temas que embalaram nosso sonho de desenvolvimento após a abertura política em 1988 e a estabilização da moeda em 1994. Contudo, como aponta o ex-presidente do Banco Central, Gustavo Franco, em seu mais recente livro "Lições Amargas" (2021), talvez seja o momento de reformarmos a ideia de reformas.

Para isso, contudo, é preciso empreender o esforço de entender essas reformas e tal será a tentativa deste capítulo, cujo intento essencial será o de compreender a ideia por trás da propalada reforma política, concentrando-se nas propostas em voga, com destaque para a ideia do sistema distrital misto, sendo aquela que acreditamos ser a mais acertada em caso de uma reforma eleitoral.

Antes de mais nada, é preciso lembrar que a escolha do sistema eleitoral, no dizer do eminente estudioso Jair Nicolau (2004), "não esgota as normas que regulam uma democracia [na medida em que] existem uma série de outros aspectos que são importantes numa eleição: quais são os eleitores aptos a votar; se o voto é obrigatório ou facultativo; os critérios para apresentação de candidatos; as normas de acesso aos meios de comunicação; os mecanismos de controle de gastos de campanha e acesso ao fundo partidário; as normas para divulgação de pesquisas; as regras de propaganda eleitoral".

A despeito disso, o conceito de reforma política no Brasil sempre foi quase que um sinônimo da mudança de seu sistema eleitoral, o qual está associado justamente às normativas ligadas à realização dos pleitos em uma determinada circunscrição. Para uma definição mais acurada, recorremos ao trabalho de Octavio Cintra (2005), que compreende um sistema eleitoral como o conjunto de regras ligadas à: i) a área geográfica sobre a qual os representantes disputam os votos – também conhecida como circunscrições ou distritos; ii) os graus de liberdade de que goza o eleitor no momento da votação; e iii) a maneira como se atribuem os vencedores ou, como se diz usualmente, como se traduzem os votos em cadeiras.

Além disso, dois alertas são sumamente importantes nessa discussão. O primeiro deles é saber que os sistemas eleitorais estão em constante evolução e não é possível, tampouco desejável, analisar eventuais mudanças em suas regras e as respectivas consequências tomando por base apenas um pleito. Já o segundo diz respeito ao fato de que não existe uma gradação qualitativa quando tratamos de sistemas eleitorais, sendo impossível, portanto, definir o melhor de todos os sistemas eleitorais. Trata-se de definir, apenas e tão somente, a melhor escolha para determinada realidade política e social dos respectivos países.

Retomando a definição de Cintra, podemos classificar os tipos de sistemas eleitorais em três famílias distintas, a saber: o majoritário, o proporcional e o misto. No caso do modelo majoritário, prevalece o princípio da maioria, ou seja, aquele que tiver o maior número de votos será necessariamente eleito em uma determinada circunscrição eleitoral para um determinado cargo.

Nesse caso, é importante ter presente que a contabilidade que define uma maioria pode variar em cada caso, inclusive com a possibilidade de mais de um turno para aferir sua real dimensão. O Brasil, por exemplo, adota o sistema majoritário para a eleição de todos os cargos do Poder Executivo e para compor o Senado Federal, a casa que representa as unidades federativas do Congresso Nacional.

No caso da Presidência da República, dos Governos Estaduais e dos Prefeitos Municipais de cidades com mais de 200 mil eleitores, o vencedor do pleito precisa obter os votos de uma maioria absoluta que, caso não seja conquistada na primeira rodada, deve necessariamente emergir da disputa entre os dois candidatos mais bem postos. Já no caso dos prefeitos de municípios menores – com população inferior a 200 mil eleitores – e dos senadores, a maioria precisa ser apenas relativamente maior que a de seus oponentes, não importando se é absoluta.

Fica patente que os sistemas majoritários acabam por levar a um arranjo cujo resultado é de que o "vencedor leva tudo", ou seja, os votos dos perdedores acabam sendo necessariamente descartados, seja no caso de uma vitória acachapante (por exemplo, de 99% contra 1%) ou no caso de uma vitória extremamente apertada (por 51% a 49%).

Por essa razão, embora este sistema seja bastante adequado para eleger representantes do Poder Executivo, onde uma só visão de governo deve nortear o comando da administração, trata-se de um sistema com certas limitações para compor os corpos legislativos, em razão de suprimir a possibilidade de contemplar as diferentes correntes ideológicas e políticas presentes na sociedade.

Diante disso, uma alternativa é justamente adotar um sistema eleitoral proporcional, cuja nomenclatura reflete a ideia de permitir a expressão eleitoral das diversas correntes ideológicas e políticas em disputa, respeitando o quinhão de cada uma dessas distintas parcelas da sociedade. Para tanto, o Brasil, por exemplo, adotou esse sistema eleitoral proporcional para todos os cargos do Poder Legislativo, com exceção dos já mencionados senadores: os deputados federais, os deputados estaduais e distritais e os vereadores. Nesse caso, múltiplos vencedores conquistam cadeiras proporcionais em determinadas delimitações territoriais denominadas distritos.

Cabe salientar que a fórmula para alocar essas cadeiras obedece a uma lógica que pode ser vinculada a uma lista pré-ordenada pelos partidos políticos ou, como no caso brasileiro, por uma lista aberta à ordenação do eleitor. Nesse caso, a chamada lista aberta contempla os candidatos mais votados em determinado partido político, após a distribuição de cadeiras proporcional a cada um.

Como podemos observar, a República Federativa do Brasil se estrutura em um sistema eleitoral misto, permitindo que funções distintas sejam eleitas por meio de fórmulas diferentes. Dessa maneira, é preciso compreender o que cada uma dessas escolhas representa, detalhando cada um desses sistemas eleitorais em sua origem, suas características e as possíveis mudanças e aperfeiçoamentos que podem ocorrer no âmbito desses sistemas, sobretudo levando em conta a experiência internacional.

Assim, o conhecimento e a compreensão dos sistemas eleitorais de cada país mostram-se essenciais para verificarmos a dinâmica dos dois modelos e até mesmo observar a interação entre eles no que diz respeito a características como governabilidade, representatividade, fragmentação e relações entre os Poderes, entre outras correlatas.

A melhor maneira para realizarmos tal incursão é recuperar a trajetória histórica de nosso sistema eleitoral, compreendendo que sua estrutura atual é tributária das características culturais e históricas de cada país, produto direto da forma como se estruturaram suas instituições no decorrer do tempo, inscritas em uma lógica *"path dependent"*, seguindo o conceito cunhado por Douglass North (1990).

BREVE HISTÓRIA DO SISTEMA ELEITORAL NO BRASIL

Quando pensamos na história das eleições no Brasil, não é possível deixar de mencionar os pleitos locais que remontam a 1532 – quando houve a eleição para os representantes do Conselho da Vila de São Vicente – o momento em que os portugueses davam seus primeiros passos para o processo de colonização do que viria a ser o nosso extenso país.

Entretanto, a realização de uma eleição geral só viria quase trezentos anos depois, já no contexto da Revolução do Porto de 1820, com a necessidade de indicarmos representantes para as Cortes Gerais, Extraordinárias e Constituintes da Nação Portuguesa, à qual o Brasil era agora Reino Unido. Em tal ocasião, Andrade (2009) relata que, na ausência de uma legislação autóctone, adotamos o capítulo sobre eleições da Constituição espanhola de 1812, o qual determinava que seria eleito um deputado para cada 30 mil habitantes em cada província, em um pleito de caráter indireto e censitário.

Consumada a independência política do Brasil com relação a Portugal, a redefinição de nossas instituições consolidou, na Constituição de 1824[1], um sistema eleitoral que operava apenas para a eleição de repre-

---

1　A Constituição de 1824 foi outorgada em lugar de uma proposta elaborada por uma Assembleia Constituinte, eleita em 1822 e empossada em 1823. Para sua composição, as eleições se deram com base em um decreto de 19 de junho de

sentantes do Legislativo[2] – Câmara Municipal, Assembleia Provincial, Câmara dos Deputados e Senado – dado que o Executivo, além de um quarto Poder Moderador, permaneceu nas mãos do Imperador.

Dadas as características de alistamento tanto de eleitores como de candidatos, tal sistema se apresentava de maneira extremamente elitista, sendo, no caso da Câmara dos Deputados, um pleito a descoberto (não secreto), indireto e censitário. Tais regras, vigentes até 1881, compreendiam um complexo mecanismo em dois níveis em que os votantes sufragavam os chamados eleitores que então elegiam os deputados, ambos credenciados pela renda que possuíam e por critérios de nacionalidade e religiosos[3].

Já para o Senado, além dos mesmos mecanismos, a quantidade de senadores era vinculada ao número de deputados de cada província – proporção de 2:1 – sendo encaminhada uma lista tríplice para escolha do nome pelo Imperador e, uma vez determinado, teria assento vitalício na Câmara Alta do Parlamento. Além disso, os príncipes da Casa Imperial tinham direito a assento garantido, tão logo completassem 25 anos.

De acordo com Andrade (idem), algumas mudanças se deram ao longo dos anos como a inscrição prévia dos eleitores e seu alistamento em juntas eleitorais (1842), a Lei dos Círculos[4] e a previsão das incompatibilidades (1855), as juntas paroquiais de qualificação dos eleitores (1875) e a chamada Lei do Terço[5] (1879).

A alteração mais significativa no Império, contudo, viria com a aprovação da Lei Saraiva em 1881, a qual aboliu o voto indireto e adotou o critério de alfabetização, excluindo um enorme contingente populacional da prer-

---

1822, que alguns consideram como a primeira lei eleitoral brasileira, de cujas bases se extrairiam os mecanismos presentes na própria legislação eleitoral da Carta imposta dois anos depois.

2   A exceção era o cargo local de Juiz de Paz, uma magistratura de "pequenas causas" em âmbito local.

3   Tal modelo simplificava os quatro níveis presentes nas já mencionadas eleições para as Cortes onde se elegiam subsequentemente os compromissários, os eleitores de paróquia, os eleitores de comarca e, enfim, os deputados.

4   Precursora do que viria a ser o "voto distrital", o qual abordaremos mais adiante.

5   De acordo com Ferreira, p.248, (2005), "a Lei do Terço (...) dividia os cargos eletivos a preencher em dois terços para a maioria e um terço para a minoria. Mas os partidos geralmente não se apresentavam sozinhos, e sim em coligações. A coligação que vencesse, ganhando os dois terços, seria formada de elementos de mais de um partido".

rogativa eleitoral, sendo este um direito que só seria reconquistado mais de um século adiante, nos marcos da atual Constituição Federal de 1988.

Dessa maneira, durante o período imperial, o Brasil contou com cinco sistemas eleitorais distintos: i) um primeiro que vigorou de 1824-1855 onde as eleições para as Câmaras dos Deputados se davam contabilizando os mais votados em cada uma das províncias[6]; um segundo que funcionou de 1855 a 1860 e que dividiu as províncias em distritos uninominais menores, alçando à Câmara os mais votados em cada uma dessas circunscrições; um terceiro que funcionou de 1860 a 1875 e manteve os distritos, mas possibilitando a eleição de três representantes em cada um deles; um quarto que operou de 1875 a 1881, retomando o primeiro modelo das províncias como distrito uninominal e, por fim, um último que teve lugar de 1881 a 1889, onde houve o retorno do segundo sistema de distritos uninominais, mas facultando a possibilidade de segundo turno.

Com a queda da Monarquia e a migração para o regime republicano, adveio a necessidade de mudanças no sistema eleitoral com vistas a sua adequação para o sistema presidencialista de governo, prevendo, agora, a eleição dos presidentes dos Estados, dado o caráter federativo do novo arranjo, e um presidente para a República. Tal mudança, contudo, conservaria a moldura social do regime anterior, mantida por meio do Regulamento Alvim (1890), inclusive no que diz respeito ao credenciamento dos eleitores e à apuração dos vencedores nas mãos de juntas locais, além do voto "a descoberto" (ou aberto, como hoje chamamos) e da exclusão de mulheres e analfabetos do direito ao sufrágio.

Além disso, instituíram-se pleitos distintos para Presidente e Vice-Presidente da República, com segundo turno decidido pelo Congresso Nacional e mandato de quatro anos, sem a possibilidade de reeleição. Já na esfera do Legislativo, elegiam-se três senadores por estado com mandato de nove anos (sendo abolida a vitaliciedade) e deputados federais por um mandato de três anos.

Para deputados federais, tivemos três modelos distintos de sistemas majoritários onde os estados eram os distritos, sendo que o que variou em cada momento foi a magnitude deles: i) no primeiro (1890) o eleitor poderia sufragar quantos candidatos fossem as cadeiras nos estados, as quais variavam proporcionalmente de acordo com a população; ii) no segundo (1892-1904), o eleitor poderia votar em dois nomes, sendo eleitos

---

6   Esse sistema se assemelha muito ao que hoje conhecemos como a proposta do "Distritão".

três em cada estado; e iii) no terceiro (1904-1930), com a Lei Rosa e Silva, o eleitor poderia dar quatro votos (inclusive cumulativos) e eram eleitos cinco parlamentares em cada estado.

Nas bases desse modelo, onde Nicolau (2007) afirma que os estados e municípios possuíam autonomia para organizar seus próprios pleitos, assentou-se, ao longo de quatro décadas, a chamada Política dos Governadores, cujas práticas de fraudes e intimidações debilitaram o poder dos eleitores, erigindo um o "coronelismo" magistralmente descrito pelo trabalho de Victor Nunes Leal[7]. Seu esgotamento, com a Revolução de 1930, deu-se justamente pela contestação a essas práticas contrárias à vontade popular, alçando o caudilho Getúlio Dornelles Vargas ao poder para um novo momento histórico do país.

Aliomar Baleeiro (1999) anota que a adoção de um novo Código Eleitoral em 1932 marcaria o advento desse novo período, em que seria possível observar o embrião do que seria uma democracia eleitoral com os seguintes avanços: i) a constituição de uma Justiça Eleitoral como órgão independente e responsável por todas as etapas do pleito; ii) a adoção do sistema proporcional para as eleições ao Legislativo; iii) o voto secreto, direto e estendido a um novo contingente até então excluído: as mulheres.

Além disso, a Constituição de 1934 complementou esta regulação com a redução da idade para alistamento eleitoral de 21 para 18 anos e a introdução da representação classista, prevendo a eleição indireta de deputados eleitos pelas associações patronais e sindicatos classificados em: empregadores, empregados, profissionais liberais e servidores públicos.

No entanto, é preciso ter presente que a vigência tanto do Código de 1932 quanto da Carta de 1934 não alcançou grande longevidade, uma vez que Vargas articulou um golpe de Estado para, em 1937, instaurar um regime ditatorial denominado Estado Novo, permanecendo no poder até 1945. O novo arranjo, com uma Constituição outorgada que suprimia o Poder Legislativo e intervinha fortemente nos Executivos estaduais e no Poder Judiciário, tornava os processos eleitorais irrelevantes.

O fim da terrível ditadura, contudo, trouxe a reintrodução da Justiça Eleitoral[8] e a Constituição em 1946, que, além de alinhar-se

---

7   LEAL, Victor Nunes. **Coronelismo, enxada e voto: o município e o regime representativo no Brasil.** 7. ed. São Paulo: Companhia das Letras, 2012.

8   Tal fato ocorreu ainda em 1945, com o Decreto-lei n. 7.586, de 28 de maio de 1945, onde ainda ficou determinada, a partir de então, a proibição das candidaturas avulsas, isto é, sem filiação partidária.

aos novos ares democráticos advindos do final da Segunda Grande Guerra Mundial, restaurou o avançado Código Eleitoral de 1932 em seus capítulos acerca dos processos eleitorais. Apesar da abertura democrática, duas questões são dignas de nota: i) a instabilidade institucional, que permitiu até mesmo a vigência de um sistema parlamentarista de ocasião; e ii) o avanço da presença militar nesse novo regime, instituindo uma espécie de "moderação" na vida pública do país.

Ambas as características levaram a que, em menos de vinte anos, o então presidente João Goulart fosse deposto e um regime militar de exceção fosse instaurado para comandar o país pelos próximos vinte e um anos. Diante da ascensão dos militares ao poder, foram editados uma série de Atos Institucionais (AIs)[9] que desfiguraram sobremaneira o regime político inaugurado pela Carta de 1946, cassando mandatos populares e limitando a competição político-partidária a duas forças: uma de apoio aos militares (Aliança Renovadora Nacional) e outro de oposição a eles (Movimento Democrático Brasileiro).

Nesse contexto, logo no segundo ano de governo militar (1965), foi editado um novo Código Eleitoral com vigência até nossos dias que, ao lado da Constituição de 1967 e do Ato Institucional n. 5 promoveram o recrudescimento do regime, com o fim das eleições diretas para os principais cargos do Executivo[10] – tais como a Presidência da República, dos Governos Estaduais e das Prefeituras dos municípios tidos como estratégicos – e com o fechamento do Congresso em 1968, a qual resultou em novas cassações de mandatos.

Como o pleito deixou de ser direto, as eleições se deram indiretamente, primeiramente pelo Congresso Nacional – em 1964, 1966 e 1969 – e, depois pelo chamado Colégio Eleitoral – em 1974, 1978 e 1985 – sendo que este último era composto pelos membros do Congresso somados a delegados das Assembleias Legislativas Estaduais (três por estado e mais um a cada 500 mil habitantes).

A distensão começaria a vir à tona em 1974, quando a situação econômica, vitimada por choques externos e internos, começaria a fazer

---

9   Durante todo o período, foram editados 17 Atos Institucionais que, ao junto da Constituição de 1967 e suas emendas, compunham o arcabouço jurídico do Regime Militar no país.

10   A exceção estava nas Prefeituras de cidades pequenas e/ou não consideradas estratégicas como as capitais e estâncias hidrominerais.

água e abrir espaço para uma abertura, no dizer do então presidente Ernesto Geisel, que se mostrasse "lenta, gradual e segura", sem comprometer os militares ante um possível clima de revanchismo.

Entre idas e vindas como o retrocesso do Pacote de Abril[11] e o avanço da Emenda Constitucional n. 15 de 1980[12], o caminho se abriu para a Lei da Anistia (1979), o retorno ao pluripartidarismo (também em 1979) e, mais adiante, o que seriam as maiores manifestações populares da história no Brasil por uma significativa mudança em nosso sistema eleitoral: as Diretas Já.

Ainda que as mobilizações não alcançassem seu intento, a redemocratização do país não tardou, sob os auspícios da eleição do primeiro presidente da República civil em vinte e cinco anos – Tancredo de Almeida Neves, em 1985 – e, mais adiante, a promulgação de uma nova Carta Constitucional em 1988.

O texto da chamada "Constituição Cidadã" – alcunha recebida pelo grande artífice da Assembleia, o deputado Ulysses Guimarães – consagrou alguns institutos já utilizados e criou outros, inaugurando uma democracia de massas no Brasil, cujos desafios permaneceriam gigantescos. O sistema eleitoral oriundo de seu texto deverá ser examinado pormenorizadamente na próxima seção, seguido de uma proposta para sua mudança no momento que atravessamos.

O SISTEMA ELEITORAL DA NOVA REPÚBLICA

O sistema eleitoral brasileiro que emergiu após a redemocratização, no período que passou a ser chamado de Nova República, está estruturado a partir de alguns documentos seminais. Além da já referida Constituição de 1988, podemos agregar o Código Eleitoral de 1965; a Lei de Inelegibilidade de 1990; a Lei dos Partidos Políticos de 1995; a Lei das Eleições de 1997 e a Lei da Ficha Limpa de 2010, além de outras legislações correlatas

---

11 Este pacote foi um conjunto de leis outorgado em 13 de abril de 1977 com alterações no mandato do Presidente da República (de cinco para seis anos), além de ter determinado que a metade das vagas em disputa para o Senado fosse preenchida por eleições indiretas, evitando uma derrota iminente do governo no pleito de 1978.

12 Emenda à Constituição, aprovada em 19/11/1980, que restabeleceu o voto direto para Governador de Estado em 1982.

ao assunto e resoluções[13] do Tribunal Superior Eleitoral e dos Tribunais Regionais Eleitorais.

Antes de analisar o sistema eleitoral em si, cabe revisar algumas regras importantes que impactam sua dinâmica. Primeiramente, cabe salientar que o eleitorado é composto de maneira obrigatória entre os maiores de 18 anos e menores de 70 anos e, facultativa, para aqueles que possuem entre 16 e 18 anos e mais de 70 anos, sendo o voto direto, secreto e universal – dessa vez incluindo um grupo outrora alijado do processo: os analfabetos.

Já do lado dos candidatos, a alfabetização é critério de elegibilidade, bem como a nacionalidade (nata para presidente e vice-presidente da República), o alistamento eleitoral, o pleno gozo dos direitos políticos, o domicílio eleitoral na circunscrição em que busca disputar o pleito, a filiação partidária e a idade mínima para cada um dos cargos na data da posse, a saber: a) trinta e cinco anos para Presidente e Vice-Presidente da República e Senador; b) trinta anos para Governador e Vice-Governador de Estado e do Distrito Federal; c) vinte e um anos para Deputado Federal, Deputado Estadual ou Distrital, Prefeito, Vice-Prefeito; e d) dezoito anos para Vereador.

Também é preciso acrescentar que as eleições ocorrem bianualmente, intercalando entre as eleições gerais (onde se disputam os cargos de presidente da República, governadores de Estado e Distrito Federal, senadores, deputados federais, estaduais e distritais) e as eleições locais (onde se disputam os cargos de prefeito e vereadores).

Assim sendo, diante desse complexo arcabouço, o Brasil compôs um sistema eleitoral que combina três vertentes: i) um majoritário de maioria absoluta para as eleições do Poder Executivo[14]; ii) um igualmente majoritário, nas eleições para o Senado Federal, de maioria simples e magnitude variável; e iii) um proporcional para os demais cargos do Poder Legislativo (vereadores, deputados estaduais e distritais e deputados federais).

Enquanto no caso do Poder Executivo os mandatos são de quatro anos, passíveis de apenas uma tentativa de reeleição consecutiva[15], na

---

13 É interessante notar que tais resoluções se fizeram tão presentes no ordenamento jurídico nacional que, desde o retorno das eleições gerais, jamais um pleito foi disputado sob as mesmas regras do anterior, gerando uma profunda imprevisibilidade no que concerne às regras eleitorais no Brasil.

14 A exceção à regra se dá em municípios de menos de 200 mil eleitores.

15 Desde as eleições de 1998, a partir da Emenda Constitucional n. 16, de 4 de junho de 1997.

maioria dos cargos do Poder Legislativo vigora a mesma extensão, mas é possível buscar indefinidas reeleições. A especificidade fica por conta do Senado Federal, com três senadores eleitos por Estado, onde o mandato seria de oito anos, com renovações subsequentes de dois terços e um terço da Casa.

A ideia por trás do sistema majoritário é bastante simples: finda a votação, o vencedor é aquele que detiver a maioria dos votos. No caso dos cargos do Poder Executivo, essa maioria precisa ser absoluta – 50% + 1 dos votos válidos[16] – e, caso não seja atingida por nenhum dos candidatos numa primeira rodada, emergirá de uma disputa em segundo turno opondo os dois candidatos mais bem votados. Já para a disputa ao Senado, apenas a maioria simples é requerida, seja para eleger um ou dois senadores, a depender do pleito.

A clara vantagem desse tipo de sistema é a inteligibilidade dos resultados para o eleitor, uma vez que a compreensão de que o vencedor do pleito seria exatamente aquele que recebeu o maior número de sufrágios é de fácil compreensão, inclusive para aqueles que pouco ou nada entendem acerca do processo político. Além disso, é importante frisar que, por decisão da Justiça Eleitoral, os candidatos eleitos por esse sistema são "donos" de seu mandato, podendo migrar de partido político durante seu curso sem quaisquer penalidades por parte do partido político a que pertenciam quando foram eleitos.

Apesar de esse ser o modelo mais disseminado para o preenchimento de cargos do Poder Executivo, existem outros substitutos interessantes baseados em um ranqueamento dos candidatos como o voto alternativo ou o voto por aprovação, cada vez mais utilizados em países de cultura ou herança anglo-saxônica. Tais modelos contribuem por evitar a polarização e pugnar pelo voto sincero em detrimento do chamado "voto útil", frequentemente atribuído mais em desfavor de quem não se quer eleito do que em favor do candidato preferido.

Já no caso dos cargos do Poder Legislativo, excetuando-se os já mencionados senadores – a saber, vereadores, deputados estaduais e distritais e deputados federais – os mandatos são de quatro anos, passíveis de reeleições indefinidas, sem qualquer limitação. Para a eleição desses parlamentares, o sistema adotado é o sistema proporcional de lista aberta,

---

16 Os votos válidos compreendem todos os votos dados a algum candidato ou legenda, ou seja, com exceção dos brancos e nulos.

cuja ideia central é a busca da representação de todos os setores da sociedade na proporção de sua força ou de sua mobilização política.

Esse sistema compreende um mecanismo bastante complexo, cujos passos são:

(1) A totalização dos votos para o cargo em disputa – o que corresponde aos votos atribuídos aos candidatos ou às legendas – subtraídos dos votos brancos e nulos, definindo os votos válidos.

(2) Com base no número total de votos válidos e no número de cadeiras em disputa em determinado corpo legislativo, definir o chamado quociente eleitoral:

Quociente eleitoral = Votos válidos / Vagas em disputa para o cargo

(3) A partir desse quociente eleitoral, precisamos determinar a quantidade de vagas destinadas a cada partido, que obtemos por meio do total de seus votos divididos pelo quociente eleitoral, dando a esse montante o nome de quociente partidário[17]:

Quociente partidário = Votos válidos para o partido / Quociente eleitoral

(4) Há que se destinar as sobras, por meio do método das "maiores médias", expresso da seguinte maneira no art. 109 do Código Eleitoral vigente:

I – dividir-se-á o número de votos válidos atribuídos a cada partido pelo número de lugares por ele obtido, mais um, cabendo ao partido que apresentar a maior média um dos lugares a preencher;

II – repetir-se-á a operação para a distribuição de cada um dos lugares.

§ 1º O preenchimento dos lugares com que cada partido for contemplado far-se-á segundo a ordem de votação recebida pelos seus candidatos.

§ 2º Só poderão concorrer à distribuição dos lugares os partidos e coligações que tiverem obtido quociente eleitoral.

(Código Eleitoral de 1965 – Artigo 109)

(5) Por fim, os candidatos mais bem votados de cada partido ocuparão as vagas conquistadas pela legenda. Como são ordenadas pelo eleitor, no ato da votação, chamamos essa lista de candidatos de aberta.

É importante ter presente que este modelo traz uma grande complexidade, mas é aquele que melhor consegue representar os distintos anseios e preferências dos eleitores, na proporção em que são observados

---

17 Os partidos que não atingem o quociente eleitoral – cujo resultado do quociente partidário é inferior a 1 – são excluídos da distribuição de cadeiras.

na sociedade. Por essa razão, os constituintes brasileiros optaram por esse modelo, seguindo um modelo já consagrado, por exemplo, na Finlândia.

A grande diferença entre o modelo brasileiro e o modelo finlandês é que, enquanto no Brasil, o eleitor pode optar entre votar em um candidato ou apenas no partido – abrindo mão de ordenar a lista – o sistema eleitoral da Finlândia apenas permite que se vote no candidato, mas não faculta o voto de legenda, obrigando o eleitor a ordenar a lista de sua preferência.

Existe ainda a possibilidade, seguindo no modelo proporcional, de adotar a chamada lista fechada ou preordenada, como fazem, por exemplo, os demais países democráticos do Mercosul (Argentina, Paraguai e Uruguai) e os países da península ibérica (Portugal e Espanha). Nesse caso, o eleitor vota apenas na legenda que, antes do pleito, divulga a lista dos candidatos que receberão um mandato, caso haja o triunfo do partido nas urnas.

Argumenta-se que, ao deixar que o partido ordene a lista ao invés do eleitor, concentra-se um grande poder nas mãos dos dirigentes partidários. Por outro lado, é possível que também se verifique uma tendência de reforçar o voto ideológico, na medida em que o eleitor demandaria uma certa coerência de princípios para optar pela lista, evitando o personalismo.

O sistema proporcional de lista aberta adotado no Brasil, por sua complexidade e pela possibilidade de eleição de candidatos com poucos votos "puxados" por parlamentares que extrapolaram o quociente partidário. Nesse sentido, verifica-se um debate em torno da chamada "reforma política", fortemente voltado para a sua substituição para um sistema distrital, o qual examinaremos na próxima seção.

UMA PROPOSTA DE APERFEIÇOAMENTO: O SISTEMA DISTRITAL MISTO

A ideia que perpassa essa mudança do sistema eleitoral proporcional para um modelo distrital é justamente operar as eleições para a maioria do Legislativo em um modelo majoritário. Nesse sentido, como já observamos no modelo que utilizamos para o Executivo e para o Senado, a lógica nesse sistema é a de contabilizar aqueles que foram mais votados para compor os corpos legislativos.

Dada a extensão e o caráter federativo de nosso país, contudo, seria preciso dividir o território em circunscrições denominadas distritos, os quais são desenhados a partir do tamanho da população nos territórios. Dessa forma, um dos grandes debates para a adoção desse modelo seria justamente o desenho e a magnitude de tais distritos, resvalando no problema do chamado *gerrymandering*[18].

Para além dessa questão, o debate entre os adeptos dessa mudança no Brasil tem se concentrado sobre dois aspectos centrais: i) o tipo de voto em termos do grau de intensidade – se puro ou misto; e ii) o tamanho dos distritos – se regionais ou em âmbito estadual, alcunhado como "distritão".

O voto distrital puro, adotado em países como os Estados Unidos da América, e o Reino Unido da Grã-Bretanha, representa a adoção, sem qualquer atenuante, do modelo majoritário para as eleições parlamentares. Dessa maneira, em cada distrito os partidos políticos poderiam lançar um candidato, sendo vitorioso aquele que obtiver a maioria – simples ou absoluta – do número de votos. Tal sistema teria o condão de simplificar os resultados e, via de regra, reforçar o vínculo entre representantes e representados, dada a facilidade de identificação dos vencedores com seus distritos.

Além disso, os analistas acreditam que a adoção deste modelo ajudaria a baratear as campanhas eleitorais, uma vez que os candidatos teriam que gastar recursos apenas em seus distritos para viabilizar a vitória. No entanto, o voto distrital puro pode trazer outros problemas, desde a criação de feudos eleitorais no decorrer do tempo até a dificuldade de eleição de candidatos ideológicos ou ligados a minorias, sem um lastro territorial determinado.

Com a adoção do voto único não transferível, o famigerado "distritão", tais problemas podem se agravar. Este modelo, adotado apenas no Afeganistão, Jordânia, Ilhas Piticain e Vanuato, tomaria os estados federais como os distritos, levando os problemas relatados com o voto distrital puro a um grau ainda maior, enfraquecendo os partidos políticos em detrimento de um personalismo exacerbado e o reforço da candidatura de celebridades ou personagens folclóricos, além dos "caciques" já conhecidos.

Ademais, o problema que une os dois modelos supracitados está associado ao "desperdício" dos votos daqueles que saem derrotados, uma vez que, ao contrário do sistema proporcional, a votação no modelo distrital acaba

---

18 O conceito de *gerrymandering* diz respeito à manipulação do desenho dos distritos em favor daqueles que o fizeram ou de seus aliados. Tal prática recebeu esta denominação graças a Elbridge Gerry, governador do Massachusetts e vice-presidente dos EUA, que, em 1812, desenhou os distritos de modo a favorecer o candidato do seu partido republicano.

desprezando o voto dos derrotados, dificultando a representação das minorias, tão importante em uma sociedade pautada pelo regime democrático.

Nesse sentido, a grande questão seria como conciliar os aspectos positivos de cada um desses sistemas e isso é justamente o que propõe o sistema distrital misto, adotado em países como a Alemanha, Itália, México e Nova Zelândia. O voto distrital misto é uma combinação do sistema distrital puro com o sistema proporcional que já adotamos no Brasil e poderia nos conduzir a uma mudança institucional bastante benéfica em nosso sistema eleitoral.

Este sistema híbrido contempla duas eleições simultâneas: uma pelo modelo distrital e outra em uma lista partidária, promovendo, respectivamente, a representação vinculada a regiões específicas e a ideologias ou grupos identitários e minorias. Nesse caso, teríamos o melhor dos dois mundos, a despeito de uma relativa complexidade que pode levar a uma baixa compreensão inicial do eleitorado.

Cabe ponderar que, ainda que atenue alguns dos problemas do voto distrital puro, o modelo misto continua a compartilhar alguns deles. Dessa forma, é fundamental que alguns cuidados sejam tomados com o desenho dos distritos – o qual deve ser deixado na mão de um órgão independente, como a Justiça Eleitoral – e o esclarecimento do eleitorado acerca do significado dos dois votos de que irá dispor.

Embora seja bastante evidente que os brasileiros já votam norteados por uma lógica paroquial, mesmo sob a atual vigência do sistema proporcional, é necessário sinalizar que a alteração do sistema eleitoral não pode reforçar tal prática, uma vez que somos todos responsáveis pela condução dos destinos nacionais, para além das demandas de nossa própria região.

O melhor meio para essa compreensão passa, antes de quaisquer mudanças no sistema eleitoral, para duas tarefas ainda inconclusas na Nova República: a democratização de nossos partidos políticos e, principalmente, uma educação voltada para a cidadania, desde a mais tenra idade. Afinal, os cidadãos não nascem democratas, mas precisam ser educados para a democracia, consolidando-a como um valor.

REFERÊNCIAS

ANDRADE, Angelo Bôsco Machado de. **O sistema eleitoral brasileiro: condições de elegibilidade**. Biblioteca Digital da Câmara dos Deputados, 2009. Disponível em: http://bd.camara.gov.br/bd/handle/bdcamara/3625. Último acesso: 09 mar. 2014.

AVRITZER, Leonardo; ANASTASIA, Fátima (Org.). **Reforma política no Brasil**. Belo Horizonte: Editora UFMG, 2006.

BALEEIRO, Aliomar. **Constituições Brasileiras**. Brasília: Senado Federal e Ministério da Ciência e Tecnologia, Centro de Estudos Estratégicos, 1999.

BRASIL. Lei n. 4.737, de 15 de julho de 1985. Institui o Código Eleitoral. Brasília, DF: Presidência da República, 1985. Disponível em: https://www.tse.jus.br/legislacao/codigo-eleitoral/codigo-eleitoral-1/codigo-eleitoral-lei-nb0-4.737-de-15-de-julho-de-1965. Acesso em: 17 jul. 2021.

CARVALHO, José Murilo de. **A construção da ordem/teatro das sombras**. Rio de Janeiro – RJ: Civilização Brasileira, 2003.

CINTRA, Octavio. Majoritário ou proporcional? Em busca do equilíbrio na construção de um sistema eleitoral. In: **Reforma Política: agora vai?** Rio de Janeiro: Fundação Konrad Adenauer, 2005.

CINTRA, Octavio. **Sistema Político Brasileiro: uma introdução**. Editora Unesp, 2007.

CONSTITUIÇÃO DA REPÚBLICA FEDERATIVA DO BRASIL. Brasília: Coordenação de Publicações – Câmara dos Deputados, 2002.

FAUSTO, Boris. **História do Brasil**. EDUSP: São Paulo – SP, 1996.

FERREIRA, Manoel Rodrigues. **A evolução do sistema eleitoral brasileiro**. Brasília: Senado Federal. 2005.

FRANCO, Gustavo. **Lições Amargas – Uma História provisória da atualidade.** Rio de Janeiro: Ed. Intrínseca. 2021.

LEAL, Victor Nunes. **Coronelismo, enxada e voto: o município e o regime representativo no Brasil**. 7. ed. São Paulo: Companhia das Letras, 2012.

MEYER, Lucia. **Elegibilidade: pressupostos legais para ser votado.** 2010. Disponível em: http://jus.com.br/artigos/17292/elegibilidade-pressupostos-legais-para-ser-votado/2. Último acesso: 09 mar. 2014.

MUKAI, Toshio. **Sistemas Eleitorais no Brasil**. Brasília: PrND, 1985.

NICOLAU, Jairo. **Multipartidarismo e democracia: um estudo sobre o sistema partidário brasileiro (1985-1994)**. 1. ed. Rio de Janeiro: Fundação Getulio Vargas, 1996.

NICOLAU, Jairo. **História do voto no Brasil**. 1. ed. Rio de Janeiro: Jorge Zahar, 2002.

NICOLAU, Jairo. **Sistemas eleitorais**. 5. ed. Rio de Janeiro: FGV, 2004.

NICOLAU, Jairo. O sistema eleitoral brasileiro. In: AVELAR, Lúcia; NORTH, Douglass. **Institutions, Institutional Change, and Economic Performance**. New York: Cambridge University Press, 1990.

PUBLICAÇÃO DO INSTITUTO TANCREDO NEVES. **Representação e sistemas eleitorais**. Brasília, 1987.

RODRIGUES, José Ricardo Simões. **Evolução histórica do sistema eleitoral brasileiro nas constituições**. 27 fl. Monografia (Curso de Bacharelado em Ciências Jurídicas) – Universidade Federal de Rondônia. Cacoal – RO, 2006.

SANTOS, Fabiano. Em defesa do presidencialismo de coalizão. In: SOARES, Gláucio; RENNÓ, Lucio (Eds.). **Reforma política: lições da história recente**. Rio de Janeiro: Fundação Getulio Vargas, 2006.

SILVA, José Afonso da. **Curso de Direito Constitucional Positivo.** 16. ed. São Paulo: Malheiros, 1999.

SOARES, Hilda Braga. **Sistemas eleitorais do Brasil (1821 – 1998)**. Senado Federal – Subsecretaria de Edições Técnicas. Brasília, 1990, p.15.

STEPAN, Alfred. **Os militares na política**. Rio de Janeiro: Artenova,1975.

4

Federalismo Fiscal: uma agenda de equidade

Karina S. S. Bugarin

RESUMO: Este capítulo apresenta os principais desafios na busca por equidade por meio do desenho federativo fiscal brasileiro e apresenta algumas propostas de soluções. Em contexto regional altamente heterogêneo e transferências federais aos entes subnacionais com critérios de rateio intricados e incentivos desalinhados, construímos um cenário que perpetua políticas públicas de má qualidade e ineficientes. Precisamos decidir, como sociedade, quais são as nossas prioridades e como iremos destinar os nossos recursos escassos para enfrentar problemas concretos e ampliar as oportunidades para todos os nossos cidadãos. Em alinhamento com os demais capítulos do livro, esta breve análise contribui para a construção de uma solução abrangente e estrutural para o enfrentamento do complexo desafio de garantir equidade regional em nosso país.

DE ONDE VEM O CONCEITO DE FEDERALISMO FISCAL E UM POUCO DE HISTÓRIA BRASILEIRA

O conceito de federalismo tem as suas origens nos textos de filosofia política moderna de Montesquieu (INMAN; RUBINELD, 1994; HUEGHLIN, 2003). Depois estendido por Kant, o estado federativo seria uma união geográfica que permitiria a manutenção da paz. Após a revolução estado-unidense foram incorporadas ao conceito de federalismo as implicações relativas à composição política e fiscal de uma nação, com especial menção à ideia de equidade entre seus membros (KRAMER, 1994; WEINGAST, 2009; OATES, 2008).

A primeira geração de estudos envolvendo federalismo fiscal (PGFF) abarcavam a busca de maior eficiência e equidade. A discussão se fundamentava na tese poderia promover a eficiência alocativa mediante a descentralização de responsabilidades nos gastos e melhor capacidade de orientar gastos para as necessidades locais (HAMID; ZOU, 1998). Uma hipótese central na PGFF é que os tomadores de decisão são benevolentes e maximizavam o bem-estar social, para reduzir desequilíbrios verticais e horizontais (MUSGRAVE, 1959; OATES, 1972; RUBINFELD, 1987).

Desequilíbrios verticais são os descompassos que existem entre a capacidade arrecadatória e os gastos dos entes federativos de níveis diferentes (no caso brasileiro, União, Estados e Municípios). Já o desequilíbrio horizontal trata dos descompassos entre receitas e despesas de entes do mesmo nível (para exemplificar, considere o estado de São Paulo e os demais estados: concentra mais de 40% do total de arrecadação federal dos estados).

Os resultados de ações concretas seguindo o modelo proposto pela PGFF foram a centralização de arrecadação e a descentralização de gastos. Como consequência, vimos uma série de resgates das dívidas dos entes subnacionais por governos centrais (em especial, considerem os casos da Argentina e do Brasil – RODDEN, 2003; STEIN, 1999).

Com os resultados indesejáveis, a teoria de federalismo fiscal se aprimorou e passou a considerar os incentivos políticos embutidos no desenho do federalismo fiscal. A Segunda Geração de Federalismo Fiscal (SGFF) incorporou aspectos de desalinhamento de incentivos entre governo central e subnacional, levando a resultados que não maximizam o bem-estar social (OATES, 2005; GARZARELLI, 2004; QIAN; WEINGAST, 1997; BRENNAN; BUCHANAN, 1980).

A história brasileira contempla esse mesmo movimento entre a PGFF e a SGFF. Em 1966 tivemos a reforma tributária que até hoje fundamenta o esquema tributário brasileiro: centralização de arrecadação no governo central e descentralização dos gastos incluindo a expansão de bancos subnacionais (entre 1970 e 1980). A Constituição Cidadã (1988) alterou a centralização de arrecadação em algum grau, criando instrumentos de arrecadação próprios dos entes subnacionais. Na prática, no entanto, como veremos a seguir e outros capítulos explanam mais detalhadamente (como os Capítulos 12 e 17), os entes subnacionais continuaram com limitada capacidade arrecadatória enquanto assumiam maiores responsabilidades (competência para atuarem em quase todos os temas de políticas públicas).

Com o Programa de Ajuste Fiscal (PAF) de 1997 e a Lei de Responsabilidade Fiscal (LRF) de 2000 houve uma tentativa de controlar desequilíbrios fiscais dos entes subnacionais. No entanto, com a competência para atuar em diversos campos de política pública, os entes expandiram de forma sistemática e inercial os seus gastos (Figura 1 – Marcos no federalismo fiscal brasileiro). Atualmente, vemos esforços no sentido de equilibrar as contas públicas dos entes subnacionais (por exemplo, mediante as alterações no regime de recuperação fiscal dos entes subnacionais) mas ainda falta revisar a lógica sobre a qual transferências da União para os entes subnacionais termina por financiar uma diversidade não coordenada de ações e pode até desincentivar a sustentabilidade das alterações nas contas públicas induzida por meio de renegociação de dívida com a União (PIRES; BUGARIN, 2002; BUGARIN, 2006), ilustrando de forma dramática o fenômeno conhecido em teoria econômica da inconsistência temporal (KYDLAND; PRESCOTT, 1977).

Figura 1. Marcos no federalismo fiscal brasileiro

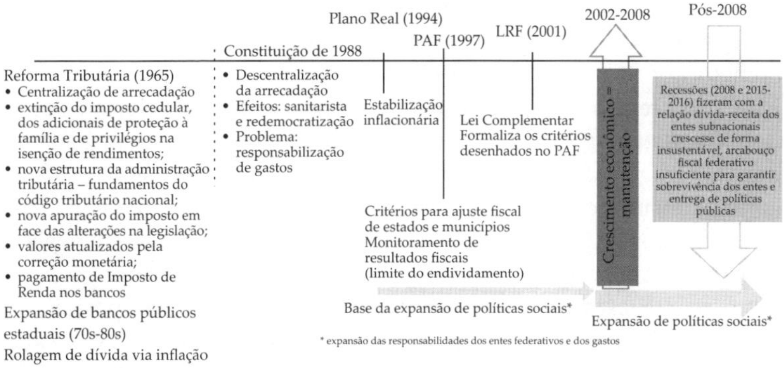

Fonte: elaboração do autor.

CENÁRIO FISCAL FEDERATIVO

Demais capítulos tratam da capacidade arrecadatória e de gastos dos entes federativos com maior detalhe (Capítulo 17 deste livro). Portanto, o objetivo aqui é apenas situar o leitor quanto à heterogeneidade entre entes subnacionais, com particular atenção para o papel que cumprem as transferências federais. Como mencionado anteriormente, federalismo fiscal surge como uma política que busca promover maior equidade econômica entre regiões. Como o Brasil é um país muito heterogêneo, uma única solução homogênea não será adequada para garantir maior equidade entre seus entes federativos.

CAPACIDADE ARRECADATÓRIA E GASTOS DOS ENTES SUBNACIONAIS

Os entes subnacionais apresentam capacidade arrecadatória heterogênea e descompassada com os seus gastos (SALTO, 2013; CÓSSIO, 1998; NASCIMENTO; HADDAD, 2017; SZAJNBOK, 2019; DA SILVA SUZART et al., 2018). Por parcimônia, considere o caso dos estados brasileiros (ao invés de analisarmos todos os entes de uma única vez). A Figura 2 – Composição relativa de despesas correntes, receitas tributárias e transferências – ilustra a heterogeneidade fiscal e da recepção de transferências pelos Estados brasileiros. Esta figura mostra os três indicadores fiscais em termos *per capita*, onde quanto maior o nível *per capita* no estado, mais escura a cor no mapa (ou seja, a relatividade se dá visualmente na comparação em termos *per capita* entre os estados). Note que apesar das despesas relativas entre estados terem se alterado pouco entre 2009 e 2019, a receita relativa entre os Estados proveniente de transferências aumentou para as regiões Norte e Nordeste e diminui para a região Sul. Note que a região Norte piorou relativamente ao resto do Brasil em termos de capacidade arrecadatória – receitas tributárias (o mapa em 2019 está mais heterogêneo em relação a 2009). A lógica de federalismo fiscal para garantir maior equidade entre os entes subnacionais parece não estar funcionando: transferimos recursos aos entes subnacionais sem explícita correlação com necessidade. Mesmo com alterações, em termos p*er capita*, entre as despesas correntes e as receitas tributárias, a composição das transferências permaneceu virtualmente inalterada nos últimos dez anos (veja a concentração de cores no mapa de transferências)[1]. Este exercício normativo salienta novamente a criticidade em se desenhar transferências que possam promover equidade, considerando a qualidade de entrega da política pública e as especificidades locais.

---

1   Evidentemente, se um estado se encontra em situação muito inferior em termos de arrecadação, pode aumentar a sua capacidade arrecadatória ao longo do tempo e receber mais transferências da União e mesmo assim estar pior que outro estado. Este ponto não será abordado aqui mas é destacado para salientar a importância de se pensar sobre qual é o ponto de partida de cada ente.

Além da lógica por trás dos repasses não seguir uma de necessidade por despesa, os riscos fiscais dos Estados são muito diferentes: a natureza dos desequilíbrios fiscais é diferente. A Secretaria do Tesouro Nacional possui uma medida que apura a situação fiscal dos Entes Subnacionais: CAPAG (Capacidade de Pagamento). O cálculo da nota CAPAG que cada ente recebe é composta por três indicadores: endividamento, poupança corrente e índice de liquidez. A Figura 3 – CAPAG dos Estados – mostra as diferenças significativas entre os estados brasileiros em termos da composição de sua CAPAG, onde as cores refletem a região em que o estado se encontra. Na Figura 3, o tamanho das bolhas é proporcional ao terceiro indicador compondo a nota CAPAG[2] do Estado. Ou seja, quanto maior a bola, maior o índice de liquidez do Estado. Note que enquanto Roraima (RR) e Espírito Santo (ES) apresentam indicadores de endividamento e poupança corrente muito parecidos (RR: 44,5% e 84% e ES: 44,5% e 84,5%, respectivamente), RR (1,911) apresenta maior índice de liquidez que o ES (0,063). Isto não significa que RR esteja em situação fiscal melhor que o ES (inclusive, estritamente pelo CAPAG é o contrário: ES tem nota A e RR nota B). É um caso anedótico para salientar a diferença na natureza dos desafios fiscais dos Estados brasileiros. Um exercício análogo para os municípios indica o mesmo resultado[3] (SOUZA, 2002; QUIROGA et al., 2009; SILVA et al., 2020; AFONSO et al., 1998).

A evidência indica um descompasso intertemporal entre gastos e receitas dos entes subnacionais sendo agravado por uma política que incentiva gastos sequencialmente excessivo (também conhecido como *flypaper effect* – MATTOS et al., 2011). Com desafios fiscais de natureza diferente e a recepção de transferências desatreladas aos problemas de financiamento de política públicas de qualidade, os entes subnacionais terão poucos incentivos para terem contas públicas saudáveis. Consequentemente, a qualidade do gasto se torna um desafio ainda maior (gastamos mal e não gastamos segundo o que precisamos para termos políticas públicas efetivas).

---

2   CAPAG – para maior detalhamento, ver: https://www.tesourotransparente.gov.br/temas/estados-e-municipios/capacidade-de-pagamento-capag.

3   Análise ilustrativa análoga para os municípios seria menos intuitivo pelo número total de municípios. As referências entre parêntesis contêm estudos para quem tiver interesse em particularidades fiscais municipais.

Figura 2. Composição relativa de despesas correntes, receitas tributárias e transferências

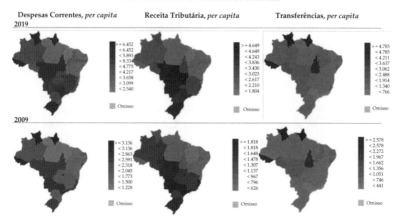

Fonte: elaboração a partir dos mapas disponíveis em Ipeadata com dados do Tesouro Nacional.

Figura 3. CAPAG dos estados[4]

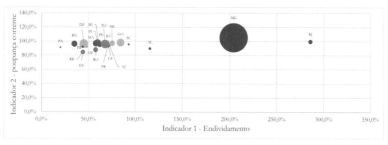

Fonte: elaboração do autor, dados do Tesouro Nacional (disponíveis em: https://sisweb.tesouro.gov.br/apex/f?p=2501:9::::9:P9_ID_PUBLICACAO:34026).

---

4   Observação: na figura, os estados de São Paulo, Rio Grande do Sul e Mato Grosso não aparecem porque possuem valores muito pequenos para o indicador 3 (caso de SP) ou não positivos (caso de MT e RS).

TRANSFERÊNCIA DO GOVERNO FEDERAL AOS ENTES SUBNACIONAIS

O desenho federativo brasileiro é complexo e promove um uso excessivo de transferências intergovernamentais (MENDES, 2004). Para ilustrar isto, vamos destacar 14 principais instrumentos de transferência utilizados pela União para os entes subnacionais. A Tabela 1 – Principais mecanismos de repasses da União aos entes subnacionais – detalha estes 14 mecanismos. Aproximadamente 5,7% do Produto Interno Bruto (PIB) é utilizado como mecanismo de transferência da União para os entes subnacionais, mas apenas 5% do total transferido é de natureza voluntária. Além disso, contrapartidas locais são raramente exigidas. Ou seja, recursos são transferidos da União aos entes subnacionais com poucas ou nenhuma contrapartida e são determinados por lei (tornando-as obrigatórias). A possibilidade de revisão das transferências e de seus critérios de rateio requer muita coordenação política e ocorre apenas por lei.

A pandemia tornou evidente as diferentes capacidades dos gestores locais em manter iniciativas de saúde pública locais dadas as dificuldades fiscais discrepantes. Como os instrumentos existentes são muito rígidos, alterá-los para se adequarem a novos contextos é feito árduo e demorado. Finalmente, os critérios de rateio são difusos e por vezes contraditórios. Note que cada instrumento de repasse tem o seu próprio método de cálculo de rateio. O Fundo de Participação dos Estados (FPE), Fundo de Participação dos Municípios (FPM), Sistema Único de Saúde (SUS) e Fundo de Manutenção e Desenvolvimento da Educação Básica e de Valorização dos Profissionais da Educação (Fundeb) seguem lógicas populacionais, enquanto o Imposto sobre a Renda Retido na Fonte (IRRF), Imposto Territorial Rural (ITR), Imposto de Produtos Industrializados (IPI-Exportação), Contribuições de Intervenção no Domínio Econômico (CIDE), e o Imposto sobre Operações Financeiras (IOF-Ouro), seguem lógica territorial. Assim, os critérios de transferência não refletem nem o efeito escala, nem a efetividade das despesas em políticas públicas em nível subnacionais.

A Figura 3 – Concentração dos recursos de transferência entre União e entes subnacionais – mostra a participação destes instrumentos como porcentagem do PIB. Vale destacar que três mecanismos (FPM, FPE, SUS) compõem mais da metade do total transferido aos entes subnacionais. Também, o fundo específico para o custeio de pessoal de saúde, educação e segurança pública do Distrito Federal (FCDF – 0,20% do PIB) é quase igual à quantidade utilizada para compensação por uso de recursos naturais (0,21% do PIB) e do Fundeb (0,21% do PIB). O que isto sinaliza é: dados recursos escassos, socialmente priorizamos custear os gastos com pessoal do DF tanto quanto a compensação por uso de recursos naturais e educação básica.

Figura 4. Concentração dos recursos de transferência entre União e entes subnacionais

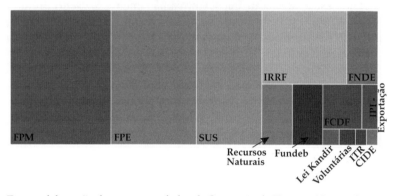

Fonte: elaboração do autor com dados da Secretaria do Tesouro Nacional.

Esta lógica fragmentada, com critérios confusos e que se baseiam estritamente em população ou território, desconsidera efeitos escala e efetividade do gasto. Consequentemente, lógica não incorpora a essência do federalismo fiscal: promover maior equidade entre entes da nação (TER-MINASSIAN, 1997; TULLOCK, 1969; OSTROM, 1973; BREUILLÉ; ZANAJ, 2013; RIBSTEIN; KOBAYASHI, 2006; OATES, 2001). Em poucas palavras, estamos, por construção, em um cenário onde não importa o resultado das transferências, onde não valorizamos os entes que conseguem ser mais eficientes (fazer mais com menos recursos) nem mais efetivos (conseguem alcançar os objetivos desejados com a intervenção). Além disso, a competência para tratar dos temas é, para a maioria das políticas públicas, compartilhada entre os três níveis de governo (União, Estados e municípios). Responsabilidades difusas e critérios confusos e rígidos de rateio criam barreiras ao alcance de um Brasil mais equitativo.

Tabela 1. Principais mecanismos de repasses da União aos entes subnacionais

Mecanismo	Critérios de repartição	% do PIB	Fonte de recursos	Obrigatoriedade e condicionalidade
FPM	FPM – capital: 1. percentual da população de cada capital em relação à população total de todas as capitais; 2. inverso da renda *per capita* de cada estado; com intervalo de 2 a 5 para o primeiro componente e 0.4 a 2.5 para o segundo componente. FPM – interior: 1. proporção da população do município em relação à população total do estado; 2. peso de participação do estado no FPM – interior; com intervalo de 0.6 a 4.0 para proporção da população	1.53%	24,5% da arrecadação dos impostos sobre a renda (IR) e sobre produtos industrializados (IPI)	Obrigatória e incondicional
FPE	1. Fatores representativos da população; 2. Inverso da renda domiciliar *per capita*, com o primeiro variando entre 0,07 a 0,012 e redutor sobre os coeficientes dos entes com renda maior do que 72% da renda domiciliar *per capita* nacional	1.31%	21,5% da arrecadação da União do IR e do IPI	Obrigatória e incondicional

SUS	Simples divisão *per capita* entre duas modalidades de transferências: convênios e fundo a fundo, com alguma discrição ao Ministério de Saúde por intermédio de portarias que alteram a regulamentação dos repasses (Lei n. 8.142 de 1990)	1%	Três esferas de governo: 1. União: 15% da respectiva receita corrente líquida (atualmente piso igual ao montante desembolsado em 2017, corrigido anualmente pelo IPCA); 2. Estados e DF: 12% da arrecadação; 3. Municípios: 15% da arrecadação	Obrigatória e condicional Transferência fundo a fundo via FNS: 1. Piso de Atenção Básica Fixo Ampliado; 2. Piso de Atenção Básica Variável; 3. Vigilância sanitária e o controle epidemiológico; 4. Transferências para procedimentos de média e alta complexidade. Todas as modalidades de fundo a fundo são obrigatórias e condicionais (fundos destinados a programas específicos). Para as ações de alta complexidade as transferências podem ser complementadas pelo Fundo de Ações Estratégicas e Compensação
IRRF	Estados e municípios recebem a parte que estes entes retêm, na qualidade de empregador ou contratante	0.71%	Recolhimento da união	Obrigatória e incondicional
FNDE	A maioria das transferências do FNDE aos entes subnacionais ocorre por intermédio de programas específicos, a saber: Programa Nacional de Alimentação Escolar (PNAE); Salário-Educação;	0.26%	Diversas fontes, a fonte mais significante sendo o salário-educação (2,5% descontado da folha de pagamento das empresas)	Voluntárias e condicionais (cada programa possui critérios específicos)

FNDE	Programa Dinheiro Direto na Escola (PDDE); Programa Nacional de Apoio ao Transporte Escolar (Pnate); Programa Nacional do Livro Didático (PNLD); Programa Nacional da Biblioteca da Escola (PNBE); e Proinfância			
Compensação Financeira pela Exploração de Recursos Naturais[1]	Três blocos de regimes de repartição: 1. concessão; 2. cessão onerosa; e 3. partilha de produção. Cada regime de repartição tem alíquotas de repartição diferentes. A ADI n. 4.917 de 2019 suspendeu as últimas alterações feitas nos critérios de repartição	0.21%	Recolhimento da União em cima de atividades econômicas	Obrigatória e incondicional
Fundeb	Complementação do fundo, dado a valor anual mínimo por aluno (VAAF). Em 2020, VAA foi estipulado em R$ 3.643,16. Adicionalmente, a União complementará com 2,5% da receita total dos recursos que compõem o Fundeb (VAAR), segundo critérios de melhoria nos indicadores de atendimento e de aprendizagem	0.21%	20% das receitas provenientes das seguintes fontes, as quais foram mantidas pela PEC: Fundo de Participação dos Estados (FPE); Fundo de Participação dos Municípios (FPM); Imposto sobre Circulação de Mercadorias e Serviços (ICMS); Imposto sobre Produtos Industrializados, proporcional às exportações (IPIexp);	Obrigatória e condicional Recursos podem ser aplicados em: 1. remuneração de profissionais (mínimo de 70% do VAAR); 2. aquisição, manutenção, construção e conservação de instalações e equipamentos necessários ao ensino; 3. uso e manutenção de bens e serviços vinculados ao ensino; 4.

Fundeb		Imposto sobre Transmissão *Causa Mortis* e Doações (ITCMD); Imposto sobre Propriedade de Veículos Automotores (IPVA); e cota-parte de 50% do Imposto Territorial Rural (ITR) devida aos municípios		levantamentos estatísticos, estudos e pesquisas visando precipuamente ao aprimoramento da qualidade e à expansão do ensino; 5. realização de atividades-meio necessárias ao funcionamento dos sistemas de ensino; 6. concessão de bolsas de estudo a alunos de escolas públicas e privadas; 7. amortização e custeio de operações de crédito destinadas a atender ao disposto nos incisos deste artigo; 8. aquisição de material didático-escolar e manutenção de programas de transporte escolar
FCDF	Valor fixado legalmente em R$ 2.900.000.000,00, corrigido anualmente pela variação da receita corrente líquida da União	0.20%		Obrigatória e condicional. Os recursos são destinados para custear a folha de pagamento do Distrito Federal nas áreas de educação, saúde e segurança pública
IPI-Exportação	Estados: proporcional ao valor das respectivas exportações de produtos industrializados. Municípios: 25% desse total repassados pelos mesmos critérios de partilha do ICMS	0.08%	10% do montante arrecadado a título de IPI	Obrigatória e incondicional

Lei Kandir – Compensação pela renúncia de ICMS por exportação	Critério Fixo: coeficientes individuais de participação determinados no anexo da Lei Complementar n. 176 de 2020. Critério Variável: determinado por protocolo da Confaz	0.03%	Previsão legal de detalhamento na LOA da União	Obrigatória e incondicional
Voluntárias	Variáveis: a depender do ministério responsável	0.03%	Variável a depender do Ministério responsável	Voluntárias e condicionais (condicionalidade determinada por objeto do convênio)
ITR[2]	50% para o município onde estiver situada a propriedade rural tributada	0.02%	Recolhimento do ITR pela União com alíquota proporcional ao tamanho do imóvel rural (fora das áreas urbanas municipais)	Obrigatória e incondicional
CIDE	Estados: 40% em proporção à extensão da malha viária federal e estadual pavimentada existente em cada estado e DF; 30% em proporção ao consumo de combustíveis em cada estado e no Distrito Federal; 20% proporcional à população; e 10% a serem repartidos igualitariamente entre os estados e Distrito Federal. Municípios: 50% de acordo com a população e 50% pelos mesmos coeficientes de distribuição do FPM	0.02%	Da arrecadação da União, 29% devem ser entregues aos estados e ao Distrito Federal. Os estados devem transferir 25% da receita para municípios	Obrigatória e condicional (estados e municípios devem, obrigatoriamente, aplicar as transferências recebidas no financiamento de programas de infraestrutura de transportes)

IOF-Ouro	Estados: recebem 30% do arrecadado pela União. Municípios: recebem 70% do arrecadado pela União. A distribuição ocorre para o Município e Estado ou Distrito Federal de origem ou, em caso de procedência do exterior, para os Entes Federativos de ingresso no país	0.00%	Contribuição da União	Obrigatória e incondicional

Observações

1. A ADI n. 4.917, de 2019, suspendeu as últimas alterações feitas nos critérios de repartição. Vale destacar que os critérios de partilha são bastante viesados, de modo que não há plena correspondência entre o local de geração da receita e a destinação da transferência.

2. O município pode assumir a cobrança do ITR (Lei n. 9.393/96). Neste caso, o município retém todo o imposto arrecadado. No entanto, esta opção é utilizada por apenas 35% dos municípios.

Fonte: adaptação de Rocha (2019).

a) FPM, FPE, Fundeb, IPI-Exportação, Lei Kandir, transferências voluntárias, ITR, CIDE, transferências das loterias e IOF-Ouro (2019): http://www.tesouro.fazenda.gov.br/transferencias;
b) ICMS, SUS, IRRF, FNDE e compensações pela exploração de recursos naturais (2018): https://siconfi. tesouro.gov.br/siconfi/pages/public/consulta_finbra/finbra_list.jsf;
c) FCDF (2019): http://www.portaltransparencia.gov.br/orgaos/25915?ano=2018;
d) PIB (2019): https://www.ibge.gov.br/estatisticas/economicas/contas-nacionais/9300-contas-nacionaistrimestrais.html?t=resultados. Notas: fundos constitucionais de financiamento.

O JUDICIÁRIO E O EXECUTIVO: UMA RELAÇÃO DESALINHADA

Além dos critérios complexos e responsabilidades difusas, devemos superar outro obstáculo: a relação desalinhada entre o Poder Judiciário e o Poder Executivo. O Supremo Tribunal Federal (STF) virou o principal órgão conciliador nos conflitos fiscais entre os entes federativos[5,6]. Desta forma, o STF pode induzir comportamentos que alavancam ou freiam avanços fiscais dos entes nacionais.

No entanto, as decisões do Judiciário tendem a se restringir às limitações estritamente legais e não necessariamente buscam garantir a eficiência da política fiscal federativa. Podemos citar dois casos emblemáticos

---

5   Na opinião de Fux e Arabi, disponível em: https://www.conjur.com.br/2019-jun-14/fux-abhner-arabi-funcao-conciliatoria-tribunal-federacao. Acesso em: 26 nov. 2019.

6   BRASIL. SUPREMO TRIBUNAL FEDERAL. Agravo Regimental em Ação Cível Originária 2.654, Rel. Min. Celso de Mello, Tribunal Pleno, j. 03.03.2016, *DJe* 53, publ. em 22.03.2016.

que induzem comportamentos que limitam qualquer avanço de um desenho federativo fiscal sustentável: (i) renegociação de dívidas; (ii) lei de responsabilidade fiscal.

A negociação de dívidas dos entes subnacionais com a União tem constante intermediação do STF (ECHEVERRIA; RIBEIRO, 2018; ECHEVERRIA, 2019) com posicionamento aderente aos entes subnacionais. No caso da LRF, o análogo ocorre na interpretação de cumprimento especialmente da rubrica de gastos com pessoal (CAVALCANTI, 2018; NETO et al., 2017). A intervenção do STF termina por limitar o funcionamento dos mecanismos de indução à responsabilidade fiscal dos entes subnacionais (BUGARIN; GADELHA, 2020; FERREIRA et al., 2018). Ou seja, limitam a capacidade de planejamento fiscal do governo federal na medida em que ocorrem de forma unilateral (decisão exclusiva do Judiciário) e não buscam soluções intermediárias (como ocorre em um processo conciliatório onde ambas as partes cedem para se alcançar um resultado viável e executável – VERONESE; FONSECA, 2014; FONSECA, 2019).

O QUE PODEMOS APRENDER COM AS EXPERIÊNCIAS INTERNACIONAIS?

As experiências internacionais com esquemas de federalismo fiscal são diversificadas e presentes mesmo em países unitários, como detalhado na Tabela 2 – Experiências internacionais (FORMAN et al., 2020; TER-MINASSIA, 1997). Focaremos em duas experiências que possuem características similares ao Brasil a título de boas práticas: Canadá e Austrália. Ambas as experiências mostram que clareza e diferenciação nas responsabilidades dos entes federativos podem levar a uma melhoria na qualidade das políticas públicas.

Ambos os países funcionam com autonomia legislativa dos entes subnacionais, inclusive com a possibilidade de tomada de empréstimos em nível municipal com aprovação estadual. Além disso, ambos os países possuem um mecanismo de *checks and balances* onde existem além da estrutura para auditoria tradicional, áreas responsáveis pela aferição de cumprimento dos objetivos da política pública (monitoramento e avaliação).

De acesso e compreensão fácil, as informações sobre a qualidade dos gastos em ambos os países possui preocupação constante em garantir que o cidadão compreenda os resultados das ações. Por um lado, isto fortalece os governos locais (que buscam por meio da transparência de resultados aumentar sua popularidade), por outro, aumenta a rapidez de resposta no direcionamento de gastos.

Tabela 2. Experiências internacionais

País	Tipo de Governo	Onde ocorre a centralização	Onde ocorre a descentralização	Algumas lições
Alemanha	Unitário	Legislação, alocação de recursos financeiros, formulação de diretrizes das políticas públicas	Implementação e administração de políticas públicas	Subsídios verticais (*vertical grants*), uniformidade de condições de vida (*living conditions*). Subsídios horizontais (*horizontal grants*), distribuição entre entes subnacionais sem intervenção central. Critérios de repasse são primeiramente feitos em relação à capacidade de arrecadação e depois em relação à população.
Austrália*	Federativo	Diretrizes e coordenação, concentração de mais de 50% dos gastos públicos	Descentralização temática (com exceção de *social security e welfare*)	Subsídios e empréstimos para promover maior equilíbrio vertical, empréstimos a entes subnacionais (seguindo regras do governo federal), *arcabouço fiscal de médio-prazo (transparente e divulgado)*.
Canadá*	Federativo	Centralização de arrecadação	Responsabilidade temática (educação, saúde e assistência social) e empréstimos independente por ente, com municípios dependendo de aprovação da província	Equalização regional e local é feito utilizando o tripé capacidade, população e necessidade (*Equalization Grant*), *clareza nas responsabilidades dos entes*.
Estados Unidos	Federativo	Baixa centralização, complementação via *grants* para entes subnacionais em políticas de "propósito geral"	Legislação e desenho e implementação de políticas públicas	Clara determinação de políticas de "propósito geral" (incumbência federal) e "propósito específico" (entes subnacionais), *accountability* local e maior competição entre entes subnacionais (ex *elementary school districts*).

País	Tipo de Governo	Onde ocorre a centralização	Onde ocorre a descentralização	Algumas lições
Itália	Unitário	Legislação para definir gastos necessários e complementação via *grants* para entes subnacionais	Implementação de políticas públicas "necessárias" e levantamento de recursos para políticas complementares	Centralização de arrecadação e descentralização de gastos pode levar a perda de *accountability* dos governos subnacionais (aumento de gastos de governo totais). Necessidade de mecanismos de arrecadação própria em nível subnacional.
Japão	Unitário	Alocação de recursos (legislação e critérios de distribuição)	Implementação de políticas públicas	Empréstimos subnacionais (como política macrofiscal), programas locais de política fiscal, necessidade de permitir maior autonomia subnacionais no desenho de tributos locais.
México	Federativo	Centralização de critérios para distribuição e determinação de gastos	Execução de políticas públicas (baixa autonomia)	Como o Brasil, o executivo apresenta anualmente um orçamento ao congresso, incluindo detalhamento de receita e empréstimos. Não possui orçamentos interanuais, baixa equalização e alta dependência do governo federal.
Reino Unido	Unitário	Legislação de desenho de arrecadação e definição de critérios de repartição, teto de gastos locais imposto pelo governo federal	Estrutural local de controle fiscal, escolha entre manutenção de estruturas locais para entrega de políticas públicas (escolas, por exemplo) ou receber *grants* do governo central	Necessidade de maior acompanhamento central de gastos e desenhos tributários locais, definição de temas para atuação por nível federal.

Fonte: elaboração própria.

DESAFIOS E PROPOSTAS DE SOLUÇÕES

O desenho federativo fiscal no Brasil tem como prerrogativa a promoção de equidade entre os entes subnacionais. No entanto, os repasses da União aos entes ocorrem de forma desacoplada da necessidade local e do acompanhamento de resultado (qualidade do gasto). Criamos diversos mecanismos (detalhados na Tabela 1 – Principais mecanismos de repasses da União aos entes subnacionais) ao longo do tempo, com critérios confusos, complexos e que seguem uma lógica estritamente populacional ou territorial. Por construção, temos um amaranhado rígido de formas de subsidiar ações dos entes subnacionais que possuem graus de autonomia fiscal muito heterogêneos.

A complexidade dos instrumentos e suas particularidades criam incentivos desalinhados e de difícil acompanhamento, tornando as ações de repasse para fins de maior equidade pouco transparentes e ineficientes. Adicionalmente, o desuso de avaliação de qualidade de gastos e dos resultados das intervenções tornam ainda mais difícil verificar a efetividade dos subsídios fiscais dados aos entes subnacionais. Assim, a sustentabilidade das ações se torna alvo secundário de discussões; o espaço no palco principal é tomado por discussões de como conseguir puxar um pouquinho mais de recursos para cada um.

Adicionalmente, a determinação legal dos critérios de repasse e as diversas iniciativas desacopladas induzem excesso de intervenção judicial na resolução de conflitos entre os entes, restando ao poder judicial determinar o andamento do federalismo fiscal. O excesso de intervenção do Judiciário por sua vez, induz uma incapacidade de planejamento fiscal por parte do Executivo (que fica sujeito a mudanças abruptas por determinação do Judiciário).

Propomos algumas alterações nos mecanismos atuais federativos para garantir que o federalismo fiscal possa se tornar de fato um instrumento de promoção de equidade:

i. Esclarecimento e redesenho de critérios de rateio: indicadores refletindo população ou território são limitados e não promovem qualidade dos gastos. Deve-se bonificar entes que performam melhor e criar incentivos explícitos para induzir os demais a melhorar sua performance.

ii. Racionalização de fundos existentes: existem mais de 10 meios de transferência de recursos, a maioria deles de natureza obrigatória; recomenda-se unificar fundos em torno de temas integrados (não estritamente setoriais) para promover maior flexibilidade do uso dos recursos e poder atacar problemas locais concretos.

iii. Racionalização de responsabilidades de entes subnacionais: à luz das experiências internacionais e das novas necessidades sociais, devemos discutir quais deveriam ser as competências de cada ente e evitar conflito de atuação.

iv. Melhorias no papel de agente coordenador do governo federal, incluindo atuação para melhorar qualidade da gestão local: ademais de transferir recursos, o governo federal deve adotar uma postura de fortalecimento da capacidade local de gestão. As escolas superiores devem incorporar em seu dia a dia esforços de fortalecimento da rede de gestores, ações de transferência de conhecimento e desenvolvimento de novos mecanismos para tornar a gestão local mais eficiente, efetiva e inclusiva.

v. Promover comum entendimento entre o Judiciário e o Executivo sobre as limitações fiscais, incluindo sobre quais instrumentos podem e devem ser adotados na conciliação de conflitos entre entes federativos. Particular atenção deve ser dada à construção de uma relação entre a burocracia permanente do Judiciário e do Executivo para fortalecimento de uma cultura de cooperação entre os poderes.

vi. Instituir o Conselho de Gestão Fiscal conforme previsto na LRF e utilizá-lo para harmonizar entendimentos sobre o direcionamento da política fiscal federativa e gerar maior entendimento das priorizações realizadas para promover equidade entre os entes federativos.

vii. Instituir uma cultura de monitoramento e avaliação de gastos com foco em qualidade: o governo federal deve alavancar suas iniciativas junto com os órgãos de controle e a sociedade civil para garantir que as ações de controle e auditoria também sirvam como instrumentos para melhorar a entrega de serviços públicos aos beneficiários. Devem buscar um meio de comunicação transparente e compreensível para os cidadãos, evitando excesso de jargão e formalismos.

Todas as soluções requerem envolvimento de toda a sociedade. Temos o dever e a obrigação como cidadãos de abertamente discutirmos quais são as nossas prioridades como sociedade. Qual é o Brasil que queremos e como chegaremos lá. Ignorar incentivos perversos e aceitar o *status quo* devido à dificuldade de promover mudança não é mais uma opção. Chegou a hora de pensarmos em como financiar políticas públicas de forma sustentada e buscando resultados. Precisamos identificar quais problemas precisamos atacar, criar uma estratégia, racionalizar os incentivos e confirmar com ações concretas que "nenhum de nós é tão bom quanto todos nós juntos".

REFERÊNCIAS

AFONSO, José Roberto et al. Uma análise da carga tributária no Brasil. **Texto para discussão n. 583**. Instituto de Pesquisa Econômica Aplicada, 1998.

BRENNAN, Geoffrey; BUCHANAN, James. **The Power to Tax: Analytic Foundations of a Fiscal Constitution**. Cambridge: Cambridge University Press, 1980.

BREUILLÉ, Marie-Laure; ZANAJ, Skerdilajda. Mergers in fiscal federalism. **Journal of Public Economics**, v. 105, p. 11-22, 2013.

BUGARIN, Mauricio; BUGARIN, Mirta; PIRES, Henrique. Deficit targeting: An incentive mechanism for subnational fiscal deficit reduction in Brazil. **Economic Development in Latin America**, p. 254-272, 2016.

BUGARIN, Mauricio. "Debt Renegotiation and Elections: Experimentation and Reputation in the Brazilian Fiscal Federalism". **Brazilian Review of Econometrics**, 26(1): 67-104, 2006.

BUGARIN, Maurício; GADELHA, Sérgio. Descentralização administrativa e de receitas In: **Reforma do Estado Brasileiro: Transformando a Atuação do Governo**. 1. ed. São Paulo: GEN-Atlas, p. 147-163, 2020.

CAVALCANTI, Rodrigo Guanaes. **A efetividade dos mecanismos de controle de gastos com pessoal da Lei de Responsabilidade Fiscal ante a aplicação do Princípio da Intranscendência das Sanções Jurídicas**. 58 fl. Monografia (Bacharelado em Direito) – UnB, Brasília, 2018.

COSSÍO, Fernando. **Disparidades Econômicas Inter-Regionais, Capacidade de Obtenção de Recursos Tributários, Esforço Fiscal e Gasto Público no Federalismo Brasileiro**. 131 fl. Tese (Mestrado em Economia) – PUC, Rio de Janeiro, 1998.

DA SILVA SUZART, Janilson Antonio; ZUCCOLOTTO, Robson; DA ROCHA, Diones Gomes. Federalismo fiscal e as transferências intergovernamentais: um estudo exploratório com os municípios brasileiros. **Advances in Scientific and Applied Accounting**, p. 127-145, 2018.

DAVOODI, Hamidi; ZOU, Heng-fu. Fiscal Decentralization and Economic Growth: A Cross-Country Study. **Journal of Urban Economics**, v. 43(2), p. 244–257, 1998.

ECHEVERRIA, Andrea. O árbitro da federação pode influenciar o jogo do resgate? **O impacto da jurisprudência federalista do STF na crise fiscal dos Estados brasileiros**. Belo Horizonte: Editora D'Plácido, 2019.

ECHEVERRIA, Andrea; RIBEIRO, Gustavo. O Supremo Tribunal Federal como Árbitro ou Jogador? As Crises Fiscais dos Estados Brasileiros e o Jogo do Resgate. **Revista Estudos Institucionais**, v. 4(2), 642-671, 2018.

FERREIRA, Débora; BUGARIN, Maurício; MENEGUIN, Fernando. Responsabilidade Fiscal, a atuação do Poder Judiciário e o Comportamento Estratégico dos Governantes. **Economic Analysis of Law Review**, v. 9(3), p. 30-51, 2018.

FONSECA, Reynaldo Soares. As Soluções Consensuais de Conflitos à Luz do Princípio Constitucional da Fraternidade: Realidade e Desafios do NCPC – São Paulo – SP. **Revista Ciências Jurídicas e Sociais** – UNG--Ser, v. 7, n. 1, p. 77-85, 2019.

FORMAN, Kass; DOUGHERTY, Sean; BLOCHLIGER, Hansjorg. Synthesising good practices in fiscal federalism: Key recommendations from 15 years of country surveys. **OCDE Economic Policy Paper**, n. 28, 2020.

GALVARRO, Maria; BRAGA, Marcelo; FERREIRA, Marco Aurélio; FONTE, Rosa Maria. Disparidades regionais na capacidade de arrecadação dos municípios do estado de Minas Gerais. **Revista de Economia e Administração**, v.8(1).

GARZARELLI, Giampaolo. Old and New Theories of Fiscal Federalism, Organizational Design Problems, and Tiebout. **Journal of Public Finance and Public Choice**, v.22(1), p. 91-104, 2019.

HUEGLIN, Thomas. Federalism at the Crossroads: Old Meanings, New Significance. **Canadian Journal of Political Science/Revue Canadienne de Science Politique**, v.36(2), p.275-294, 2003.

INMAN, Robert. Transfers and Bailouts: Enforcing Local Fiscal Discipline with Lessons from U.S. Federalism. In: RODDEN, Jonathan Ed.). **Fiscal Decentralization and the Challenge of Hard Budget Constraints.** Cambridge: MIT Press, p.35-83, 2003.

INMAN, Robert; RUBINFEL, Daniel. The political economy of federalism. In: D. C. MUELLER, Dennis (Ed.). **Perspectives on Public Choice: A Handbook.** Cambridge: Cambridge University Press, 1997.

KRAMER, Larry. Understanding Federalism. **Vanderbilt Law Review**, v. 47, 1994.

KYDLAND, F.E. and PRESCOTT, E.C. (1977), Rules rather than discretion: the inconsistency of optimal plans. **Journal of Political Economy**, v. 85, n. 3, p. 473-91.

MATTOS, Enlinson; ROCHA, Fabiana; ARVATE, Paulo. Flypaper effect revisited: evidence for tax collection efficiency in Brazilian municipalities. **Estudos Econômicos**, v. 41, n. 2, p. 239-267, 2011.

MENDES, Marcos. Federalismo fiscal. **Economia do setor público no Brasil.** Rio de Janeiro: Elsevier, p. 421-461, 2004.

MUSGRAVE, Richard A. **Who Should Tax, Where, and What? Tax Assignment in Federal Countries**, edited by Charles E. McLure, Jr. Canberra: Australian National University Press, 1983.

NASCIMENTO, Thiago Oliveira; HADDAD, Eduardo Amaral. Análise do Fundo Constitucional de Financiamento do Nordeste: Uma aplicação de equilíbrio geral computável. **45 Encontro Nacional de Economia**, 2017.

NETO, Manoel Cavalcanti de Lima; PIERRE, Victor Hugo Lessa; COSTA, Carlos Eugênio Silva da; ALMEIDA, Daniel Cabral. Judicialização do Orçamento Brasileiro: o Posicionamento do Supremo Tribunal Federal nos últimos 20 Anos. **Revista Jurídica**, v. 2, n. 47, p. 223-250, 2017.

PIRES, Henrique; BUGARIN, Mauricio. "A Credibilidade da Política Fiscal: Um Modelo de Reputação para a Execução das Garantias Fiscais pela união junto aos Estados após o Programa de Ajuste Fiscal e a Lei de Responsabilidade Fiscal". In: ESAF (Org.). **Finanças Públicas: VI Prêmio Tesouro Nacional**, v. VI: 215-250, Brasília: ESAF, 2002.

OATES, Wallace. A Reconsideration of Environmental Federalism. In: LIST, John; KENNETH, Griffin (Ed.). **Recent Advances in Environmental Economics**. Edward Elgan Publishing, 2002.

OATES, Wallace. **Fiscal Federalism**. Edward Elgar Publishing, 1972.

OATES, Wallace E. Fiscal competition or harmonization? Some reflections. **National Tax Journal**, v. 54, n. 3, p. 507-512, 2001.

OATES, Wallace E. Toward a second-generation theory of fiscal federalism. **International tax and public finance**, v. 12, n. 4, p. 349-373, 2005.

OLIVEIRA, Thiago; AMARAL, Eduardo. Análise do Fundo Constitucional de Financiamento do Nordeste: uma Aplicação de Equilíbrio Geral Computável. **I Congress Latin America and Caribbean Regional Science Association International**. São Paulo, 2017.

OSTROM, Vincent. Can Federalism Make a Difference? **Publius**, v. 3(2), 197, 1973.

QIAN, Yingyi; WEINGAST, Barry. Federalism as a Commitment to Reserving Market Incentives. **Journal of Economic Perspectives**, v. 11(4), p.83-92, 1997.

QUIROGA, Soria Galvarro; SALINAS, Maria del Pilar; Braga, Marcelo José; Marques Ferreira, Marco Aurélio; Oliveira Ramos, Suely de F. Disparidades regionais na capacidade de arrecadação dos municípios do estado de Minas Gerais. **Revista de Economia e Administração**, v. 8, n. 1, 2009.

RIBSTEIN, Larry; KOBAYASHI, Bruce. The Economics of Federalism. **SSRN Electronic Journal**, 2006.

ROCHA, Alexandre C. Transferências Federais Para Estados e Municípios: guia de referência rápida. Texto para Discussão – 264. **Núcleo de Estudos e Pesquisas da Consultoria Legislativa**, 2019.

RODDEN, Jonathan. **Chapter 3: Bailouts and Perverse Incentives in the Brazilian State,** p. 1-37,1997. Disponível em: http://www1.worldbank.org/publicsector/decentralization/cd/Brazil.pdf. Acesso em: 17 jul. 2021.

ROSEN, Harvey. **Fiscal Federalism: Quantitative Studies**. New York: Harcourt Brace Jovanovich, 2013.

RUBINFELD, Daniel. The economics of the local public sector. In: AUERBACH, Alan; FELDSTEIN, Martin (Ed.). **Handbook of Public Economics**, v.2, 571-645. North-Holland, 1987.

SALTO, Felipe. **A ECONOMIA POLÍTICA DAS TRANSFERÊNCIAS FISCAIS NO BRASIL.** Tese (Mestrado em Administração Pública e Governo) – Fundação Getulio Vargas, São Paulo, 2013.

SILVA, Joyce; PEROBELLI, Fernando; JUNIOR, Inácio. Distribuição Espacial da Atividade Econômica e Desigualdades Regionais: Evidências Para os Municípios de Minas Gerais – Brasil. **Revista Portuguesa de Estudos Regionais**, v. 55, p. 144-174, 2020.

SOUZA, Celina. Governos e sociedades locais em contextos de desigualdades e de descentralização **Ciência & Saúde Coletiva**,v. 7(3), p.431-442, 2002.

STEIN, Ernesto. Fiscal Decentralization and Government Size in Latin America. **Journal of Applied Economics**, v.2(2),1999.

SZAJNBOK, Lucienne Michelle Treguer Cwikler. Desenvolvimento e redução das desigualdades regionais. **Revista Tributária e de Finanças Públicas**, v. 141, p. 151-170, 2019.

TER-MINASSIA, Teresa. **Fiscal Federalism in Theory and Practice. Fiscal Federalism in Theory and Practice**. International Monetary Fund, 1997.

TULLOCK, Gordon. Federalism: Problems of scale. **Public Choice**, v. 6(1), p. 19-29, 1969.

VERONESE, Josiane; FONSECA, Reinaldo. **Literatura, direito e fraternidade**. 1.ed. EMais Editora & Livraria Jurídica, 2019.

WEINGAST, Barry. Second generation fiscal federalism: The implications of fiscal incentives. **Journal of Urban Economics**, v. 65(3), p. 279–293, 2009.

Parte II:
O GOVERNO A SERVIÇO DO POVO

5

A imprensa e as redes sociais no processo de "accountability"

Laura Karpuska

Vandson Lima

RESUMO: Governos só funcionam quando monitorados e, para isso, é fundamental a participação civil no âmbito democrático. Essa participação só é efetiva para o *accountability* político se os cidadãos estão bem informados. A mídia tradicional, social e o sistema educacional têm papel fundamental em fomentar massa crítica e promover informações corretas e o menos viesadas possível. É preciso promover: (i) uma mídia que se relacione com os cidadãos, (ii) engajamento político e (iii) promoção de debates, mesmo na divergência de opiniões.

1. DEMOCRACIA, "ACCOUNTABILITY" E INFORMAÇÃO

A democracia acontece de forma caótica. São muitos mecanismos em funcionamento para que a vontade do povo seja soberana. Para uma democracia jovem como a brasileira, estes mecanismos ainda estão em processo de formação e aperfeiçoamento.

Frequentemente, os governos falham em entregar políticas públicas que sejam coerentes com o desenvolvimento de longo prazo do país. Isso acontece porque, muitas vezes, existe um conflito de interesses entre políticos e cidadãos. Em busca de reeleição ou porque defendem grupos de interesses que fazem suas vontades se sobreporem às da coletividade, políticos podem perseguir interesses que são distintos dos interesses coletivos de longo prazo.

Neste sentido, o monitoramento do governo deve ser de forma tal que exista uma convergência entre esses interesses. Veremos abaixo que a reeleição deve servir como uma forma de premiar políticos com alto desempenho e de incentivar seu bom comportamento – e não ao contrário.

No mais, é possível que políticas públicas bem desenhadas sejam perversas quando implementadas. Isso pode acontecer, por exemplo, em ambientes onde a corrupção é normalizada, reduzindo a eficiência de projetos e permitindo que grupos privados se apropriem de recursos públicos.

Para que a atuação pública gere bem-estar social, é fundamental que existam processos de *accountability* político. Podemos entender *accountability* como o conjunto de instituições, formais ou informais, que monitoram governos, criando incentivos para seu bom comportamento. É preciso fiscalizar a atuação dos governantes. O Legislativo monitora o Executivo. O Judiciário monitora o Legislativo e o Executivo. O Tribunal de Contas da União fiscaliza as decisões orçamentárias do governo e o Ministério Público Federal fiscaliza o Governo (WORLD BANK, 2016).

No capítulo 1 deste livro, comentamos sobre o papel do Estado, esbarrando em questões como a função de cada instituição que compõe o Estado brasileiro. Nos capítulos 2 e 3, falamos do sistema eleitoral e do poder federativo na caracterização da democracia brasileira. No capítulo 6, discutimos o papel da transparência para a efetividade das ações do Estado. Neste capítulo, vamos focar no papel do cidadão no processo de *accountability* e na importância das mídias tradicionais e sociais como provedores da informação recebida pelos cidadãos que atuam neste processo.

1.1 O papel cidadão: reeleição como "accountability" ou risco moral?

O povo tem papel fundamental na democracia. Não apenas no momento do voto, usando seu direito para eleger políticos que tenham uma plataforma mais condizente com suas preferências. Além disso, as eleições servem para premiar bons políticos – aqueles que fazem o que foram eleitos para fazer e que se comportam de forma honesta – e punir os maus políticos, aqueles que não cumprem com o combinado, são corruptos, desonestos e tomam o público como privado. Os políticos, sabendo disso, devem atuar da melhor forma possível para conseguir a reeleição.

No entanto, essa lógica nem sempre prevalece. Muitas vezes a reeleição distorce as ações tomadas pelos governantes, levando ao foco excessivo no curto-prazo: inaugura-se uma obra antes de ela ser acabada, endivida-se mais do que o devido, promovem-se campanhas eleitorais baseadas em poucos fatos, etc. Trata-se do risco moral das reeleições, isto é, efeitos colaterais indesejados de um mecanismo que deveria servir para melhorar o processo democrático.

Como, então, garantir que a reeleição gere mais benefícios – premie bons políticos e estimule uma boa prática de governança – do que custos – promova ações curto-prazistas? É preciso que os cidadãos entendam: (i) a importância do engajamento político e (ii) as políticas públicas elaboradas pelo governo.

1.2 A formação da opinião pública: acesso à informação

Como monitorar sem saber ou entender o que o governo faz ou qual é a expectativa do ponto de vista normativo, do que é desejável? É fundamental entender os processos políticos que formam os alicerces democráticos do nosso país e obter informação de especialistas a respeito do tema.

A imprensa é o meio tradicional para que nós, cidadãos, possamos adquirir informações a respeito das ações dos governos e entender, por meio da análise de especialistas, se o que está sendo feito está de acordo com aquilo que foi combinado anteriormente durante a eleição.

Há larga evidência de que a mídia tradicional colabora para o processo de *accountability* ao fazer com que os políticos se tornem mais responsáveis pelos seus atos (FERRAZ; FINAN, 2008). Ela difunde informação a respeito das ações dos políticos para que cidadãos sejam mais bem informados e capazes de promover uma avaliação baseada em fatos.

Mas, há pouco mais de uma década, as pessoas ao redor do mundo têm se informado pelas redes sociais. As evidências sugerem resultados mistos a respeito do seu impacto em *accountability*. Primeiro, pensando nas ações do governo, em alguns casos, observa-se que políticos acabam substituindo suas ações práticas por atuação virtual. É como se ser atuante nas redes substituísse a atuação real dos políticos.

Segundo, pensando nas ações dos cidadãos, as redes sociais trouxeram custos e benefícios em termos informacionais. Por um lado, é mais fácil conseguir informações a respeito do seu político, das ações que ele toma e ver o debate de especialistas a respeito de temas relevantes. Por outro, estamos todos suscetíveis a muita informação e, muitas vezes, desinformação. São as famosas *fake news*.

Com informações incorretas e considerando que tendemos a dar mais valor para informações que já sejam condizentes com coisas que acreditamos, as redes sociais podem servir como um amplificador das divergências que naturalmente temos dentro de uma mesma sociedade. É o aumento da *polarização*, tão discutido atualmente.

A literatura acadêmica ainda diverge sobre achar que as redes sociais causam polarização. A presença de fontes não confiáveis, o fato de estarmos conectados com pessoas que são intrinsecamente parecidas com a gente e nossa capacidade limitada para prestar atenção na informação disponível são evidências para acreditarmos que as redes sociais podem propiciar a divulgação de *fake news* (AZZIMONTI; FERNANDES, 2018).

Como promover a boa informação? É importante: (i) checar fontes de notícias recebidas e (ii) estar aberto ao debate e ao diálogo com quem pensa diferente.

1.3 A formação da opinião pública: interpretação da informação

Além do efeito da qualidade da informação recebida pelos agentes importar para a formação da sua opinião, é preciso também considerar a forma como os indivíduos interpretam essas informações. As pessoas precisam estar dispostas a usar essa informação para mudar de opinião (BENOÎT; DUBRA, 2018).

Muitas políticas públicas também precisam de amplo apoio da população para serem bem-sucedidas. Vimos muitos casos durante a pandemia da covid-19 com a adoção de máscaras, redução de aglomerações e até recomendação de medicamentos com comprovação científica deletéria. Estes são exemplos claros de que não apenas o governo deve implementar e propagandear uma política, mas esta precisa "colar" no povo.

Um problema enfrentando neste caso é o da ideologia. Mesmo cidadãos bem-educados podem apresentar visões de mundo contaminadas por ideologias que podem levar à negação de evidências científicas que sejam contrárias a esta visão de mundo (CAMARGO; KARPUSKA; LORECCHIO, 2021).

Costumamos pensar, via de regra, que política, religião e futebol "não se discutem". É um ditado que explicita nossa falta de intimidade com o diálogo e o debate. Mostra disposição a não mudar de opinião a respeito de coisas que julgamos corretas desde sempre. Talvez isso possa ser mais verdadeiro com religião e futebol. Certamente não o é com política. É fundamental estimular o debate na nossa tão tenra democracia.

2. A IMPRENSA E A DEMOCRACIA

"Democracy Dies in Darkness". A democracia morre nas trevas. Há uma história interessante por trás do poderoso slogan do jornal americano *The Washington Post*. Até estrear na voz do ator Tom Hanks em propaganda veiculada no intervalo da final do *Super Bowl*, em fevereiro de 2017, esta foi uma ideia que maturou no tempo, por décadas, e passou por muitas mãos.

O lendário jornalista investigativo americano Bob Woodward, que é editor-associado do *Post* desde 1971, usava a frase em discursos, palestras e na redação há anos. Mas Woodward não a inventou. Ele mesmo revelou que havia lido algo nesse sentido em uma decisão judicial de um caso da era pré-Watergate, no qual o juiz opinava que o governo não poderia grampear indivíduos sem um mandado.

O juiz era Damon J. Keith, neto de escravos e uma das figuras mais discretamente influentes da história dos direitos civis dos EUA[1], tendo proferido decisões que salvaguardaram algumas de nossas mais importantes liberdades civis. Keith revisitou o tema depois de 30 anos, ao opinar que o então presidente George W. Bush não poderia conduzir audiências secretas de deportação de suspeitos de terrorismo. E cunhou a frase: "As democracias morrem a portas fechadas".

Ou melhor, seu escrivão à época cunhou. Segundo o próprio juiz, a frase deve-se a Praveen Madhiraju, hoje advogado em Washington DC. "Eu vim com as palavras, mas o juiz Keith foi claramente a inspiração por trás de tudo", disse generosamente Madhiraju à Associated Press em 2017. "De jeito nenhum, se eu tivesse trabalhado com qualquer outro juiz no país, eu teria pensado naquela frase."

O slogan foi adotado pelo *Post* em fevereiro de 2017, o primeiro em seus 140 anos de história e pouco mais de um mês após a posse de Donald Trump como presidente daquele país. Não sem alguma controvérsia: não foram poucos os que à época consideraram a sentença como exageradamente dramática. Irreverente, a revista *Slate* tascou uma montagem com o proprietário do *Post*, o CEO da Amazon Jeff Bezos, maquiado como se fosse o vocalista do Kiss e enumerou 15 álbuns de Heavy Metal com títulos menos *"dark"*, citando entre eles *Reign in Blood*, do Slayer, e *All Hope is Gone*, do Slipknot.

---

1   HUDSON JR, David L. **Damon Keith**. The free speech center – First amendment news and insights from MTSU, 2019. Disponível em: https://mtsu.edu/first--amendment/article/1619/damon-keith.

Hoje, *"Democracy Dies in Darkness"* parece consolidada como uma espécie de síntese perfeita da necessidade do jornalismo enquanto fiscalizador dos poderes. Mas realizar tal tarefa nunca foi tão difícil, seja pela dificuldade de encontrar um modelo que torne o jornalismo sustentável enquanto negócio, seja porque os poderes, por vezes, sufocam a produção de conteúdo que os fiscalize.

2.1 *O acesso à imprensa e seu financiamento em tempos de redes sociais*

No Brasil, nada menos que 3.487 de 5.570 cidades (62,6%) não têm nenhum veículo jornalístico, segundo mapeamento feito pelo projeto Atlas da Notícia[2]. São os chamados "desertos de notícias". Nestes municípios, onde a população média é de 7.100 habitantes, estão 37 milhões de pessoas – ou 18% da população nacional.

Você, leitor, pode pensar que não é algo tão relevante, dado que se trata de uma minoria da população. Mas veja por outro ângulo: em quase 3,5 mil cidades, não há ninguém noticiando as atividades dos prefeitos e de dezenas de milhares de vereadores. Veículos com cobertura nacional não o farão. Em outros 19% dos municípios, com população média de 17,8 mil habitantes e que abrigam mais 27,5 milhões de pessoas, só há um ou dois veículos jornalísticos – são os chamados quase desertos.

Ali, anotam os organizadores do Atlas, "com pouca ou nenhuma concorrência, iniciativas locais estão mais vulneráveis a interferências políticas ou empresariais, por exemplo". É o problema da qualidade do trabalho jornalístico realizado naquelas localidades.

E eles acharam um dado ainda mais impressionante. Ao comparar os desertos e quase desertos com dados do Índice de Desenvolvimento Humano (IDH), percebe-se que, nos municípios mais desenvolvidos, há uma maior presença de veículos jornalísticos. Não é possível dizer que uma coisa resulta necessariamente na outra, mas sim que maior presença de jornalismo local caminha junto com melhor desenvolvimento humano – e aumenta a capacidade de fazer governos andarem na linha. Jornalismo local, desenvolvimento, *accountability*.

Mas como fomentar jornalismo sustentável e independente a ponto de fiscalizar governos? A pergunta é boa, mas sua resposta não dá man-

---

2   **Atlas da Notícia**. Disponível em: https://www.atlas.jor.br/desertos-de-noticia/. Acesso em 17 jul. 2021.

chete de jornal: há muitos caminhos tentados, controvérsias envolvidas e nenhuma saída fácil.

O pesquisador romeno Marius Dragomir conta o caso de Sieglinde Baumert, uma mulher de 46 anos da pequena cidade de Geisa, na região alemã da Turíngia. Em fevereiro de 2016, ela ganhou as manchetes ao ser presa por não pagar a taxa de licença. Trata-se de um imposto que todas as famílias alemãs pagam para financiar o sistema de serviço público de mídia do país. Baumert passou dois meses na prisão.

A Sra. Baumert não está sozinha. O financiamento da mídia pública pelos contribuintes é cada vez mais contestado nos países onde o mecanismo existe. E não se trata de uma questão de qualidade. Na Grã-Bretanha, por exemplo, a BBC é identificada por grande parte do público pelo jornalismo sólido e reportagens objetivas. Na Alemanha, ZDF e ARD são as fontes de notícias imparciais (DRAGOMIR, 2018). Nos países escandinavos, a televisão pública é conhecida por seu jornalismo objetivo e programação cultural de bom nível.

É uma questão mais profunda, onde a vasta oferta de conteúdo grátis *online*, inclusive por redes sociais e *apps* de mensagem, se coaduna a um desejo de buscar informações que apenas corroboram as próprias crenças. Assim, os contribuintes estão, compreensivelmente, questionando por que a lei os obriga a financiar um meio de comunicação específico.

Desprotegida do financiamento pela sociedade, seja pública ou privada, a mídia fica mais vulnerável a interesses políticos de ocasião. Na Malásia, o governo foi o maior gastador de publicidade durante o período de 2011 a 2013, anota Dragomir. A maior parte do espaço publicitário que as instituições estatais na Malásia compraram na mídia durante aqueles anos foi em estabelecimentos de propriedade direta ou abertamente amigáveis à coalizão governante Barisan Nasional. O financiamento posicionou o governo da Malásia como o maior detentor de poder na mídia do país (DRAGOMIR, 2018).

Na Hungria, segundo o mesmo autor, um sofisticado sistema de uso de publicidade estatal para captar a mídia foi engendrado em favor do governo após a chegada de Viktor Orbán ao poder. Estações de rádio que não se renderam à produção de informação chapa-branca foram sufocadas financeiramente e perderam suas licenças de transmissão para grupos políticos simpáticos, que passaram a ser largamente abastecidos financeiramente.

Orbán estimulou oligarcas próximos a seu governo a adquirir a mídia independente que restou. Em entrevista a Ana Estela de Sousa Pinto na

Folha de S. Paulo[3], o jornalista Gábor Horváth lembrou que, "no final de 2018, eles já tinham 80% da mídia húngara. Os que não foram estatizados foram comprados por empresários próximos ao premiê". Um amigo de infância de Orbán, Lorinc Meszaros, tornou-se dono do maior grupo editorial da Hungria. Empresários próximos compraram todos os jornais regionais dos 19 condados húngaros. O Népszabadság, principal veículo a fazer oposição ao governo e do qual Horváth era diretor-adjunto, fora comprado em 2016 por apoiadores de Orbán e fechado.

A estratégia de cooptação não se restringe a governos nacionais e tampouco é privilégio da direita. Em Pernambuco, entre 2008 e 2018 – anos de domínio político do grupo ligado a Eduardo Campos, do Partido Socialista Brasileiro (PSB) – pelo menos 38% dos jornalistas dos três principais jornais locais deixaram as redações e começaram a trabalhar para autoridades locais: governador, prefeitos, parlamentares, vereadores e secretários, conforme mostrou o jornalista e pesquisador Murillo Camarotto em trabalho para a *Reuters Institute*, centro de pesquisa da Universidade de Oxford (CAMAROTTO, 2019).

Aqui, o cálculo é outro: cooptar não os veículos, mas os repórteres que se destacavam na cobertura crítica ao governo. Estes recebiam vantajosas ofertas para trabalhar do outro lado do balcão, assessorando os gestores e parlamentares que antes fiscalizavam. Em um meio limitado financeiramente e com perspectivas de carreira instáveis como o jornalismo, é difícil resistir. Entre os 20 jornalistas entrevistados para a pesquisa, 45% mencionaram a má remuneração como um dos motivos para deixar seus cargos nas redações locais. A segunda justificativa mais comum, com 35%, foi a falta de perspectiva de um bom futuro como repórter local em Pernambuco. "Alguns dos mais renomados e premiados jornalistas pernambucanos trabalham atualmente para o governo. A imprensa local é hoje muito mais dócil e vulnerável do que no passado", concluiu Camarotto (2019).

No governo do presidente Jair Bolsonaro, para além do uso das verbas de publicidade para contemplar veículos simpáticos[4], houve uma alteração

---

3   FOLHA DE S. PAULO. Perdemos a esperança de que a Europa vai conter Orban, diz editor húngaro. **Folha de S. Paulo**, 2020. Disponível em: https://www1.folha. uol.com.br/mundo/2020/04/perdemos-a-esperanca-de-que-a-europa-va-conter- -orban-diz-editor-hungaro.shtml. Acesso em: 30 ago. 2021.

4   AGÊNCIA O GLOBO. Diálogos de inquérito da Polícia Federal mostram que Secom privilegiou "mídia aliada". **Valor Econômico**, 2021. Disponível em: https://valor.globo.com/politica/noticia/2021/06/13/dialogos-de-inquerito-da- -policia-federal-mostram-que-secom-privilegiou-midia-aliada.ghtml.

na própria dinâmica de relações entre governo e imprensa, especialmente verificável no trato com emissoras de TV aberta. A antipatia mútua entre Bolsonaro e a TV Globo foi lida pela concorrência (SBT, Record, Rede TV! e Band) como uma oportunidade de fazer frente à histórica dianteira da emissora da família Marinho. Bolsonaro se aproveitou disso: contemplou--as com uma presença farta na programação e acesso ao governo. Do início de sua gestão, em janeiro de 2019, até 19 de maio de 2021, ele havia concedido oito entrevistas exclusivas ao SBT; seis à Record; cinco à TV Bandeirantes e três entrevistas à Rede TV. O presidente não concedeu entrevistas à Globo. As informações foram obtidas junto à Secretaria Especial de Comunicação Social (Secom) do Ministério das Comunicações, por meio da Lei de Acesso à Informação (LAI).

As TVs abertas funcionam por meio de concessão do Estado brasileiro. O período é de 15 anos e a renovação precisa do aval do governo, mas não apenas dele. Há salvaguardas dos dois lados, tanto para evitar que pressões políticas afetem o conteúdo transmitido quanto para evitar que as empresas fujam da função social que lhes é exigida. A decisão pela não renovação ou aprovação tem de ser autorizada por dois quintos do Congresso e, caso soe como uma decisão política, é possível contestá-la na Justiça, sendo que apenas esta pode cassar a concessão ou permissão antes do seu término.

Após a veiculação de uma reportagem do Jornal Nacional noticiando que o nome do presidente teria sido citado em investigação do assassinato da vereadora Marielle Franco (PSOL-RJ) e do motorista Anderson Gomes, Bolsonaro deu a entender que dificultaria o caminho para a renovação da Globo a partir de 2022[5]. Dois dias antes, em 27 de outubro de 2019, ele já havia feito ameaça semelhante: "Tem empresa que vai renovar seu contrato brevemente, eu não vou perseguir ninguém. Quem estiver devendo, vai ter dificuldade. Então os órgãos de imprensa jogam pesado para ver se me tiram de combate para facilitar sua vida"[6].

---

5   CASO Marielle: suspeito entrou em condomínio alegando ir à casa de Bolsonaro, diz porteiro. **Jornal Nacional**, Rio de Janeiro, 29 out. 2019. Disponível em: https://globoplay.globo.com/v/8044834/. Acesso em: 12 dez. 2021; GOMES, Helton. Bolsonaro diz que pode não renovar concessão da Globo, mas não é bem assim. **Uol**, 2019. Disponível em: https://www.uol.com.br/tilt/noticias/redacao/2019/10/31/bolsonaro-pode-cancelar-ou-nao-renovar-concessao-da-tv--globo-entenda.htm. Acesso em: 31 ago. 2021.

6   O DIA. Bolsonaro ameaça não renovar a concessão da Rede Globo: "Vai ter dificuldade". **Isto é,** 2019. Disponível em: https://istoe.com.br/bolsonaro-ameaca-nao--renovar-concessao-da-rede-globo-vai-ter-dificuldade/. Acesso em: 31 ago. 2021.

Desde a Constituição de 1988, nunca houve um caso de rejeição de renovação de concessão no Brasil. Toda concessionária tem o direito à renovação, desde que tenha cumprido com as exigências legais. A crença de Bolsonaro de que pode tirar a emissora do ar na canetada tem como premissa a ideia de que a recusa da renovação pode ocorrer se constatado que a emissora fez uso do canal para fins diferentes dos que se esperava dela. Justificativa muito parecida com o que aconteceu na Venezuela em 2011, quando o ditador Hugo Chávez acusou a RCTV de "não servir ao povo" e, com ajuda do Tribunal Supremo de Justiça, que lhe era subserviente, a emissora foi tirada do ar (G1 MUNDO, 2006).

Do outro lado, se a aproximação com Bolsonaro afetou a cobertura noticiosa de algumas emissoras, viesando-as em favor do governo, é uma pergunta a ser respondida por pesquisas futuras, inclusive em relação a seu eventual prejuízo à população.

Levantamento feito[7] em convênio com a Federação Nacional dos Jornalistas (Fenaj) em 2012 mostrou que 48% dos jornalistas têm entre 23 e 30 anos – e apenas 8% têm mais de 51 anos. É uma profissão ainda largamente elitista (72% são brancos) e somente 40% têm algum tipo de pós-graduação. Não é um problema apenas brasileiro: nos EUA, onde 40% da população é negra, de acordo com uma análise do Pew Research Center usando dados de 2012-2016, somente 23% dos funcionários das redações eram negros.

As coisas vêm mudando, ainda que lentamente: de acordo com o mesmo instituto, a porcentagem de profissionais negros nas redações de TV locais, que não passava de 10% por muitos anos, aumentou para 13,3% em 2020. Os hispanos, que representavam 4% das equipes dos telejornais em 1995, no ano passado representavam 11%[8].

A Associated Press[9] (AP) fez uma mudança notável em seu comando: Daisy Veerasingham, vice-presidente executiva e diretora de operações,

---

7   FENAJ. Quem é o jornalista brasileiro? Perfil da Profissão no país. Disponível em: https://fenaj.org.br/wp-content/uploads/2016/01/pesquisa-perfil-jornalista--brasileiro.pdf. Acesso em: 12 dez. 2021.

8   PEW RESEARCH CENTER. **Hispanic and Black News Media Fact Sheet**. Pew Research, 2021. Disponível em: https://www.pewresearch.org/journalism/fact--sheet/hispanic-and-black-news-media/. Acesso em: 31 ago. 2021.

9   MEDIA TALKS. Associated Press terá sua primeira CEO mulher e não branca em 175 anos. **Media Talks**, 2021. Disponível em: https://mediatalks.uol.com.br/2021/08/03/agencia-de-noticias-associated-press-tera-sua-primeira-ceo--mulher-e-nao-branca-em-175-anos/. Acesso em: 31 ago. 2021.

foi nomeada presidente e CEO. Britânica, com ascendência do Sri Lanka, ela é, ao mesmo tempo, a primeira mulher, a primeira pessoa não branca e de fora dos Estados Unidos a liderar a agência de notícias em 175 anos. Sua nomeação não é uma concessão, mas acompanha uma mudança na AP, que tem hoje 40% de sua receita gerada fora dos EUA, o dobro do que era há 15 anos.

E o *Post*, cuja história do slogan iniciou este capítulo? Nomeou para liderar sua redação Sally Buzbee[10], também de forma inédita. E ela mostrou estar ciente do desafio. "Trabalharemos diariamente para garantir que a gama crescente e diversificada de vozes em nossa redação seja ouvida e refletida, e que estejamos encontrando e contando com afinco as histórias que destacam as experiências de nossos diversos leitores", afirma Buzbee.

Em ótimo trabalho para o Nieman Lab, da Universidade de Harvard, Nicole A. Childers mostrou que o argumento moral para a diversidade nas redações também é um argumento de negócios – e você precisa de ambos. "Quanto mais ampla for a gama de perspectivas e experiências que cobrem as notícias, mais capaz será a redação de alcançar um público mais amplo, mais receita esse público trará e mais atraente se torna uma redação para atrair talentos mais diversos" (CHILDERS, 2020).

Ao conversar com a Dra. Laura Morgan Roberts, uma psicóloga organizacional da Universidade da Virgínia que estudou as experiências de pessoas de cor no jornalismo, Childers ouviu que um grande problema é que não há pessoas negras suficientes em posições de poder. "Quando os editores não são diversos, isso afeta negativamente a cobertura", disse Roberts. As notícias "podem ser incompletas ou comprometidas por pontos cegos ou, na pior das hipóteses, podem perpetuar estereótipos negativos sobre várias comunidades" (CHILDERS, 2020).

A falta de diversidade é, logo, um problema de negócios e também de precisão jornalística – e a incapacidade das redações brasileiras de fazer uma leitura correta de fenômenos urbanos recentes como os rolezinhos, as manifestações de 2013 e a própria eleição de Bolsonaro em 2018 mostram a necessidade de as redações se tornarem mais diversas e atentas

---

10   MEDIA TALKS. Nova editora reforça foco do Washington Post em redação diversa e inovação nas plataformas digitais. **Media Talks**, 2021. Disponível em: https://mediatalks.uol.com.br/2021/07/21/nova-editora-reforca-foco-do-washington-post-em-redacao-diversa-e-inovacao-nas-plataformas-digitais/. Acesso em: 31 ago. 2021.

aos acontecimentos locais como forma de fomentar sua própria sustentabilidade e independência, como discutiremos a seguir.

3. O QUE FAZER?

Mas então, um jornalismo melhor e sustentável virá com diversidade e mais atenção aos cenários locais? Simples assim?

É claro que não é tão óbvio. É uma aposta, que aponta rumos diversos dos tentados até hoje e busca preencher fragilidades evidentes na cobertura jornalística atual. Assim como a aposta nos conteúdos multiplataforma (*podcasts*, séries temáticas), que não são exatamente novidades em termos de produção jornalística, mas sim de abordagem.

O jornalismo precisa ser adaptável porque sua função é informar, não catequizar. Se a forma como as pessoas se comunicam muda, o jornalismo deve seguir a pista, porque é mais importante se adaptar e continuar influente do que deixar um cadáver impecável. E não é lá nenhum pedido indecoroso querer um jornalismo mais preto, mais feminino e menos burguês.

Há bons exemplos. Como escreveu Nicole Stockdale, diretora de estratégia digital do *Dallas Morning News* (DMN), está aqui uma ideia "para roubar e ser adaptada"[11]: as mídias precisam aprofundar seu relacionamento com os leitores e expandir sua cobertura de notícias de comunidades com uma equipe de *freelancers*, criando *hubs* digitais e *newsletters* para organizar e promover a cobertura.

Fundado em 1885, o *The Dallas Morning News* é a principal organização de notícias do Texas e ganhou nove prêmios Pulitzer. Após passar pelo programa *Table Stakes*, organização que ajuda veículos a achar seus pontos cegos e investir em estratégia e inovação, o DMN se deu conta de que a maioria de reportagens diárias se concentrava na cobertura específica de Dallas, apesar de a maioria dos assinantes viver fora dos limites da cidade.

A resposta foi DMN Local – uma iniciativa para expandir a cobertura de notícias de 10 comunidades, com boletins informativos e facilitação

---

11 STOCKDALE, Nicole. How the Dallas Morning News expanded its hyperlocal journalism through a web hub and newsletter initiative. **The Dallas Morning News**, 2021. Disponível em: https://betternews.org/dallas-morning-news-expands-hyperlocal-journalism-with-web-hub-newsletters/. Acesso em: 31 ago. 2021.

para encontrar conteúdos hiperlocais. Ao final do primeiro ano, o DMN Local havia publicado mais de 2.250 artigos – notícias e informações reais que trouxeram cobertura hiperlocal para comunidades que de outra forma não teriam. Em vez de focar apenas nas comunidades mais ricas com o maior potencial de aquisições de assinaturas, eles buscaram a diversidade nos leitores – em renda familiar, geografia, raça e etnia, incluindo comunidades que historicamente eram mal atendidas. Na pandemia da covid-19, eles já tinham a infraestrutura instalada ou em andamento para distribuir informações críticas rapidamente aos leitores no momento em que eles mais precisavam.

Hoje, o DMN local é uma iniciativa plenamente sustentável e que conseguiu se firmar entre um público que precisava de notícias e até pagaria por elas – só que não sabia disso e/ou não se via contemplado.

No Brasil, a Associação Brasileira de Jornalismo Investigativo (Abraji) encampou em 2021 uma dessas ideias que podem, de fato, mudar as coisas[12]. Abriu, em parceria com o *Facebook*, um curso de Jornalismo Local para treinar 2,5 mil jornalistas e estudantes de comunicação utilizando uma abordagem que trate de modo integrado os princípios editoriais e o modelo de negócio para garantir a independência e a sustentabilidade das iniciativas jornalísticas.

Este é o ponto. Não se trata de fazer jornal de bairro ou ceder espaço ao jornalismo comunitário – iniciativas que nas redações ganharam certa conotação de algo pouco profissional, no primeiro caso, ou de uma generosa concessão do espaço, no segundo. Trata-se de entender a cobertura local como um investimento estratégico. E possivelmente rentável.

Veja quem vive nos gigantescos bairros da periferia de São Paulo, por exemplo. A maior parte das pessoas passa a vida inteira por ali. Vai ao centro trabalhar e volta. Os parentes, amigos, amores, a vó, a sinuca do domingo. Estão todos nas cercanias. Um distrito como o Capão Redondo, por exemplo, tem uma população que encosta nos 300 mil habitantes – seria uma cidade com segundo turno e tudo, com folga.

Se há menos campo para avançar na aquisição de novos leitores nas classes média e alta, não parece dado que o mesmo valha para quem nunca foi, até hoje, o público-alvo dos jornais. É possível imaginar que, se ofe-

---

12   ABRAJI. Abraji lança novo curso on-line voltado para jornalismo local com apoio do Facebook. **ABRAJI**, 2021. Disponível em: https://abraji.org.br/noticias/abraji-lanca-novo-curso-on-line-voltado-para-jornalismo-local-com-apoio-do--facebook. Acesso em: 31 ago. 2021.

recido por um preço adequado e com uma estratégia de cobertura que se adeque à necessidade das pessoas, o jornalismo se torne atrativo e relevante. As experiências mundo afora atestam isso.

Trata-se de um ciclo virtuoso. Informação é também vínculo, sentir--se parte. O leitor que se sente contemplado porque o jornal entende sua realidade está menos propenso a embarcar em *fake news*. Da mesma forma, quem não enxerga o próprio mundo no noticiário fica mais vulnerável a conteúdos que, ainda que muitas vezes desinformativos, procuram-o pelas redes sociais o tempo todo.

O cidadão informado se sentirá mais apto ao engajamento, inclusive para se automonitorar e, ao receber uma notícia bombástica, checar no "Aos Fatos", por exemplo. Também estará mais abastecido criticamente para avaliar seus governantes. E por consequência, mais aberto ao diálogo e a ouvir o diferente, para que não sejamos sempre o país onde política, religião e futebol não se discutem.

REFERÊNCIAS

AZZIMONTI, Marina; FERNANDES, Marcos. Social media networks, fake news, and polarization. **National Bureau of Economic Research**, n. w 24462, 2018.

ASHWORTH, Scott. Electoral accountability: Recent theoretical and empirical work. **Annual Review of Political Science**, v. 15 p. 183-201, 2012.

BENOÎT, Jean-Pierre; DUBRA, Juan. When do populations polarize? An explanation. **Working Paper 1801**, Facultad de Ciencias Empresariales y Economia. Universidad de Montevideo, 2018.

CHÁVEZ cancela licença de transmissão de canal de TV privado. **G1 Mundo**, Rio de Janeiro, 28 dez. 2006. Disponível em: http://g1.globo.com/Noticias/Mundo/0,,AA1402298-5602,00-CHAVEZ+CANCELA+LICENCA+DE+TRANSMISSAO+DE+CANAL+DE+TV+PRIVADO.html. Acesso em: 12 dez. 2021.

CAMARGO, Braz; KARPUSKA, Laura; LORECCHIO, Caio. Ideology and Political Accountability, **Working Paper**, 2021.

CAMAROTTO, Murillo. LOCAL MEDIA IN BRAZIL: Draining the newsrooms in the country's poorest region. **Reuters Institute Fellowship Paper**. University of Oxford, 2019.

CHILDERS, Nicole. The moral argument for diversity in newsrooms is also a business argument – and you need both, 2020. **Nieman Lab.** Disponível em: https://www.niemanlab.org/2020/11/the-moral-case-for-diversity-in-newsrooms-also-makes-good-business-sense/.

DRAGOMIR, Marius. Control the money, control the media: How government uses funding to keep media in line. **Journalism**, v. 19.8, 2018.

FARHI, Paul. The Washington Post's new slogan turns out to be an old saying. 2017. **The Washington Post.** Disponível em: https://www.washington-post.com/lifestyle/style/the-washington-posts-new-slogan-turns-out--to-be-an-old-saying/2017/02/23/cb199cda-fa02-11e6-be05-1a3817a-c21a5_story.html. Acesso em: 17 jul. 2021.

FERRAZ, Claudio; FINAN, Frederico. Exposing corrupt politicians: the effects of Brazil's publicly released audits on electoral outcomes. **The Quarterly journal of economics**, v.123.2, p. 703-745, 2008.

WORLD BANK. Making Politics Work for Development: Harnessing Transparency and Citizen Engagement. **Policy Research Report**. Washington, DC: World Bank, 2016.

6

REFORMAR A VERDADE FACTUAL

Tai Nalon

RESUMO: Este capítulo pretende contar a história do sequestro da verdade factual por enganadores profissionais de modo a fazer valer agendas políticas para a captura do Estado e da democracia. Ao longo dessas páginas, a autora demonstra como atores políticos reprogramam o debate público contando mentiras a partir de histórias verossímeis e, ao rememorar o tratado "Verdade e Política" de Hannah Arendt, traça caminhos para entender seus próximos movimentos. A jornalista também aborda como a desinformação pode ser orquestrada e mostra qual é o impacto dessas campanhas na realidade percebida, na verdade factual e nos mecanismos que mediam as relações sociais. Por fim, elenca quais são as ideias preponderantes para que superemos problemas inerentes à comunicação política e reformemos a verdade factual nas redes e nas instituições que norteiam a democracia.

Em 8 de novembro de 2018, recém-eleito, Jair Messias Bolsonaro comprometeu-se a abrir a "caixa-preta" do BNDES – Banco Nacional de Desenvolvimento Econômico e Social (AGÊNCIA BRASIL, 2018). O anúncio fora feito em seu perfil verificado no Twitter, por meio do qual dizia querer "revelar ao povo brasileiro o que foi feito com seu dinheiro nos últimos anos". Em 2018, Bolsonaro passara a campanha presidencial levantando suspeitas sobre empréstimos concedidos pelo banco tanto a empresas brasileiras como a JBS, o grupo Bertin e a Eldorado Brasil Celulose, quanto às ditaduras cubana e venezuelana.

Tal retórica suscitou a criação de várias páginas no site do banco para esclarecer dúvidas frequentes acerca de seus programas de financiamento à exportação. "É justo apoiar projetos lá fora quando falta tudo aqui?" e "Os contratos dessas operações são secretos?" são algumas das perguntas que guiam as declarações de transparência do BNDES em seu site. Sob o título "*É fake!*", a instituição alerta ainda para a circulação de "informações em tom de denúncia sobre exportações de serviços para obras no exterior que nunca foram financiadas pelo BNDES". A página em questão (BNDES Aberto) dispõe de dois vídeos hospedados no YouTube e elenca oito tweets com explicações sobre quais empresas são elegíveis para crédito no banco.

Essa ofensiva de comunicação do BNDES coincide com picos de campanhas de desinformação sobre o histórico da instituição sob os governos petistas durante o ano eleitoral de 2018. Às vésperas do segundo turno das eleições presidenciais, um grupo de pesquisadores da Universidade Federal de Minas Gerais registrou pico de compartilhamentos de imagens e textos no WhatsApp que levantavam suspeitas sobre a atuação do banco. Segundo a BBC Brasil, entre 22 e 23 de outubro daquele ano, metade das 60 imagens mais compartilhadas foram sobre o banco de desenvolvimento brasileiro. Em 12 de novembro de 2018, quatro dias depois da declaração de Bolsonaro sobre a "caixa preta", o site de checagem "Aos Fatos" (https://www.aosfatos.org/), do qual sou dona, registrou entre mais de uma dezena de usuários de Facebook e WhatsApp a disseminação de um boato segundo o qual a equipe de transição de Bolsonaro teria encontrado centenas de caminhões abandonados por Eike Batista e financiados pelo BNDES (ARAGÃO, 2018).

A despeito do histórico de opacidade gerencial por parte do BNDES engendrada pelo Partido dos Trabalhadores (PT), o resto virou história. Foram desembolsados R$ 48 milhões do erário para pagar a empresa americana Cleary Gottlieb Steen & Hamilton LLP, que, por sua vez, delegou à brasileira Levy & Salomão concluir que não havia irregularidades nos contratos do banco estatal. Tal informação não era de todo nova: devido a pressões sobretudo do TCU (Tribunal de Contas da União), o BNDES já havia passado a publicar a partir de 2015 informações detalhadas e granulares sobre seus desembolsos. Era possível, já durante a campanha de 2018, refutar a tese de que havia uma "caixa-preta" instalada no prédio da avenida Chile. "Se o povo brasileiro acha que o petrolão foi o maior escândalo de todos os tempos no país", conforme versava uma corrente de WhatsApp durante as eleições, ele definitivamente não precisaria "esperar até ver o que fizeram com o BNDES".

Por fim, em entrevista transmitida em junho de 2021 por um canal bolsonarista, o próprio presidente admitiu que "não é caixa-preta aquela lá, tudo foi aprovado por alteração de Medidas Provisórias". "Não foi caixa-preta na verdade, tá aberto aquilo lá. Eu também pensava que era caixa-preta. Está aberto no site do BNDES, os empréstimos todos para os outros países aí", reforçou.

A "caixa-preta" do BNDES foi tanto um espantalho quanto um episódio perfeito para ilustrar como a extrema direita sequestra pautas ditas progressistas, como o controle social por meio da transparência pública, para suas práticas utilitaristas. Com ambos os pés fincados na mentira, essa história foi relevante elemento de mobilização para o bolsonarismo reprogramar o debate público em torno da pauta anticorrupção. O discurso de promoção de transparência contra interesses ocultos é elemento fundamental da construção de um imaginário conspiracionista. Foi da ignorância sobre atos públicos transparentes que o bolsonarismo conseguiu convencer que informações tangíveis eram propositalmente escondidas.

Políticos de várias inclinações ideológicas exploraram com diferentes graus de destreza as vantagens geradas pela ausência de mediação tradicional das redes sociais ao longo da década de 2010 até encontrar, em 2018, a fórmula da eleição bem sucedida. Inspirados na vitória de Barack Obama nas eleições gerais americanas de 2008, foi primeiramente tateando plataformas como o Facebook e o Twitter que uma nova geração de marqueteiros instrumentalizou o modelo de negócios dessas empresas para usar de práticas de publicidade comercial digital, ciberativismo e propaganda computacional para eleger seus clientes.

Essas ferramentas são elencadas por Francisco Brito Cruz, doutor e mestre em Filosofia e Teoria Geral do Direito pela Faculdade de Direito da USP, em seu "Novo Jogo, Velhas Regras" (2020). Segundo ele, "as novidades dessa nova intermediação na comunicação política apareceram amorfas em 2013, desencaixadas da competição eleitoral". Mas, conforme relata: "Nas eleições de 2018, (...) o público que antes estava na arquibancada começou de fato a jogar o jogo da comunicação política, sem se importar se isso estava nas regras ou não" (ARENDT, 2019, p. 287-318).

Nos anos 2010, a propaganda eleitoral deixou de obedecer aos poucos o que antes se convencionou chamar de calendário oficial, marca estruturadora da intervenção da Justiça Eleitoral na comunicação política, para se transformar em uma troca ininterrupta e mais ou menos espontânea de informações sobre o poder. Conforme narra Brito Cruz, a propaganda eleitoral poderia estar em todo lugar e em lugar nenhum. "Em nome da paridade de armas, ela estaria em todo lugar; em nome da liberdade de expressão, ela só estaria no discurso que sai da boca – e dos perfis oficiais – dos políticos" (CRUZ, 2020, p. 391-392).

Em seu livro, Brito Cruz discute os limites do direito eleitoral e das instituições que o resguardam. Porém, neste texto aqui prefiro usar suas palavras para ilustrar como essa percepção de desmediação e ubiquidade também serve para sustentar discursos fraudulentos de autoridades legitimadas pelo voto, mas precariamente constituídas pelo fraco arsenal que integra seu capital político tradicional – como base parlamentar representativa, vínculo com o capital e política externa relevante. É o caso do Brasil de Jair Bolsonaro, cuja eleição estruturada nas redes e gestão hiperdependente dessas mesmas plataformas coincidiu com a crise do modelo político sustentado principalmente por PT e pelo Partido da Social Democracia Brasileira (PSDB). Sua estratégia eleitoral foi se apropriar dessa fragilidade para atacar seus pilares a partir de uma estrutura descentralizada, ainda que bem organizada, de operadores do caos.

Bem sucedida em alçar ao poder um grupo radical de direita por vias democráticas, é também essa dependência hipertrofiada das redes que limita o léxico bolsonaristas a variações hoje pouco surpreendentes de exaltação da masculinidade, nostalgia da ditadura e paranoia conspiracionista – todas elas bastante prevalentes durante a campanha de 2018 e presentes até hoje entre seus mais ferozes aliados. A ideia aqui não é apenas exaltar os códigos que perfazem o que há de mais estridente na ideologia bolsonarista, mas exercer controle sobre o conteúdo que circula nas redes para criar uma sensação de homogeneidade de narrativas e, com isso, criar uma percepção paralela da realidade factual.

Nisso, autoridades como o presidente da República têm papel fundamental. Investigação sistemática do "Aos Fatos" apontou que, até a primeira metade de julho de 2021, Bolsonaro havia proferido 3.334 declarações falsas ou distorcidas desde o início de seu mandato (AOS FATOS, 12 dez. 2021). Reproduzidas por canais oficiais e extraoficiais de TV e rádio e até pelo jornalismo profissional, essas falas públicas são diariamente buriladas e editadas de modo que seu discurso penetre o sistema fragmentado de comunicação do governo – Telegram, WhatsApp, grupos no Facebook e em redes sociais menores – e encontre ressonância entre a sua base.

Exemplo disso é que, até julho de 2021, Bolsonaro havia imputado incorretamente a culpa pelas milhares de mortes por covid-19 ao Supremo Tribunal Federal, aos governadores e aos prefeitos ao menos 88 vezes (AOS FATOS, 12 dez. 2021). Sua aventura golpista ao questionar a lisura da apuração dos votos computados pelas urnas eletrônicas nas eleições foi repetida publicamente ao menos 35 vezes (BARBOSA; MONTESANTI, 2021). Todas essas declarações ganharam versões mais ou menos parecidas em correntes de WhatsApp, vídeos no YouTube, imagens no Instagram e textos conspiracionistas em sites que publicam desinformação.

Esse método é mensurável pelo algoritmo de detecção de conteúdo potencialmente desinformativo do "Aos Fatos". Enquanto Bolsonaro aumentava a aposta na defesa de sua versão do "voto auditável", grupos aliados no WhatsApp compartilhavam mais de 130 vezes mensagens diferentes com o seguinte conteúdo (MATSUKI, 2021):

> *O Presidente Bolsonaro acabou de revelar o esquema que envolve José Dirceu e alguns ministros do S...T...F. José Dirceu oferecia os encontros e FILMAVA tudo. Ultimamente, vimos que alguns dos 11 togados estavam tomando decisões sem poder para isso tipo, Rosa Web.... Alex...Mor.... Barro....etc. O José Dirceu estava PRESSIONANDO os togados que, se não fizessem o que ele queria, iria jogar as filmagens para o Brasil e o mundo ver. Imagina vc ver um ministro do S...T...F... fazendo sexo com menores, com gays, fazendo acordos com traficantes!!! Pressionados por José Dirceu, eles cometeram arbitrariedades demais. Mas ACABOU. Bolsonaro já está com as provas nas mãos e os togados estão LASCADOS. Por isso que o Diretor William Burns da CIA, esteve em Brasília dia 01/07 para conversar com Bolsonaro. Ele trouxe informações sobre o assunto, vídeos sigilosos que a Cia rastreou, e sobre as eleições fraudadas de porque Bolsonaro ganhou no 1º turno com 71 milhões de votos. Tentaram forjar no 2º turno, só que a diferença em favor de Bolsonaro era gigantesca, ainda assim divulgaram um resultado falso, Bolsonaro teve 74 milhões no 2º turno e não 58. Agora, esta semana ou na próxima, algo vai acontecer em Brasília. Certamente esta CPI do Circo tem que acabar. Até dia 12/07 algo muito grave vai acontecer! Complementando: TSE informa:*_ 7,2 milhões de votos anulados pelas urnas! A diferença de votos que levaria à vitória de Bolsonaro no primeiro turno foi de menos de 2 milhões. O TSE tem obrigação de esclarecer os motivos que levaram à anulação de mais de 7,2 milhões de votos que representam 6,2% do total. A anulação só pode acontecer em voto de papel, porque permite rasuras ou ambiguidade. Se você enviar para apenas 20 contatos em um minuto, o Brasil inteiro vai desmascarar este Bandido. NÃO quebre essa corrente. Os incautos precisam ser esclarecidos antes que seja tarde demais...*

No auge das discussões sobre voto impresso e voto auditável, em julho de 2021, o algoritmo do "Aos Fatos" detectou semanalmente mais de 13.000 publicações de baixa qualidade diferentes advogando por esse tema e questões correlatas, como pedidos por intervenção militar. Essas pequenas variações, além de cumprirem a função de superpovoar a internet com mentiras e ataques a instituições democráticas e dificultar a compreensão do que é verdadeiro e o que não é, exercem o papel de burlar sistemas automáticos de detecção de conteúdo que viola políticas das plataformas. É comum ver apelos para que mensagens no WhatsApp sejam copiadas, coladas e ligeiramente alteradas para serem encaminhadas a mais de cinco usuários; que logotipos de mandatos parlamentares sejam sobrepostos a imagens para não serem retirados do ar ou mesmo marcados como informação falsa; que imagens sejam digitalmente alteradas e recortadas de diferentes formas para que o sistema de detecção de imagens por padrões repetidos seja despistado.

E é fato que o papel das plataformas sociais em recompensar com holofotes algorítmicos e ferramentas de monetização ações que atentam contra valores democráticos deve sem dúvida ser analisado, mas, por enquanto, para compreender a ferida aberta na comunicação de Estado, gostaria de me ater às questões relativas aos papéis dos operadores do governo e sua máquina oficial de edição da história.

Para isso, é necessário voltar a 10 de julho de 2020, quando o Facebook anunciou ter derrubado em sua plataforma principal 14 páginas, 35 contas pessoais e um grupo, além de outros 38 perfis do Instagram, depois de detectarem o que a plataforma chama de "comportamento inautêntico coordenado" (DN/LUSA, 2020). Isso significa que esse conjunto de dispositivos de uso da plataforma faziam parte de uma rede que trabalhava para enganar o público sistematicamente, ocultando a identidade dos operadores.

Segundo o comunicado do Facebook, essa rede consistia de vários núcleos de atividades coordenadas a partir de uma combinação de contas duplicadas e falsas – algumas detectadas e desativadas automaticamente pela plataforma. Ou seja, os autores criavam perfis fraudulentos, se passando por repórteres, publicando conteúdo e gerenciando páginas disfarçados de veículos de notícias.

Não foi porque publicavam boatos frequentes naquelas redes que esse conjunto de operações foi desbaratado – e é importante distinguir isso, porque, por mais que a plataforma tenha relatado que esses perfis publicaram conteúdo enganoso durante a pandemia de covid-19, por exemplo, o coração de uma campanha desinformativa não é o conteúdo da mensagem, mas a estratégia empregada para que a narrativa forjada viralize nas redes sociais.

Essa prática é comumente chamada de *astroturfing* – mais precisamente um movimento popular que não existe, é falsificado. Trata-se de uma estratégia de defesa de partidos e lideranças políticas, que terceirizam o ônus de difundir mensagens falsas e ultrajantes para páginas apócrifas e falsos usuários comuns.

No caso dos perfis derrubados pelo Facebook, a investigação apontou entre os operadores da rede estariam servidores dos gabinetes dos filhos do presidente: o deputado federal Eduardo Bolsonaro e o senador Flávio Bolsonaro. Além deles, o assessor especial da Presidência da República, Tercio Arnaud Tomaz, também estaria ligado a algumas das páginas removidas.

Esse episódio escancarou o que já era notório: a comunicação oficial do governo não trabalha com informações transparentes. Ao contrário, amplifica seu discurso ao exortar comunidades a compartilharem conteúdo falsificado com versões vantajosas ao bolsonarismo, de modo a ocultar o que sempre foi inconveniente ao poder: a verdade factual.

Teóricos da comunicação se esmeraram na última década a definir todas as dimensões aplicáveis da desinformação, tanto que, na língua inglesa, *disinformation* e *misinformation* são usadas para diferenciar falsidades e distorções comumente encontradas em discursos: enquanto a primeira remonta à intenção de enganar, a segunda é consequência da primeira ou da ignorância do indivíduo. A pesquisadora britânica Claire Wardle propõe pelo menos outras sete fórmulas para categorizar desinformação, como falsa conexão – com o uso de enunciados incompatíveis com o conteúdo da mensagem – e falso contexto – quando um fato é associado a circunstância diferente daquela a que foi atribuído. Para esta análise, ficaremos apenas com o termo desinformação.

Para prosseguirmos, também é necessário estabelecer aqui que a contraposição da mentira no *ethos* jornalístico é a busca pela verdade factual – aquela que Hannah Arendt demonstrou ser sempre relativa a várias pessoas. Dessa forma, essa medida não se propõe a tratar de outras grandes verdades, religiosas ou psicanalíticas, ou mesmo qualificar fontes. "Ela diz respeito a acontecimentos e circunstâncias nos quais muitos são envolvidos; é estabelecida por testemunhas e depende de comprovação; existe apenas na medida em que se fala dela, mesmo quando ocorre no domínio da intimidade".

O ensaio "Verdade e Política (1967)" de Arendt, de onde foi extraído esse trecho, talvez seja o melhor tratado para compreender as limitações da verdade factual diante do apelo do que futuramente seria chamado de desinformação. Mesmo que a premissa da sua obra tenha sido narrar à revista *New Yorker* suas impressões depois de reações negativas ao seu relato em "Eichmann em Jerusalém", no qual retrata o criminoso nazista Adolf Eichmann como um homem comum, o que Arendt entende como ameaça à verdade factual tem a ver com o que observamos no Brasil como diluição da barreira entre o que é verificável e o que não é. Aqui, o poder constituído capturou o tempo dos acontecimentos, delimitado por estruturas midiáticas que operam com recompensas imediatas, como curtidas e compartilhamentos, para promover certo excesso de distorções sobre a realidade imediata.

Para Arendt, "as possibilidades de que a verdade factual sobreviva ao assédio do poder são de fato por demais escassas". "Está sempre sob o perigo de ser ardilosamente eliminada do mundo, não por um período apenas, mas, potencialmente, para sempre". Um dos motivos por que isso acontece, segundo ela, é porque as possibilidades de os fatos se desdobrarem de diferentes modos são infinitas, de modo que também são ilimitadas as possibilidades de mentir. "Todas as coisas que ocorreram no âmbito dos assuntos humanos poderiam ter sido igualmente de outro modo", diz.

A junção dessas duas potências – o poder oficial e a consciência de que decisões públicas reverberam de infinitas formas – ajudam a compreender como funciona a lógica bolsonarista quando chegam ao poder. O que aliados da família presidencial ganharam foi a autoridade de dar tração às narrativas que lhes interessam. E, se o interesse é promover uma sociedade pautada numa concepção bastante particular de defesa das liberdades individuais, ótimo, basta escolher as verdades que são mais convenientes a cada um dos apoiadores que os cercam a partir de um conjunto de valores estanque. Quem está no poder, se não consegue corromper a verdade factual, tenta substituí-la com o que Arendt chama de "mentira organizada". Não à toa, uma das mais manjadas expressões de engajamento entre bolsonaristas e conspiracionistas em geral é "tirem suas próprias conclusões".

Uma das formas mais eficientes de apagar os fatos, de modo a diluir a verdade factual, é negligenciar os registros oficiais. No caso dos primeiros três anos do governo Jair Bolsonaro, vários episódios do tipo foram dignos de nota. No fim de 2019, chamei atenção, em uma análise para apoiadores do "Aos Fatos", para o fato de que o site do Palácio do Planalto não publicava mais as transcrições das entrevistas exclusivas do presidente desde 13 de fevereiro daquele ano, quando ele falou à Record. A publicação de outros tipos de registros, como áudios, também era intermitente.

Em 19 de fevereiro de 2019, Bolsonaro deu uma entrevista à rede de TV americana Fox News com a expectativa de que fosse uma conversa entre amigos (DIAS, 2019). O presidente fora, entretanto, questionado a respeito de ligações de supostos aliados com o assassinato da vereadora Marielle Franco, e também lembrado pelo tweet do *golden shower*. Na ocasião, também desancou imigrantes, dizendo que a maioria deles não tem boas intenções, e defendeu o projeto do então presidente dos Estados Unidos, Donald Trump, de erguer um muro na divisa com o México. A entrevista repercutiu mal e, embora tenha sido reproduzida no site do Planalto, teve seu áudio e sua transcrição tirados do ar no início da tarde do dia 20 de março. Depois de ser questionada por jornalistas, a Secretaria de Comunicação da Presidência republicou apenas o áudio.

Em julho de 2021, a documentação dos atos presidenciais segue inconsistente. Tanto àquela época quanto agora, quem regularmente publica conteúdo na íntegra das falas de Bolsonaro são perfis de propaganda extraoficiais com canais no YouTube e páginas no Facebook, mantidos sem a responsabilidade oficial da Secom. Nenhuma dessas contas tem a atribuição oficial, muito menos o compromisso de servir de documento histórico da instituição Presidência da República.

Um desses perfis era o Foco do Brasil, incluído em 2020 pelo Supremo Tribunal Federal no inquérito que investigava integrantes envolvidos em manifestações pelo fechamento da corte. Segundo reportagem de "O Globo" com informações da Procuradoria-Geral da República, estima-se que o canal do YouTube faturou entre US$ 7 mil e US$ 18 mil somente com a transmissão de um desses atos, em 19 de abril daquele ano. O Jornal Nacional informou que o administrador de tal perfil, Anderson Rossi, embolsava mensalmente de R$ 50 mil a R$ 140 mil, inclusive com vídeos enviados pelo assessor da Presidência Tercio Arnaud Tomaz – o mesmo servidor apontado pelo Facebook como um dos envolvidos em violações recorrentes em suas plataformas.

"Aos Fatos" mostrou em 31 de agosto de 2020 que, diante das investigações, o canal reformulara sua estratégia de publicação em meio ao avanço das investigações. Famoso repositório de conversas do presidente com apoiadores desde a posse, o perfil apagou gravações em que Jair Bolsonaro atacava a corte. Para fugir do escopo do inquérito, criou uma conta paralela para veicular as declarações mais controversas dele, a JB News, hoje desatualizada.

A despeito de eventuais sanções, o canal Foco do Brasil segue no ar com 2,6 milhões de seguidores no YouTube, veiculação de falas exclusivas de Bolsonaro e um site cujo logo lembra o da "Folha de S.Paulo". A documentação de hostilidades empreitadas publicamente por Bolsonaro ficou comprometida, sendo necessária extensa pesquisa até encontrá-las em outro lugar.

Em junho de 2021, esse mesmo canal alterou um vídeo com aquela fatídica declaração de Bolsonaro, segundo quem metade das mortes registradas por covid-19 no Brasil foi por outras causas, e não pelo vírus. A constatação, de acordo com o presidente, ficava por conta de um relatório do Tribunal de Contas da União – o que se provou falso depois que o próprio órgão veio a público negar a produção do documento. Depois de comprovada a falsidade, atribuída por Bolsonaro a uma mensagem de WhatsApp, o canal Foco do Brasil editou o vídeo com a fala e removeu a menção ao TCU (PANCHER, 2021).

Deixar esse tipo de registro nas mãos de uma assessoria extraoficial é duplamente danoso. Primeiro, porque quem deveria fazer esse tipo de trabalho, de documentação sistemática, era a Secretaria de Comunicação da Presidência, por meio de assessores contratados pelo Palácio do Planalto. Caso houvesse violações à integridade de registros de autoridades, seriam esses funcionários que responderiam, por exemplo, à Comissão de Ética Pública da Presidência ou a algum processo administrativo específico. Nas mãos de pessoas sem qualquer vínculo formal com a instituição Presidência da República, ou mesmo genericamente com o governo federal, quem decide o que é público é, na melhor das hipóteses, algum administrador anônimo na internet.

O outro motivo pelo qual a negligência com os registros de atos públicos pode gerar consequências ruins é que a ausência sistemática desses documentos pode abrir precedentes para que quem tem poder sobre as instituições reescreva a história. É uma empreitada difícil, porém exequível. Hannah Arendt lembra, de volta a "Verdade e Política", que autoridades alteram textos e imagens de modo contínuo e pouco consistente não porque têm interesse em aniquilar a verdade factual dos registros históricos, mas destruir referências e desnortear indivíduos. Segundo ela (2019, p. 311), "o resultado de uma substituição coerente e total dos fatos por mentiras não é passarem estas a ser aceitas como verdade, e a verdade ser difamada como mentira, porém um processo de destruição do sentido mediante o qual nos orientamos no mundo real – incluindo-se entre os meios mentais para esse fim a categoria de oposição entre verdade e falsidade".

À brasileira, o desmonte da documentação dos atos do governo opera dentro dessa lógica. Faz parte de uma estratégia de propaganda política remodelada para as plataformas e redes sociais. O episódio do relatório fraudulento do TCU (PANCHER, 2021) é um caso particularmente deletério porque, ao alegar que recebeu o documento pelo WhatsApp, Bolsonaro revela ao menos duas possíveis deficiências em sua maneira de governar: está rodeado de auxiliares e aliados mal informados ou mal intencionados, que lhe repassam sem cerimônia um registro forjado sobre um assunto que, caso verdadeiro, deveria ser tratado como escândalo;

está ele mesmo incapaz de discernir se o que seu governo produz é verdade ou mentira – e acha suficiente se informar sobre isso com um documento enviado por WhatsApp.

Arendt diz que uma particularidade da mentira moderna é que o mentiroso vê-se frequentemente envolvido em autoengano. Segundo ela (2019, p. 301), "quanto mais bem sucedido for um mentiroso, maior é a probabilidade de que ele seja vítima de suas próprias invencionices". "Politicamente, o ponto fundamental é que a moderna arte de auto ilusão tende a transformar uma questão externa em um problema interno", completa.

Campanhas de desinformação, quando eficientes, não funcionam apenas com conteúdo enganoso. Vamos tomar como exemplo sites que eventualmente publicam informações falsas. Para criar certa impressão de profissionalismo e compromisso com os fatos, seus administradores publicam informações factualmente corretas também. Essa estratégia, além de render dinheiro de publicidade, usa da autoridade do que parece ser jornalismo para dar verossimilhança aos fatos ali narrados. Se esta notícia e aquela notícia também estão corretas, por que não está aqui, patentemente falsa?

Enganadores profissionais empregam estratégias discursivas que eles sabem ser convidativas ao seu público-alvo, como adjetivação pejorativa e propaganda paranoide. Desse modo, se não é possível destruir um fato que enfraquece politicamente uma autoridade – como uma doença altamente contagiosa –, é factível alimentar dúvidas sobre o motivo pelo qual aquilo aconteceu. Em bom português, qual a diferença objetiva entre o título "Vacina contra o novo coronavírus é testada no Brasil" e "Vacina contra o vírus chinês é testada no Brasil" senão o que está nas entrelinhas?

Soma-se a isso o fato de que publicações de sites com desinformação que emulam o jornalismo profissional não circulam livremente à toa. Plataformas intrinsecamente construídas sobre um mecanismo automático de recompensa, como YouTube, Facebook e Instagram, auxiliam sua distribuição. Os algoritmos dessas plataformas são ajustados para que, ao interagir com determinado tipo de publicação, o usuário receba sugestões de conteúdo popular semelhantes àquele que ele curtiu.

Quando em 2020 o Facebook desmontou um esquema de uso de páginas e perfis inautênticos ligados à família Bolsonaro, também revelou que seus operadores burlavam as regras da plataforma para inflar artificialmente a audiência de determinados conteúdos (DN/LUSA, 2020). Ao perceber que um grupo identificado com agendas afins ao bolsonarismo interagia com certos tipos de conteúdo, o algoritmo expunha outros usuários, com interesses coincidentes, a essas publicações. O que essa rede de contas falsas fez foi gerar engajamento em publicações de modo artificial ao simular um comportamento orgânico e espontâneo e, por fim, enganar o algoritmo.

Essas redes são integradas com aplicativos de mensagens como o WhatsApp, cujo mecanismo de distribuição deixa de lado a mediação por algoritmos e encontra nas relações de confiança seu mais poderoso argumento. Porque é natural que pais, filhos, tios, avôs e amigos compartilhem de valores e afinidades, também é mais fácil criar nesses ambientes elos para compartilhamento de informação – confiável ou não.

O resultado disso são sites, grupos de WhatsApp e Telegram, páginas no Facebook, perfis no Instagram e no Twitter – todos eles integrados entre si, com estratégias de poluição informacional bastante sofisticadas. A capilaridade desenvolvida por esses desinformadores tem o propósito de simular uniformidade narrativa, de modo que, em cada rede social que um usuário usar, por conta de suas afinidades, relacionamentos e hábitos de consumo, ele vai encontrar pequenas variações de uma mesma história. Com isso, é possível criar um arco narrativo verossímil, cujo potencial de criar uma realidade perceptível diferente da verdade factual é grande. Quanto mais radicalizados forem os indivíduos desinformados por essa máquina de propaganda enganosa, mais ficam imunes ao contraditório.

Desinformadores profissionais agiram durante grande parte da pandemia de covid-19 no Brasil, com a distribuição massiva de conteúdos que promoviam o que se chamou em alguns momentos de "tratamento precoce", noutros de "kit covid", mas que constituíam uma variedade de medicamentos hoje famosos, como hidroxicloroquina e ivermectina. Com números que não são comparáveis entre si, mas dão dimensão da escala do problema, "Aos Fatos" verificou que vídeos em defesa do "tratamento precoce" alcançaram 5,3 milhões de visualizações no TikTok no primeiro semestre de 2021; que publicações no Facebook sobre o mesmo tema tiveram 5,3 milhões de interações entre janeiro e março; que 60 vídeos em que médicos defendem o tratamento da covid-19 com o uso de remédios sem eficácia acumularam ao menos 2,8 milhões de visualizações no YouTube em dois meses (LAGO; ELY; BARBOSA, 2021).

No caso do monitoramento do Facebook, "Aos Fatos" mostrou que os perfis do presidente Jair Bolsonaro e de políticos alinhados ao seu governo foram responsáveis por 83% das publicações mais populares que promoviam cloroquina, ivermectina e quetais (AOS FATOS, 12 dez. 2021). Isso durante alguns dos meses mais mortais da pandemia no Brasil.

Em 2020, "Aos Fatos" já havia mostrado que o endosso de Bolsonaro à hidroxicloroquina tinha motivado uma onda de desinformação no Twitter e redes adjacentes. Ao comparar o período anterior à primeira fala de Bolsonaro com período equivalente posterior, os jornalistas Bárbara Libório e Bruno Fávero mostraram que o compartilhamentos de posts enganosos entre os 50 tweets mais populares sobre o assunto aumentara 335%.

Os retratos divulgados pelas reportagens também foram registrados por pesquisadores especializados em comunicação digital. De acordo com o relatório "Desinformação, mídia social e covid-19 no Brasil", desenvolvido pelo grupo de pesquisa MIDIARS em 2021, ligado à Universidade Federal de Pelotas, houve "picos de desinformação em grupos públicos do WhatsApp após os pronunciamentos de Bolsonaro em rede nacional".

"Quando a desinformação provém de autoridades, principalmente de pessoas que detêm um cargo político ou possuem expertise na área da saúde, esse conteúdo tende a se espalhar muito mais rápido e entre muito mais gente do que a desinformação propagada por pessoas comuns ou por contas automatizadas", diz o grupo. No Twitter, por exemplo, uma autoridade política ou de saúde tinha quase 1,5 vez mais chances de ser retuitada quando reproduzia alguma desinformação sobre vacina.

Como efeito prolongado da crise de saúde, o que se viu no Brasil em relação a essas drogas foi a transformação da desinformação em política pública. Da mesma maneira que o governo instalou canais de comunicação extraoficiais, sem compromisso com a ética pública, o Ministério da Saúde foi explorado por um grupo paracientífico de médicos, assessores e apaniguados do bolsonarismo que, juntos, integraram o que jornais chamaram de "gabinete paralelo".

Com informações que surgiram a partir da instalação no Senado da Comissão Parlamentar de Inquérito da covid-19, em abril de 2021, foi possível saber que o governo, juntamente com um grupo de desinformadores profissionais, embaralhou termos científicos e criou um vocabulário próprio para que profissionais da saúde e empresas farmacêuticas se promovessem às custas da pandemia. O Ministério da Saúde informou à CPI que gastara R$ 23,3 milhões com campanhas de divulgação de algo entre o que se convencionou chamar de "tratamento precoce", mas que o governo também chamava de "tratamento imediato". Em nota enviada à TV Globo, a Saúde disse ainda que, não, na verdade, tratava-se da promoção do "atendimento precoce", que serviria, segundo a pasta, "para orientar a população a procurar uma unidade de saúde ao sentir os primeiros sintomas da covid-19". Conforme documentos enviados à CPI, a campanha alcançaria TV, rádio, internet, ônibus, terminais rodoviários, metrô, aeroporto e outdoors. O site "The Intercept Brasil" mostrou, em 16 de junho de 2021, que aquele mesmo canal dos atos antidemocráticos, o Foco do Brasil, embolsou R$ 9,3 mil de verba pública por meio dos anúncios no YouTube.

O próprio governo colocou no ar o aplicativo TrateCov, por meio do qual médicos e enfermeiros poderiam inserir dados de pacientes como peso, altura e comorbidades. Como resultado, a ferramenta incentivaria a receita de remédios como azitromicina, cloroquina e hidroxicloroquina. Em 11 de janeiro de 2021, durante o colapso do sistema de saúde de Manaus, o então ministro da Saúde, Eduardo Pazuello, participou de cerimônia de lançamento do aplicativo. "O diagnóstico não é do teste, é do profissional médico. O tratamento, a prescrição, é do médico. E a orientação é precoce. E essa é a orientação de todos os conselhos de medicina", disse na ocasião, conforme registros publicados no site do ministério. O aplicativo fora desativado dias depois, sob pressão de autoridades médicas e a alegação oficial de que não estaria pronto para ser publicizado.

O jornal "O Globo" informou, em 5 de abril de 2021, que as notificações por efeitos adversos decorrentes do uso de medicamentos do "kit covid" como cloroquina e hidroxicloroquina dispararam em 2020 em comparação com o ano anterior. No caso da cloroquina, o aumento nas notificações por efeitos adversos foi de 558%. Isso fez com que a substância, que estava na sétima posição na lista dos medicamentos responsáveis por notificações de efeitos adversos, subisse à primeira posição em 2020. Os dados são do Painel de Notificações de Farmacovigilância mantido pela Agência Nacional de Vigilância Sanitária.

Em paralelo, as redes bolsonaristas também promoveram desinformação em massa sobre vacinas – desde o seu período de testes, ainda em 2020, até o transcorrer efetivo da campanha de imunização. Levantamento do "Aos Fatos" demonstrou que a CoronaVac, desenvolvida pela empresa chinesa Sinovac Biotech em parceria com o Instituto Butantan, foi um dos principais alvos de desinformação em 2020. Ao longo daquele ano, foram desmentidos boatos de que a vacina causaria inchaços no rosto, danos irreversíveis ao DNA humano e até "homossexualismo". Tudo isso porque a vacina do Butantan unia dois destacados antagonistas de Bolsonaro: o governador de São Paulo, João Doria, e a "ameaça comunista" da China. Essas mentiras circularam no Facebook e no

WhatsApp entre centenas de milhares de usuários, em ao menos uma dezena de versões diferentes (FÁVERO; BARBOSA; CUBAS, 2020).

Em 16 de julho de 2021, o presidente dos Estados Unidos, Joe Biden, quando questionado por jornalistas a respeito do que pensava sobre plataformas como o Facebook em relação às suas ações contra desinformação sobre a covid-19, disse: "estão matando pessoas". A declaração foi uma reação à dificuldade do governo americano de elevar a taxa de vacinação contra o novo coronavírus em algumas regiões do país, de modo a frear a pandemia e a proliferação de casos agravados pela variante delta. Relatório publicado em março de 2021 pelo Center for Countering Digital Hate apontava que 12 perfis eram responsáveis por 65% da desinformação antivacina que circulava no Facebook e no Twitter. Três dessas contas foram removidas, mas seguem em outras plataformas.

"Mais de 3,3 milhões de americanos também usaram nossa ferramenta de busca sobre vacinas para pesquisar onde e como se vacinar. Os fatos mostram que o Facebook está ajudando a salvar vidas", rebatera o Facebook, em novo esforço de relações públicas.

Arendt defende que, para proteger a verdade factual, há que sair daquilo que chama de domínio político e atuar em um espaço idealmente "protegido contra o poder social e político". Nisso inclui o Poder Judiciário de sociedades democráticas; a Academia, com seus educadores e filósofos; a imprensa, desde que protegida de coerção; e os contadores de história: o historiador, o romancista e o poeta. Ela exalta Homero e sua capacidade de "considerar com igual olhar o amigo e o inimigo, o êxito e a derrota" ao dar importância equivalente às grandezas de Heitor de Troia, vencido, e de Aquiles, herói.

No caso do Brasil, os grandes contadores de história terão possivelmente esgotadas suas capacidades criativas com o esgarçamento do tecido da verossimilhança. Para narrar a pandemia do novo coronavírus no Brasil, terão à mão, entretanto, um conjunto de dados preservados tanto pela imprensa profissional quanto por órgãos oficiais ligados aos estados, comprometidos com exercício do direito à transparência pública. Em 7 de junho de 2020, depois que o governo federal decidiu mudar a forma de divulgação de dados de mortes e contaminações de coronavírus no país, os veículos "O Estado de S. Paulo", "Folha de S.Paulo", "O Globo", "Extra", "G1" e "UOL" anunciaram a criação de um consórcio de imprensa para coletar dados das 27 unidades da federação.

Da parte do Ministério da Saúde, a Agência Brasil informou que a mudança na contabilidade de mortos e infectados era por conta de uma "adequação dos horários de divulgação dos dados" como "parte da estratégia da obtenção de informações mais precisas, pois o momento de divulgação está atrelado ao fechamento dos boletins epidemiológicos estaduais". Não menciona que dias antes, porém, Bolsonaro havia dito, em tom de deboche, que "acabou matéria do Jornal Nacional", já que os dados não estariam mais disponíveis para serem noticiados a tempo.

Da mesma forma, cientistas de 28 universidades e centros de pesquisa – como Fiocruz, USP, Unicamp, UFSC, Unesp e UnB – constituíram o Observatório covid-19 BR, sob a premissa de, segundo o grupo, "simular diferentes cenários e identificar tendências" sobre a pandemia "a partir do conhecimento e dados disponíveis" e contribuir para o planejamento de políticas públicas a partir de um ponto de vista científico.

Para, por fim, cumprir as prerrogativas enunciadas por Arendt, o Judiciário tem sido a nêmesis de Bolsonaro – na figura do STF, é o principal alvo de desinformação e ataques de ódio de sua turba digital à medida que, desde o início da pandemia, derrubou um dos arroubos do Palácio do Planalto quando este tentou interferir na autonomia dos estados para decretar medidas sanitárias de contenção. Na ocasião, o comportamento da corte não foi sequer concebido sob a justificativa de assegurar o uso de estratégias cientificamente comprovadas de distanciamento e controle de casos. Pelo contrário, apenas fez o que sua função assevera: reforçou o que diz a Constituição.

Por que, então, não existe um movimento de retomada da credibilidade dessas instituições na mesma proporção que o apoio político ao bolsonarismo míngua? Uma das possibilidades reside no fato de que o acesso à informação no Brasil é precário. Segundo aponta o levantamento Atlas da Notícia, ao menos 37,2 milhões de brasileiros viviam em 2019 em desertos de notícias, isto é, sem veículos jornalísticos voltados pelo menos à cobertura local. O rádio é a principal mídia para consumo de informações em território nacional, representando 45% de todas as iniciativas jornalísticas no Brasil.

Enquanto isso, conforme a Pesquisa Nacional por Amostra de Domicílios Contínua – Tecnologia da Informação e Comunicação para o quarto trimestre de 2019, um em cada quatro brasileiros não tem acesso à internet. Em números totais, isso representa cerca de 39,8 milhões de pessoas sem acesso à rede. As diferenças de consumo são patentes: 97% dos usuários que têm curso superior acessam a rede e 16% dos analfabetos ou da educação infantil usam a internet. Dentre os recursos mais usados estão o envio de mensagens por WhatsApp, Skype ou Facebook

Messenger, por 92%, e o acesso a redes sociais como Facebook ou Snapchat, por 76%. Usos mais sofisticados, como acesso a serviços de governo eletrônico, são da ordem dos 68%, distribuídos majoritariamente entre indivíduos com maior instrução.

É plausível supor que, num ambiente desses, recursos de prestação de contas e fiscalização, como a imprensa, o Judiciário e as universidades não sejam percebidos como essenciais. Ao contrário, são exatamente essas autoridades os alvos de correntes políticas que pregam o ódio aos especialistas. Para dar conta de serem protagonistas de uma retomada democrática baseada na realidade factual, essas instituições não precisam apenas aperfeiçoar seus mecanismos de transparência. Na verdade, existe ainda a necessidade anterior de ocupar espaços simbólicos historicamente negligenciados e, por meio dessa intervenção, pagar suas dívidas com a sociedade por não ter comunicado seu valor quando foram outrora requisitadas.

Arendt não trata de maneira mais detalhada, contudo, a participação de intermediários privados de escala global na adulteração da verdade factual. Mesmo em democracias mais maduras que o Brasil, plataformas digitais são lenientes com ações que promovem a corrosão de instituições que asseguram liberdades fundamentais. Além do caráter transnacional, que coloca Google, Facebook e assemelhados sobre todas as jurisdições e sob nenhuma, a crescente demanda por mais transparência esbarra no fato de que, embora promovam comunicação pública, essas empresas não o são.

Em ensaio para a "Noema Magazine" publicado em julho de 2021, o historiador da Universidade Berkeley Brendan Mackie faz um paralelo entre o poder dessas grandes empresas de tecnologia e a influência que as empresas-estado, como a Companhia das Índias Orientais Britânicas, exerceram no mundo séculos atrás. Segundo ele, essas plataformas detêm dois tipos de poderes que lhes conferem autoridade semelhante a de um Estado: monopólio efetivo sobre a sociedade civil e a esfera pública e poder de vigilância e controle. Por isso, cunhou o termo "social media states", ou redes sociais-Estado.

A ideia de que transnacionais emulavam o modelo engendrado pelas empresas-estado já havia sido proposta pelo historiador Nick Robins, segundo quem a Companhia das Índias Orientais era "a ponte entre o conceito medieval de corporação como organização essencialmente pública e o modelo industrial de empresa que atua no exclusivo interesse de seus acionistas". Criada em 1600 pela rainha Elizabeth I, começou como uma espécie de concessão para estabelecer monopólio comercial com as Índias Orientais a um grupo de 218 investidores. Desse modo, transitava entre um modelo público e privado, com autonomia concedida pelo Estado para dominação territorial, monopólio da violência e cobrança de impostos.

Para Mackie, o que torna as plataformas digitais particularmente semelhantes às empresas-estado é a maneira com que tentam contornar os problemas: usam soluções burocráticas para resolver os problemas da própria empresa, e não públicos. Ele conta que, depois que a Companhia das Índias Orientais obteve o controle da tributação das províncias indianas de Bengala, Bihar e Orissa, em 1765, a empresa aumentou impostos para que pudesse enriquecer seus acionistas. Com isso, essas regiões passaram em 1769 por uma grande fome, que resultou na morte de 1 a 10 milhões de pessoas – talvez um terço da população local.

No caso das empresas de tecnologia, esse gargalo de gestão reside, por exemplo, nos problemas de moderação de conteúdo e nas soluções propostas até agora. "Esses esforços tornaram os espaços das redes sociais mais acolhedores, aumentaram o envolvimento e, consequentemente, aumentaram a receita – mas foram apenas um sucesso da perspectiva da empresa".

Um dos motivos pelos quais a Companhia das Índias Orientais foi extinta, segundo Nick Robins, foi justamente seu caráter predatório. Em menos de 20 anos, de 1757 a 1772, foi do auge à falência, deixando como legado junto ao parlamento britânico movimentos pela reforma das grandes empresas.

O século 21 deve reservar às grandes plataformas movimentação semelhante. Nos parlamentos tanto de democracias consolidadas quanto de sistemas instáveis, fala-se abertamente em três hipóteses: regulação e separação de empresas que constituem conglomerados – ou cooptação pelo Estado. Além de as autoridades constituídas quererem reivindicar de volta seu poder sobre o espaço público, cresce a demanda de proteção da privacidade contra o poder dessas mesmas empresas de emprestarem suas dependências para outros Estados e aparatos de vigilância. Também cresce o interesse de líderes políticos de submeter plataformas ao controle estatal para, à moda da China ou da Rússia, desenvolver seus próprios parâmetros de controle social.

Um caminho já perceptível no Brasil é a migração orgânica para ambientes mais reservados, como comunicadores instantâneos e grupos fechados. WhatsApp e Telegram já integram o cotidiano dos brasileiros há quase uma década, mas a ascensão dos grupos de Facebook deriva de uma série de alterações que a plataforma fez depois de escândalos de vazamentos de dados e acusações de interferência estrangeira por meio de propaganda direcionada. Essa fórmula dá uma aparente sensação de preservação da privacidade à medida que ferramentas criptográficas – elas também mantidas por empresas privadas – forem eficientes.

Se a única opção for essa, é possível que a internet perda, em definitivo, as características que desenvolveu ao longo das duas primeiras décadas deste século: um ambiente de conversas espontâneas e de organização do pensamento contemporâneo.

REFERÊNCIAS

A HISTÓRIA da "caixa-preta" do BNDES. **BNDES Aberto**. Disponível em: https://aberto.bndes.gov.br/aberto/caso/caixa-preta/. Acesso em: 12 dez. 2021.

AHMED, Imran et al. **The Disinformation Dozen – Why Platform Must Act On Twelve Leading Online Anti-Vaxxers.** Center For Countering Digital Hate, Reino Unido, 2020. Disponível em: https://252f2edd--1c8b-49f5-9bb2-cb57bb47e4ba.filesusr.com/ugd/f4d9b9_b7cedc0553604720b7137f8663366ee5.pdf.

AOS FATOS. Radar Aos Fatos. **Aos Fatos**, 2020. Disponível em: https://www.aosfatos.org/radar/#!/.

AOS FATOS. Todas as declarações de Bolsonaro, checadas. **Aos Fatos**, 2019. Disponível em: https://www.aosfatos.org/todas-as-declarações-de--bolsonaro/.

ARAGÃO, Alexandre. Equipe de Bolsonaro não encontrou caminhões pagos pelo BNDES e abandonados por Eike Batista. **Aos Fatos**, Rio de Janeiro, 12 nov. 2018. Disponível em: https://www.aosfatos.org/noticias/equipe-de-bolsonaro-nao-encontrou-caminhoes-pagos-pelo-bndes--e-abandonados-por-eike/. Acesso em: 12 dez. 2021.

ARENDT, Hannah. **Verdade e Política. Entre o passado e o futuro**. 8. ed. São Paulo: Perspectiva, 2019, p. 287-318.

BARBOSA, Bernardo; MONTESANTI, Beatriz. Em live, Bolsonaro repete desinformação sobre urnas eletrônicas e Barroso. **UOL Confere**, São Paulo, 05 ago. 2021. Disponível em: https://noticias.uol.com.br/confere/ultimas-noticias/2021/08/05/em-live-bolsonaro-repete-desinformacao--sobre-urnas-eletronicas-e-barroso.htm. Acesso em: 12 dez. 2021.

BOLSONARO diz que vai abrir "caixa-preta" do BNDES. **Agência Brasil,** Brasília, 08 nov. 2018. Disponível em: https://agenciabrasil.ebc.com.br/politica/noticia/2018-11/bolsonaro-diz-que-vai-abrir-caixa-preta-do--bndes. Acesso em: 12 dez. 2021.

CRUZ, Franciso Brito. **Novo Jogo, Velhas Regras: Democracia e Direito na Era da Nova Propaganda Política e das Fake News**. 1. ed. Belo Horizonte: Letramento, 2020, p. 391-392.

DELLA COLETTA, Ricardo. Bolsonaro agora diz que caixa-preta do BNDES nunca existiu. **Folha de S.Paulo**, 2021. Disponível em: https://www1.folha.uol.com.br/mercado/2021/06/bolsonaro-agora-diz-que-caixa--preta-do-bndes-nunca-existiu.shtml.

DIAS, Marina. Bolsonaro recua de declaração à Fox News sobre imigrantes brasileiros nos EUA. **Folha de S. Paulo**, São Paulo, 19 mar. 2019. Disponível em: https://www1.folha.uol.com.br/mundo/2019/03/bolsonaro--recua-de-declaracao-a-fox-news-sobre-imigrantes-brasileiros-nos--eua.shtml?origin=folha#. Acesso em: 12 dez. 2021.

ELY, Débora et al. Vídeos em defesa do "tratamento precoce" alcançam 5,3 milhões de visualizações no TikTok. **Aos Fatos**, 2021. Disponível em: https://www.aosfatos.org/noticias/videos-em-defesa-do-tratamento--precoce-alcancam-53-milhoes-de-visualizacoes-no-tiktok/.

EM 1076 dias como presidente, Bolsonaro deu 4605 declarações falsas ou distorcidas. **Aos Fatos**, Rio de Janeiro, 12 dez. 2021. Disponível em: https://www.aosfatos.org/todas-as-declara%C3%A7%C3%B5es-de--bolsonaro/. Acesso em: 12 dez. 2021.

FACEBOOK elimina rede de notícias falsas vinculada a funcionários de Bolsonaro. **DN/LUSA**, 8 jul. 2020. Disponível em: https://www.dn.pt/mundo/facebook-elimina-rede-de-noticias-falsas-vinculada-a-funcionarios-de-bolsonaro-12402763.html. Acesso em: 12 dez. 2021.

FÁVERO, Bruno et al. Bolsonaro e aliados publicaram 83% da desinformação sobre "tratamento precoce" no Facebook em 2021. **Aos Fatos**, 2021. Disponível em: https://www.aosfatos.org/noticias/bolsonaro-e-aliados--publicaram-83-da-desinformacao-sobre-tratamento-precoce-no--facebook-em-2021/.

FÁVERO, Bruno; BARBOSA, João; CUBAS, Marina Gama. Disputa entre Bolsonaro e Doria dispara conteúdo de baixa qualidade sobre vacina nas redes. **Aos Fatos**, Rio de Janeiro, 22 out. 2020. Disponível em: https://www.aosfatos.org/noticias/disputa-entre-bolsonaro-e-doria-dispara--conteudo-de-baixa-qualidade-nas-redes-sobre-vacina/. Acesso em: 12 dez. 2021.

LAGO, Cecília do; ELY, Débora; BARBOSA, João. "Vídeos em defesa do 'tratamento precoce' alcançam 5,3 milhões de visualizações no TikTok", **Aos Fatos**, Rio de Janeiro, 12 jul. 2021. Disponível em: https://www.aosfatos.org/noticias/videos-em-defesa-do-tratamento-precoce-alcancam-53-milhoes-de-visualizacoes-no-tiktok/. Acesso em: 12 dez. 2021.

LIBÓRIO, Bárbara et. al. Como a desinformação sobre cloroquina se multiplicou no Twitter após aval de Bolsonaro à droga. **Aos Fatos**, 2020. Disponível em: https://www.aosfatos.org/noticias/como-desinformacao-sobre-cloroquina-se-multiplicou-no-twitter-apos-aval-de-bolsonaro-droga/.

MACKIE, Brendan. Social Media States. **Noema Magazine**. Estados Unidos, 2021. Disponível em: https://www.noemamag.com/social-media-states/.

MASCARENHAS, Gabriel. Inquérito da PGR avança sobre origem do financiamento de atos antidemocráticos contra o STF. **O Globo**, 2020. Disponível em: https://oglobo.globo.com/politica/inquerito-da-pgr-avanca-sobre-origem-do-financiamento-de-atos-antidemocraticos-contra-stf-24491950.

MATSUKI, Edgar. Bolsonaro acabou de revelar esquema de José Dirceu e STF, CIA disse que ele ganhou no 1.º turno e TSE anulou 7,2 milhões de votos de 2018 #boato. **Boatos.org**, Brasília, 12 jun. 2021. Disponível em: https://www.boatos.org/politica/bolsonaro-acabou-se-revelar-esquema-jose-dirceu-stf-cia-disse-ganhou-1o-turno-tse-anulou-72-milhoes-votos-2018.html. Acesso em: 12 dez. 2021.

MENEZES, Luiz Fernando. Desinformações sobre mortalidade e vacina contra covid-19 foram as mais populares em 2020. **Aos Fatos**, 2020. Disponível em: https://www.aosfatos.org/noticias/desinformacoes-sobre-mortalidade-e-vacina-contra-covid-19-foram-as-mais-populares-em-2020/.

PANCHER, Samuel. O canal Foco do Brasil usou a ferramenta do youtube de edição de vídeos para remover a fala do presidente Jair Bolsonaro sobre o TCU. A postagem original tinha 13'49". Agora, o vídeo tem 11'57". Twitter for Iphone, 7 jun. 2021, 11:49 pm. **Twitter**: @SamPancher. Disponível em: https://twitter.com/sampancher/status/1402095524199780354. Acesso em: 12 dez. 2021.

PRAZERES, Leandro et al. "Kit covid": Reações adversas à cloroquina dispararam 558% e Anvisa já registra nove mortes. **O Globo**, 2021. Disponível em: https://oglobo.globo.com/brasil/kit-covid-reacoes-adversas-cloroquina-disparam-558-anvisa-ja-registra-nove-mortes-1-24956029.

RECUERO, Raquel et al. **Desinformação, Mídia Social e covid-19 no Brasil: Relatório, resultados e estratégias de combate. Relatório de Pesquisa**. Pelotas, RS: MIDIARS – Grupo de Pesquisa em Mídia Discurso e Análise de Redes Sociais, 2021.

ROBINS, Nick. **A Corporação que mudou o mundo: como a Companhia das índias Orientais moldou a multinacional moderna**. Rio de Janeiro: Bertrand Brasil, 2012, p. 52.

ROSSI, Amanda. Existe uma "caixa-preta" do BNDES, como diz Bolsonaro? **BBC Brasil**, 2018. Disponível em: https://www.bbc.com/portuguese/brasil-46267698.

SPAGNUOLO, Sérgio et al. Os desertos de notícia no Brasil. **Atlas da Notícia**, 2020. Disponível em: https://www.atlas.jor.br/desertos-de-noticia/.

VERDÉLIO, Andreia. Ministério da Saúde muda formato de divulgação de dados de covid-19. **Agência Brasil**, 2020. Disponível em: https://agenciabrasil.ebc.com.br/saude/noticia/2020-06/ministerio-da-saude-muda-formato-de-divulgacao-de-dados-de-covid-19.

WARDLE, Claire. Fake news. It's complicated. **First Draft**. Reino Unido, 2017. Disponível em: https://firstdraftnews.org/articles/fake-news-complicated/.

Parte III:

OS ALICERCES DO BRASIL

7

Educação pública de qualidade: um pacto coletivo pela democracia

Talita Nascimento

"Só existirá democracia no Brasil no dia em que se montar no país a máquina que prepara as democracias. Essa máquina é a da escola pública."

Anísio Teixeira (1936, p. 247).

RESUMO: A partir da premissa de que a oferta de uma educação pública de qualidade pelo Estado não é consequência da democracia, mas sim condição essencial para a sua existência, este capítulo busca discorrer sobre a importância da celebração de um pacto coletivo na elaboração de reformas sistêmicas que, de fato, impactem a aprendizagem dos estudantes brasileiros. A primeira parte deste capítulo explora o contexto atual dos indicadores educacionais no Brasil, bem como o impacto da crise sanitária na qualidade da educação pública brasileira. Já a segunda parte analisa dois programas que são frutos de reformas sistêmicas e que são referências no ensino básico nacional: Programa de Alfabetização na Idade Certa (PAIC), no estado do Ceará; e Ensino Médio Integral no estado de Pernambuco. Os dois programas apresentaram melhorias de qualidade com equidade e foram implementados em regiões pobres, com indicadores socioeconômicos desfavoráveis. Por fim, na terceira parte do capítulo, são explorados possíveis pontos de partida para a reconstrução do nosso país, a partir da educação, trazendo exemplos de políticas que podem ajudar a garantir o acesso à educação de qualidade no pós-pandemia.

As crises sanitária e econômica causadas pela pandemia da covid-19 produziram a maior crise educacional da história, com o fechamento das escolas em todo o mundo como uma forma de evitar a rápida disseminação do vírus, afetando mais de 170 milhões de estudantes em toda a América Latina e Caribe (BANCO MUNDIAL, 2021). De acordo com a Unicef

(2021), no Brasil, mais de 5 milhões de meninos e meninas de 6 a 17 anos não tiveram acesso à educação em 2020, em decorrência da pandemia. Como se não bastasse o choque sanitário e suas consequências, vivemos, desde 2018, uma crise política que impacta diretamente a sobrevivência da nossa democracia. Por isso, o debate sobre a reconstrução do Brasil passa necessariamente pela compreensão de que as políticas educacionais não são apenas importantes para a retomada socioeconômica do país, mas sobretudo para o fortalecimento e aprofundamento das nossas instituições democráticas.

O pensamento capitalista centrado exclusivamente na meritocracia como pilar essencial do desenvolvimento social nos leva a ter uma compreensão obtusa de que a educação é um processo individual. Contudo, essa visão desconsidera que, no Brasil, o capitalismo está inserido em um sistema político democrático que, por sua vez, foi construído para responder aos anseios da população, respeitando a sua diversidade de interesses. Para tanto, deve haver igualdade de oportunidades para que todos cidadãos alcancem os seus objetivos. Caso contrário, estaremos diante de um sistema a ser cooptado por um grupo seleto. Nesse sentido, a educação é um meio de garantir que toda a sociedade tenha acesso às mesmas oportunidades. Ou seja, trata-se de um pacto coletivo que busca a efetividade do sistema democrático e a evolução social.

O processo educacional como conhecemos hoje não foi inaugurado com a construção de uma escola em uma comunidade, reunindo professores qualificados e especializados em disciplinas organizadas em torno de um currículo. Pelo contrário, a educação começou como um processo natural e quase transversal de transmissão de conhecimento para a sobrevivência. Por exemplo, há cerca de 400 mil anos, o *Homo erectus* aprendeu a dominar o fogo em um processo de evolução e aprendizado que foi transmitido para outras gerações como uma forma de garantir a sobrevivência daquela espécie, que, por sua vez, aprendeu, com o controle do fogo, a esquentar alimentos e a abastecer-se de uma nova quantidade de nutrientes importantes para o desenvolvimento humano. O resto da história todos nós sabemos.

John Dewey (2011) dizia que a educação, em sentido amplo, significa "a continuação da vida em sociedade". Cada pessoa é parte de um grupo, seja em uma cidade moderna ou uma comunidade tribal, e cada pessoa transmite para os demais conhecimentos sobre linguagem, crenças, ideias, práticas ou parâmetros sociais. Essa transferência de informações garante a sobrevivência de um determinado grupo na sociedade.

Contudo, não educamos apenas para a sobrevivência – e é justamente isso que nos diferencia das outras espécies animais: educamos também para a evolução, caso contrário, ainda estaríamos presos nas cavernas no período Paleolítico. Portanto, o processo de transmissão de conhecimento é apenas um pilar educacional, mas não um fim em si mesmo. A educação não pode ser vista como um mero mecanismo de transferência e conservação de todas as conquistas alcançadas pela espécie humana, mas sobretudo como uma forma de construirmos uma sociedade melhor e mais evoluída. Ou como diria John Dewey (2011, p. 54), *"a finalidade adequada da educação é a promoção e a construção da melhor realização possível da humanidade como humanidade"* e as escolas são as máquinas em que essa construção acontece (TEIXEIRA, 1936).

Signatário do Manifesto dos Pioneiros da Educação Nova, o educador baiano Anísio Teixeira foi aluno de John Dewey na *Teachers College, Columbia University* e, assim como ele, defendia uma educação pública e integral que fosse capaz de ampliar os horizontes dos alunos, estabelecendo um diálogo com seu repertório cultural e não impondo um conteúdo. Nas palavras de Anísio Teixeira (1947, p.26):

"se se trata de uma cultura própria e já existente, a transmissão é uma revisão e adaptação, pois toda cultura é ela própria um processo dinâmico. Mas se desejo transmitir uma cultura nova, não a posso transmitir pondo o aprendiz em contato com os 'produtos' dessa cultura, mas tornando possível ele aprendê-la pelo processo de sua formação, de modo que ele, de algum modo, a reinvente, inserindo-a em seu modo de pensar".

Assim, Teixeira defendia que havia dois tipos de educação: uma cujo objetivo era o simples treino ou a domesticação dos estudantes; e a outra que pretendia formar cidadãos livres, críticos e sábios.

Numa sociedade que se propõem democrática, portanto, a educação não é uma consequência da democracia, mas sim condição para sua existência. Por isso, não é possível oferecer duas formações distintas para aqueles que governam e aqueles que são governados. Um Estado plural e democrático precisa ser dirigido pelos que sabem para os que sabem, considerando o sentido mais amplo e múltiplo do saber. No Brasil, é justamente essa diferença de oportunidades educacionais entre as elites e as camadas populares que distorce por completo o nosso conceito de democracia. Às classes dirigentes, o saber. Às classes trabalhadoras, a domesticação. Para sairmos desse ciclo vicioso, é preciso compreender os impactos coletivos da educação em uma sociedade, tanto em termos filosóficos quanto em termos socioeconômicos.

Os economistas costumam dividir os efeitos educacionais em dois: privados e sociais (MCMAHON, 2011). Enquanto os benefícios privados estão relacionados ao ganho salarial individual, expectativa de vida e acesso a serviços individuais (saúde, lazer e esporte), as externalidades sociais estão relacionadas aos benefícios que incidem na sociedade e nas futuras gerações, tais como redução das desigualdades sociais, aumento do Produto Interno Bruto (PIB), estabilidade política e fortalecimento da democracia. Estudos apontam, por exemplo, existência de correlação entre o nível educacional e maior participação na política e engajamento cívico (DEE, 2010; DEE, 2004; PUTNAM, 1995), bem como impacto na redução da desigualdade social (FAGGIO et al., 2008; LEVIN, 2006; LESLIE; BRINKMAN, 1988) e nas taxas de criminalidade (WITTE, 1997; MORETTI, 2002).

O processo educacional como pacto coletivo é construído pela sociedade e para a sociedade e envolve necessariamente todos os cidadãos, independentemente da origem, classe social ou cor. Para a evolução da espécie humana e o desenvolvimento comum, a educação deve prezar pelo debate plural, tolerante e crítico de ideias. Nele, a contestação do passado ou de práticas tidas como "tradicionais" devem permitir uma reflexão mais aprofundada sobre a nossa essência, enquanto construtores democráticos de um futuro melhor.

Por isso, este capítulo pretende analisar políticas públicas que dialogam diretamente com o necessário fortalecimento deste pacto coletivo em torno da educação, dado o seu papel na construção de uma sociedade melhor. Busco, dessa forma, examinar políticas que contemplaram ações colaborativas entre entes da federação, que respeitaram a importância da institucionalidade e que foram continuadas e fortalecidas mesmo diante de mudanças no ciclo político-partidário.

A primeira parte deste capítulo explora o contexto atual dos indicadores educacionais no Brasil, bem como o impacto da crise sanitária na qualidade da educação pública brasileira. Já a segunda parte analisa dois programas que são frutos de reformas sistêmicas e que são referências no ensino básico nacional: Programa de Alfabetização na Idade Certa (PAIC), no estado do Ceará; e Ensino Médio Integral no estado de Pernambuco. Os dois programas apresentaram melhorias de qualidade com equidade e foram implementados em regiões pobres, com indicadores socioeconômicos desfavoráveis. Por fim, na terceira parte do capítulo, busco explorar possíveis pontos de partida para a reconstrução do nosso país, a partir da educação, trazendo exemplos de políticas que podem ajudar a garantir o acesso à educação de qualidade no pós-pandemia.

CONTEXTO ATUAL DA QUALIDADE EDUCACIONAL NO BRASIL

Nas últimas décadas, a expansão educacional no Brasil foi fundamental para o desenvolvimento do país. Houve expressiva evolução nas taxas de matrícula em todos os níveis de ensino, redução das desigualdades de acesso e queda das taxas de analfabetismo (OCDE, 2021). A Constituição Federal de 1988 demarcou um novo capítulo para as políticas sociais no Brasil, impulsionando um investimento maior na educação básica e garantindo a universalização do acesso. Em que pese o processo de construção de escolas e melhorias de infraestrutura, na década de 1990, foi somente em 2009 que o Ensino Médio se tornou obrigatório em todo o país, o que representou um grande avanço, na medida em que a partir de então o Estado passou a ser responsável por garantir educação gratuita para a população entre 6 e 17 anos. A partir de 2016, a educação infantil entre 4 e 5 anos também passou a ser obrigatória (IPEA, 2014).

A percentagem de jovens de 15 a 24 anos com pelo menos seis anos de estudo completos passou de 59,9%, em 1990, para 84% em 2012 (IPEA, 2014). Os níveis de escolaridade da população adulta também aumentaram acentuadamente. Em 2018, quase metade (46%) dos jovens adultos (25-34 anos) havia concluído o Ensino Médio, mais que o dobro da geração mais velha (22%, entre os adultos de 55-64 anos) (OCDE, 2021).

Podemos afirmar que o acesso a todas as etapas de ensino está universalizado, exceto para as etapas infantis, como é o caso da creche. Enquanto 99,7% das crianças de 6 a 14 anos estão matriculadas na escola, apenas 35,7% das crianças entre 0 e 3 estão em creches em todo o Brasil (INEP, 2020). Só em 2018, cerca de 6 milhões de crianças entre 0 e 3 anos de idade estavam fora da escola, de acordo com os dados da Pesquisa Nacional por Amostra de Domicílios (PNAD) Contínua. Ao compararmos o acesso à educação da população adulta no Brasil com países mais ricos ou com países da América Latina, vemos que ainda estamos muito distantes do ideal (Gráfico 1).

Gráfico 1. População entre 25 e 34 anos de idade, de acordo com o nível educacional (2018)

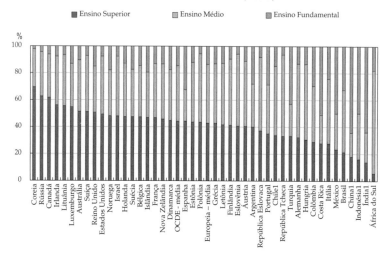

Fonte: Education at a Glance Database 2019, OCDE – última atualização 02 de setembro de 2019.

Nota: Os países estão classificados em ordem decrescente da porcentagem de jovens de 25 a 34 anos com Ensino Superior.

Se o desafio na década de 90 e início dos anos 2000 era garantir o acesso à educação no Ensino Fundamental e Médio, agora o desafio é garantir a aprendizagem dos estudantes, com equidade – situação em que todos os alunos, independentemente da origem social e racial, atingem níveis adequados de desempenho escolar. Os dados de desigualdade do acesso, por exemplo, são preocupantes. Entre a população de 18 a 29 anos, cerca de 59% dos 20% mais pobres não concluíram o Ensino Médio, enquanto entre os 20% mais ricos essa taxa cai para 8% (IBGE, 2019). Já entre a população preta ou parda, apenas 60% dos adultos de 18 a 29 anos concluíram o Ensino Médio, em comparação com 76% entre os brancos (IBGE, 2019).

As diferenças regionais também refletem as nossas raízes desiguais, com grandes discrepâncias entre as regiões Norte e Sudeste, conforme elucidado nos Gráfico 2 e Gráfico 3. Vale ressaltar, ainda, que, de acordo com o Inep/MEC, cerca de 60% das escolas públicas brasileiras pertencem aos níveis socioeconômicos baixos, ou seja, são unidades escolares em que predominam a presença de estudantes em cenários de pobreza ou de extrema pobreza, com renda média familiar mensal de até 1,5 salário-mínimo.

Gráfico 2. Porcentagem de crianças de 0 a 3 anos matriculadas em Creches – 2012 a 2018

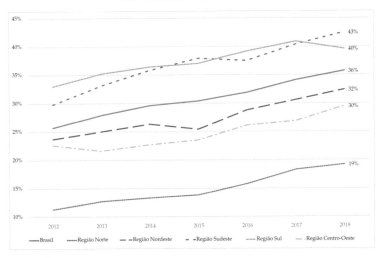

Fonte: IBGE/Pnad, 2012 a 2015. IBGE/Pnad Contínua, 2016 a 2018. Elaboração: Todos Pela Educação.

Gráfico 3. Porcentagem de crianças de 4 a 5 anos matriculadas em Pré-Escolas – 2012 a 2018

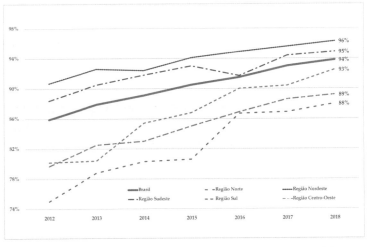

Fonte: IBGE/Pnad, 2012 a 2015. IBGE/Pnad Contínua, 2016 a 2018. Elaboração: Todos Pela Educação.

Apesar de 92,5% dos jovens de 15 a 17 anos estarem matriculados na escola, a distorção idade-série no Ensino Médio é a maior em todas as etapas de ensino, chegando a 26,2% em 2019 (INEP, 2020). Isso significa que mais de 26% dos estudantes estão com dois anos ou mais de atraso em relação à série ou ao ano adequado, reflexo das altas taxas de reprovação e abandono na rede pública de ensino, bem como da baixa qualidade do ensino.

A começar pela alfabetização, em que cerca de 54% das crianças matriculadas no 3º ano do Ensino Fundamental não possuem a proficiência adequada em leitura da língua Portuguesa (ANA, 2016). Os Gráficos 4 e 5 abaixo mostram que mais da metade dos estudantes entre 8 e 10 anos tem dificuldades na compreensão de textos, o que terá um impacto em cadeia no seu processo de aprendizagem para além da língua portuguesa. Como um estudante com dificuldades na leitura conseguirá assimilar conceitos de biologia ou compreender processos históricos? Mesmo diante desse quadro lamentável, o governo federal resolveu, em 2020, descontinuar a Avaliação Nacional de Alfabetização (ANA), único indicador nacional que mede o nível de proficiência nesta etapa.

Gráfico 4. Alfabetização – Percentual de alunos do 3º ano do Ensino Fundamental por nível de proficiência – Brasil: 2014 – 2016 (Leitura)

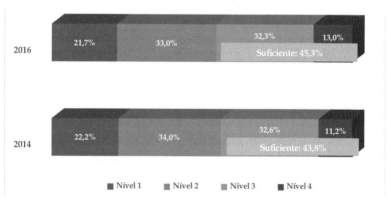

Fonte: MEC/Inep/Daeb – Microdados da ANA. Elaboração: Todos Pela Educação.

Gráfico 5. Alfabetização – Percentual de alunos do 3º ano do Ensino Fundamental por nível de proficiência – Brasil: 2014-2016 (Escrita)

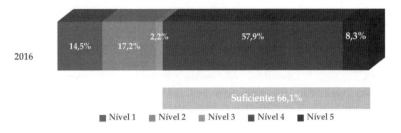

Fonte: MEC/Inep/Daeb – Microdados da ANA. Elaboração: Todos Pela Educação.

Já no Ensino Fundamental, apenas 48,9% dos estudantes do 5º ano apresentam nível de aprendizado adequado em matemática e esse número cai consideravelmente no 9º do ensino, chegando a 21,5% (INEP, 2020). Em outras palavras podemos dizer que, no Brasil, entre 100 estudantes que entram na rede pública de ensino, somente 6 completarão o Ensino Médio com o aprendizado adequado em matemática. Isso porque de cada 100 alunos que ingressam na escola, 89 concluem o Ensino Fundamental I na idade certa, sendo que ao final dessa etapa apenas 48,9% terão o aprendizado adequado em matemática.

Entre os estudantes que completaram o Fundamental I, cerca de 88% concluem o Ensino Fundamental II na idade certa, sendo que ao final apenas 21,5% terão aprendizado adequado em matemática. Por fim, desse total, cerca de 65% dos jovens terminam o Ensino Médio na idade certa, sendo que apenas 9,1% têm aprendizado adequado em matemática (TODOS PELA EDUCAÇÃO, 2020).

Essa situação tende a se agravar ainda mais com os impactos da pandemia da covid-19 no sistema educacional brasileiro. A maioria das escolas ficou fechada durante boa parte de 2020 e o primeiro trimestre de 2021, variando muito entre as regiões do país. No total, estimam-se que as escolas ficaram fechadas por mais de 40 semanas durante a pandemia (UNESCO, 2021). Enquanto outros países conseguiram disponibilizar um ensino remoto de qualidade, a situação das famílias brasileiras mais vulneráveis foi dramática.

De acordo com o DataFavela (2020), mais da metade (55%) dos estudantes residentes em favelas no Brasil está sem estudar durante a pandemia por falta de acesso à internet ou por necessidades financeiras. Para 87% dos pais de estudantes que deixaram de frequentar a escola, os gastos em casa aumentaram consideravelmente.

Estudos apontam que esse apagão educacional terá impacto direto não apenas nos indicadores de qualidade, mas sobretudo nas taxas de evasão e abandono. Em novembro de 2020, mais de 5 milhões de crianças e adolescentes de 6 a 17 anos estavam fora da escola ou sem atividades escolares, o que corresponde a 13,9% dessa parcela da população brasileira (UNICEF, 2021). Ressalta-se que esses estudantes estão concentrados, proporcionalmente, nas regiões Norte (28,4%) e Nordeste (18,3%), o que reflete, mais uma vez, as diferenças regionais e socioeconômicas brasileiras, bem como a urgente necessidade de uma centralização de esforços do governo federal para que esses abismos não aprofundem ainda mais a nossa desigualdade educacional.

Para além da aprendizagem, o confinamento e o distanciamento social têm consequências negativas para o bem-estar dos alunos, como o risco de má nutrição entre as crianças, a potencial exposição à violência doméstica e abusos sexuais entre as meninas, bem como os níveis de estresse e ansiedade entre os jovens (OCDE, 2020).

O contexto atual do sistema educacional brasileiro é fruto de décadas de descaso com a educação e falta de priorização em políticas públicas que tenham impacto comprovado, baseado em evidências. A educação, assim como a saúde, é uma área que transita entre os três entes da federação e cujos serviços são ou devem ser usufruídos por toda a população, das crianças aos adultos que queiram retornar aos bancos das escolas. Por isso, apenas um pacto coletivo que envolva uma colaboração entre União, Estados e Municípios é capaz de realizar uma transformação profunda na qualidade do nosso ensino. Um pacto que compreenda o potencial das políticas educacionais na vida da população e na construção de um país mais justo e desenvolvido.

Contudo, nos últimos anos, o governo Bolsonaro tem desviado o foco do que realmente interessa na área e colocando esforços em uma política ideológica, sem base científica (COSTA, 2019). Durante a pandemia, teria sido essencial a coordenação dos trabalhos pelo Ministério da Educação, com a produção de diretrizes curriculares para ensino remoto, garantia de conectividade para estudantes e priorização da vacinação dos profissionais da educação. Diante da omissão do Executivo Federal, coube ao Legislativo e aos entes locais liderarem essas discussões, o que levou a um atraso significativo na adoção de medidas emergenciais, acentuando ainda mais o abismo entre estados e municípios de diferentes regiões.

Em 2020, por exemplo, foram empenhados R$ 100,3 milhões no Programa Educação Conectada, que visa garantir internet nas escolas. O valor representa menos da metade (45,1%) dos recursos utilizados pelo programa em 2019, de acordo com o relatório da Comissão Externa de Acompanhamento do MEC (2021). Para piorar, o governo vetou um projeto de lei[1] aprovado no Congresso Nacional para garantir recursos aos estados e municípios para internet de estudantes do CadÚnico.

Enquanto uma geração inteira se perde neste apagão educacional, o governo federal tem dedicado recursos e esforços na aprovação de duas pautas eleitorais: educação domiciliar e escola sem partido. Essas políticas vão na contramão de todas as tendências mundiais pedagógicas e da compreensão sociológica do papel da educação em uma comunidade. Como já bem aprofundado por Abrucio (2021), o modelo de *homeschooling* levaria a uma redução do caráter público da educação, deixando de lado valores já consagrados na área, como laicidade do ensino, cientificidade e pluralismo de ideias. Mais do que isso, é um modelo que prejudicaria diretamente a população mais pobre, na medida em que esse grupo carece de formação educacional e capital cultural.

Da mesma forma, a defesa da chamada escola sem partido, modelo pelo qual professores seriam proibidos de externalizar qualquer opinião a respeito de fatos históricos ou presentes, parte do pressuposto de que as instituições educacionais seriam um espaço exclusivamente dedicado à transmissão de conhecimento, mas não de formação do pensamento crítico do indivíduo, fomentado por um debate plural que leva à evolução da compreensão humana na sociedade, tal como defendido por John Dewey. É uma visão simplista, que beira à construção de um modelo autoritário de educação e que, a longo prazo, pode trazer graves prejuízos à democracia. O sistema educacional ficaria responsável pela formação de cidadãos com pouca visão crítica, que assimilam informações sem questioná-las.

QUANDO A EDUCAÇÃO É PRIORIDADE: OS CASOS DO CEARÁ E DE PERNAMBUCO

Diante do contexto educacional brasileiro relatado na seção anterior, os exemplos de Ceará e Pernambuco podem ser tomados como alternativas que nos dão esperança de que é possível alcançar melhora significativa

---

1   Projeto de Lei n. 3477/2020, disponível em: https://www.camara.leg.br/proposicoesWeb/fichadetramitacao?idProposicao=2256081.

na educação brasileira. Trata-se de estados pobres, com indicadores socioeconômicos desfavoráveis, que foram capazes de mudar as suas realidades locais por meio de ações sistêmicas e coletivas.

A partir do pressuposto de que o problema da aprendizagem no Brasil não é causado por um único aspecto da política educacional, mas, sim, por um conjunto de fatores interligados, o Programa de Alfabetização na Idade Certa do Ceará e o Ensino Médio Integral de Pernambuco foram articulados de maneira compartilhada com toda a comunidade escolar, envolvendo professores, gestores e famílias.

São esforços consolidados que sobreviveram ao longo de diferentes gestões e que combinam instrumentos de responsabilização coletiva, com foco nos processos pedagógicos e insumos educacionais ao nível da unidade escolar (NOGUEIRA, 2021). Essas características diferenciam-se de programas que se debruçam em uma única ação como solução para um problema complexo e que não priorizam a relação professor-aluno-comunidade.

1. *Programa de Alfabetização na Idade Certa no Ceará*

Lançado em 2007, o Programa de Alfabetização na Idade Certa (PAIC) é uma política de cooperação entre o estado e seus municípios promovida pelo governo do Ceará, cujo objetivo é alfabetizar todos os alunos das redes públicas de ensino do estado até os 7 anos de idade (CEARÁ, 2012). Inspirado no caso de sucesso do município de Sobral, o PAIC influenciou a criação do Pacto Nacional pela Alfabetização na Idade Certa (PNAIC), considerado uma das experiências mais exitosas na área de educação, sobretudo no âmbito do regime de colaboração entre entes da federação previsto na Constituição de 1988. Como explicado a seguir, o caso do Ceará mostra que, quando uma política é bem desenhada e implementada, a colaboração entre atores diferentes e mecanismos de incentivos pode ter impacto positivo na aprendizagem dos estudantes.

Com a adesão de todos os 184 municípios do Ceará, o PAIC atacou diferentes dimensões, incluindo a gestão escolar, a alocação de diretores com base em critérios técnicos, e não políticos, e na valorização e formação dos docentes (ABRUCIO; SEGATTO; PEREIRA, 2016). O PAIC foi organizado em quatro eixos essenciais:

Foco na aprendizagem e formação docente

Com base na elaboração de um currículo especializado em alfabetização a ser adotado em todos os munícipios, o estado do Ceará passou a oferecer um programa de formação de alfabetizadores. Isso proporcionou uma reflexão da prática docente, para além do conteúdo teórico. Foram disponibilizados materiais estruturados destinados a professores e alunos contendo uma rotina diária de atividades para a sala de aula e tarefas de casa.

Tais materiais estruturados se distinguem dos livros didáticos tradicionais por apresentarem uma rotina pedagógica clara, com conceitos bem explicados, na qual o professor sabe o que está ensinando e o aluno sabe o que está aprendendo (CEARÁ, 2012). Além disso, professores e diretores das escolas melhores avaliadas são mobilizados para disseminarem as boas práticas com os profissionais de outras escolas. É uma maneira de incentivar a formação docente continuada pelos pares, método já amplamente consolidado no mundo. Tudo isso é acompanhado por visitas *in loco* nas escolas, onde é avaliada a forma como a metodologia está sendo aplicada.

Formação do Leitor

A partir do pressuposto de que a alfabetização e o letramento são processos indissociáveis, o PAIC inclui um eixo específico de formação de leitor. Nesse sentido, Magda Soares (2004) defende que a alfabetização não é apenas o domínio das tecnologias de leitura e escrita, mas também o domínio das "habilidades do uso social da leitura e o convívio com o material escrito". Ou seja, um indivíduo letrado é aquele que exerce as práticas sociais de leitura e escrita na comunidade em que está inserido. Por isso, com o PAIC, são implementadas práticas pedagógicas para promover a leitura além das salas de aula, como é o caso dos *cantinhos de leitura* que são disponibilizadas para os estudantes da Educação Infantil e 1º e 2º anos do Ensino Fundamental.

Governança cooperativa e incentivos

Foi criada uma estrutura de governança que permite ao estado oferecer suporte financeiro e técnico na gestão de políticas educacionais da educação infantil aos municípios, respeitando a autonomia das prefeituras por meio da adesão voluntária ao programa, bem como garantindo incentivos financeiros aos municípios e escolas com boa evolução nos indicadores educacionais. Isto é, caso o prefeito seja capaz de apresentar resultados concretos de melhoria na educação, consegue mais recursos para investir no município em outras áreas. É uma forma que o governo estadual encontrou para estabelecer mecanismos de competição entre os municípios, garantindo suporte técnico e pedagógico. Dois mecanismos de incentivos financeiros merecem destaque.

O primeiro foi a alteração dos critérios de distribuição da cota-parte dos municípios no Imposto sobre Circulação de Mercadorias e Serviços

(ICMS), com base no Índice de Qualidade em Educação (IQE). Por obrigação constitucional, o estado deve distribuir um quarto do total arrecadado com ICMS a todos os municípios: a cota-parte. Essa, por sua vez, é repassada aos municípios da seguinte forma: 75% de acordo com o Valor Adicionado Fiscal, que depende do ICMS arrecadado por cada município, e 25% distribuído com base nos critérios definidos em leis estaduais.

A inovação veio por meio da Lei 14.023/2007, que prevê que 18% da cota-parte será repassada aos municípios de acordo com o IQE, que leva em consideração a taxa de aprovação dos alunos do 1º ao 5º ano do Ensino Fundamental, a média municipal obtida pelos alunos do 2º ano na avaliação estadual de alfabetização e a média de proficiência dos alunos do 5º ano na Prova Brasil.

É importante frisar que 12 pontos percentuais (p.p.) desse indicador resultam da alfabetização medida no 2º ano e o restante (6 p.p.) é relativo aos indicadores dos estudantes do 5º ano (CEARÁ, 2012). Outro mecanismo de incentivo financeiro foi o Prêmio Escola Nota Dez, que concede uma bonificação em dinheiro às 150 escolas com os melhores resultados de alfabetização do estado e contempla apoio técnico e financeiro às 150 escolas com os menores resultados, com objetivo de auxiliá-las a melhorar o seu desempenho e práticas pedagógicas.

Avaliação e monitoramento

Foi implementada uma estrutura de monitoramento do programa, por meio de avaliações externas diagnósticas, de proficiência e visitas *in loco*, fundamental para garantir bons resultados e promover mudanças necessárias para a alfabetização dos estudantes na idade certa. A Prova PAIC, de caráter censitária e diagnóstica, é aplicada no início de todo semestre e tem o objetivo de avaliar a alfabetização dos alunos dos anos iniciais do Ensino Fundamental. O diagnóstico torna-se subsídio para o planejamento das intervenções pedagógicas pelos municípios e suas escolas (CEARÁ, 2012). Para além do diagnóstico, o governo estadual também criou o Sistema Permanente de Avaliação da Educação Básica do Estado do Ceará (Spaece-Alfa), cujo objetivo é avaliar a proficiência em leitura, escrita e matemática dos estudantes matriculados no 2º ano do Ensino Fundamental, com o mesmo parâmetro da ANA. É por meio do Spaece-Alfa que são balizadas as distribuições da cota-parte do ICMS aos municípios.

Assim como a Prova PAIC, o Spaece-Alfa também é uma avaliação anual e censitária (CEARÁ, 2012). Por fim, as visitas *in loco* são realizadas pela Secretaria Estadual de Educação com o objetivo de apoiar as escolas no planejamento, troca de experiências pedagógicas e encontros de formação continuada de professores.

Este programa estruturado de forma robusta e sistêmica é responsável pelo significativo avanço nos indicadores de alfabetização no Ceará, bem como resultados educacionais em Língua Portuguesa e Matemática nos anos iniciais do Ensino Fundamental. Em 2019, o estado alcançou o posto de terceira melhor rede pública para os anos iniciais de Ensino Fundamental e a primeira melhor nos anos finais, empatada com São Paulo. Nesse sentido, Costa e Carnoy (2015) mostram que o PAIC tem impacto no desempenho dos estudantes do 5º ano do Ensino Fundamental em português (0.07 a 0.10 desvio padrão) e matemática (0.14 a 0.18 desvio padrão), o que mostra o efeito cascata de uma alfabetização adequada na idade certa.

Mais do que isso, o aumento da qualidade educacional no Ceará foi acompanhado de equidade. O Gráfico 6 abaixo apresenta a diferença entre o desempenho médio de acordo com o indicador de nível socioeconômico das escolas (INSE) na área de Língua Portuguesa para o 5º ano do Ensino Fundamental. Nesse sentido, o estado do Ceará é um destaque com a menor diferença entre alunos de escolas com baixo INSE e alunos de escolas com elevado INSE.

Gráfico 6. Diferença entre as proficiências médias considerando o nível socioeconômico – 5º ano do Ensino Fundamental – IDEB 2017

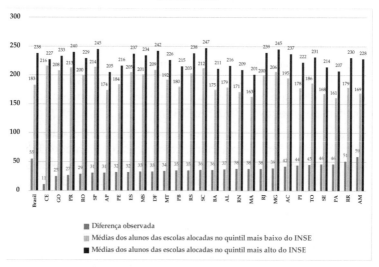

Fonte: Saeb 2017/Inep. Elaboração: da própria autora.

Diante do sucesso do PAIC, outros estados brasileiros passaram a adotar medidas semelhantes, como é o caso do Acre, Alagoas, Pernambuco e Sergipe, que aprovaram leis para alterar a distribuição da cota-parte do ICMS com base nos indicadores educacionais. Na mesma linha, o novo Fundo de Manutenção e Desenvolvimento da Educação Básica e Valorização dos Profissionais da Educação (Fundeb) estabelece que os estados devem aprovar normas semelhantes até o final de 2022. Contudo, embora a medida seja louvável, é importante ressaltar que deve ser acompanhada de uma reforma sistêmica que envolva a comunidade escolar e garanta suporte pedagógico e formação docente adequada às redes municipais de ensino.

2. *Ensino Médio Integral em Pernambuco*

Entre 2003 e 2004, o Ginásio Pernambucano, a mais tradicional escola de Ensino Médio da cidade do Recife, foi reestruturado para receber um projeto-piloto de educação integral. Fundada em 1825, a instituição já formou intelectuais proeminentes no Brasil, como Clarice Lispector, Ariano Suassuna e Celso Furtado, e por isso sempre foi uma escola importante na capital pernambucana. Em 2004, após uma reforma física e pedagógica que contou com o apoio de empresários locais, o Ginásio foi reinaugurado como Centro de Ensino Experimental (CEE). O objetivo era implantar um modelo pedagógico diferenciado para melhorar a qualidade de ensino, bem como reduzir o abandono e evasão escolar.

Baseado na *pedagogia da presença*, metodologia idealizada pelo educador Antônio Carlos Gomes da Costa, o Ginásio Pernambucano passou a colocar o exercício da cidadania e do protagonismo juvenil no centro do aprendizado dos estudantes, por meio da ampliação da jornada escolar para 9 horas diárias. Assim, foram implementadas práticas e estratégias pedagógicas fundamentadas em uma educação interdimensional, como "espaço privilegiado para a formação de um jovem autônomo, solidário, competente e produtivo" (CEARÁ, 2019).

Foi então, em 2008, que o Ensino Médio Integral passou a ser uma política de estado em Pernambuco, com o então governador Eduardo Campos. Assim como o PAIC, a reforma contemplava melhorias de gestão, como: a profissionalização da gestão escolar e a definição de metas, em conjunto com as escolas, associadas às medidas de apoio dos órgãos centrais e regionais (ABRUCIO;SEGATTO, 2016). A combinação da pactuação coletiva às práticas inovadoras não poderia ser diferente: o estado saltou, no ranking nacional do Índice de Desenvolvimento da Educação Básica (Ideb), do 22º lugar, em 2007, para o primeiro lugar, em 2015. Em 2017, Pernambuco ficou em 3º lugar e, dentre os estados brasileiros, destacou-se por apresentar a menor desigualdade de aprendizagem entre estudantes de nível socioeconômico mais baixo e mais alto (INSTITUTO SONHO GRANDE, 2019). (Gráficos 7 e 8)

Gráfico 7. IDEB 2017 – Ensino Médio

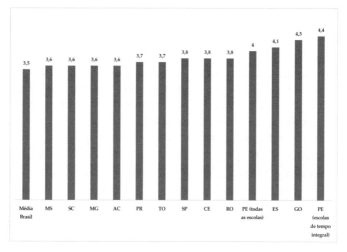

Fonte: Saeb 2017/ Inep. Elaboração: Instituto Sonho Grande.

Gráfico 8. Diferença entre o desempenho médio considerando o nível socioeconômico – 3º ano do Ensino Médio – IDEB 2017

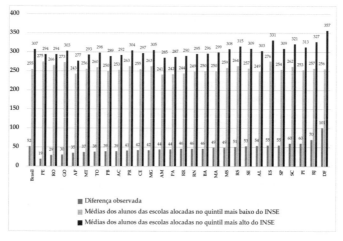

Fonte: Saeb 2017/ Inep. Elaboração: Instituto Sonho Grande.

É importante destacar que o termo "educação integral" vai muito além da simples ampliação da jornada escolar. Nesse contexto, a distinção entre os modelos de turno único e o contraturno se mostra particularmente importante. Enquanto o contraturno está focado em atividades meramente lúdicas e recreativas para preencher o tempo do estudante na escola, o conceito de turno único pressupõe atividades conectadas com um propósito pedagógico específico (INSTITUTO SONHO GRANDE, 2020). Trata-se, portanto, de atividades realizadas em laboratórios, tutorias e aulas de leitura que dialogam diretamente com o currículo escolar e que desenvolvem tanto as habilidades cognitivas como as socioemocionais. Assim, a ampliação da jornada não é o ponto de partida do modelo pedagógico, mas, sim, o ponto de chegada para alcançar uma formação integral, tendo em vista a necessidade de inclusão de atividades e práticas que não poderiam ser inseridas em um período escolar de 4,5 horas.

A proposta pedagógica do Ensino Médio Integral está ancorada no desenvolvimento do projeto de vida dos jovens, isto é, o papel do professor é levar os estudantes a projetar os seus sonhos no futuro e traduzi-los sob a forma de objetivos e metas definidas. Por meio de uma formação holística, os jovens são ensinados a ser protagonistas de suas próprias histórias, passando pelo envolvimento ativo na construção de soluções para problemas reais, que podem dizer respeito à sua escola, à comunidade, e à sua própria vida (COSTA, 1999).

Assim, o ensino integral busca trabalhar as seguintes práticas educativas: (1) projeto de vida, disciplina em que o estudante é estimulado a refletir sobre quem ele é e onde ele quer chegar, com um plano claro que lhe permita alcançar seus objetivos; (2) estudo orientado, espaço em que é ensinada a autonomia nos estudos, o autodidatismo e a atitude colaborativa; (3) práticas experimentais, aulas com técnicas laboratoriais que combinam teoria e prática; (4) clubes juvenis, espaço em que é exercitado o protagonismo juvenil por meio de clubes de interesses coletivos, como jardinagem, esportes, leitura, entre outros; e (5) tutorias, método que permite a interação entre o professor (tutor) e estudante de forma sistemática para garantir o desenvolvimento integral do jovem (INSTITUTO SONHOS GRANDE, 2020).

Ao longo da última década, o programa foi sendo expandido em Pernambuco de forma incremental, inclusive com a criação de modelos de 7 horas diárias para atender a estudantes que precisam realizar atividades remuneradas. Atualmente a rede conta com mais de 460 escolas integrais[2], o que significa 62% das vagas nesta etapa, superando a meta de 50% estabelecida pelo Plano Nacional de Educação. O aumento em escala do Ensino Médio Integral impactou significativamente o desempenho escolar dos alunos no estado. Rosa et al. (2020) mostraram que a política pode aumentar, em média, 0,22 desvio padrão em matemática e 0,19 desvio padrão em língua Portuguesa na Prova Brasil.

Para além do avanço acadêmico, o Ensino Médio Integral tem transformado a vida de milhares de pernambucanos. Estudo conduzido pela Fundação Getúlio Vargas com mais de 2.800 egressos da rede pública de ensino do estado mostra impactos consideráveis na escolaridade, renda e equidade. Utilizando o método de pareamento conhecido como *"Propensity Score Matching"*, foi possível comparar a realidade socioeconômica dos estudantes graduados no Ensino Médio Integral e Ensino Médio Regular em tempo parcial. Desse modo, observou-se que a probabilidade de ingressar no Ensino Superior é 17 pontos percentuais maior para os egressos das escolas integrais – enquanto os estudantes formados nas escolas de tempo parcial apresentam 46% de probabilidade de entrar no Ensino Superior. No caso dos alunos de escolas integrais essa probabilidade sobe para 63% (INSTITUTO SONHO GRANDE, 2019).

Quando olhamos para a renda média, a pesquisa revelou que estudantes do ensino integral tiveram um aumento de 18% no salário mensal médio e a diferença salarial se manteve mesmo quando comparados a estudantes com mesmo nível de escolaridade. Isso pode representar um crescimento profissional decorrente de fatores socioemocionais, como liderança e habilidades de trabalho em equipe. Além disso, é possível observar que o ensino integral tem o potencial de reduzir a diferença salarial entre egressos brancos e pretos/pardos. Entre os egressos das escolas em tempo parcial, os indivíduos brancos apresentaram um aumento salarial de 10% em relação aos negros. Na amostra dos egressos das escolas integrais, essa diferença foi nula, segundo o estudo (INSTITUTO SONHO GRANDE, 2019).

São resultados que mostram ser possível avançar na aprendizagem quando se envolve a comunidade nos processos de reforma sistêmica da educação. Mesmo diante de desafios socioeconômicos imensos, como no caso de Pernambuco. Mais do que isso, é possível investir em escolas

---

2   SECRETARIA DE EDUCAÇÃO E ESPORTES. Governo de Pernambuco expande rede de escolas em Tempo Integral. Disponível em: http://www.educacao. pe.gov.br/portal/?pag=&cat=37&art=5917. Acesso em: 20 de julho de 2021.

públicas que formem indivíduos cientes do seu papel na sociedade, enquanto cidadãos que respeitam e prezam pelo desenvolvimento democrático e econômico do país. É por isso que outros estados, como São Paulo, Maranhão e Paraíba, estão se inspirando no modelo pernambucano e expandindo as escolas integrais no Ensino Médio. A replicação do programa, contudo, deve priorizar sempre um modelo pedagógico robusto que leve em consideração a formação docente, a disponibilização de tutorias, clubes de protagonismo, entre outros.

TEMPOS DIFÍCEIS EXIGEM MUDANÇAS EXTREMAS

A pandemia produziu o maior apagão educacional da história no país, colocando em risco o futuro de milhões de crianças e jovens e o nosso desenvolvimento social e econômico. Com mais de 5 milhões de estudantes sem acesso às aulas e indicadores recordes de evasão e abandono, concentrar esforços para retornar ao cenário pré-pandemia não pode ser o caminho para a reconstrução do Brasil. Tempos difíceis exigem mudanças extremas.

Estudo conduzido pelo economista Ricardo Paes de Barros et al. (2021) mostra que a cada um jovem que não conclui a educação básica (Pré-escola, Fundamental e Médio), a economia brasileira perde, em média, R$ 395 mil por ano. Isso representa mais do que quatro vezes o valor que o Brasil investe em toda a educação deste jovem ao longo dos 12 anos de estudo. Considerando que 557 mil jovens abandonam a escola anualmente, o custo da evasão escolar é da ordem de R$ 220 bi, o que significa uma perda equivalente a 3,3% do PIB ao ano.

Este custo levou em consideração quatro dimensões: a empregabilidade e a remuneração dos jovens; os efeitos que sua remuneração tem para a sociedade; a longevidade com qualidade de vida; e as repercussões ligadas à violência. E esses dados não consideraram, ainda, a pandemia do coronavírus e seus efeitos no aumento da evasão escolar.

Experiências como a do PAIC e do Ensino Médio Integral são pontos de partidas para o debate no âmbito nacional, mas não só. A pandemia nos mostrou a falta que faz um Sistema Nacional de Educação capaz de coordenar esforços entre os entes da federação em momentos de crise. Por isso, é fundamental avançarmos nessa pauta que está em discussão desde a criação do Plano Nacional de Educação em 2014. Programas focados na busca ativa e combate à evasão escolar dos estudantes do Ensino Médio, como é o caso do Programa Renda Melhor Jovem no Rio de Janeiro, são fundamentais, neste momento, e mostram impactos robustos na permanência e conclusão dos estudantes nesta etapa de ensino (PEREIRA, 2016).

Em que pese a relevância das experiências exitosas discorridas neste capítulo, não podemos subestimar a importância das forças políticas e acadêmicas neste processo de reconstrução do nosso país. Ações descoordenadas e pontuais não são suficientes para solucionar problemas tão complexos como a qualidade da nossa Educação Básica, sobretudo em um país tão desigual como o Brasil. Somente um pacto coletivo que envolva professores, alunos, famílias e sociedade civil será capaz de devolver aos nossos jovens o direito de experimentar a cidadania, na sua plenitude, em uma democracia viva e forte. É preciso união em torno de reformas robustas e sistêmicas que coloquem a educação na agenda prioritária da retomada econômica e social, sob pena de condenarmos uma geração inteira à pobreza e a uma democracia frágil.

Como diria Anísio Teixeira (1947, p. 35) *"numa democracia, nenhuma obra supera a da educação. Haverá, talvez, outras aparentemente mais urgentes ou imediatas, mas estas mesmas pressupõem, se estivermos numa democracia, a educação. Com efeito todas as demais funções do Estado democrático pressupõem a educação. Somente esta não é a consequência da democracia, mas a sua base, o seu fundamento, a condição mesma para a sua existência".*

REFERÊNCIAS

ABRUCIO, Fernando. Bolsonarismo e Educação: quando a meta é desconstruir a política pública. In: AVRITZER, Leonardo; KERSHE, Fábio; MARONA, Marjorie (Eds.). **Governo Bolsonaro: retrocesso democrático e degradação política**. Autêntica Editora, 2021.

ABRUCIO, Fernando; SEGATTO, Catarina; PEREIRA, Maria Cecília. **Regime de Colaboração no Ceará: Funcionamento, Causas do Sucesso e Alternativas de Disseminação do Modelo**. São Paulo: Instituto Natura, 2016. Disponível em: https://www.institutonatura.org/wp- content/ uploads/2020/08/Pesquisa-FGV-_PAIC.pdf.

ABRUCIO, Fernando; SEGATTO, Catarina. A Gestão por Resultados na Educação em Quatro Estados Brasileiros. **Enap. Revista do Serviço Público,** p.85-106, 2016. Disponível em: https://revista.enap.gov.br/ index.php/RSP/ article/view/762/794.

BANCO MUNDIAL. **Agindo agora para proteger o capital humano das nossas crianças: os custos e a resposta ao impacto da pandemia de covid-19 no setor de educação na América Latina e Caribe**. Grupo Banco Mundial de Educação, 2021.

BARROS, Ricardo Paes de; FRANCO, Samuel; MACHADO, Laura; ZANON, Daiane; ROCHA, Grazielly. **Consequências da violação do direito à educação.** Rio de Janeiro: Autografia, 2021.

CAMPANTE, Felipe; CHOR, Davin. Schooling, Political Participation, and the Economy. **Review of Economics and Statistics**, v.94(4), 2010.

CEARÁ. Secretaria de Educação. **Regime de colaboração para a garantia do direito à aprendizagem:** o Programa Alfabetização na Idade Certa (PAIC) no Ceará. Fortaleza: Prefeitura Municipal, 2012.

COMISSÃO EXTERNA DE ACOMPANHAMENTO DO MEC. **Relatório Semestral 01/2021**. Câmara dos Deputados, 2021. Disponível em: https://www.camara.leg.br/proposicoesWeb/prop_mostrarintegra?cod teor=2039292&filename=REL+1/2021+CEXMEC.

COSTA, Antônio. **Protagonismo Juvenil: o que é e como praticá-lo**. Belo Horizonte: Modus Faciendi, 1999.

COSTA, Leandro; CARNOY, Martin. The effectiveness of and Early-Grade Literacy Intervention on the Cognitive Achievement of Brazilian Students. **Educational Evaluation and Policy Analysis**, 2015.

COSTA, Rodolfo. Bolsonaro defende Weintraub e diz que Escola sem Partido está em operação. **Correio Braziliense**, Brasília, 18 dez. 2019. Disponível em: https://www.correiobraziliense.com.br/app/noticia/politica/2019/12/18/interna_politica,815051/bolsonaro-defende-weintraub-e-que-escola-sem--partido-esta-em-operacao.shtml. Acesso em: 12 dez. 2021.

DATAFAVELA. Educação, cultura, periferia e racismo. Um levantamento do Instituto Locomotiva para a Central Única das Favelas, realizado em junho de 2020. Disponível em: https://www.ilocomotiva.com.br/estudos.

DEE, Thomas. Are the civic returns to education? **Journal of Public Economics**, v.88, p.1697-1720, 2004.

DEE, Thomas. Education and Civic Engagement. In: BREWE, Dominic; MCEWAN, Patrick (Eds.) **Economics of Education**. Elsevier, 2010.

DEWEY, John. **Democracy and Education**. Simon & Brown, 2011.

FAGGIO, Giulia; SALVANES, Kjell; REENEN, John. The evolution of Inequality in Productivity and Wages: Panel Data Evidence. **NBER Working Paper**, n. W13351, 2008.

FUNDO DAS NAÇÕES UNIDAS PARA A INFÂNCIA (UNICEF). **Cenário da Exclusão Escolar no Brasil: um alerta sobre os impactos da pandemia da Covid-19 na educação**. Cenpec Educação, 2021.

INSTITUTO BRASILEITO DE GEOGRAFIA E ESTATÍSTICA (IBGE). **Desigualdades sociais por cor ou raça no Brasil.** Estudos e Pesquisas: Informação Demográfica e Socioeconômica 41, 2019. Disponível em: https://biblioteca. ibge. gov.br/visualizacao/livros/liv101681_informativo.pdf.

INSTITUTO NACIONAL DE ESTUDOS E PESQUISAS EDUCACIONAIS ANÍSIO TEIXEIRA. **Sinopse Estatística da Educação Básica**, 2019. Brasília, Inep, 2020. Disponível em: http://portal.inep.gov.br/web/guest/ sinopses-estatisticas-da-educacao-basica.

INSTITUTO DE PESQUISA ECONÔMICA APLICADA (IPEA). **V Relatório Nacional de Acompanhamento dos Objetivos de Desenvolvimento do Milênio**. Brasília, 2014.

INSTITUTO SONHO GRANDE. **Mais Integral, Mais Oportunidades: um estudo sobre a Trajetória dos Egressos da Rede Estadual de Ensino de Pernambuco**, 2019. Disponível em: https://www.sonhogrande.org/ storage/sonho-grande-producao-de-evidencias- mais-integral-mais- -oportunidade.pdf.

INSTITUTO SONHO GRANDE. **Ensino Médio Integral em Pernambuco: as Estratégias Pedagógicas e de Gestão que fazem a Diferença**, 2020. Disponível em: https://www.sonhogrande.org/storage/producao-de- -evidencias-as-estrategias-pedagogicas-e-de- gestao-que-fazem-a- -diferenca.pdf.

LESLIE, Larry; BRINKMAN, Paul. **The Economic Value of Higher Education**. Phoenix, AZ: Oryx Press, 1988.

LEVIN, Henry. The social costs of an inadequate education. **Symposium Summary**, 24-26 October, 2005. New York: Teachers College, Columbia University, 2006.

MCMACHON, Walter. The External Benefits of Education. In: BREWER, Dominic; MCEWAN, Patrick (Eds.). **Economics of Education**. Elsevier, 2011.

NOGUEIRA FILHO, Olavo. **Reformas educacionais de terceira geração e sua efetividade: o debate teórico à luz dos casos cearense e pernambucano.** Dissertação (mestrado profissional MPGPP) – Fundação Getulio Vargas, Escola de Administração de Empresas de São Paulo, 2021.

ORGANIZAÇÃO PARA A COOPERAÇÃO E DESENVOLVIMENTO ECONÔMICO (OCDE). **Education in Brazil: an international perspective**, 2021. Disponível em: https://www.oecd.org/education/education- -in-brazil-60a667f7-en.htm.

ORGANIZAÇÃO PARA A COOPERAÇÃO E DESENVOLVIMENTO ECONÔMICO (OCDE). **Combatting Covid-19's Effect on Children.** OECD Publishing. Paris, 2020. Disponível em: https://read.oecd-ilibrary.org/ view/?ref=132_132643-m91j2scsyh&title=Combatting-COVID-19-s-effect-on-children.

ORGANIZAÇÃO DAS NAÇÕES UNIDAS PARA A EDUCAÇÃO, CIÊNCIA E CULTURA (UNESCO). **Education: From disruption to recovery**, 2021. Disponível em: https://en.unesco.org/covid19/ educationrespons e#durationschoolclosures. Acesso em 09 de julho de 2021.

PEREIRA, Vitor. **From Early Childhood to High School: Three Essays on the Economics of Education.** Tese (Doutorado em Economia) – Pontifícia Universidade Católica do Rio de Janeiro, Rio de Janeiro, 2016. Disponível em: http://www.econ.pucrio.br/uploads/adm/trabalhos/files/Vitor_Azevedo_Pereira.pdf.

PERNAMBUCO. Secretaria de Educação. **Educação integral? Pernambuco: Governo do estado**, 2019. Disponível em: http://www.educacao.pe. gov.br/portal/?pag=1&men=70.

PUTNAM, Robert. Bowling Alone: America's Declining Social Capital. **Journal of Democracy,** 6: 65-78, 1995.

ROSA, Leonardo; BETTINGER, Eric; CARNOY, Martin; DANTAS, Pedro. The Effects of Public High School Subsidies on Student Test Scores: The Case of a Full-Day High School Program in Pernambuco, Brazil. **Working Paper,** 2020. Disponível em: https:// www.sonhogrande.org/ storage/the-effects-of-public-high-school-subsidies-on-student-test--scores-the-case-of-a-full-day-high-school-program-in- pernambuco--brazil.pdf.

SOARES, Magda. **Letramento: um tema em três gêneros**. Belo Horizonte: Autêntica, 2004.

TEIXEIRA, Anísio. **Educação para a Democracia: introdução à Administração Educacional**. São Paulo: José Olympio, 1936.

TEIXEIRA, Anísio. **Autonomia para a Educação.** Discurso realizado na Assembleia Constituinte Baiana, sobre o Capítulo de Educação e Cultura, na ocasião em que era Secretário de Educação e Saúde do Estado, 1947.

TODOS PELA EDUCAÇÃO. **Anuário Brasileiro da Educação Básica**. Moderna, 2020. Disponível em: https://todospelaeducacao.org.br/wordpress/wp-content/uploads/2020/10/Anuario-Brasileiro-Educacao--Basica-2020-web-outubro.pdf.

WITTE, Ann. Crime. In: BEHRMAN, Jere; STACEY, Nevzer (Eds.). **The Social Benefits of Education**. Ann Arbor: University of Michigan Press, 1997, p. 219-246.

8

Políticas públicas para a juventude: como o governo pode apoiar a transição da educação para o trabalho e destravar o potencial de uma geração

Daniel Barros

RESUMO: Nossos jovens pobres estão em apuros. Via de regra, eles encontram um ensino médio que não prepara para a vida fora da escola, possuem acesso limitado à educação técnica e profissionalizante, um modelo de aprendizagem profissional arcaico e que não dialoga com a necessidade dos empregadores e enormes obstáculos para chegar a se manter no ensino superior. Como todo problema complexo, não há solução fácil para a inclusão produtiva dos jovens. Temos uma "geração pandemia" que terá efeitos duradouros em sua capacidade de gerar renda se não agirmos com prioridade e senso de urgência. Aqui algumas ideias de políticas públicas com potencial de virar o jogo.

Quem nunca viveu a tensão de escolher um caminho profissional no início da vida adulta que atire a primeira pedra. Ter opções nessa fase, no entanto, é um privilégio. Somente 21,5% dos jovens brasileiros entre 18 e 24 anos estão no ensino superior (2019)[1]. Todos os outros precisarão gerar renda após o fim da educação básica, mas não são preparados para isso (a bem da verdade, até uma parcela dos que estão no ensino médio e depois na faculdade necessitará trabalhar desde cedo, como fez este que vos escreve). A transição entre a educação básica e o trabalho é tensa em

---

1   Anuário Brasileiro de Educação Básica do Todos pela Educação, dados da PNAD Contínua (IBGE).

qualquer lugar do mundo, mas no Brasil ela é especialmente complicada por não termos um conjunto robusto de políticas públicas com a finalidade de preparar a nossa juventude para os primeiros passos em uma carreira. Com isso, perdemos a oportunidade de destravar um manancial de talentos inexplorados. Para mostrar, ponto a ponto, o que seriam essas políticas que fazem tanta falta, vamos imaginar a trajetória típica de um jovem de escola pública, que representa 88% das matrículas no fim da educação básica[2].

Mas, primeiro, por que discutir esse tema? Por que a transição entre a educação e o trabalho deveria ser uma pauta relevante até mesmo para quem já fez essa travessia? Já virou chavão, mas a população brasileira está envelhecendo. Temos cada vez menos jovens. Nosso bônus demográfico acabou em 2018[3]. Isto é, o crescimento da população economicamente ativa não supera mais o da população total. Com isso, fica mais difícil crescer a renda *per capita* do brasileiro sem melhorar a produtividade do trabalhador.

Um sinal puramente educacional de que estamos inserindo menos pessoas no mercado de trabalho está na queda no número de estudantes do ensino médio. O número de jovens matriculados nesta que é a última etapa da educação básica está caindo desde 2007. Saímos de 8,37 milhões de estudantes no ensino médio naquele ano para 7,55 milhões em 2020, redução de 11%[4]. Olhando friamente para os números, a educação dos nossos jovens deveria valer mais simplesmente porque há menos deles e dependemos cada vez mais da sua capacidade para oxigenar o nosso mercado de trabalho. Mas, é claro, há motivos civilizatórios para querermos uma sociedade comprometida em encaminhar sua juventude para atividades profissionais emancipadoras. Deveríamos, afinal, almejar que cada vez mais jovens rompam o ciclo de pobreza.

O que se espera em uma sociedade verdadeiramente justa é que um indivíduo que nasça nas camadas mais pobres tenha oportunidade de ascender socialmente. É, afinal, o conceito de justiça do filósofo político John Rawls, calcado na ideia de sociedade que escolheríamos caso não

---

2   Censo da Educação Básica, 2020.

3   De acordo com o relatório "Produtividade do trabalho: o motor do crescimento econômico de longo prazo", publicado em 13 de outubro de 2020 por Fernando Veloso, Silvia Matos e Paulo Peruchetti no portal Observatório da Produtividade, do IBRE-FGV.

4   Censo da Educação Básica 2007 e 2020.

soubéssemos quem seríamos ao nascer: uma pessoa cheia de privilégios ou um indivíduo nos últimos percentis de renda. Mas o Brasil ainda é um dos países com pior índice de mobilidade social do mundo. O investimento na juventude é fundamental para que nossa sociedade não se contente com a celebração de casos esporádicos de quem consegue obter uma trajetória de sucesso apesar da origem humilde, contra tudo e contra todos. Como promover essa ascensão social em escala? Acredito que pela conexão entre educação e trabalho. Então, vamos a ela.

Imagine um jovem de 17 anos da periferia de uma grande cidade do país que está cursando o ensino médio na rede pública. Vamos chamá-lo de Miguel, nome masculino mais usado na última década. Provavelmente, nessa altura, Miguel anda angustiado com o que vai fazer após esta etapa escolar. Se for como 32% dos jovens entre 15 e 17 anos de pesquisa de 2021 do Conselho Nacional de Juventude (Conjuve), ele pode estar pensando em parar de estudar. Percentual, aliás, agravado com o prolongamento da pandemia – era 24% em 2020. Quando a pergunta é feita para a população entre 18 e 24 anos, provavelmente os amigos do Miguel, o percentual dos que cogitam parar de estudar é ainda mais alarmante: 49%. Entre os que efetivamente abandonaram as aulas, o motivo mais citado, de acordo com essa e outras pesquisas (como da Fundação Roberto Marinho de 2020), é o desinteresse no conteúdo das aulas. Afinal, o dia a dia escolar do Miguel tipicamente envolve aulas expositivas em que os alunos devem copiar o que o professor escreve na lousa ou realizar exercícios individuais silenciosamente. As atividades costumam parecer repetitivas, conforme relatos das partes qualitativas das mesmas pesquisas. Isso corrobora os achados de outras mais antigas, como a realizada em 2013 pela Fundação Victor Civita. Esta mostra alto percentual de alunos que dizem não ver utilidade nas disciplinas do ensino médio (exceto português e matemática). Recentemente, a dificuldade com ensino remoto é apontada como causa de evasão.

Miguel vai precisar de muita automotivação para se interessar pelas aulas. Sua rotina pouco envolve aprendizagem por meio de projetos, trabalhos em grupo, discussões e aplicação prática do conhecimento. Na pesquisa da Fundação Roberto Marinho, 59% dos alunos do fundamental e médio consideravam que a escola não sabia sobre seus interesses e preocupações. O percentual é ainda maior entre alunos que já abandonaram a escola momentaneamente. O mais grave: quase metade deste último grupo relata que ninguém tentou demovê-los de largar os estudos. Ou seja, Miguel tem baixo senso de pertencimento à escola ou convive com colegas que pensam assim.

Some a esse sentimento uma provável defasagem de aprendizado dos anos anteriores. Se for como 34% dos estudantes de 15 anos, ele já repetiu pelo menos alguma série da educação básica. Mesmo antes da pandemia, só 5,2% dos alunos do ensino médio na rede pública chegavam ao final do ensino médio com aprendizado adequado de matemática[5]. Com a pandemia, Miguel conseguiu estudar por poucas horas semanais, de forma desorganizada e provavelmente aprofundou a defasagem. Isso o deixou ainda menos motivado a seguir com as aulas. Ele não vê a hora de deixar a escola. E, se terminar essa etapa até os 19 anos, já será relativamente privilegiado: 37% dos jovens dessa idade não chegaram ao final do ensino médio. E esses são dados pré-pandemia. Com esse contexto, o que pode ajudar Miguel?

"Projeto de vida" é uma expressão que virou popular na educação brasileira nos últimos anos. Escolas públicas e privadas passaram a incluir na grade horária aulas dedicadas ao autoconhecimento e às escolhas possíveis de carreira para os jovens. O componente está previsto no Novo Ensino Médio (Lei 13.415/2017 e Base Nacional Comum Curricular homologada pelo Conselho Nacional de Educação em 2018). Conto mais sobre a origem do conceito de Projeto de Vida em meu livro, "País Mal Educado – Por que se aprende tão pouco nas escolas brasileiras?" (BARROS, 2018). Mas, em suma, ele é fruto das pesquisas do educador mineiro Antônio Carlos Gomes da Costa, que faleceu em 2011. Seus estudos sobre protagonismo juvenil embasaram proposta de política pública que nasceu em Pernambuco e se espalhou por todo o Brasil: o modelo de escolas de tempo integral. O componente curricular Projeto de Vida estava previsto desde o piloto dessa política educacional, ainda na tradicional unidade Ginásio Pernambucano, no centro antigo do Recife, no começo dos anos 2000. Em 2020, havia mais de 10% das matrículas de ensino médio em 15 das 27 unidades federativas brasileiras nesse modelo de escolas em tempo integral, chegando a 49% em Pernambuco, 47% na Paraíba e 38% no Ceará. Existem evidências robustas de que esse tipo de escola melhora o desempenho dos estudantes. Pela escala e rapidez na sua expansão, pode-se dizer que é a política educacional mais bem-sucedida da educação básica nos últimos 20 anos. E um dos seus principais pressupostos é a responsabilização da escola pela construção do projeto de vida do estudante.

---

5   Dados de 2019 do Sistema de Avaliação da Educação Básica (SAEB).

O ano de 2022 marca o começo da implementação do Novo Ensino Médio, com a disseminação do projeto de vida para todos os alunos desta etapa, independentemente de estarem em tempo integral. Essa reforma educacional também traz a possibilidade de os estudantes escolherem itinerários formativos que tenham maior conexão com seus interesses e até disciplinas eletivas – dando uma resposta efetiva à sensação dos estudantes de que a escola não se importa com suas aspirações. Um ensino médio em que alunos podem escolher um rol de disciplinas mais direcionado para seus planos aproxima o Brasil de outros países com modelo semelhante, desde Chile e Colômbia ao Reino Unido, Austrália e França. Essa implementação, no entanto, não é nada trivial. Formulamos um arcabouço legal promissor para o ensino médio dos irmãos mais novos do Miguel, mas apenas acabamos de iniciar a execução, sem apoio técnico adequado por parte do Ministério da Educação, que concentra mais de um terço dos gastos com educação no país e deveria liderar o apoio técnico aos estados. O Brasil já fez reformas educacionais no passado que, sem o esforço adequado de implementação, foram por água abaixo, como a Lei 5.692, de 1971, que transformou todo o antigo 2° grau em etapa profissionalizante numa canetada.

Se bem implementada, a reforma atual pode colocar o professor num papel de mentor dos estudantes para seus próximos passos. Mas isso não acontece da noite para o dia. Redes escolares precisarão construir material para esses aprofundamentos e para os novos componentes. Profissionais da educação precisarão passar por capacitação direcionada para a implementação desse novo modelo de ensino médio, preferencialmente atrelada a materiais didáticos de qualidade. Essa capacitação não poderá ser uma discussão teórica e descolada do dia a dia de sala de aula como geralmente são os programas de formação continuada de professores pelas redes municipais e estaduais. Miguel está acostumado a ter aulas em 13 disciplinas diferentes, espalhadas por 4 horas diárias de aulas. O conteúdo é superficial porque tem muita coisa para cobrir em pouco tempo. Em muitas escolas públicas, há baixas expectativas sobre o quanto os estudantes podem usar esse conhecimento para, por exemplo, fazer a prova do Enem e passar no vestibular para uma universidade. Com as mudanças do Novo Ensino Médio, professores de biologia, por exemplo, poderão aprofundar mais os conteúdos porque terão mais aulas dessa disciplina para aqueles alunos dos itinerários formativos que contemplem a área de Ciências da Natureza (uma das quatro grandes áreas da Base Nacional Comum Curricular, junto com Matemática, Linguagens e Ciências Humanas). Com mais tempo para aprofundar o conhecimento, espera-se que essas aulas tenham experimentos, atividades práticas, contextualização, interdisciplinaridade. Espera-se que o professor adote metodologias ativas de aprendizagem, em que o aluno constrói seu próprio aprendizado e o professor atua como facilitador. E, além disso, esses professores poderão assumir aulas eletivas e/ou do componente Projeto de Vida. Estão preparados para isso? Ainda não. Os gestores de redes educacionais precisarão se preocupar em dar aos professores o repertório necessário sobre mentoria e facilitação de discussões de autoconhecimento e trajetórias profissionais. Com os itinerários, eletivas e projeto de vida, as aulas de Miguel vão ter que ser mais dinâmicas. O período de 1/3 da carga horária dos professores dedicado à preparação de aulas, fruto da Lei 11.738/2008, precisará ser utilizado "pra valer". Hoje, costuma ser encarado como tempo livre ao professor, frequentemente utilizado de outras formas que não o planejamento de atividades ou formação. O esforço de transformar o ensino médio está só começando. A boa notícia é que pelo menos começou!

Para Miguel vencer a chaga das defasagens educacionais, será preciso usar estratégias extraordinárias de recuperação de conteúdos. Nos últimos anos, cristalizou-se entre parte dos acadêmicos uma visão de que é difícil e custoso demais recuperar o aprendizado de adolescentes, especialmente em comparação ao custo-benefício de investir no desenvolvimento de crianças na educação infantil, quando há maior plasticidade no cérebro. Mas pesquisas de neurocientistas reforçam que o período final da adolescência ainda é um de grande aprendizado. E há sim intervenções que podem compensar anos de defasagem escolar. Uma delas é a tutoria individual, conforme pesquisa de março de 2021 de 11 pesquisadores de institutos de economia, políticas públicas e psicologia de grandes universidades americanas, entre eles Roland Fryer, professor de economia de Harvard reconhecido por investigar o impacto de intervenções educacionais no aprendizado. A pesquisa, com o nome sugestivo de "Não é tarde demais: melhorando resultados acadêmicos entre adolescentes" (tradução livre), investiga o projeto de aulas particulares diárias de matemática de 45-50 minutos para estudantes com maior defasagem. Essas sessões de tutoria eram realizadas não por professores, mas por profissionais recém--formados contratados por uma ONG americana chamada Saga Education. A hipótese é que indivíduos com bom domínio de matemática conseguem dar aulas individuais efetivas mesmo com pouca experiência didática. O resultado é promissor e pode variar entre o equivalente a 1 ou 2 anos de conteúdo recuperado ao longo do ano letivo de aplicação do reforço escolar. O custo é estimado em cerca de 30% do valor gasto por estudante de educação básica nos Estados Unidos, o que leva a crer que é uma intervenção possível para adolescentes com maior risco de evasão. Essa não é a primeira pesquisa do grupo sobre intervenções educacionais individualizadas com resultados positivos. Parte desses mesmos pesquisadores, incluindo Fryer, analisaram programa semelhante, mas com público alvo ainda mais vulnerável. Nesse caso, a intervenção em matemática focava em jovens negros do sul de Chicago, uma das regiões mais violentas dos Estados Unidos. Apesar de ter custo médio mais alto, a taxa de conclusão melhorou 14% e desempenho em testes também subiu. Guardadas as preocupações com validade externa (a aplicabilidade de pesquisas de um lugar em outro), as avaliações de impacto citadas acima levam a crer que vale a pena para o setor público, terceiro setor e negócios sociais explorarem investimentos em tutoria individual com o intuito de resgatar os estudantes mais necessitados e impedir que entrem numa espiral de desesperança sobre o futuro profissional. Com apoio de tecnologia para escalar a custo mais baixo, iniciativas individualizadas como essas podem ser ainda mais economicamente viáveis.

Imagine que Miguel tivesse acesso a esse nível de atenção: tutoria com reforço escolar caso estivesse ficando para trás, facilitação dos professores para seu autoconhecimento e construção de um projeto de vida, escolha de itinerários formativos mais alinhados com seus interesses e nos quais consegue se aprofundar. Nesse contexto de maior adequação do ensino médio aos sonhos de Miguel, o próprio, sua família e seus professores depositariam nele expectativas mais altas, elevando sua motivação. Há evidência de que altas expectativas dos professores sobre os resultados acadêmicos do aluno estão correlacionadas com maior aprendizado (novamente estudo de Fryer, esse de 2011). Alto nível de atenção às perspectivas dos estudantes pode reduzir também um outro dado triste da pesquisa da Fundação Roberto Marinho e Plano CDE citada anteriormente: cerca de 1/3 dos jovens entrevistados são considerados por eles como "desesperançosos". Essa nomenclatura se dá porque trata-se de adolescentes de baixa autoestima, que se sentem incapazes de atingir seus objetivos e muitas vezes sequer têm clareza das possibilidades para o futuro. Nesse grupo, por exemplo, 85% dos alunos dizem se inspirar em ninguém para pensar seus sonhos, quando a média dos jovens costuma citar pai ou mãe, parentes ou alguém famoso como inspiração.

Mas até aqui só exploramos a superfície do potencial de transformação que as mudanças no ensino médio têm para jovens como Miguel. Caso seja como a maioria dos estudantes dessa etapa, é muito provável que ele se interesse por fazer um curso técnico nesses últimos anos da sua educação básica. No estado de São Paulo, por exemplo, 53,4% dos alunos dizem que optariam por fazer o ensino médio com técnico. Mas atualmente essa opção não está amplamente difundida. Apenas 8% das matrículas do médio no Brasil em 2020 eram integradas ao ensino técnico. Contando os cursos chamados concomitantes, que acontecem geralmente à noite enquanto o aluno faz o médio de manhã ou a tarde, esse percentual sobe para 11%. É muito pouco se comparado a outros países. Na América Latina, a Colômbia tem oferta muito mais abrangente, de 27%. Em países europeus, quase sempre mais de um terço dos estudantes têm acesso a essa opção, chegando a 40% em Portugal, 44% no Reino Unido e 46% na Alemanha, uma das maiores referências em inserção de jovens no mercado de trabalho, junto com Áustria e Suíça (esses dois últimos com mais de 60% na educação profissional). E se engana quem pensa que ensino técnico é algo puramente industrial. No Brasil e fora, a oferta desses cursos está cada vez mais concentrada em eixos como Tecnologia da Informação, Gestão e Negócios e Saúde. Inclusive, são esses três em que os alunos demonstram mais interesse nas pesquisas realizadas na rede estadual paulista.

Mas hoje, para entrar nas escolas técnicas no ensino médio, Miguel tipicamente teria que passar por um processo seletivo concorrido, com muitos candidatos por vaga e para o qual adolescentes fazem até cursos preparatórios no fim do ensino fundamental – em boa medida, resultado da pouca oferta. Se ele for como a maioria dos seus pares, não terá acesso a essa formação. Mas se aproveitarmos a janela de oportunidade que se descortina será assim por pouco tempo. Duas mudanças legais criaram o ambiente para ampliarmos as matrículas da modalidade que integra formação para o trabalho e educação secundária: o Novo Ensino Médio e a lei do Fundeb Permanente (emenda constitucional 108/2020, regulamentada pela Lei n. 14.113/2020).

Mais acima mencionei as quatro grandes áreas do Novo Ensino Médio, mas há uma quinta prevista na lei: a formação profissional. Com isso, o aluno poderá dedicar até 40% da sua carga horária (1200h das 3000h mínimas nos 3 anos do ensino médio) para fazer um curso técnico. Esse curso poderá ser ofertado em escolas puramente técnicas (como as Etecs em São Paulo, Faetecs no Rio de Janeiro e os Institutos Federais espalhados pelo país) ou dentro da própria escola do aluno, aquela do bairro dele. Com o Fundeb, o arranjo de ensino médio junto com técnico será estimulado com mais recursos. As redes públicas receberão o dobro do valor do fundo de financiamento da educação básica para as matrículas de técnico com médio, em comparação com aquelas de médio regular. Assim como a universalização do ensino fundamental nos anos 1990 foi muito influenciada pelo antigo Fundef, que pagava as redes públicas por cada matrícula computada, espera-se que o incentivo financeiro ajude na disseminação da educação profissional, especialmente em estados mais pobres.

No estado de São Paulo trabalhamos para triplicar as matrículas nessa modalidade entre 2018 e 2023. Saltamos de 63 mil, todas dentro das Etecs, para mais de 150 mil alunos em 2022 e com a meta de superar 185 mil em 2023 (matrículas definidas no ano anterior). E isso sem construir escolas novas, apenas levando a opção para dentro das que não tinham qualquer curso técnico e viabilizando a oferta de mais vagas nas próprias Etecs. O programa chama Novotec. Se Miguel entrasse no ensino médio em 2021 ou 2022 e estivesse em São Paulo, teria mais chances de se matricular num curso técnico, especialmente nos que dependem basicamente de laboratório de computadores, como administração, marketing, logística e desenvolvimento de sistemas.

Mesmo antes do Novo Ensino Médio, alguns estados brasileiros fizeram um grande esforço de expansão das suas vagas para atingir percentuais mais próximos de países desenvolvidos. O destaque é o Ceará, que alcançou 18% das matrículas nesse modelo basicamente construindo novas escolas técnicas de alta qualidade. Seus alunos têm um desempenho melhor do que o de escolas tradicionais. Pelo Sistema de Avaliação da Educação Básica (SAEB) de 2019, a média dos alunos das escolas técnicas cearenses alcançava 315 pontos em matemática, enquanto a média das outras escolas no estado é 261. E, ao contrário do que é praxe na maioria das escolas técnicas pelo Brasil, os alunos dessas unidades no Ceará não fazem um vestibulinho para entrar.

Apesar das mudanças legais que colocam a faca e o queijo na mão dos gestores educacionais, ao final de 2021 poucos estados haviam iniciado esforços para garantir a implementação do itinerário formativo profissionalizante. Provavelmente, a oportunidade maior ficará para os mandatos que se iniciam em 2023. Mas isso vai depender também de apoio técnico do governo federal aos estados para viabilizar o desenvolvimento de planos de curso, adaptação da infraestrutura escolar e contratação de professores de educação profissional para as escolas.

O papel do governo federal para estimular um ensino médio mais conectado ao mercado de trabalho também se materializa na definição de como será o Enem a partir de 2024, quando deverá necessariamente avaliar os estudantes que passarem pelo Novo Ensino Médio. Em meados de 2021, não havia definição sobre como será o exame. O cenário era agravado pelo desmonte do órgão técnico responsável pelo exame, Instituto Nacional de Estudos e Pesquisas Educacionais Anísio Teixeira, o Inep. Foram cinco presidentes diferentes durante menos de três anos de gestão e direcionamentos completamente distintos para a equipe técnica. Espera-se que o novo Enem seja separado em duas etapas: uma que avalia o núcleo comum de conteúdos e outra que avalia os diferentes itinerários formativos. Caso essa segunda prova seja dividida em quatro grandes áreas propedêuticas (matemática, linguagens, humanas e ciências da natureza), provavelmente haverá menos apetite para que redes públicas e privadas optem por incluir as habilidades do mundo do trabalho no ensino médio e desestímulo para itinerários que misturam áreas. Será um desincentivo à interdisciplinaridade, algo central para a discussão do Novo Ensino Médio e, francamente, como a vida funciona na prática. Por isso, número crescente de especialistas em educação (entre eles a presidente do Conselho Nacional de Educação e ex-presidente do Inep, Maria Helena Guimarães de Castro, o sociólogo Simon Schwartzman e o ex-presidente do Conselho Nacional de Educação e ex-secretário de Educação de Santa Catarina Eduardo Deschamps) têm defendido outro modelo, com provas de áreas de conhecimento conforme na academia e no mercado de trabalho. Seria algo como "ciências exatas e tecnologia", "letras, artes e humanidades", "ciências econômicas, sociais e dos negócios" e "ciências biológicas e da saúde". Essa divisão e o teor das provas (se mais interdisciplinares e focadas em resolução de problemas em vez de conteudistas) pode facilitar o acesso de estudantes que optem por itinerários profissionalizantes ao ensino superior. Caso Miguel faça técnico em administração como seu itinerário, terá mais facilidade em fazer uma prova de aprofundamento em "ciências econômicas, sociais e dos negócios", com questões que tratam conceitos de matemática financeira, mas não de geometria, por exemplo. Ele provavelmente teria dificuldade prova puramente de aprofundamento em matemática. Sem a definição do Enem, escolas também ficam menos engajadas em integrar itinerários acadêmicos com cursos de qualificação profissional, como São Paulo vai pilotar em 2022 – unidades curriculares de marketing digital ou edição de vídeos durante o itinerário de linguagens, por exemplo. A indefinição coloca escolas públicas e privadas em compasso de espera.

Talvez o leitor esteja se perguntando: mas se o Miguel fizer ensino técnico, para que ele vai querer fazer ensino superior? Embora quase 80% dos jovens não cheguem ao ensino superior no Brasil, a educação profissional não precisa ser um polo oposto à possibilidade de fazer faculdade. Hoje, já não é: no Centro Paula Souza, 85% dos estudantes dos técnicos integrados ao médio formados em 2017 estavam estudando no ensino superior em 2019, a maioria deles enquanto trabalhava. Mas com a massificação do acesso ao ensino profissionalizante, cursos técnicos e de qualificação podem ser tanto um trampolim para a continuidade no ensino superior, caso o estudante queira seguir estudando, quanto um porto seguro para aqueles que não querem fazer faculdade. Uma boa forma de facilitar que técnicos possam almejar o ensino superior é oferecer certificações reconhecidas pelo mercado e pelo sistema educacional para as habilidades profissionais e permitir que isso conte como parte da seleção para as universidades.

O Reino Unido é bom exemplo de como essas certificações podem funcionar. Lá, os cursos profissionalizantes realizados no nível médio são como degraus para as diferentes carreiras: cada uma delas tem 8 níveis, sendo os primeiros três equivalentes a cursos técnicos ou de qualificação profissional e os próximos de nível superior e pós-graduação. São mais de 15 mil cursos certificados, que equivalem a um dos níveis, e cerca de 6500 organizações autorizadas a oferecer esses títulos. O poder público regula a qualidade dessas instituições por meio de seu *Office of Qualifications (Ofqual)*, órgão que estabelece critérios de qualidade e publica regularmente as habilidades associadas a cada ocupação (o que um vendedor do varejo ou um técnico de TI deve saber, por exemplo). O órgão também chancela 162 organizações chamadas de certificadoras, que inspecionam e dão licença para fornecedores de cursos funcionarem. O *Ofqual* é tão importante que é vinculado ao parlamento inglês – portanto, órgão de Estado.

O governo britânico se orgulha de divulgar que o seu modelo permite transição fluida entre trilhas acadêmicas e profissionalizantes, o que é incomum na maior parte dos países. Se Miguel estivesse fazendo o equivalente ao ensino médio no Reino Unido, ele já teria tido a opção de focar nas disciplinas que mais tem interesse e poderia agregar à formação básica cursos profissionalizantes reconhecidos pelo mercado. Esses cursos vão gerar conhecimento que poderá ser aproveitado e aprofundado na faculdade, com incentivo à continuidade na mesma área.

No Brasil, poderíamos criar órgão tal qual o *Ofqual*, seja como uma instituição autônoma vinculada ao Ministério do Trabalho ou da Educação ou como uma diretoria do Inep. O mais importante seria garantir que tal órgão conseguisse mobilizar representantes dos setores econômicos, organizados em conselhos semelhantes aos que existem no Reino Unido (os *sector skills councils*), para produzir regularmente rubricas sobre as habilidades necessárias a cada ocupação e estabelecer formas de avaliá-las

– não necessariamente por meio de provas. Desde 2002, já temos a Classificação Brasileira de Ocupações como bom ponto de partida para esse trabalho. A certificação do desenvolvimento de habilidades profissionais vinculadas a cada ocupação ou grupo de ocupações pode impulsionar cursos técnicos e de qualificação profissional como forma de efetivo ingresso no mercado de trabalho – afinal, essas certificações seriam reconhecidas pelos empregadores. O modelo poderia até possibilitar o aproveitamento desses créditos no acesso ao ensino superior, estimulando progressão nos estudos. Há, afinal, algum sombreamento entre um curso técnico em tecnologia da informação e um de ensino superior na mesma área. Outro efeito é minimizar o estigma de que ensino técnico é uma formação menor, algo que o Brasil cultivou ao longo da sua história estabelecendo uma divisão entre o conhecimento voltado ao "fazer" e ao "pensar".

A história da educação mostra que decidimos investir em um sistema de formação profissional à margem da educação básica formal, o que gerou a percepção de educação de segunda linha – por mais que hoje o ensino técnico público seja bem seletivo. A origem do preconceito é distante. A lei que instituiu as escolas técnicas federais em 1909, sob a presidência de Nilo Peçanha, falava explicitamente em atender os "desvalidos da sorte" com formação profissional. No começo do século XX, tratamos a educação profissional e a acadêmica como trilhas voltadas a públicos diferentes, sendo a primeira às classes trabalhadoras e a segunda às elites intelectuais. Com o Manifesto dos Pioneiros da Escola Nova, de 1932, um dos documentos mais importantes da história da educação no Brasil, educadores e intelectuais como Anísio Teixeira e Fernando de Azevedo até tentaram derrubar esse rótulo. O manifesto defendia que as escolas tivessem trilhas acadêmicas e profissionalizantes dentro de uma mesma unidade, abolindo o conceito de educação diferenciada para cada classe social e abraçando a necessidade de preparar todos para o mercado de trabalho. "A escola secundária deixará de ser, assim, a velha escola de um grupo social, destinada a adaptar todas as inteligências a uma forma rígida de educação, para ser um aparelho flexível e vivo, organizado para ministrar a cultura geral às necessidades práticas de adaptação à variedade dos grupos sociais", diz o texto. Eles se inspiravam no ideário do educador americano John Dewey para defender uma educação prática, que conectava a escola à vida fora dela, incluindo o trabalho. Não adiantou. A educação profissional permaneceu apartada. Embora tenhamos criado o Sistema S (Senai, Sesi e Senac) ao longo dos anos 40 e o fortalecido com recursos carimbados, não houve esforço de colocar em prática a filosofia defendida pelos escola-

-novistas e difundir o acesso à educação profissional em articulação com o ensino médio. Mesmo recentemente, nos anos 2000, com a expansão dos institutos federais de ensino técnico, que saltou de 144 unidades em 2006 para 643 em 2018, construímos uma rede desarticulada da rede de ensino médio. Os institutos federais são ilhas de excelência, com alto custo por aluno (basicamente o dobro de redes estaduais de ensino técnico), e que mesmo diante de uma vertiginosa expansão ainda atendem apenas 216 mil estudantes do médio, 3% do total. O modelo que surge com o Novo Ensino Médio tem o potencial de dar escala à formação profissional no ensino médio pela primeira vez no Brasil e "contaminar" esse segmento com elementos profissionalizantes. Espera-se que sirva também para reduzir o estigma. Afinal, o preconceito com educação profissional tem raízes históricas, mas não tem qualquer amparo nas evidências. Pesquisas no Brasil mostram que a renda média de quem faz escola técnica é maior do que aqueles que não fazem, controlando para outras diferenças em suas características. Uma das mais recentes, de 2015, feita pelo economista Naercio Menezes Aquino e outros, mostra ganhos salariais anuais médios de 9,7% para quem faz curso técnico e 2,2% para cursos de curta duração. O resultado está em linha com pesquisas de outro economista, Marcelo Neri, que encontrou diferenças de 15,1%.

Além das certificações construídas com conselhos setoriais, há outras formas de promover a conexão com as demandas dos empregadores – fundamental para a valorização e a empregabilidade do profissional de nível técnico. O modelo mais famoso é o que se consolidou na Alemanha, Suíça e Áustria, conhecido como ensino dual. Em resumo, o estudante faz parte da carga horária da sua educação secundária dentro da empresa, como aprendiz. Uma medida do envolvimento do setor produtivo é o percentual da carga horária tipicamente realizado nas empresas. Na Alemanha é 60%, na Áustria e na Suíça é 80%. Ao final, o estudante tem boa perspectiva de ser absorvido por aquele empregador ou por um outro no mesmo ramo. O modelo é o responsável pelas baixíssimas taxas de desemprego entre jovens nesses países – chega a 5,5% na Alemanha e 8% na Suíça, em 2019, quando a do Brasil superava 27% naquele ano.

O custo desses cursos e a remuneração dos estudantes vêm, em parte, dos empregadores, tamanha a maturidade do sistema. Evidentemente, educação secundária com tanto engajamento do setor produtivo não é algo simples de viabilizar, tanto é que poucos países conseguiram imitar o modelo germânico. Mas nós temos no Brasil um vetor que possibilitaria legalmente tal aproximação: a Lei da Aprendizagem. O fortalecimento desse mecanismo de inclusão produtiva é justamente a estratégia adotada por alguns países, notadamente França, Espanha e Reino Unido, mas também o México.

Desde 2005 (decreto 5598/2005, que regulamenta a lei 10097/2000), está instituído no Brasil um programa de aprendizagem profissional. A Lei de Aprendizagem obriga médias e grandes empresas a preencherem de 5% a 15% do seu quadro de funcionários com aprendizes entre 14 e 24 anos. O Ministério do Trabalho ou da Economia é responsável por credenciar entidades qualificadoras dos contratos de aprendizagem pelo país. Esses contratos são divididos em parte teórica e prática. Em tese, o aluno estuda sobre o ofício que vai exercer na parte teórica, e, na parte prática, efetivamente vai ao local de trabalho adquirir experiência. Os contratos de aprendizagem costumam ter entre um terço e metade de parte teórica e o restante de parte prática, distribuídas em até dois anos. A novidade é que o contrato de aprendizagem poderá contar como itinerário formativo do Novo Ensino Médio – apenas a parte teórica ou tanto teórica quanto prática. Nesse caso, nosso Miguel poderia fazer o ensino médio com até 40% da sua carga horária dedicados a adquirir experiência profissional. Ou seja, é o embrião de um modelo dual, especialmente se agregado a qualificação profissional ou ensino técnico robusto. Mas a lei de aprendizagem no Brasil tem vícios de origem e está longe de alcançar todo o potencial de promover inserção produtiva para a juventude. Explico o porquê.

Primeiramente, pela obrigatoriedade em cumprir uma cota, o programa passou a ser encarado pelas empresas como um ônus. É comum a prática de contratação desses jovens apenas para fugir das multas aplicadas pelo Ministério Público do Trabalho. Muitas empresas sequer fazem questão que os aprendizes compareçam ao local de trabalho. E o uso de cotas em si é uma jabuticaba[6]. Os programas de aprendizagem pelo mundo lançam mão de outros expedientes para incentivar a contratação, principalmente impostos sobre folha de pagamento voltados para arcar com o custo dos aprendizes (geralmente por meio de um fundo exclusivo), subsídio governamental (com o setor público arcando parte do custo de treinamento) e em alguns casos incentivos fiscais.

Em segundo lugar, os cursos oferecidos são genéricos e pouco agregam aos estudantes. Não há dados consolidados sobre a quantidade de

---

6   Dado que a fruta é nativa brasileira, seu nome é recorrentemente associado, de forma pejorativa, a práticas e ideias "que só existem no Brasil".

jovens efetivados, mas estima-se que o número seja baixo. O Centro de Integração Empresa Escola (CIEE), uma das principais entidades qualificadoras, estima em 25% a taxa de efetivação, de acordo com pesquisa realizada com o Datafolha envolvendo 1809 egressos de seus contratos de aprendizagem de 2016 e 2017. Pesquisa do mesmo período no Reino Unido, realizada por órgão regulador independente, aponta para efetivação de 60% dos aprendizes e sob um critério mais rígido – trabalhador que permanece na companhia 13 a 21 meses após o fim da aprendizagem. A mesma pesquisa do CIEE mostra que 64% dos jovens entrevistados fizeram o curso do arco administrativo, reforçando o ponto de que a formação é semelhante para quase todas as empresas.

Uma terceira fragilidade do modelo brasileiro é a centralização do trabalho de certificação de entidades qualificadoras em órgão federal. Isso atrasa e dificulta o credenciamento de novas entidades e de novos cursos, o que gera uma concentração de mercado danosa para o desenvolvimento de modelos mais inovadores de aprendizagem. No Centro Paula Souza, entidade qualificadora do governo estadual paulista, a validação de cursos já existentes, que já contavam para o contrato de aprendizagem, demorou aproximadamente 18 meses entre 2020 e 2021.

Por fim, a lei não permite que novas turmas da parte teórica dos cursos se iniciem antes que o aluno seja contratado, como ocorre em outros países. Na França, por exemplo, os alunos matriculados em centros de treinamento de aprendizes tradicionalmente têm 3 meses para serem contratados por um empregador após o início da formação. Esse prazo foi alongado para 6 meses durante a pandemia, dado o menor apetite dos empregadores por contratar em período de tamanha incerteza. No Brasil não existe isso, o que dificulta a abertura de turmas e potencialmente inviabiliza que a aprendizagem profissional conte como parte do ensino médio do estudante, visto que o início dos cursos precisaria seguir o calendário letivo, independentemente da existência de empregador pronto para fazer a contratação naquele momento.

Essas fragilidades da lei precisam ser resolvidas pelo novo marco legal que está em discussão no Congresso Nacional desde 2019. O intuito manifestado pelo então presidente da Câmara dos Deputados, Rodrigo Maia, era criar uma comissão especial para aprofundar o tema, mas a decisão foi protelada em virtude da pandemia. No entanto, a primeira versão do texto apresentada pelo deputado Marco Bertaiolli fazia mudanças pouco ambiciosas na lei original e falhava na tarefa de impulsionar a aprendizagem como vetor da disseminação do ensino dual no Brasil. Em 2021, o Ministério da Economia patrocinou iniciativa pior ainda no

Congresso: o Regime Especial de Trabalho Incentivado, Qualificação e Inclusão Produtiva. Este, em vez de aprimorar a Aprendizagem Profissional, simplesmente a substituía por um mecanismo precário e temporário – iniciativa criticada até pela Unicef, que evita se posicionar de forma contrária sobre políticas dos governos locais[7].

Agora, digamos que Miguel tivesse tido acesso a cursos técnicos ou até uma experiência profissional remunerada como aprendiz em uma empresa de grande porte durante o ensino médio. E se os cursos profissionalizantes que viesse a fazer fossem construídos e validados pelo setor produtivo, gerando certificações nas quais os empregadores reconhecem valor. Provavelmente estaria mais apto a fazer a transição da educação básica para o trabalho do que o *status quo*.

Agora vem a fase posterior. Independentemente da sua decisão sobre o ensino superior, o estudante deveria encerrar a educação básica com habilidades que lhe permitam gerar renda. Mas é evidente que fazer faculdade continua sendo o sonho da maioria dos jovens, seguros de que o diploma será a chave para a sua emancipação econômica. De fato, pesquisas mostram que o trabalhador com superior completo tem uma remuneração média muito mais alta. Pela pesquisa anual da Organização para a Cooperação e Desenvolvimento Econômico (OCDE), o Brasil é, a bem da verdade, o país com um dos maiores prêmios salariais para o ensino superior: remuneração 131% maior no nível de bacharelado que a média dos que têm médio completo. Essa diferença certamente não é causada apenas pelo diploma. Há outras variáveis que estão correlacionadas ao término de uma faculdade, como renda e escolaridade dos pais, raça, se fez escola privada ou pública e até aspectos mais subjetivos como o viés inerente de quem efetivamente busca o ensino superior e quem não o faz. Além disso, há grande variação de remuneração entre as diversas carreiras que requerem faculdade.

A verdade é que nunca o ensino superior brasileiro foi tão diverso e incluiu tanto pessoas mais pobres quanto hoje. Afinal, esse foi um campo com transformações profundas nos últimos anos. Entre as maiores mudanças, destaco:

---

7   Nota oficial do Unicef Brasil de 03 de agosto de 2021. Disponível em: https://www.unicef.org/brazil/comunicados-de-imprensa/unicef-pede-que-camara-dos-deputados-proteja-lei-da-aprendizagem. Acesso em: 08/08/2021.

1) a ampliação de vagas no ensino superior público e privado, de cerca de 2,7 milhões de matriculados em 2000, após duas décadas de estagnação, para 8,6 milhões em 2019;

2) A criação do Fundo de Financiamento Estudantil (FIES) em 1999, responsável pelo impulso nas matrículas na rede privada na última década e que em seu auge teve quase 2 milhões de estudantes matriculados com financiamento ativo, impulsionando o surgimento de grandes grupos privados de ensino superior;

3) a criação do Programa Universidade para Todos (PROUNI) em 2009, que oferece bolsas de estudo em universidades particulares para jovens de baixa renda com melhor desempenho no Enem e atende mais de 600 mil pessoas por ano;

4) a instituição da Lei de Cotas, de 2012, que intensificou a adoção de medidas afirmativas para pessoas de baixa renda e grupos étnico-raciais desfavorecidos, mudando o perfil dos alunos no Brasil, e que poderá ser renovada ou não em 2022.

Esses quatro marcos, juntos, promoveram grande transformação no ensino superior brasileiro, resultando em maiores oportunidades para jovens como Miguel. Mesmo que os detalhes dessas políticas e tendências possam ser discutíveis, não há dúvidas que estamos numa situação melhor hoje do que estávamos no começo dos anos 2000 na tarefa de democratizar o ensino superior. A Lei de Cotas, por exemplo, está associada com aumento de mais de 8 pontos percentuais na fatia de jovens de escola pública que acessam as instituições federais de ensino superior entre 2012 e 2016 (de 55,4% para 63,6%). O acesso do subgrupo de jovens negros ou indígenas e de renda familiar per capita menor que 1,5 salários mínimos saltou ainda mais, de 24,9% para 34%. São dados de pesquisa de 2019 de Adriano Senkevics e Ursula Mattioli Mello sobre o perfil dos estudantes de ensino superior no Brasil. Em 2020, a USP comemorou que pela primeira vez receberia mais de 50% dos ingressantes de escola pública. O jogo mudou e evoluímos, mas ainda há um longo caminho a ser perseguido. Sobre os próximos passos, gostaria de destacar três fragilidades do nosso sistema.

Para começo de conversa, precisamos de mais transparência sobre o que efetivamente interessa a jovens como Miguel: empregabilidade. Quais são os índices de empregabilidade das instituições de ensino superior? Qual é a variação por cursos? E a renda média em cada carreira? A assimetria de informação é um problema, especialmente no que se refere à relação de jovens como Miguel com grupos privados de ensino superior. O sistema de avaliação de qualidade do ensino superior público feito pelo governo federal é opaco e não leva empregabilidade em conta. O Índice Geral de Cursos (IGC), principal métrica, é composto principalmente pelos resultados do Exame Nacional de Desempenho dos Estudantes (Enade), uma simples prova para medir conhecimento dos alunos ao final do ensino superior. O modelo de avaliação direciona instituições privadas a ensinar com foco nessa prova, quando o ensino superior deveria ter finalidade prática e ser avaliado pela sua capacidade de empregar. Afinal, a expectativa de retorno financeiro é um dos maiores determinantes para a escolha dos estudantes por uma carreira a nível de ensino superior, conforme mostra a tese de doutorado da economista Isabela Ferreira Duarte, da PUC-Rio. Essas informações não estão facilmente à disposição e ficam mais baseadas em percepções do que fatos.

Em segundo lugar, temos um volume pequeno de vagas ofertadas no ensino superior tecnológico, os chamados tecnólogos, de duração mais curta, de dois a três anos. Aqui, me refiro a sistema parecido com os *community colleges* americanos, responsáveis por 4 em cada 10 pessoas que se matriculam no ensino superior naquele país. No Brasil, apenas 14,3% das matrículas de ensino superior em 2020 eram de tecnólogos. Além dos Institutos Federais, que oferecem tecnólogos, a principal rede pública de cursos superiores tecnológicos do Brasil é a das Fatecs, do estado de São Paulo. E o perfil socioeconômico dos mais de 90 mil estudantes das Fatecs demonstra o poder de inclusão desse tipo de política: 70% dos aprovados no vestibular das Fatecs de 2021.1 tinham renda familiar de até três salários mínimos. Na USP, mesmo com processo de inclusão propiciado pela Lei de Cotas, apenas 29% dos aprovados no mesmo semestre estão nessa faixa de renda. Pelo perfil prático e aplicado, os tecnólogos podem ser uma ótima alternativa para quem busca empregabilidade ou ganhos salariais com rapidez. A pesquisa citada antes feita por Naercio Menezes Aquino et al. (2015) mostrou que um diploma de tecnólogo, em média, representa remuneração 71% maior que a de uma pessoa com apenas médio completo e o salário é próximo das profissões que exigem bacharelado. Há benefícios claros para a expansão desse modelo de ensino superior no Brasil, mas ele ainda caminha a passos lentos.

Finalmente, ainda há uma perda significativa de estudantes durante a graduação, com taxa de conclusão de apenas 41% em 2019, considerando um prazo bem alongado de 10 anos. Nos Estados Unidos, onde há um debate efervescente sobre evasão no ensino superior, a taxa de conclusão supera 60% em até 6 anos. O que fazer para minimizar o problema? Uma pesquisa americana de 2018 sugere que a oferta de bolsas-permanência para os alunos de renda mais baixa pode melhorar a taxa de conclusão no ensino superior. A pesquisa, de autores da Vanderbilt University, tem o formato de revisão de literatura – ou seja, ela analisa e sistematiza o resultado de várias avaliações de impacto sobre a mesma temática. A pesquisa avalia 47 outros estudos, quase todos nos Estados Unidos, mas oferece uma provocação com aparente relevância universal: os detalhes de como é oferecida a bolsa-permanência importam muito. Benefícios por renda em vez de desempenho costumam ter mais impacto. Bolsas associadas a apoios extras de cunho não financeiro, como orientação acadêmica individual dos professores e/ou pares têm o potencial de impacto na permanência 50% maior. Esse tipo de política até existe no Brasil, mas em nível insatisfatório. Temos, desde 2011, o Programa Nacional de Assistência Estudantil (PNAES), voltado para apoiar a permanência no ensino superior, mas com alcance limitado. Seu orçamento chegou a cerca de 300 milhões de reais nos melhores anos, mas isso representa pouco mais de 1% do investimento público em ensino superior no Brasil. Finalmente, uma renovação das políticas de financiamento estudantil pode ajudar a melhorar os indicadores de permanência e estimular o acesso dos mais pobres ao ensino superior privado. O FIES foi redimensionado para evitar as altas taxas de inadimplência – 41% sem pagar por mais de 90 dias no auge do programa – mas sua cobertura foi reduzida a um nível mais baixo do que é o padrão em outros países. Só 13,5% dos estudantes de ensino superior privado hoje recebem empréstimos do FIES. Somando com o Prouni, são 28% dos alunos em instituições privadas com algum apoio governamental. No Chile, são cerca de 60%. Na Austrália, 80%.

Vamos voltar ao Miguel. No ensino médio da rede pública, talvez ele vá precisar de apoio e incentivo para fazer a prova do Enem. Em anos de pandemia, o estado do Ceará chegou a dar auxílio financeiro para os estudantes fazerem o exame (Programa Enem Chego Junto, Chego Bem). Se ele fizer a prova e tirar uma nota acima de 450 pontos, 23º percentil, ele já alcança o mínimo para acessar programas governamentais. Mas nada é garantido porque, com poucas bolsas e oferta de financiamento, os programas privilegiam quem tem as melhores notas. Como as melhores notas estão associadas a maior renda (mesmo que haja um teto de renda familiar *per capita*), Miguel pode ficar de fora. Se tiver acesso aos benefícios, ele terá de escolher qual instituição e curso, mas por onde começar? Provavelmente vai depender de referências subjetivas para fazer uma das escolhas mais importantes da vida. E, uma vez na faculdade, a probabilidade maior é que não consiga terminar seu curso, caso medidas efetivas para estimular a permanência não sejam tomadas. Avançamos no ensino superior nos últimos anos, mas o cenário ainda não está exatamente favorável para nosso amigo da periferia.

Pelo *status quo*, a verdade é que há uma grande chance de Miguel se encontrar desempregado e sem estudar no começo da sua vida adulta. A chance é ainda maior caso Miguel fosse, na verdade, Maria Eduarda (nome feminino mais comum da última década). Pelos dados da Pesquisa Nacional de Domicílios (Pnad) de 2019, quase 40% das mulheres de 19 anos encontravam-se sem trabalhar ou estudar, enquanto entre homens esse percentual aos 19 era de aproximadamente 25%. O adiamento da entrada no mercado de trabalho causa danos a toda a trajetória profissional desses jovens – é o chamado efeito cicatriz. Há evidência crescente sobre como a iniciação tardia da carreira ou o início com subempregos pode prejudicar as perspectivas futuras de toda uma geração. A mais recente vem da Austrália, de novembro de 2020. A pesquisa ligada à OCDE mostra como a remuneração de jovens que iniciam sua carreira em períodos de maior desemprego têm impacto na remuneração média por até 10 anos. Não custa lembrar que o desemprego entre 18 e 24 anos no Brasil no primeiro trimestre de 2021 era de 31%, incríveis 15 pontos percentuais a mais que o período em 2014. Mas, para além de lamentar os ciclos econômicos, há políticas específicas para os nem-nem.

A França lançou em 2009 uma experiência inovadora: o Fundo Experimental para a Juventude. O programa oferece editais com recursos para organizações da sociedade civil inscreverem projetos sociais voltados a apoiar a inserção produtiva de jovens. A continuidade do financiamento é condicionada a avaliações rigorosas. Não foi possível aferir o impacto do programa como um todo nacionalmente porque é difícil isolar seu efeito na taxa de desemprego, mas soluções impulsionadas pelo fundo se provaram efetivas no resgate de jovens nem-nem e ganharam escala. Uma delas foi estudada por ninguém menos que a Nobel de economia Esther Duflo (com Bruno Crépon): a iniciativa *Groupement de Createurs*. Essa política, iniciada nos arredores de Paris, atende desempregados de 16 a 26 anos com formação comportamental. O ponto de partida é literalmente qualquer projeto com viés empreendedor trazido pelo próprio jovem. E quem quisesse participar era atendido. Essa intervenção partia do pressuposto que essa garotada não era levada a sério e sobre eles havia pouca expectativa. A ONG traça um plano sobre como viabilizar cada projeto pessoal e frequentemente os direciona a alternativas. Resultado: maior empregabilidade e autoconfiança. E efeitos são especialmente positivos para quem tinha piores perspectivas de emprego. Ao contrário de outros projetos, o *Groupement de Createurs* não seleciona só jovens com alto potencial de sucesso, mas estava aberto a todos, inclusive os mais vulneráveis.

Não quer dizer que essa seja a bala de prata para resolver a empregabilidade de todos os jovens como os imaginários (mas nem tanto) Miguel e Maria Eduarda. O ponto é que esse problema complexo merece ampla gama de intervenções, algo proporcionado pelo fundo francês (mais ativo de 2009 a 2014, mas existente até hoje). Soluções aparentemente fáceis, como espalhar cursos de qualificação profissional sem critério pelo país, como fez o Pronatec, não têm histórico de obter sucesso. O próprio Pronatec só foi bem-sucedido em versão menor que direcionava cursos para demanda específica dos empregadores, como mostrou pesquisa de Mation e O'Connell (2020).

Imagine um conjunto de políticas que efetivamente transporte esses jovens de um contexto de baixas expectativas, pouca informação e obstáculos aparentemente instransponíveis à ascensão social para um ambiente de apoio contínuo ao longo do caminho, clareza sobre os próximos passos e impulso para chegar mais longe? O intuito desse artigo é mostrar que é possível. Basta agirmos com intencionalidade e com respeito às evidências. Basta priorizarmos essa agenda invisível, que fica no limbo entre educação e mercado de trabalho, mas que mina nossas perspectivas de alcançar uma sociedade verdadeiramente próspera e justa.

REFERÊNCIAS

ALMEIDA, Rita; ANAZAWA, Leandro; MENEZES FILHO, Naercio; VASCONCELLOS, Ligia. Investing in Technical and Vocational Education and Training: Does it Yield Large Economic Returns in Brazil? **Working Paper**, n. 7246. World Bank, Washington, DC, 2015.

ANDREWS, Dan; et al. The Career Effects of Labour Market Conditions at Entry. **Australian Treasury Working Paper,** n. 2020-01, 2020.

BARROS, Daniel. **País mal educado: Por que se aprende tão pouco nas escolas brasileiras?** 1. ed. Record, 2018.

CONSELHO NACIONAL DA JUVENTUDE (Conjuve). **Juventudes e a pandemia do coronavírus.** 2. ed., maio de 2021.

COOK, Philip et al. The (surprising) efficacy of academic and behavioral intervention with disadvantaged youth. **NBER Working Paper,** n. 19862, 2014.

COOK, Philip et al. Not Too Late: Improving Academic Outcomes for Disadvantaged Youth. **Working Paper,** n. 28531, 2021.

CRÉPON, Bruno et al. **Cream skimming and the comparison between social interventions Evidence from entrepreneurship programs for at-risk youth in France**, 2018.

DUARTE, Isabela. **Essays on Education: Subsidies to Higher Education, Major Choice, and the Impact of Water Scarcity**. Tese (Doutorado em Economia). PUC-Rio, 2020.

FRYER, Roland; DOBBIE, Will. Getting Beneath the Veil of Effective Schools: Evidence from New York City. **American Economic Journal: Applied Economics**, v. 5, n. 4, 2013.

FUNDAÇÃO ROBERTO MARINHO (FRM). **Plano CDE. Juventudes, Educação e Projeto de Vida**, março de 2020.

NERI, Marcelo. **A Educação Profissional e Você no Mercado de Trabalho**. Rio de Janeiro: Fundação Getulio Vargas, CPS, 2010.

NGUYEN, Tuan; KRAMER, Jenna; EVANS, Brent. The Effects of Grant Aid on Student Persistence and Degree Attainment: A Systematic Review and Meta-Analysis of the Causal Evidence. **CEPA Working Paper**, n.18-04, 2018.

O'CONNELL, Stephen; MATION, Lucas. Making public job training work: Evidence from a policy experiment on program targeting using firm input. **Working Paper**, 2020.

ORGANIZAÇÃO PARA COOPERAÇÃO E DESENVOLVIMENTO ECONÔMICO (OECD). Seven Questions about Apprenticeships: Answers from International Experience. **OECD Reviews of Vocational Education and Training**. Paris, 2018.

ORGANIZAÇÃO PARA COOPERAÇÃO E DESENVOLVIMENTO ECONÔMICO (OECD). **Education at a Glance 2020: OECD Indicators**. Paris, 2020.

SENKEVICS, Adriano; MELLO, Ursulla. O perfil discente das universidades federais mudou pós-lei de cotas? **Cadernos de Pesquisa S. Paulo**, v. 49, n. 172, p. 184-208, 2019.

TORRES, Haroldo et al. **O que pensa o jovem de baixa renda sobre a escola**. Fundação Victor Civita, 2013.

9

A Importância e os Desafios do Sistema Público de Saúde Brasileiro[1]

Maria Dolores Montoya Diaz

Paula Pereda

RESUMO: O Sistema Único de Saúde (SUS) é um dos maiores sistemas de saúde pública no mundo, abrangendo desde atendimentos mais simples de atenção primária até os mais complexos, como transplante de órgãos. Para tanto, é o maior provedor de infraestrutura física do sistema de saúde, sendo que o setor de seguros e planos de saúde privados cobrem ao redor de um quarto da população brasileira. Os avanços produzidos pelo SUS em mais de 30 anos de existência são notáveis em várias dimensões, como na redução da mortalidade infantil, no tratamento da AIDS ou mesmo na cobertura universal de vacinação. Infelizmente, o combate à pandemia de covid-19 não se baseou na bem-sucedida estratégia adotada frente à epidemia de AIDS. No entanto, a pandemia acelerou a informatização na área da saúde, que pode contribuir para a racionalização dos recursos e para a melhoria da gestão do sistema. Os desafios que o SUS enfrentará são as mudanças no padrão da demanda por serviços de saúde, decorrentes das transformações demográficas e mudanças de hábitos da população, da necessidade de lidar com as questões relativas ao relacionamento entre o setor público e o privado, a judicialização e as dificuldades de financiamento na área da saúde.

---

1 Agradecimentos: Agradecemos os comentários e sugestões de Felipe Salto, que contribuíram de modo relevante para o aprimoramento deste capítulo e o trabalho de assistência de pesquisa de Denis da Cruz Mângia Maciel. Destacamos que todos os erros remanescentes são de nossa inteira responsabilidade.

1. INTRODUÇÃO

O Sistema Único de Saúde (SUS) aplicou mais de R$ 120 bilhões na saúde em 2019 (Secretaria do Tesouro Nacional) para atender mais de 160 milhões de pessoas em todo o território nacional (ANS), depois de cerca de 30 anos de sua existência. No ano de 2020, em 04 de janeiro, a Organização Mundial da Saúde reportou um surto de pneumonia na cidade de Wuhan, China, e a primeira morte por covid-19 após uma semana. Em 23 de agosto de 2021, já eram 4.442.545 as mortes causadas pela covid-19 no mundo[2]. Durante todo esse período, além da perda de tantas vidas, a pandemia está exacerbando problemas e desigualdades existentes. Dados da *International Labour Office* (2021) indicam que, em relação a 2019, o emprego total caiu 114 milhões e 8,8% do total de horas de trabalho foram perdidas[3]. Adicionalmente, avaliam que os 2 bilhões de trabalhadores informais foram afetados de forma desproporcional pela crise e muitas empresas, especialmente as pequenas, já faliram ou estão enfrentando um futuro incerto, com consequências negativas para sua produtividade futura e capacidade para reter trabalhadores. A crise também afetou muitos jovens em um momento crítico de suas vidas, interrompendo a transição da escola ou universidade para o trabalho. As mulheres, por sua vez, também sofreram perdas desproporcionais no trabalho remunerado e não remunerado.

No Brasil, a pandemia produziu profundos impactos em várias dimensões que também precisarão ser devidamente dimensionados. No mercado de trabalho, a taxa de desocupação geral passou de 12,2%, no primeiro trimestre de 2020, para 14,7% no primeiro trimestre de 2021, um ano após o início da pandemia. Para as mulheres, a situação foi ainda pior, aumento de 14,9% (2019) para 17,9% (2021). Almeida *et al.* (2021) concluiu[4] que em "relação à situação socioeconômica, 55,1% relataram diminuição do rendimento familiar, 7% ficaram sem rendimento, 25,8% dos ficaram sem trabalhar, sendo o grupo de trabalhadores informais o mais afetado (50,6%)". Além da piora de estilos de vida, tanto entre adultos como adolescentes, foi relatada redução da prática de atividade física e do

---

2   Oficialmente confirmadas.

3   Equivalente às horas trabalhadas em um ano por 255 milhões trabalhadores de tempo integral.

4   Pesquisa realizada pela internet entre 24 de abril a 24 de maio de 2020 com 45.161 participantes recrutados por amostragem em cadeia.

consumo de hortaliças (MALTA et al., 2021) e aumento dos problemas de sono, ansiedade e nervosismo (ALMEIDA et al., 2021).

As escolhas de política pública dos governos brasileiros também foram distintas da maioria de outros países. Enquanto bares e restaurantes mantinham-se abertos, as escolas permaneceram totalmente fechadas por períodos superiores aos observados na maior parte dos países bem--sucedidos em exames internacionais[5]. Adicionalmente, verificamos que no país as desigualdades também foram enormes, com estudantes entre 6 a 17 anos do Norte e Nordeste realizando menos tarefas (75% e 84% deles, respectivamente) do que a média do Brasil (89%)[6]. As consequências de longo prazo ainda precisarão ser devidamente avaliadas, mas resultados preliminares indicam prejuízos potencialmente enormes (PSACHARO-POULOS et al., 2020). A esse respeito, vale ver o Capítulo 7 deste livro.

O sistema de saúde brasileiro já iniciou os anos 20 com desafios importantes, como a estagnação recente de seus recursos, que gera sobrecarga e estrangulamento do sistema. A complexidade dos desafios ficou ainda maior com a pandemia, por se tratar de um choque potencialmente permanente em algumas dimensões importantes na área da saúde. Nesse sentido, pretende-se discutir, a seguir, quais os desafios a serem enfrentados pela saúde no Brasil. Para isso, vamos apresentar brevemente o sistema de saúde pública brasileiro, como ele é organizado (seção 2), o processo de redemocratização que levou a sua criação (seção 2.1), os avanços nos seus 30 anos (seção 2.2) e o enfrentamento da covid-19 (seção 2.3). Por fim, resumimos os principais desafios e oportunidades ao SUS (seção 3), para apresentar diretrizes estruturantes aos próximos governos (seção 4). O SUS é considerado um pilar do direito à saúde e à vida da população brasileira. As atuais restrições colocam em xeque sua atuação nas próximas décadas.

---

5   Segundo estudo realizado em 21 países, o Brasil ficou em 2º lugar dentre os países com mais tempo de escolas fechadas. E adicionalmente, verificaram que a maioria dos países, cujos alunos apresentam elevado desempenho no exame PISA tiveram menos dias com as escolas fechadas (VOZES DA EDUCAÇÃO, 2021).

6   Educação na pandemia diminui a mobilidade social no Brasil. **Folha de S. Paulo**, 2021. Disponível em: https://www1.folha.uol.com.br/amp/educacao/2021/07/educacao-na-pandemia-diminui-a-mobilidade-social-no-brasil.shtml?__twitter_impression=true.

2. SISTEMA DE SAÚDE BRASILEIRO

De acordo com Viegas Andrade et al. (2018), existem quatro modalidades básicas de financiamento da atenção à saúde:

- *"serviço nacional de saúde (SNS), em que a atenção à saúde é financiada por meio de tributos gerais, usualmente prestada gratuitamente, cobrindo toda a população;*
- *seguro social de saúde (SSS), no qual toda a população – ou grupos populacionais específicos – é legalmente obrigada a contribuir com um fundo de saúde, que conta ainda com recursos públicos e das empresas, e os provedores geralmente são privados;*
- *seguro privado de saúde (SPS), em que os indivíduos e as empresas compram no mercado cobertura para assistência à saúde; e*
- *pagamento direto, no qual os indivíduos compram diretamente de provedores privados a assistência à saúde de que precisam".*

O sistema de saúde brasileiro conta com a participação de recursos públicos oriundos de tributos a fim de viabilizar o direito universal à saúde por meio do Sistema Único de Saúde (SUS). Conta, ainda, com uma parte privada. O SUS é um sistema público aos moldes do SNS, já o setor privado fornece os mesmos serviços aos beneficiários (nas modalidades SPS ou pagamento direto), além de poder também ofertar serviços ao próprio SUS[7]. A regulação do mercado privado de assistência suplementar à saúde é feita pela Agência Nacional de Saúde Suplementar (ANS)[8].

No Brasil, o setor público é o maior provedor de infraestrutura física do sistema de saúde, ofertando 68,5% dos leitos de internação do país e 53,6% dos leitos de terapia intensiva (CNES/SUS, dezembro de 2019). Como aponta Viegas Andrade et al. (2018), a provisão de serviços públicos e privados no Brasil visa garantir a integralidade da atenção à saúde: juntos, o sistema público e o setor privado possuem 2,05 leitos por 1000 habitantes, acima da recomendação da OMS. De acordo com o Ministério da Saúde, 77,5% da população dependem do SUS para ter acesso à saúde. Deve-se destacar, ainda, que o setor privado não é substitutivo e fornece os mesmos

---

7 A Constituição de 1988 permite ao setor privado atuar como provedor dos serviços contratados pelo SUS.

8 Algumas das regulações estabelecidas pela Agência Nacional de Vigilância Sanitária – Anvisa também afetam o setor privado de assistência. Por exemplo, materiais e medicamentos que não foram aprovados pela Anvisa desobrigam as empresas do setor de saúde suplementar de incluí-los em suas coberturas.

serviços aos beneficiários, além de poder também ofertar serviços ao próprio SUS.

A responsabilidade do sistema público, o SUS, é descentralizada nas três esferas de governo, sendo cada esfera autônoma em suas atividades. Os serviços de saúde são hierarquizados por níveis de complexidade. Na esfera federal, o Ministério da Saúde elabora as políticas nacionais de saúde e as normas estruturantes para o SUS. Nas esferas estadual e municipal, as secretarias de saúde elaboram seus planos de saúde, mas também executam esses planos com seus próprios recursos complementados por verbas federais.

O setor de seguros e planos de saúde privado do Brasil é um dos maiores do mundo, cobrindo ao redor de um quarto da população brasileira, principalmente composta por famílias com melhores condições econômicas e de maior nível educacional, que vivem em áreas urbanas no Sudeste (DIAZ et al., 2020). Dados mais recentes, indicam que o número de beneficiários de planos de assistência médica permaneceu relativamente estável entre 2016 e 2020, oscilando ao redor de 47,3 milhões. Por outro lado, os planos exclusivamente odontológicos cresceram mais de 27% no mesmo período, atingindo quase 27 milhões de beneficiários em dezembro de 2020. Atualmente, os planos estão divididos em duas grandes categorias: Individuais ou Coletivos. Esta última subdivide-se em Coletivo Empresarial, por Adesão ou Não Identificado. Por tipo de contratação, a maior parte dos planos está enquadrada no Coletivo Empresarial, ou seja, aquele que "oferece cobertura da atenção prestada à população delimitada e vinculada à pessoa jurídica por relação empregatícia ou estatutária". Essa categoria responde por aproximadamente 67.5% dos beneficiários.

2.1 Criação do Sistema Único de Saúde (SUS) no Brasil

A Constituição Federal de 1988 estabeleceu as regras estruturantes de um sistema público de saúde, que veio a ser denominado Sistema Único de Saúde (SUS). A Carta Magna atribuiu ao Estado Brasileiro o dever de prover saúde a todos os brasileiros. No entanto, a criação do SUS resultou de um longo processo que visava garantir a toda a população o direito à saúde.

No início do século passado, alguns acontecimentos foram importantes para determinar a responsabilidade do setor público pela situação de saúde no país. Os primeiros marcos importantes foram a criação do Departamento Nacional de Saúde Pública (DNSP), em 1920; a Lei Eloy

Chaves, de 1923 – que previu a obrigatoriedade na cobertura de serviços médico-hospitalares e medicamentos aos trabalhadores ferroviários e dependentes; e a criação dos Institutos de Aposentadorias e Pensões (IAPs), em 1932, com uma mudança de postura do Estado em relação à saúde, passando a participar no financiamento e na gestão (FLEURY; CARVALHO, 2009).

O Ministério da Saúde foi criado em 1953, sendo também um marco histórico da política de saúde no Brasil, inserindo o tema entre os assuntos prioritários na definição de políticas públicas (HAMILTON; FONSECA, 2003). Porém, os serviços de saúde a que o beneficiário tinha direito eram regulados independentemente por cada IAP e havia diversidade no nível de atendimento entre eles. Assim, a Lei Orgânica da Previdência Social, de 1960, e a criação do Instituto Nacional de Previdência Social (INPS), em 1966, buscaram implantar uma uniformização desses serviços. No entanto, o INPS sofreu com a crescente demanda por serviços médico--hospitalares (FLEURY; CARVALHO, 2009).

O sistema previdenciário brasileiro foi novamente reformado, em 1977, com a criação do Sistema Nacional de Previdência e Assistência social (SINPAS) e, dentro dele, o Instituto Nacional de Assistência Médica da Previdência Social (INAMPS), que se tornou o provedor de assistência médica aos segurados após absorver parte das atribuições do INPS. A década de 1980 trouxe o agravamento da crise financeira do sistema de saúde, gerado pela combinação da ampliação de cobertura e extensão de benefício a alguns setores com a queda das receitas previdenciárias responsáveis pela manutenção do sistema.

Uma medida bastante importante, e que também influenciou as diretrizes da criação SUS, foi o Programa de Ações Integradas de Saúde (PAIS), de 1982. Sua finalidade era revitalizar e racionalizar a oferta de serviços de saúde do setor público, buscando a integração e coordenação hierarquizada entre as três esferas governamentais, até então desarticuladas (FLEURY; CARVALHO, 2009; REIS et al., 2012). A condução desse projeto trouxe um importante aprendizado e possibilitou a construção de uma base técnica e das principais estratégias que culminaram na reforma do sistema de saúde na Constituição de 1988. Além do PAIS, a 8ª Conferência Nacional de Saúde, em 1986, legitimou-se para apresentar um projeto de reforma sanitária, reforçando a concepção de saúde como direito universal e como dever do Estado (PAIM et al., 2011).

Como se observa, o país experimentou na área de saúde diferentes soluções e passou por um processo de aprendizado até chegar ao arcabouço legal que deu origem ao SUS, suplantando a ideia geral criada pela Lei Eloy Chaves de que assistência médica deveria ser provida por institutos mantidos por trabalhadores e empregadores (BERTONI et al., 2020)[9]. Todo esse aprendizado influenciou de modo decisivo as discussões e os trabalhos da Assembleia Constituinte instalada em 1987.

De acordo com a Constituição de 1988, o papel principal do sistema de saúde é exercido pelo Poder Público, que fica responsável pela sua regulamentação, fiscalização e controle, cabendo à iniciativa privada um papel suplementar na execução dos serviços de saúde. Considerando essas regras basilares, o Sistema Único de Saúde (SUS) foi criado formalmente com a edição das Leis n. 8.080 e 8.142, de 1990, as quais efetivamente detalharam os objetivos, atribuições, direção e gestão, bem como a participação da sociedade e a sistemática de transferências de recursos financeiros. Desde então, o SUS evoluiu bastante na sua organização e gestão, trazendo melhorias substanciais na prestação de serviços de saúde à população, mas ainda enfrentando diversos desafios e dificuldades, que serão discutidos a seguir.

2.2 Os avanços do SUS em 30 anos

O SUS é um dos maiores sistemas de saúde pública no mundo, abrangendo desde atendimentos mais simples de atenção primária até os mais complexos, como é o caso de transplante de órgãos. Segundo dados da ANS, em dezembro de 2020, 47,6 milhões de pessoas – 22,5% da população – possuíam algum tipo de plano médico. Isso significa que 77,5% da população dependiam do SUS para ter acesso à saúde, mostrando que 164,1 milhões de pessoas têm no serviço público de saúde sua única opção de tratamento[10].

Desde a sua criação, o SUS tem alcançado avanços consistentes na busca por uma prestação de saúde universal e abrangente, tendo melhorado sobremaneira o acesso aos cuidados primários e de emergência.

---

9 Medici (2009) destaca que antes do SUS "grande parcela da população brasileira – aquela que não se inseria no mercado formal de trabalho, não tinha renda para pagar por sua proteção à saúde ou não tinha nenhuma empresa ou instituição que velasse por sua saúde – poderia acessar aos serviços prestados pelos estabelecimentos públicos da administração direta (Ministério da Saúde e secretarias estaduais e municipais de saúde) ou contar com a caridade provida pelos hospitais filantrópicos, como as Santas Casas. Ambos tinham papel residual na oferta de saúde no país".

10 População residente estimada para 2020 segundo IBGE: 221.755.692 pessoas.

Alguns programas tornaram-se referência mundial, a exemplo do tratamento e prevenção da AIDS e a cobertura universal de vacinação (BARRETO et al., 2011; VICTORA et al., 2011).

Alguns indicadores de saúde têm melhorado sistematicamente ao longo das últimas três décadas, enquanto outros indicam que esforços ainda são necessários para atingirmos patamares mais adequados. Na segunda categoria pode-se enquadrar a mortalidade materna, por exemplo. Representa grave violação do direito de reprodução das mulheres porque grande parte das mortes podem ser evitadas se houver uma adequada disponibilidade de cuidados médicos (VICTORA et al., 2011; CAMPBEL; GRAHAM, 2006; COOK; BEVILACQUA, 2004). Por isso, a taxa de mortalidade materna é considerada um indicador da capacidade do sistema de saúde para atender às necessidades das mulheres. No Brasil, essa estatística sempre se manteve em níveis considerados elevados (BRASIL, 2020). A taxa de mortalidade materna no Brasil em 1990 era de 104 mortes por 100 mil nascidos vivos, chegando a 59,1 em 2018, ou seja, uma redução de 43%. Embora a redução seja significativa, o número ainda está acima das metas firmadas com a Organização das Nações Unidas, cujo valor para 2015 era de 35 óbitos para cada 100 mil nascidos vivos. Atualmente, a meta é reduzir, até 2030, a mortalidade materna para 30 óbitos para cada 100 mil nascidos vivos (BRASIL, 2020).

Por outro lado, a política voltada para a saúde infantil teve grande prioridade na agenda política de saúde, devido provavelmente ao fato de que a saúde infantil tem sido historicamente considerada um indicador geral de padrão de vida, além de poder ser mensurada mais facilmente (VICTORA et al., 2011). A mortalidade infantil teve redução expressiva nos últimos 30 anos: em 1990, a estimativa foi de 52 óbitos para cada 1000 nascidos vivos e em 2018 ficou em torno de 12,4, o que equivale a uma redução anual de aproximadamente 5% no período considerado. No mesmo período, a taxa de mortalidade neonatal caiu de 25,3 para 7,9, equivalente a uma redução de cerca de 4% ao ano. Apesar da desejável redução nessas estatísticas, sua distribuição entre as regiões do país evidencia a grande disparidade geográfica no acesso à saúde.

A Figura 1 mostra a taxa de mortalidade infantil (crianças que não sobreviveram ao primeiro ano de vida), por região, no período de 1996 a 2019. Embora haja uma redução do indicador em todas as regiões brasileiras, em 1996, a região com maior taxa de mortalidade (Nordeste) apresentava indicador 54% maior do que aquela com menor mortalidade (Sul). Essa desigualdade se reduziu ao longo do tempo, chegando a 33% em 2019, mas ainda é relevante e representa um grande desafio.

Figura 1. Mortalidade infantil (primeiro ano de vida) no Brasil

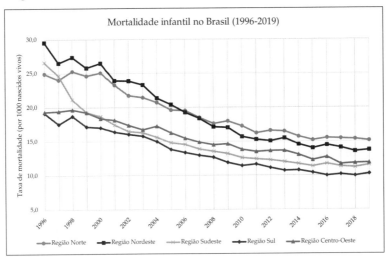

Fonte: DATASUS, Sistema Nacional sobre Mortalidade (SIM) e Sistema de Informações sobre Nascidos Vivos (SINASC).

Outro destaque a ser mencionado é a política de combate e tratamento do HIV/AIDS, reconhecida mundialmente. Em 1980, registrou-se o primeiro caso de AIDS no país (GALVÃO, 2005). Segundo informações do Ministério da Saúde[11], de 1980 a junho de 2020, foram identificados 1.011.617 casos da doença no Brasil. O país tem registrado, anualmente, uma média de 39 mil novos casos de AIDS nos últimos cinco anos e o número anual de casos vem diminuindo desde 2013, quando se observaram pouco mais de 43 mil casos; em 2019, houve cerca de 37 mil casos. Em 1986, o Ministério da Saúde (MS) instituiu o Programa Nacional de DST/AIDS, contando com ampla participação de instituições, como a Fundação Oswaldo Cruz (Fiocruz), organizações não governamentais (ONGs), universidades públicas e secretarias estaduais e municipais de saúde[12]. A partir daí, a estratégia desenvolvida para combater o vírus

---

11 BRASIL. MINISTÉRIO DA SAÚDE. MS/SVS/Departamento de Doenças de Condições Crônicas e Infecções Sexualmente Transmissíveis (DCCI), disponíveis no TABNET do **DATASUS**. Levantamento realizado em 20/08/2021.

12 Mais detalhes podem ser encontrados em Galvão-Castro (2021). Neste texto também encontramos uma comparação entre essa estratégia e aquela adotada para o combate à covid-19.

envolvia diferentes frentes e já incorporou vários dos princípios que viriam a nortear a atuação do SUS. Uma delas apostava em muitas campanhas de conscientização enfatizando a importância da prática de sexo seguro e o uso de seringa descartável. Outra linha de atuação incluía a prevenção da transmissão mãe-filho. E mais uma política bem-sucedida foi a distribuição universal e gratuita aos chamados antirretrovirais, que serviu de inspiração a inúmeros outros países, iniciada em 1996, já dentro do SUS. Seu objetivo foi trazer qualidade e prolongamento da vida dos pacientes (BARRETO et al., 2011).

2.3 Enfrentamento da covid-19

O enfrentamento da pandemia foi difícil para a maior parte dos países. Porém, a avaliação da dimensão dos impactos, ou mesmo a comparação entre países, é bem mais difícil. Assim, uma primeira abordagem envolve a análise do comportamento dos serviços de atenção à saúde. Alguns levantamentos indicam que houve redução nos atendimentos de serviços de atenção primária durante a pandemia. Chisini et al. (2021) analisou dados de mais de 5 mil municípios brasileiros e verificou reduções nas taxas brutas por 10 mil habitantes relativas ao período de fevereiro a dezembro de 2020 – comparativamente ao mesmo período dos anos 2018 e 2019 – de consultas médicas, procedimentos de pré-natal e de cuidados para diabetes de, respectivamente, 45%, 44% e 95%. Cunha et al. (2021) encontrou reduções nas consultas e procedimentos odontológicos de urgência em serviços de atenção básica e especializada de 42,5% e 44,1%, respectivamente, entre 2020 e 2019, enquanto os procedimentos odontológicos não urgentes diminuíram 92,3%.

Por outro lado, uma medida utilizada na área de epidemiologia para tentar sintetizar os impactos totais de uma crise de saúde pública é a de excesso de mortalidade. A ideia básica neste caso é simples: comparar as mortes que ocorreram durante a crise com o período prévio à sua ocorrência. No caso de pandemias como a da covid-19, esta medida também permite comparações internacionais e, como mencionado por Orellana et al. (2021) seria mais apropriada também "em cenário de ampla incerteza, pois além de captar o impacto direto e indireto da mortalidade pela pandemia, independe de estratégias de testagem e da codificação ou da classificação final das causas de mortes".

Karlinsky e Kobak (2021) realizaram um amplo trabalho de levantamento de dados para o cálculo de excesso de mortalidade para um conjunto de mais de 100 países para os anos de 2020 e 2021[13]. Nesse levantamento constataram que até final de julho de 2021 haviam ocorrido 40% mais mortes associadas à pandemia de covid-19 do que as 4,2 milhões de mortes reportadas. Considerando o percentual de excesso de mortalidade em relação ao número de mortes anuais, o Brasil ocupa a nona posição nessa lista[14].

Na Figura 2, reproduzimos alguns dos gráficos apresentados por Karlinsky e Kobak (2021) e pode-se ver a evolução desse indicador para quatro países latino-americanos (Peru, Equador, México, além do Brasil), que apresentaram os maiores percentuais de excesso de mortalidade[15]. Além disso, foram incluídos África do Sul, que se encontra na décima-primeira posição da lista mencionada, Estados Unidos, que apesar de apresentar o maior número de mortes por covid-19, encontra-se na posição trinta e nove da lista. Finalmente, três europeus, Espanha, Suécia e Noruega, sendo que o primeiro, juntamente com a Itália recebeu atenção no Brasil logo no início da pandemia pela gravidade da situação que estava sendo enfrentada. Ambos apresentam gráficos de perfil de excesso de mortalidade semelhantes, sendo que Itália ocupa a posição quarenta e dois e a Espanha, a posição seguinte. Suécia foi incluída por ter sido identificada em algum momento como exemplo a ser seguido, uma vez que não adotaram de início medidas tão rigorosas de distanciamento social. Finalmente, a incorporação da Coreia do Sul, deve-se à bem-sucedida estratégia adotada de combate à pandemia[16]. Nota-se que a Espanha apresentou um grande pico no início da pandemia, porém, após

---

13   Essencialmente, calcularam uma linha de base para a mortalidade em 2020, utilizando os dados observados no período de 2015-2019. E utilizaram essa linha de base para comparar a mortalidade por todas as causas observadas no ano de 2020 e de 2021.

14   Outro trabalho de destaque na produção de vários indicadores para acompanhamento da pandemia, entre eles outra medida de excesso de mortalidade, foi realizado pelo site *Our World in Data* está disponível em: https://ourworldindata.org/excess-mortality-covid.

15   As posições foram Peru, em primeiro lugar, Equador, em segundo e México, em quarto.

16   De acordo com FDA – US Food & Drug Administration (2021), a abordagem da Coreia do Sul é baseada nas lições que aprenderam com um surto mortal de Síndrome Respiratória do Oriente Médio (MERS) em 2015, com investimentos governamentais no desenvolvimento comercial de tecnologia de teste diagnóstico, o que permitiu a priorização da detecção precoce dos casos da doença. E também viabilizou a adoção bem-sucedida da estratégia de testagem, rastreamento de contatos e isolamento.

medidas muito restritivas de quarentena, conseguiu estabilizar essa medida em valores baixos. O gráfico mostra que os piores desempenhos são dos países latino-americanos, com situação pior, ou seja, picos mais elevados em 2021, quase um ano após o início da pandemia. E a Coreia do Sul apresentou uma redução de mortalidade de aproximadamente 1%.

Figura 2. Excesso de Mortalidade durante pandemia de covid-19

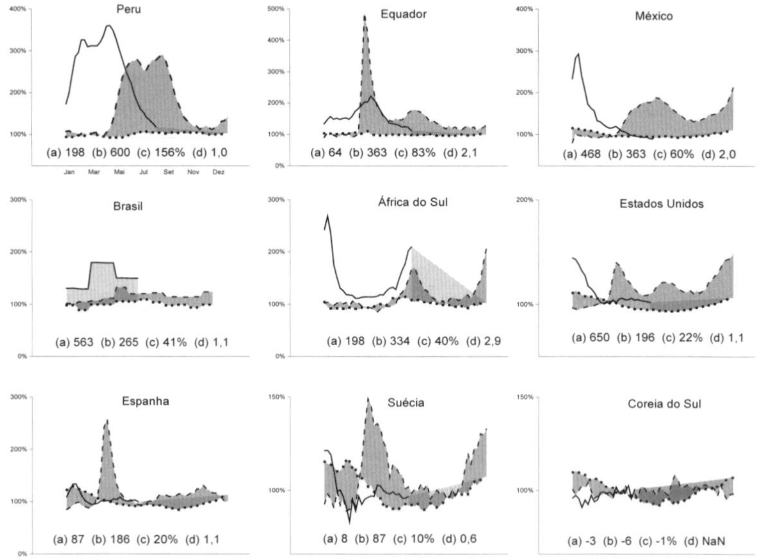

Fonte: Elaboração própria com dados de Karlinsky e Kobak (2021), disponíveis em https://dagshub.com/akarlinsky/world_mortality. Período: março/2020 a julho/2021.

Obs.: O eixo y em cada gráfico apresenta a respectiva escala, com 100% correspondendo à média da linha de base de mortalidade. O eixo x representa um ano do calendário civil. Cada gráfico possui uma linha de base de mortalidade obtida por extrapolação do período 2015-2019 (linha pontilhada), a mortalidade em 2020 (linha tracejada) e em 2021 (linha contínua). O excesso de mortalidade é mostrado pelos sombreamentos, o mais escuro para 2020 e o mais claro para 2021. Os números indicados são: excesso de mortalidade total em milhares (a), o excesso de mortalidade por 100 mil pessoas (b), excesso de mortalidade como percentual da linha de base de mortalidade anual (c), e a razão entre o excesso de mortalidade e a contagem de óbitos covid-19 oficialmente relatada na mesma data (d).

Orellana et al. (2021) realizou estudo sobre excesso de mortalidade considerando apenas dados de mortes de adultos ocorridas no período 23 de fevereiro e 13 de junho de 2020 em quatro capitais brasileiras. O trabalho concluiu que o maior excesso de mortes ocorreu em Manaus, 112%, seguido por Fortaleza, com 72%, Rio de Janeiro, 42%, e São Paulo, com 34%. Uma comparação das estratégias adotadas no combate a AIDS e para a covid-19 destaca que neste último caso houve falta de uma coordenação central e desalinhamento de decisões entre várias instâncias, entre outros problemas, e que teriam resultado nesse excesso de mortes que observamos (GALVÃO-CASTRO, 2021).

Análise realizada por Rocha et al. (2021) buscou evidências acerca dos determinantes da disseminação da covid-19, no Brasil, investigando fatores de vulnerabilidade à saúde como, por exemplo, percentual da população com fatores de risco à saúde e proporção de idosos, serviços hospitalares preexistentes, cuidados de saúde primários e assistência social preexistentes, e, especialmente, desigualdades socioeconômicas e geográficas. Os resultados da análise indicaram que as desigualdades socioeconômicas existentes foram o fator mais relevante para explicar o curso da pandemia no Brasil, com uma carga adversa desproporcional para estados e municípios com alta vulnerabilidade socioeconômica.

3. DESAFIOS E FUTURO DO SUS

Blanchard e Tirole (2021) explicitam que, nos próximos anos, o principal desafio global será lidar com a covid-19 e seu legado. E neste relatório optaram por focar em três desafios, que consideraram estruturais para o longo prazo: o desafio demográfico; a mudança climática; e as desigualdades econômicas. Em relação ao demográfico, o Brasil também observará o envelhecimento de sua população e, portanto, mudanças no padrão da demanda por serviços de saúde. Porém, além desses, ainda teremos que lidar com as questões relativas ao relacionamento entre o setor público e o privado, a judicialização e as dificuldades de financiamento na área da saúde. Destaca-se, ainda, uma tendência à digitalização, na área da saúde, que já estava se desenvolvendo e acabou ganhando enorme impulso durante a pandemia. A seguir, discutem-se esses desafios.

3.1 Mudanças no padrão da demanda

Espera-se que haja uma reconfiguração da demanda por serviços de saúde ao longo das próximas décadas. Primeiro, em decorrência do envelhecimento populacional. Projeções populacionais do IBGE de 2018[17] indicam que a proporção de pessoas acima de 60 anos aumentará de aproximadamente 11%, em 2010, para ao redor de 32%, em 2060, enquanto, no mesmo período, a participação de idosos com 80 anos ou mais passará de 2% para 8%.

Esse processo tem consequências diretas sobre o sistema de saúde decorrentes da prevalência de doenças crônico-degenerativa, que acabam por levar a maiores taxas de internação. Inclusive resultados encontrados por Reis et al. (2016) para o período entre 2000 e 2010 indicam que o efeito do envelhecimento teria sido responsável por 61,2% do aumento dos gastos com internações, sendo que para mulheres esse percentual seria de 77% enquanto não chegaria a 51% para homens[18].

Em segundo lugar, porque se observa um aumento da obesidade e da prevalência de doenças não transmissíveis ao longo do tempo. A OMS aponta que a obesidade em todo o mundo quase triplicou desde 1975. No Brasil, a obesidade aumentou, nas últimas décadas, principalmente entre as pessoas mais pobres (MONTEIRO et al., 2000). Essas mudanças estão ligadas a alterações comportamentais das populações, como o aumento do consumo de alimentos ultraprocessados[19], que resultam em aumento de: peso (HALL et al., 2019), diabetes (SROUR et al., 2019), hipertensão (MENDONÇA et al., 2017), câncer (FIOLET et al., 2018) e mortalidade (RICO-CAMPÀ et al., 2019). Nesse sentido, espera-se que a demanda por serviços de saúde para tratamento destas doenças sofra alteração no curto e no médio prazo.

Terceiro, a demanda por serviços de saúde também poderá ser afetada pelas mudanças climáticas, pelas ocupações urbanas e pelo uso inadequado do solo. A mudança do clima futuro é um dos grandes desafios deste século (BLANCHARD; TIROLE, 2021) e trarão uma reconfiguração da distribuição espacial de diversas doenças, principalmente as infectocontagiosas. No Brasil, Pereda e Alves (2018) mostra que esse será o caso da

---

17 Tabelas disponíveis em: https://www.ibge.gov.br/estatisticas/sociais/populacao/9109-projecao-da-populacao.html?=&t=resultados. Dados coletados em 16/07/2021.

18 Interessante também notar que a análise realizada também foi desagregada por grupos de doenças e, por exemplo, indicou que para as doenças do aparelho circulatório o efeito envelhecimento foi responsável pela "maior parte do crescimento dos gastos com internação, contribuindo com 80,9% para o sexo masculino, 122,9% para o feminino e 97,3% para o total".

19 Principalmente decorrentes da conveniência, ingredientes de baixo custo, hiperpalatabilidade, vida útil longa e publicidade (MONTEIRO et al., 2018).

incidência da dengue no país, a ser intensificada em todo o país, principalmente por conta do seu espalhamento para o Sul. Outros efeitos das mudanças climáticas combinadas com fatores antropogênicos são o aumento da frequência de eventos extremos (desastres hidrológicos, ondas de frio e de calor, queimadas e secas), que representam um risco de elevação nas internações e na mortalidade por doenças respiratórias e cardiovasculares, lesões e mortes prematuras (XAVIER et al., 2014). Nesse sentido, o SUS pode atuar tanto na capacidade de assistência e gestão de eventos extremos, quanto na prevenção da morbidade e mortalidade relacionadas a esses fatores (BRASIL, 2018; MENEZES et al., 2019).

Finalmente, há uma questão diretamente relacionada com a pandemia: as sequelas da covid-19, também chamada de covid-19 longa ou prolongada, caracterizada por sintomas que perduram por períodos longos – meses ou até permanentemente – após acometimento, mesmo em casos não graves. Segundo Rio et al. (2020), os sintomas mais comuns seriam fadiga e dispneia e podem incluir dor nas articulações e no peito. Segundo os mesmos autores, também há relatos de problemas orgânicos envolvendo principalmente o coração, pulmões e o cérebro. É preciso considerar, ainda, os problemas de saúde mental que podem surgir ao longo do tempo em associação com as inúmeras dificuldades decorrentes da pandemia. Assim, como destacado por Yelin et al. (2020), são necessárias pesquisas sobre a trajetória de pessoas que se recuperam da covid-19, justamente para que possam ser criadas definições claras dos critérios de inclusão do paciente, um protocolo comum e uniformização de resultados e das formas de medi-los.

3.2 Relacionamento entre os setores público e privado

O setor privado complementa o público e, consequentemente, há um *mix* público-privado na oferta de assistência à saúde, com o setor privado ofertando serviços ao próprio SUS (ANDRADE et al., 2018). O *mix* também ocorre no lado da demanda e, ao longo dos anos, um tema tem atraído muita atenção: o uso de serviços do SUS por parte da população que eventualmente poderia pagar, pelo menos, por parte desses serviços.

Assim, a Lei n. 9.656, de 1998, estabeleceu a necessidade de ressarcimento ao SUS das despesas realizadas por "instituições públicas ou privadas, conveniadas ou contratadas, integrantes do Sistema Único de Saúde – SUS" para atendimento de indivíduos e/ou de seus dependentes que sejam beneficiários de planos ou seguros-saúde.

Os planos e seguros privados realizaram entre 2016 e 2020 ao redor de 40 milhões de internações, enquanto o SUS realizou 57 milhões. Os ressarcimentos foram de aproximadamente 858 mil, o que representa pouco mais de 2% daquelas internações realizadas pelo setor privado[20].

É interessante notar a complexidade e a lentidão desse processo. De acordo com o 11º Boletim Informativo de Utilização do Sistema Único de Saúde por Beneficiários de Planos de Saúde e Ressarcimento ao SUS elaborado pela ANS[21], entre 2001 e 2020, foram identificados pouco mais de 7,3 milhões de atendimentos no SUS de beneficiários de planos correspondendo a uma despesa para o SUS de R$ 11,63 bilhões. Desses atendimentos, apenas pouco mais de 2,5 milhões (ou 34,2% do total), no valor de aproximadamente R$ 3,7 bilhões (31,8% do valor total), não foram impugnados pelas operadoras. Dos quase R$ 8 bilhões impugnados, ou seja, questionados pelas operadoras, pouco mais de R$ 4,3 bilhões foram indeferidos pela ANS. Assim, se somarmos esses R$ 4,3 bilhões aos R$ 3,7 bilhões não impugnados temos ao redor de R$ 8 bilhões que seguiram o trâmite para o recolhimento dos recursos ao SUS. Desses, foram cobrados com Guias de Recolhimento da União (GRUs), R$ 6,84 bilhões que correspondem ao redor de 4,4 milhões de atendimentos. Efetivamente pagos foram R$ 4,67 bilhões e, finalmente, repassados ao Fundo Nacional de Saúde R$ 4,81 bilhões (acrescidos de juros e multas), ou seja, apenas 41,6% do total de despesas.

A comunicação às operadoras, denominada Aviso de Beneficiário Identificado (ABI), ocorre depois de uma avaliação sobre o preenchimento de requisitos para que o atendimento prestado ao beneficiário no sistema único possa ser ressarcido. Podem ser cobrados ressarcimentos por internações ou atendimentos ambulatoriais de alta complexidade, este último tipo apenas desde 2015. Segundo o Boletim da ANS mencionado anteriormente, somente em 2020, foi alcançando finalmente o período de um ano entre a ocorrência do atendimento e sua notificação no processo do ressarcimento. Seria conveniente que esse processo fosse mais ágil, para o que a informatização dos serviços poderia colaborar.

Finalmente, há um ponto adicional levantado em estudo realizado pelo Instituto de Saúde Suplementar (IESS) em 2020 que também merece

---

20 Dados sobre internações realizadas pelo setor privado foram obtidos a partir de informações produzidas pela ANS para elaboração de diversos números do Mapa Assistencial da Saúde Suplementar, dados sobre ressarcimento foram obtidos em diversos números do boletim de ressarcimento e dados de internações SUS obtidos no tabnet do DATASUS.

21 Disponível em: https://www.gov.br/ans/pt-br/assuntos/noticias/integracao-com-SUS/ans-divulga-novo-boletim-do-ressarcimento-ao-sus/Boletim_Ressarcimento_11_edicao.pdf, e acessado em 14/07/2021.

atenção. Discutem-se os valores das impugnações que foram deferidas e que acabaram por demandar recursos jurídicos e de tecnologia da informação tanto da ANS como das Operadoras. No caso dos dados analisados acima e retirados do 11º Boletim, foram 2.031.465 atendimentos que corresponderam a R$ 3,39 bilhões. Assim, de modo adequado a nota demanda um sistema de notificação mais eficiente para validar imediatamente "se o beneficiário que utilizou o SUS realizou um procedimento coberto pelo plano e estipulado no rol da ANS, estava dentro da abrangência geográfica contratada e dentro do período de carência, por exemplo" e com isso muitos recursos poderiam ser poupados.

3.3 Judicialização da Saúde

Um aspecto relevante do funcionamento do SUS é a cada vez mais frequente adoção de ações judiciais por parte de pessoas que necessitam de diversos cuidados de saúde ou medicamentos. Tais ações têm como base os argumentos previstos no art. 196 da Constituição: "A saúde é direito de todos e dever do Estado". Esse processo tem sido denominado "judicialização da saúde" (CAMPINO et al., 2018). As decisões judiciais geralmente são motivadas pelo benefício individual, perdendo de vista o bem-estar social. (ANDRADE et al., 2018).

Como afirmou Gonzalo Vecina Neto, que foi Secretário Nacional da Vigilância Sanitária do Ministério da Saúde e Diretor Presidente da Agência Nacional de Vigilância Sanitária (ANVISA)[22]: "O Judiciário deve exigir dos outros Poderes as políticas públicas que construam os direitos e deve verificar os resultados, mas não deve propor ou executar políticas, porque, ordinariamente, os recursos são mal utilizados, beneficiando apenas um demandante".

Por outro lado, merecem destaque a preocupação e as ações empreendidas pelo Conselho Nacional de Justiça, reconhecendo a relevância do problema[23]. E, além das iniciativas para lidar com esse fenômeno, há também apoio à elaboração de análises e levantamento de dados, como os dados da Tabela 1, sobre o número de ações e o tipo de tribunal onde tramitam

---

22 Afirmação feita em evento sobre o fenômeno da judicialização em 10 de junho de 2020, cujos detalhes podem ser encontrados em Agência CNJ de Notícias, 2020 no link: https://www.cnj.jus.br/solucoes-construidas-pelo-cnj-buscam--reduzir-judicializacao-da-saude/.

23 Aqui estão os detalhes das ações do Conselho Nacional de Justiça: https://www.cnj.jus.br/programas-e-acoes/forum-da-saude-3/.

(CONSELHO NACIONAL DE JUSTIÇA, 2021). Nota-se que as ações são concentradas nos Tribunais de Justiça e estas apresentaram um salto nos anos de 2019 e 2020, que no acumulado representaram pouco mais de 49% de crescimento relativamente ao ano de 2018 ou mesmo 32% em relação a 2017, que já representava um salto na série. Essa constatação está de acordo com Azevedo e Abujamra (2019), que analisaram dados de tribunais estaduais para o período 2009 a 2017 e encontraram uma clara tendência de crescimento no número de processos na área da saúde por 100 mil habitantes, que passou de 24,40 no ano inicial até atingir 67,04 em 2017.

Tabela 1. Quantidade de casos novos de saúde ingressados entre 2015 e 2020 por tipo de tribunal

Tribunal	2015	2016	2017	2018	2019	2020
Tribunal de Justiça	322.395	320.447	367.438	326.397	427.633	486.423
Tribunal Regional Federal	36.673	47.139	40.730	40.357	41.795	58.774

Fonte: Conselho Nacional de Justiça, 2021[24].

Ainda em Conselho Nacional de Justiça (2021), encontram-se informações do Painel do Justiça em Números/CNJ, 2020 sobre os assuntos mais judicializados da área no período de 2015 a 2020, que, à exceção de Planos de Saúde e Seguro, foram o Fornecimento de Medicamentos, seguido, nessa ordem por Saúde, Tratamento Médico-Hospitalar e/ou Fornecimento de Medicamentos, Tratamento Médico-Hospitalar e Unidade de Terapia Intensiva (UTI) ou Unidade de Cuidados Intensivos (UCI).

Relativamente às decisões, utilizando dados de outro sistema chamado DataJud para o mesmo período, nota-se em Conselho Nacional de Justiça (2021) que 84,2% das ações relativas a "Hospitais e Outras Unidades de Saúde/Internações/UTI e UCI" foram julgadas procedentes, patamar similar ao encontrado para "Fornecimento de Medicamentos/insumos" – 83,0%, "Tratamento Médico-Hospitalar" – 80,7%, "Saúde Mental" – 80,3% e "Saúde/SUS" – 77,7% enquanto, somente esse percentual foi de 42,9% para ações relativas a Planos de Saúde.

Sobre valores e custos relativos da judicialização, infelizmente não há dados organizados nacionalmente e, de acordo com Azevedo e Abujamra (2019), a judicialização no Estado de São Paulo é um dos casos mais

---

24　Na tabela que consta do relatório há dados sobre o Superior Tribunal de Justiça, porém, apresenta erros de registro, especialmente no ano de 2019, mencionado no próprio relatório. Além disso, as ações neste tribunal representaram no período ao redor de 2,0%, excluindo o ano de 2019.

estudados, principalmente por ter o maior número de ações anualmente, além de dispor de um sistema de controle organizado, chamado S-CODES. Assim, entre 2016 e 2020 o Estado de São Paulo contabilizou de 47.003 (2016) a 48.764 (2019) ações judiciais por ano, com valores médios de desembolso da ordem de 7 a 12 mil reais por ação. Tais desembolsos médios por ação podem chegar a mais de 400 mil reais no caso das ações de medicamentos para doenças raras.

Tabela 2. Quantidade e valores de ações judiciais no Estado de São Paulo entre 2016 e 2020

Categoria	2016	2017	2018	2019	2020
Ações Judiciais Atendidas	47003	47824	47007	48764	47773
R$ Recibos Emitidos	338.270.051	354.514.772	337.429.144	413.013.415	571.667.068
R$ Valor por AJ Atendida	7.197	7.413	7.178	8.470	11.966
R$ Valor por AJ Atendida – Doenças Raras	446.905	510.704	478.840	419.792	488.218

Fonte: Dados obtidos por meio da Lei de Acesso à Informação.

Adicionalmente, um aspecto que surge da análise do fenômeno da judicialização é a mudança de padrão das demandas ao longo dos anos. Assim, atualmente, vê-se o crescimento de demandas por medicamentos relacionados às terapias gênicas, com valores absurdamente elevados[25]. Desse modo, fica evidente a necessidade de uma grande aproximação e diálogo entre as secretarias de saúde, defensorias e o judiciário para que seja fornecido o suporte necessário para a tomada de decisão no setor judiciário. Nesta direção, verifica-se em Azevedo e Abujamra (2019: p. 107), citando Chieffi e Siqueira (2014): "o Estado de São Paulo conta com toda uma estrutura de integração interinstitucional denominada 'Acessa SUS', que busca estabelecer uma triagem administrativa de pedidos que

---

25 Como exemplo, pode-se citar que, em dezembro de 2020, a "Câmara de Regulação do Mercado de Medicamentos (CMED), órgão do governo federal responsável pela definição dos preços máximos de comercialização de um medicamento no país, estipulou em R$ 2,878 milhões o valor máximo para venda do Zolgensma – conhecido como o remédio mais caro do mundo e indicado para tratamento de Atrofia Muscular Espinhal (AME)". A notícia se encontra em: https://oglobo.globo.com/epoca/sociedade/anvisa-reduz-em-92-milhoes-preco-do--remedio-mais-caro-do-mundo-1-24789281.

possivelmente virariam ações judicias, além de também servir como espaço de assessoria técnica a juízes (...)".

3.4 Financiamento do SUS

Dados apresentados por Rocha (2021) indicam que, ao redor de 1988, quando foi promulgada a Constituição e próximo à criação do SUS, o gasto total em saúde correspondia a aproximadamente 4,7% do PIB, enquanto em 2018 – 30 anos depois – esse percentual havia aumentado para 9,1%. Porém, o gasto público como percentual do gasto total, nesse mesmo período, manteve-se praticamente no mesmo patamar: passou de 42% a 43% entre 1988 e 2018. Rocha destaca que países que optaram por sistemas do tipo SNS apresentam percentuais bem mais elevados de gasto público, o que inclusive ocorre com os Estados Unidos, que é o único país entre os desenvolvidos em que tanto a provisão de bens e serviços como o mercado de seguros é composto por empresas privadas. A Tabela 3 contém uma comparação desses percentuais para vários países.

Tabela 3. Participação do setor público no financiamento da saúde. 2017 D.

País	Despesa total em saúde (% PIB)	Gasto público em saúde (%PIB)	Gasto privado em saúde (%PIB)	Gasto público/total da despesa em saúde (%)
Estados Unidos	16.4	8.4	7.8	52.4
Alemanha	11.1	8.5	2.5	77.6
Canadá	10.7	7.8	2.7	73.7
Reino Unido	9.6	7.8	2.0	79.5
Uruguai	9.3	6.6	2.7	70.7
Espanha	8.9	6.2	2.6	70.8
Brasil	9.2	3.9	5.3	42.2
Chile	9.2	4.4	4.5	49.8
Argentina	8.5	6.3	2.2	74.3
México	5.7	3.0	2.7	51.9

Fonte: Healthdata.org. Dados disponíveis em https://vizhub.healthdata.org/fgh/.

Importante destacar, ainda, a realocação dos gastos com saúde entre as esferas de governo. Assim, enquanto o gasto público em saúde *per capita* na esfera federal cresceu 32% em termos reais no período 1988-2018, analisado por Rocha (2021), passando de aproximadamente R$ 440,00 para ao redor de R$ 579,00 (valores constantes de 2018), os gastos municipais e estaduais cresceram, respectivamente, 238% e 162%. Os municipais estavam ao redor de R$ 117,00, em 1988, e atingiram valor próximo de R$ 395,00, em 2018, superando inclusive os estaduais, que passaram de R$ 131,00 a R$ 342,00. Dito de outra forma, o gasto federal passou de 64% do gasto público em saúde, em 1988, para 44%, em 2018, em razão do aumento da participação dos governos subnacionais.

Dada a relevância que os municípios passaram a ter no financiamento da saúde, torna-se importante avaliar especialmente a questão da equidade no financiamento municipal em saúde. Rocha e Szklo (2021) verificaram avanço na equidade coincidente com a introdução do Piso da Atenção Básica (PAB) e a Emenda Constitucional n. 29, de 2000. Porém, deve-se notar que a desigualdade vai se reduzindo de modo mais acelerado até 2010, quando apesar de manter-se em queda, há uma desaceleração nesse processo, principalmente em razão das mudanças nas transferências federais. Estas apresentaram uma tendência de elevação no período, mas há um pequeno descolamento entre o gasto per capita financiado por transferências entre municípios de alta e baixa arrecadação, com os primeiros crescendo um pouco mais aceleradamente.

Importante notar a correlação positiva entre a melhoria dos indicadores de saúde comentados na seção 2.2 e o crescimento dos recursos dedicados ao SUS.

E em relação à questão do financiamento da saúde, também é interessante avaliar sua sustentabilidade, principalmente, considerando-se as discussões acerca das dificuldades nas contas públicas brasileiras. Rocha et al. (2021) estimou uma taxa de crescimento anual de 0,71% das despesas com saúde em relação ao PIB, com os correspondentes percentuais de 0,74% e 0,69% para a saúde pública e privada, respectivamente. E os autores também alertam sobre os efeitos das reformas institucionais e de restrições aos gastos públicos sobre a segmentação público-privada no financiamento da saúde ao longo das próximas décadas. Finalmente, também constatam que: "Nesse sentido, não encontramos evidências de que a trajetória das necessidades de financiamento seja inerentemente insustentável no setor público, apesar de seu compromisso de fornecer assistência médica gratuita e universal a mais de 200 milhões de cidadãos" (p.1092, tradução nossa).

3.5 *Oportunidades: Telemedicina*

O movimento de digitalização na área da saúde é internacional e estudo realizado pela McKinsey, citado em reportagem da revista "The

Economist", estimou que as receitas globais de saúde digital – de telemedicina, farmácias online, dispositivos vestíveis e assim por diante – aumentarão de US$ 350 bilhões, em 2019, para US$ 600 bilhões em 2024[26]. E a pandemia acelerou esse processo.

No Brasil, houve mudanças importantes do lado da oferta de serviços de saúde pelo SUS, com destaque para o começo dos atendimentos ambulatoriais por teleconsultas. As teleconsultas, além de poupar tempo da estrutura de saúde e de locomoção dos pacientes (gerando, portanto, uma redução de custos), possibilita o serviço para pacientes residentes em regiões de difícil acesso e para pacientes com dificuldades de locomoção. Além desses benefícios, a teleconsulta também permite que um corpo clínico de especialistas discuta simultaneamente alguns casos, trazendo agilidade para diagnósticos e tratamentos. De janeiro a maio de 2021, as teleconsultas na atenção especializada de média complexidade cresceram 318% no Brasil (SIA/SUS), mas ainda representam um percentual baixo do total de consultas ambulatoriais desta complexidade (0,1%). Considerando que, em 2019, 82,7% dos domicílios brasileiros já tinham acesso à internet, há grande potencial de crescimento da teleconsulta no país.

Ao mesmo tempo que avanços tecnológicos trazem reduções de custos, existe também a possibilidade de aumentarem os custos do sistema, uma vez que novas tecnologias para exames e outros procedimentos (exames e cirurgias robóticas, por exemplo) exigem aportes de recursos para aquisição de novas máquinas e treinamentos e, portanto, encarecem o sistema de saúde (VIEGAS et al., 2018).

4   CONSIDERAÇÕES FINAIS

Os desafios do SUS já são grandes e a pandemia da covid-19 trouxe ainda mais complexidade. Se, por um lado, a pandemia demonstrou a importância do SUS no tratamento dos infectados e na vacinação coletiva (melhorando, portanto, a imagem do SUS na sociedade brasileira), por outro lado, deixou clara a desigualdade regional de infraestrutura e assistência à população. Com o olhar para o futuro e considerando a discussão

---

26   Vestíveis são dispositivos tecnológicos usados como acessório, por exemplo, smartwatches e smartbands que possuem sensores para monitorar a saúde. Mais detalhes em: **The Economist**, "The dawn of digital medicine", 2020. Disponível em: https://www.economist.com/business/2020/12/02/the-dawn-of-digital--medicine.

aqui levantada, a agenda de políticas públicas para a saúde deve considerar (ANDRADE et al., 2018) e (ROCHA, 2021):

(i) *Planejamento e Financiamento do SUS*: o planejamento dos investimentos do sistema no médio e no longo prazo para garantir o financiamento adequado para o SUS, uma vez que o Brasil, apesar de ter um sistema universal, ainda apresenta baixo gasto público como proporção do PIB. O financiamento deve ser suficiente para ampliar a oferta e melhorar a qualidade do serviço;

(ii) *Informatização e Integração de Dados*: a Coleta de dados integrada entre o sistema público e o setor privado (um sistema eletrônico comum) com informações completas dos cidadãos (prontuário eletrônico, realização de procedimentos, etc.). A posse de dados completos dos usuários do sistema poderia reduzir, por exemplo, os ressarcimentos do SUS para beneficiários de plano de saúde, além de racionalizar filas, tempos de espera e o uso das redes. Além da racionalização de recursos, dados completos dos usuários permitiriam outras melhorias de gestão, a exemplo do uso dos dados para fins de pesquisa acadêmica com o intuito de aprimorar a execução de políticas públicas e entender melhor as mudanças na demanda por serviços de saúde;

(iii) *Melhora da Gestão*: A melhoria da gestão dos recursos do SUS, a partir de um sistema de remunerações de recursos humanos com incentivos adequados (metas e avaliações de resultados). Outra alternativa que vem sendo adotada é a contratação de Organizações Sociais de Saúde (OSS) que se encarregariam do gerenciamento de hospitais, por exemplo. Esta alternativa, no entanto, ainda carece de trabalhos de avaliação de impacto sobre resultados de saúde e seus custos.;

(iv) *Promoção de teleconsultas*: Ampliação do uso de teleconsultas para redução de custos e melhoria da eficiência da produção ambulatorial;

(v) *Avaliação com base em evidências*: Implementação de mecanismos de monitoramento e *accountability*, avaliando os programas existentes dentro do SUS e usando os resultados das avaliações, com base em evidências científicas, para aprimorar a gestão dos programas. Recomendam-se avaliações de custo-benefício e custo-efetividade dos programas dentro do SUS;

(vi) *Redução da judicialização*: Em relação ao problema da judicialização, é preciso gerar mais mecanismos institucionais de aproximação e diálogo entre as secretarias de saúde, defensorias e o judiciário para evitar que uma decisão judicial, que geralmente é motivada pelo benefício individual, gere perdas ao bem-estar social como coloca (ANDRADE et al., 2018);

(vii) *Agilidade e melhoria do processo para obtenção dos ressarcimentos ao SUS:* Em relação aos processos de ressarcimento, seriam necessários aperfeiçoamentos no sistema de notificação, tanto para garantir maior agilidade nas demandas por ressarcimento como para reduzir os recursos de natureza jurídica como de tecnologia da informação tanto da ANS como das Operadora alocados na análise da adequação da demanda.

REFERÊNCIAS

AGÊNCIA CNJ DE NOTÍCIAS. Soluções construídas pelo CNJ buscam reduzir judicialização da saúde – Portal CNJ. **Conselho Nacional de Justiça**, 2020. Disponível em: https://www.cnj.jus.br/solucoes-construidas-pelo-cnj-buscam-reduzir-judicializacao-da-saude/. Acesso em: 17 jul. 2021.

ALMEIDA, Wanessa et al. Mudanças nas condições socioeconômicas e de saúde dos brasileiros durante a pandemia de covid-19. **Revista Brasileira de Epidemiologia**, v.23, p.1-14, 2021.

ANDRADE, Mônica et al. Desafios do sistema de saúde brasileiro. 1. In: NEGRI, João; ARAÚJO, Bruno; BACELETTE, Ricardo (Org.). **Desafios da Nação: artigos de apoio**, v. 2, Instituto de Pesquisa Econômica Aplicada, 2018.

AZEVEDO, Paulo; ABUJAMRA, Fernando. **JUDICIALIZAÇÃO DA SAÚDE NO BRASIL: PERFIL DAS DEMANDAS, CAUSAS E PROPOSTAS DE SOLUÇÃO**. Insper – Instituto de Ensino e Pesquisa, 2019. Disponível em: http://cnsaude.org.br/wp-content/uploads/2019/07/JUDICIALIZAÇÃO-DA-SAÚDE-NO-BRASIL.pdf.

BARRETO, Maurício et al. Successes and failures in the control of infectious diseases in Brazil: social and environmental context, policies, interventions, and research needs. **The Lancet**, v.377(9780), p. 1877-1889, 2011.

BERTONI, Estevão; FALCÃO, Guilherme; LOPES, Caroline; BEVILACQUA, Ibrahim. O que é, de onde veio e para onde vai o SUS. **Nexo Jornal**, 2021. Disponível em: https://www.nexojornal.com.br/especial/2020/04/28/O-passado-o-presente-e-o-futuro-do-SUS--para-ler-guardar-e-consultar?utm_campaign=a_nexo&utm_source=newsletter. Acesso em: 17 jul. 2021.

BLANCHARD, Oliver; TIROLE, Jean. **Major Future Economic Challenges**. International Commission, 2021. Disponível em: https://www.strategie. gouv.fr/sites/strategie.gouv.fr/files/atoms/files/fs-2021-rapport-anglais- -les_grands_defis_economiques-juin_1.pdf.

BRASIL. MINISTÉRIO DA SAÚDE. Mortalidade materna no Brasil. **Boletim Epidemiológico**, v. 51, p. 21-27, 2020.

CAMPBELL, Oona; GRAHAM, Wendy. Strategies for reducing maternal mortality: getting on with what works. **Lancet**, v. 368(9543), p. 1284-1299, 2006.

CAMPINO, Antonio; DIAZ, Maria Dolores; SARTI, Flávia. The Economics of Health in Brazil. In: AMANN, Edmund; AZZONI, Carlos; BAER, Wener (Eds.). **The Oxford Handbook of the Brazilian Economy**, v. 1, p. 593-618. Oxford University Press, 2018.

CHIEFFI, Ana Luiza; SIQUEIRA, Paula Sue Facundo de. Judicialização da saúde no estado de São Paulo. In: SANTOS, Lenir; TERRAZAS, Fernanda (Eds.). **Judicialização da saúde no Brasil**. Saberes Editora, p. 267-301, 2014.

CHISINI, Luiz; CASTILHOS, Eduardo; COSTA, Francine; D'AVILA, Otávio. Impact of the covid-19 pandemic on prenatal, diabetes and medical appointments in the Brazilian National Health System. **Revista Brasileira de Epidemiologia**, 24, 2021.

CONSELHO NACIONAL DE JUSTIÇA. **Judicialização e saúde: ações para acesso à saúde pública de qualidade**. Conselho Nacional de Justiça, 2021. Disponível em: https://www.cnj.jus.br/wp-content/uploads/2021/06/Relatorio_Judicializacao-e-Sociedade.pdf. Acesso em: 17 jul. 2021.

COOK, Rebeca; BEVILACQUA, Maria. Invoking human rights to reduce maternal deaths. **Lancet,** v.363(9402), 73, 2004.

CUNHA, Amanda; VELASCO, Sofia; HUGO, Fernando; ANTUNES, José. The impact of the covid-19 pandemic on the provision of dental procedures performed by the Brazilian Unified Health System: a syndemic perspective. **Revista Brasileira de Epidemiologia**, 24, 2021.

DIAZ, Maria Dolores; SARTI, Flávia. Private health insurance in Brazil, Egypt and India. In: SAGAN, Ana; MOSSIALOS, Elias; NORTH, Jonathan (Eds.). **Private Health Insurance: History, Politics and Performance**. Cambridge University Press, p. 65-9, 2020.

FOOD AND DRUG ADMINISTRATION. **South Korea's Response to covid-19**, 2021. Disponível em: https://www.fda.gov/medical-devices/

coronavirus-covid-19-and-medical-devices/south-koreas-response--covid-19.

Filho, Lauro. Corte de verbas ameaça o SUS. **Valor Econômico Setorial Saúde**, p.67-69, 2021. Disponível sob assinatura em: https://www.valor.com.br/revistas/?valor_pro=1#/edition/186925?page=66&section=1.

FLEURY, Sônia; CARVALHO, Antonio. **Instituto Nacional de Assistência Médica da Previdência Social (INAMPS)**. FGV DOC, 2009. Disponível em: http://www.fgv.br/cpdoc/acervo/dicionarios/verbete-tematico/instituto-nacional-de-assistencia-medica-da-previdencia-social--inamps.

GALVÃO, Jane. Brazil and access to HIV/AIDS drugs: A question of human rights and public health. **American Journal of Public Health**, v. 95(7), p. 1110-1116, 2005.

GALVÃO-CASTRO, Bernardo et al. HIV/AIDS and covid-19 in Brazil: in four decades, two antithetical approaches to face serious pandemics. **Memórias do Instituto Oswaldo Cruz**, v. 116, 2021.

HAMILTON, Wanda; FONSECA, Cristina. Política, atores e interesses no processo de mudança institucional: a criação do Ministério da Saúde em 1953. **História, Ciências, Saúde-Manguinhos**, v.10(3), p.791-825, 2003.

INSTITUTO DE SAÚDE SUPLEMENTAR. **Reflexões sobre a política de Ressarcimento ao SUS**, 2020. Disponível em: https://www.iess.org.br/cms/rep/reflex.pdf.

KARLINSKY, Ariel; KOBAK, Dmitry. Tracking excess mortality across countries during the covid-19 pandemic with the World Mortality Dataset. **Elife**, v. 10, p. e69336, 2021.

MALTA, Deborah et al. Doenças crônicas não transmissíveis e mudanças nos estilos de vida durante a pandemia de covid-19 no Brasil. **Revista Brasileira de Epidemiologia**, 24, 2021.

MEDICI, Andre. Breves considerações sobre a relação entre financiamento da saúde e direito sanitário no Brasil. In: SANTOS, Lenir (Org.). **Direito da Saúde no Brasil.** Editora Saberes, p. 243-280, 2009.

ORELLANA, Jesem et al. Excesso de mortes durante a pandemia de covid-19: subnotificação e desigualdades regionais no Brasil. **Cadernos de Saúde Pública**, 37, 2021.

PAIM, Jairnilson et al. The Brazilian health system: history, advances, and challenges. **The Lancet**, v. 377(9779), p. 1778-1797, 2011.

PEREDA, Paula; ALVES, Denisard. Climate and weather impacts on agriculture: the case of Brazil. **Economia Aplicada**, 22(3), 5-26, 2018.

PSACHAROPOULOS, George et al. Lost Wages: The covid-19 Cost of School Closures. **IZA Discussion Papers** (Issue 13641), 2020.

REIS, Denizi; ARAÚJO, Eliane; CECÍLIO, Luiz. **Políticas públicas de saúde: Sistema Único de Saúde**, Unifesp, 2012.

REIS, Cristiano; NORONHA, Kenya; WAJNMAN, Simone. Envelhecimento populacional e gastos com internação do SUS: uma análise realizada para o Brasil entre 2000 e 2010. **Revista Brasileira de Estudos de População**, 33(3), 2016.

RIO, Carlos; COLLINS, Lauren; MALANI, Preeti. Long-term Health Consequences of covid-19. **JAMA**, 324(17), p.1723-1724, 2020.

ROCHA, Rudi. A Saúde na Década de 20: Navegar é Preciso. In: GIAMBIAGI, Fabio (Ed.). **O Futuro do Brasil**. Editora Atlas, 2021.

ROCHA, Rudi et al. Effect of socioeconomic inequalities and vulnerability on health-system preparedness and response to covid-19 in Brazil: a comprehensive analysis. **The Lancet Global Health**, 9(6), e782-e792, 2021.

ROCHA, Rudi; FURTADO, Isabela; SPINOLA, Paula. Financing needs, spending projection, and the future of health in Brazil. **Health Economics (United Kingdom)**, 30(5), p. 1082-1094, 2021.

ROCHA, Rudi; SZKLO, Michel. Desigualdade em gastos municipais em saúde no Brasil e mecanismos redistributivos: uma análise longitudinal para o período 1998-2018. **APS EM REVISTA**, 3(1), 66-74, 2021.

VICTORA, Cesar et al. Maternal and child health in Brazil: progress and challenges. **Lancet,** 377(9780), p.1863-1876, 2011.

VOZES DA EDUCAÇÃO. **LEVANTAMENTO INTERNACIONAL DE RETOMADA DAS AULAS PRESENCIAIS,** 2021. Disponível em: https://vozesdaeducacao.com.br/wp-content/uploads/2020/10/Levantamento-internacional_Retomada-presencial-das-aulas.pdf.

YELIN, Dana et al. Long-term consequences of covid-19: research needs. **The Lancet Infectious Diseases**, 20(10), p.1115-1117, 2020.

10

Direitos Humanos e Desenvolvimento: um debate urgente para o Brasil

Nathalia Novaes Alves

RESUMO: O artigo analisa o papel de direitos humanos no desenvolvimento brasileiro e a sua contribuição para a construção de instituições democráticas e o fortalecimento dos mecanismos de prevenção e o combate à corrupção. Esse assunto ganha particular relevo no atual quadro de deterioração dos mecanismos de proteção de direitos humanos e de aprofundamento da crise política, econômica e social no país, uma vez que retrocessos no âmbito dos direitos civis e políticos, tais como o direito à liberdade de consciência e religião, a não sofrer tortura ou a um julgamento justo, dificultam o exercício de direitos econômicos, sociais e culturais. Mais do que uma obrigação moral e legal, a inclusão da temática na esfera pública cria condições para a constituição de instituições mais transparentes, justas e eficazes, além de promover um modelo de desenvolvimento mais inclusivo e solidário, em linha com os Objetivos de Desenvolvimento Sustentável das Nações Unidas. A agenda dos direitos humanos coloca-se como solução viável, e até mesmo necessária, para romper o ciclo perverso de subdesenvolvimento e auxiliar na construção de um projeto de país que priorize o bem comum e proporcione os meios para uma vida digna e verdadeiramente livre a cada cidadão.

O PRIMADO DOS DIREITOS HUMANOS

Infelizmente, os repetidos alertas de estudiosos de diferentes áreas do conhecimento sobre as consequências nefastas de se construir um mundo de tantos excessos, desigualdades e abusos não foram suficientes para convencer governos e parcelas significativas das sociedades nacionais acerca da importância do primado dos direitos humanos para o bem-estar das populações, e um novo contrato social nesse sentido deve ser confeccionado. No caso do Brasil, a construção de um projeto de país, coerente e responsável, portanto, deve começar pelo esforço de conscientização sobre o papel central da política nas complexas dinâmicas da sociedade e o impacto que decisões do Estado acarretam sobre a vida cotidiana de cada cidadão.

A realidade pandêmica descortinou os riscos associados à falta de democracia nos processos decisórios, realidade que se nota tanto nos mecanismos globais e regionais de governança quanto no âmbito interno de cada nação. Tão rápido quanto a propagação do novo vírus, que em poucos meses infectou milhões de pessoas e vitimou centenas de milhares – e hoje o número de óbitos ultrapassa os 4 milhões no mundo -, foi a velocidade com que autoridades populistas e fortes grupos de interesse difundiram informações falsas e sem respaldo científico, propugnando soluções fantasiosas, ou mesmo milagrosas, à crise multifacetada que se afigurava.

O planeta Terra é o habitat natural de toda vida conhecida, e o ser humano é particularmente vulnerável ao seu meio ambiente. Os seres humanos são igualmente dependentes uns dos outros. E é em torno dessa roda viva que as sociedades se organizam, de modo que a funcionalidade do organismo social está diretamente vinculada a que os indivíduos tenham o que comer e onde se abrigar, mas também que tenham acesso a educação e informação de qualidade, a tratamento médico-hospitalar e vacinas, por exemplo, a um trabalho digno e meios para o sustento próprio e de seus familiares. Em sentido contrário, e de forma oposta a discursos tão em voga hoje em dia, os muros, as barreiras físicas e outros meios de exclusão podem gerar certa sensação de proteção às elites, mas não solucionam os problemas mais prementes e trazem danos igualmente aos indivíduos marginalizados e aos que marginalizam.

No momento em que a humanidade enfrenta a pior crise desde o fim da Segunda Guerra Mundial, a promoção de temas globais, tais como desenvolvimento sustentável, geração de riqueza e justiça social, novas fronteiras tecnológicas e bioética, deve ser equacionada no âmbito dos adequados regimes jurídicos internacionais, com a construção de consensos por meio do diálogo e prática diplomática em foros internacionais e de mecanismos de cooperação eficazes, que permitam e facilitem a partilha de informação e boas práticas aplicáveis aos desafios contemporâneos. Em detrimento disso, nota-se certa tendência de distanciamento entre os

Estados e de reforço de uma abordagem nacionalista, que talvez se encontre na própria origem dos dilemas sociais atuais.

Em decorrência das duas grandes guerras do século XX e do surgimento da novidade atômica, o cenário da geopolítica internacional mudou, a partir da necessidade de se evitar um enfrentamento direto entre as duas grandes potências durante a Guerra Fria e de impedir que os Estados pudessem reproduzir horrores da magnitude do Holocausto. Isso trouxe implicações diretas sobre as formas de fazer política, resultando na criação de instituições internacionais que pudessem intermediar conflitos entre Estados em si e entre Estados e seus cidadãos. A solução consensual imediata à barbárie passou então pela construção de novo enquadramento jurídico, de modo a garantir a paz e segurança nas relações internacionais e a expansão e realização dos direitos humanos, no âmbito de atuação estatal.

Desde a aprovação da Declaração Universal dos Direitos Humanos (DUDH), em 1948, o mundo mudou significativamente. O complexo conceito de "direitos humanos" continuou evoluindo, desdobrando-se em muitas nuances, à medida que a compreensão e o entendimento sobre a dignidade humana foi se expandindo. Esses direitos estão intimamente ligados à proteção do indivíduo contra os abusos do Estado e manifestam-se nas esferas política, econômica, social, ambiental, etc. A *rationale* por trás é a de que cada ser humano tem o direito de ser, viver e se desenvolver em sua máxima potência, e que cabe ao Estado respeitar, garantir e proteger tais capacidades.

A Organização das Nações Unidas (ONU), organismo internacional responsável pela salvaguarda e disseminação do conceito, define os direitos humanos como universais e inalienáveis, inerentes a todos os seres humanos, independentemente da nacionalidade, sexo, origem étnica, cor, religião, língua ou qualquer outra condição. Esses direitos abrangem desde o direito mais fundamental – o direito à vida – até tudo aquilo que permite o seu desenvolvimento e usufruto, como o direito à alimentação, educação, trabalho, saúde e liberdade[1]. Os direitos humanos são, ademais, indivisíveis e interdependentes, assim como as dinâmicas humanas na vida. Isso significa dizer que fazer progressos no âmbito dos direitos civis e políticos, tais como o direito à liberdade de consciência e religião, a não

---

1   ORGANIZAÇÃO DAS NAÇÕES UNIDAS. **What are Human Rights**. Disponível em: https://www.ohchr.org/en/issues/pages/whatarehumanrights.aspx. Acesso em: 17 jul. 2021.

sofrer tortura ou a um julgamento justo, facilita o exercício de direitos econômicos, sociais e culturais. Da mesma forma, a violação destes, a exemplo do direito à alimentação e moradia adequadas ou à educação, saúde e segurança social, afeta negativamente a capacidade de exercício da cidadania plena dos indivíduos.

A Declaração Universal dos Direitos Humanos (DUDH), adotada pela Assembleia Geral da ONU no imediato pós-guerra, foi um marco histórico para a proteção dos direitos humanos, sendo um compromisso atualmente aceito por todos os 193 países membros da organização. Esse instrumento, em conjunto com o Pacto Internacional sobre os Direitos Civis e Políticos e o Pacto Internacional sobre os Direitos Econômicos, Sociais e Culturais (e protocolos adicionais), ambos de 1966, constituem a chamada Carta Internacional dos Direitos Humanos. Além disso, uma série de instrumentos internacionais adotados desde a DHDH cuidam de temas específicos, tais como discriminação racial (1968), discriminação contra a mulher (1984), tortura e outros tratamentos ou penas cruéis, desumanos ou degradantes (1984), direitos da criança (1989) e direitos das pessoas com deficiência (2008), entre outros.

RECENTES DESENVOLVIMENTOS NO BRASIL

O Brasil, vale dizer, é signatário de quase a totalidade do corpo de instrumentos que versam sobre direitos humanos, em nível global e regional, comprometendo-se legal e moralmente a respeitar e atuar para a proteção dos direitos pelos quais esses documentos se debruçam. Não obstante, apesar do elevado padrão de comprometimento internacional e dos avanços feitos internamente após a promulgação da Constituição Federal de 1988 (CF/88), chamada também de "Constituição Cidadã", são patentes as deficiências estruturais do Estado brasileiro em respeitar, implementar e operacionalizar mecanismos que gerem impacto real na vida da população.

Percebe-se também em anos recentes uma rápida deterioração da estrutura nacional de proteção, promoção, monitoramento e fiscalização dos mais diversos temas ligados aos direitos humanos. Segundo o professor Paulo Sérgio Pinheiro, em artigo publicado pelo Núcleo de Estudos da Violência da Universidade de São Paulo (NEV-USP), nos últimos anos "é difícil encontrar uma área onde não tenha havido atraso (nos direitos humanos): aumento das mortes entre a população negra, principalmente entre adolescentes e jovens pobres mortos pela polícia; proteção ao meio ambiente; defesa da Amazônia e de suas populações; proteção dos povos indígenas; luta contra a homofobia, o racismo e desigualdades de gênero; direitos trabalhistas; congelamento dos orçamentos em saúde e educação e demais áreas sociais, entre outras"[2].

A partir da percepção de que o primado dos direitos humanos deve sobrepor-se às lógicas ou desígnios nacionais, a Assembleia Geral da ONU estabeleceu em 2006, por ocasião da criação do Conselho de Direitos Humanos da ONU, o mecanismo de Revisão Periódica Universal (RPU). Trata-se de um processo dirigido pelos próprios países, sob os auspícios do Conselho, que busca dar oportunidade para cada Estado declarar quais ações estão sendo tomadas para melhorar a situação dos direitos humanos e cumprir assim com as obrigações assumidas internacionalmente. O mecanismo é desenhado de modo a garantir igual tratamento para todos os países e a dinamizar o equacionamento de violações onde quer que ocorram, por meio de avaliações e recomendações prestadas pelo Alto Comissariado das Nações Unidas para os Direitos Humanos (ACNUDH).

No contexto do mais recente ciclo de revisão, os desafios levantados pelo relatório do grupo de trabalho do mecanismo de RPU sobre o Brasil[3] são emblemáticos dos problemas que assolam a sociedade brasileira. No documento, de maio de 2017, foram feitas 246 recomendações ao governo brasileiro – um incremento de 52% em relação ao ciclo anterior –, nas seguintes grandes áreas: quadro geral e legal de implementação, questões universais e transversais, direitos civis e políticos, direitos econômicos, sociais e culturais, direitos das mulheres e direitos de outros grupos ou pessoas vulneráveis. A série de recomendações relaciona-se aos Objetivos de Desenvolvimento Sustentável das Nações Unidas nas seguintes proporções: Paz, Justiça e Instituições Eficazes (35%), Erradicação da Pobreza (16%), Educação de Qualidade (9%), Igualdade de Gênero (9%) e Redução das Desigualdades (8%).

O relatório escrutinizou a situação dos direitos humanos no país e lançou luz sobre o papel do Estado em relação a amplo escopo de temas,

---

2   PINHEIRO, Paulo Sérgio. A incompletude da democracia no Brasil e o retrocesso dos direitos humanos. **Working paper. Núcleo de Estudos da Violência**. Universidade de São Paulo, 2020. Disponível em: https://nev.prp.usp.br/wp-content/uploads/2021/02/texto_rdh_psp.pdf. Acesso em: 17 jun. 2021.

3   ORGANIZAÇÃO DAS NAÇÕES UNIDAS. **Universal Periodic Review**. Disponível em: https://www.ohchr.org/EN/HRBodies/UPR/Pages/BRIndex.aspx. Acesso em: 17 jun. 2021.

de que cumpre destacar: i) necessidade de fortalecer a estrutura nacional de direitos humanos, como o Conselho Nacional de Direitos Humanos; ii) reforçar medidas que promovam a igualdade e a não discriminação, a exemplo da discriminação ética e racial; iii) promover o direito à vida, à liberdade e à segurança da pessoa, com medidas como prevenir a violência policial e investigar casos de assassinatos ilegais, violência, abuso, tortura, e outras formas de maus tratos e corrupção envolvendo a polícia, forças de segurança e servidores do sistema prisional, e melhorar as condições em prisões e centros de detenção; iv) aperfeiçoar a administração da justiça, promover o Estado de Direito e diminuir a impunidade, bem como fortalecer o sistema judicial com medidas tais como a diminuição da duração da prisão preventiva e extensão de penas alternativas à prisão; v) adotar medidas para promover as liberdades fundamentais e o direito de participar da vida pública e política, tal como dar continuidade à implementação do Programa Nacional de Proteção aos Defensores de Direitos Humanos; vi) aprofundar o direito à saúde, educação e a um padrão de vida adequado; e vii) respeitar e promover o direito de grupos e pessoas específicas, tais como mulheres e povos indígenas.

No mesmo diapasão, recente relatório da Anistia Internacional chama atenção para o aumento de ataques, assassinatos inclusive, de ativistas e defensores de direitos humanos, jornalistas, profissionais da imprensa e movimentos sociais no país[4]. Outro ponto de destaque foi a destruição ou enfraquecimento dos mecanismos de proteção do meio ambiente e dos povos indígenas. Soma-se a esse quadro de tensão política e social a crise decorrente da pandemia global de covid-19, que gerou um aumento de casos de violência contra a mulher e o agravamento dos problemas afetos à desigualdade na distribuição de serviços de saúde, educação e saneamento. Ademais, verifica-se a insuficiência das medidas de assistência social adotadas pelo governo para diminuir a crise econômica subjacente. O documento enfatizou, ainda, o incremento no número de homicídios cometidos por forças policiais em várias cidades brasileiras, que alcançou a média de 17 mortes por dia em 2020, "7,1% a mais do que em 2019".

A Human Rights Watch (HRW), organização internacional não governamental que defende e realiza pesquisas sobre os direitos humanos,

---

4   ANISTIA INTERNACIONAL. **Informe 2020/21: O ESTADO DE DIREITOS HUMANOS NO MUNDO**, 2021. Disponível em: https://www.amnesty.org/download/Documents/POL1032022021BRAZILIAN%20PORTUGUESE.PDF. Acesso em: 17 jun. 2021.

observou tendências semelhantes, elaborando contundentes críticas ao atual governo brasileiro em seu relatório sobre o ano de 2020: "O presidente Jair Bolsonaro tentou sabotar medidas de saúde pública destinadas a conter a propagação da pandemia de covid-19, mas o Supremo Tribunal Federal (STF), o Congresso e governadores defenderam políticas para proteger os brasileiros da doença. O governo Bolsonaro tem enfraquecido a fiscalização ambiental, na prática dando sinal verde às redes criminosas envolvidas no desmatamento ilegal na Amazônia e que usam a intimidação e a violência contra os defensores da floresta. O presidente Bolsonaro acusou, sem qualquer prova, indígenas e organizações não governamentais (ONGs) de serem responsáveis pela destruição da floresta. Ele também fez ataques a jornalistas. Em 2019, a polícia matou 6.357 pessoas, uma das maiores taxas de mortes pela polícia no mundo. Quase 80% das vítimas eram negras. As mortes causadas por policiais aumentaram 6% no primeiro semestre de 2020"[5]. O mesmo documento salienta o grande impacto da pandemia sobre os negros, grupo que compõe mais de 50% da população, devido à ausência ou insuficiência de proteção do Estado a trabalhadores informais e à distribuição desigual de serviços públicos em áreas periféricas. Segundo a organização, "brasileiros negros tiveram maior probabilidade do que outros grupos raciais de apresentarem sintomas consistentes com covid-19 e de morrerem no hospital".

Esse cenário de deterioração dos direitos humanos no país, que encontra raízes na recorrente crise econômica e política, tende a gerar uma espiral ainda mais profunda de instabilidade. Os direitos humanos são universais e inalienáveis, indivisíveis e interdependentes. A realização dos direitos de um único indivíduo é o que garante o direito de todos os outros. Ou, ainda, o desrespeito e a violação de um único direito abrem caminho para a violação de todos os outros direitos.

A IMPORTÂNCIA DOS DIREITOS HUMANOS PARA O DESENVOLVIMENTO DAS NAÇÕES

Uma questão primordial que se coloca no processo de construção política diz respeito ao padrão de desenvolvimento, ou qual o desenvolvimento a que a sociedade deve aspirar. Esse processo deve ser centrado

---

5   HUMAN RIGHTS WATCH. **Relatório Mundial**, 2021. Disponível em: https://www.hrw.org/pt/world-report/2021/country-chapters/377397. Acesso em: 17 jun. 2021.

nas aspirações do ser humano, em um agir consciente e responsável, que leve em consideração as necessidades fundamentais também de futuras gerações. De maneira mais imediata, resta claro que o Estado deve caminhar em direção à realização plena dos direitos humanos, em seu sentido mais amplo, e essa tarefa compete às lideranças políticas e econômicas e a parcelas cada vez maiores e mais organizadas da sociedade civil. A conformação de um país para todos, inclusivo e solidário, depende do comprometimento efetivo à causa dos direitos humanos por parte de cada cidadão, e isso passa pela informação e por não aceitar retrocessos em pautas tão importantes a um país com níveis de desigualdade e desafios sociais tão elevados.

Muito da falta de clareza e dos lugares-comuns que têm pautado o debate público sobre os direitos humanos no Brasil verificam-se igualmente nas discussões relacionadas ao binômio "desenvolvimento" e "crescimento econômico". O impacto negativo disso sobre a formulação de políticas públicas é grande, pois nesse ponto a ignorância cria raízes mais profundas sobre a sociedade e sobre o próprio papel do Estado em sua obrigação de prover ambiente propício para que a cidadania seja exercida plenamente. No caso brasileiro, resta claro certo pendor ideológico de setores relevantes da sociedade no sentido de, por exemplo, priorizar a geração de riqueza a todo custo, em detrimento de investimentos em políticas sociais, se necessário, a partir de uma noção de desenvolvimento que privilegia o aspecto econômico sobre outras variáveis igualmente relevantes para a construção de uma sociedade próspera, ética e saudável.

Nesse contexto, o conceito de crescimento econômico apresenta-se de forma imperativa, e mesmo intuitiva, na medida em que se refere basicamente ao aumento do rendimento real da produção nacional. Tradicionalmente, essa medida é observada por meio do comportamento do Produto Interno Bruto (PIB), não obstante existam, dentro das ciências sociais e econômicas, formas alternativas de se medir o aumento (ou diminuição) da riqueza gerada por um conjunto populacional dentro de um determinado território em um período específico. No Capítulo 1 deste livro, comentamos sobre outras importantes medidas de bem-estar de uma sociedade, do seu desenho e da sua crescente importância.

O conceito de desenvolvimento, por sua vez, apresenta nuances menos objetivas, justamente por se referir a elementos mais estruturantes de como a sociedade busca a melhoria de suas condições econômicas e sociais. Refere-se mais especificamente ao incremento na forma de se gerir recursos naturais, tecnológicos e humanos, com vistas à criação de melhores condições de vida ao conjunto da população, mas também a cada cidadão individualmente. A partir desse conceito, percebe-se, por exemplo, as deficiências de se formular políticas públicas com o objetivo único de promover crescimento econômico, desconsiderando o primado dos direitos humanos como elemento-chave da atuação do Estado. Como dito por Piketty, "a desigualdade não diminui só porque temos desenvolvimento econômico"[6]. Pelo contrário, a experiência advinda do contexto de pandemia atual reforça a percepção de que o fosso que separa ricos de pobres aumenta em contextos de crise, aprofundando desigualdades já latentes, por mecanismos próprios do sistema de acumulação de capital em escala global.

As Nações Unidas, vale dizer, utilizam o conceito de desenvolvimento humano para tratar o tema, valendo-se desde 1990 do Índice de Desenvolvimento Humano (IDH) para isso, marcador que leva em consideração as variáveis de expectativa de vida (saúde), acesso ao conhecimento (educação) e padrão de vida (renda) para aferir a qualidade de vida das populações. O IDH brasileiro, segundo relatório de 2020 divulgado pelo Programa Nações Unidas para o Desenvolvimento (PNUD)[7], utilizando dados de 2019, anteriores à eclosão da pandemia, portanto, coloca o país entre as nações com "alto índice de desenvolvimento humano", apesar da queda da 79ª para a 84ª posição no ranking de 189 países, em comparação ao ano anterior.

Ressalte-se que a experiência brasileira não parece refletir um tal elevado índice de desenvolvimento humano, e isso se dá na prática pois o IDH ignora o fato de o Brasil estar hoje entre os dez países mais desiguais do mundo. Por esse motivo, a metodologia de aferição tem evoluído em anos recentes no sentido de incorporar indicadores complementares de desenvolvimento humano, a exemplo do Índice de Desenvolvimento Humano Ajustado à Desigualdade (IDHAD), do Índice de Desigualdade de Gênero (IDG) e do Índice de Pobreza Multidimensional (IPM).

Quando levada em consideração a desigualdade, por exemplo, o IDH ajustado do Brasil coloca o país na 104ª posição do ranking. Ao comparar a proporção da renda acumulada no período 2010-2018 entre os grupos

---

6 PIKETTY, Thomas. **Capital in the Twenty-First Century**. Cambridge: Belknap Press, 2013.

7 ORGANIZAÇÃO DAS NAÇÕES UNIDAS. **Human Development Report 2020: The next frontier**, 2021. Disponível em: http://hdr.undp.org/sites/default/files/hdr2020.pdf. Acesso em: 17 jun. 2021.

dos 40% mais pobres (10,4% da renda do país), dos 10% mais ricos (42,5%) e do 1% mais rico (28,3%), essa desigualdade fica ainda mais evidente. Em países com o "desenvolvimento humano muito elevado", grupo encabeçado pela Noruega atualmente, a proporção costuma obedecer a uma distribuição de mais ou menos 20% da riqueza entre os 40% mais pobres da população, 20% para os 10% mais ricos e 10% para o 1% mais rico. Em outras palavras, os pobres brasileiros são mais em número e em nível de pobreza que os pobres noruegueses, e os ricos brasileiros, em menor número e mais ricos.

Estudos do Fundo Monetário Internacional (FMI) constataram que a desigualdade de renda (medida, entre outros, pelo chamado "coeficiente de Gini") afeta negativamente o crescimento econômico de um país e sua sustentabilidade. Há um amplo debate em curso entre formuladores de política e acadêmicos sobre o tema, mas parece inegável a relevância da melhor distribuição de renda para o crescimento econômico, ou, ainda, a maior eficácia do crescimento quando inclusivo e solidário.

No documento "Causes and Consequences of Income Inequality: A Global Perspective", os pesquisadores da organização atestam que "se a parcela da renda dos 20% no topo (ricos) aumenta, o incremento do PIB em realidade diminui no médio prazo, sugerindo que os benefícios não se escoam para baixo[8]. Em contraste, um incremento na parcela de renda dos 20% mais abaixo (pobres) está associado a um crescimento maior do PIB. Ou seja, os pobres e a classe média importam mais para o crescimento por meio de um número de canais econômicos, sociais e políticos inter-relacionados.

Sobre o recorte de classe, há ainda outra conclusão interessante, e que pode indicar um caminho a países como o Brasil: políticas que enfoquem os pobres e a classe média podem mitigar a desigualdade. O melhor acesso à educação e ao sistema de saúde e políticas sociais bem direcionadas, acompanhados de políticas que garantam que as instituições do mercado de trabalho não penalizem excessivamente os mais pobres, podem ajudar a aumentar a parcela de renda desses grupos.

Novamente, os direitos humanos colocam-se no centro do debate econômico sobre desenvolvimento e desigualdade, e vêm em auxílio, como

---

8   DABLA-NORRIS, Era et al. Causes and consequences of Income Inequality: A global perspective. **International Monetary Fund Staff Discussion Note**, 2015. Disponível em: https://www.imf.org/external/pubs/ft/sdn/2015/sdn1513.pdf. Acesso em: 17 jul. 2021.

solução aliás, para a construção de um projeto de país que proporcione os meios para uma vida digna a cada cidadão. Mais importante, os direitos humanos parecem ser uma importante matriz de referência a ser considerada para a transformação da sociedade brasileira hoje, e devem pautar suas agendas política, econômica, social, ambiental, identitária, etc.

Além das discussões acerca do desenvolvimento humano, a agenda internacional tem repisado em décadas recentes a temática do desenvolvimento sustentável, conceito que vem evoluindo e incorporando valores caros à comunidade internacional desde as últimas décadas do século XX, definido, no relatório "Nosso Futuro Comum", de 1987, como "o desenvolvimento que procura satisfazer as necessidades da geração atual, sem comprometer a capacidade das gerações futuras de satisfazerem as suas próprias necessidades". O processo de concepção do desenvolvimento sustentável passa pela atuação decisiva de líderes globais no contexto das cúpulas Rio 92 e Rio +20, uma demonstração emblemática do protagonismo brasileiro de outrora em temas prementes da agenda internacional.

Ademais da preocupação com as gerações futuras, fruto da incorporação do princípio da responsabilidade no cerne dos foros internacionais, a noção empresta as bases para uma nova governança global, e um resultado imediato desse movimento político é a criação de agendas propositivas e metas realizáveis com vistas à melhoria da qualidade de vida de todos os cidadãos, em escala planetária.

Nesse contexto inserem-se a adoção, via Nações Unidas, dos Objetivos do Milênio, em 2000, e da Agenda 2030, em 2015, que consiste em um plano de ação que incorpora 17 Objetivos de Desenvolvimento Sustentável (ODS), desdobrados em 169 metas, aprovados por unanimidade pelos 193 Estados membros. Trata-se de uma agenda alargada e ambiciosa, que aborda múltiplas dimensões do desenvolvimento sustentável e que promove a paz, a justiça e instituições eficazes. Segundo o secretário-geral da ONU, o português António Guterres, "a Agenda 2030 é a nossa Declaração Global de Interdependência".

Os ODS, convém ressaltar, trazem em seu bojo o entendimento acumulado historicamente sobre a amplitude do alcance dos direitos humanos para o desenvolvimento sustentável das sociedades modernas. De forma propositiva, a Agenda 2030 pauta questões ligadas a erradicação da pobreza, fome zero e agricultura sustentável, saúde e bem-estar, educação de qualidade, igualdade de gênero, água limpa e saneamento, energia limpa e acessível, trabalho decente e crescimento econômico, fornecimento de educação de qualidade, indústria, inovação e infraestrutura, redução de desigualdades, cidades e comunidades sustentáveis, produção e consumo sustentáveis, ação climática, proteção às vidas marinha e terrestre, promoção de paz, justiça e instituições eficazes e constituição de parcerias e meios de implementação desses mesmos objetivos.

Existe uma relação direta entre direitos humanos e desenvolvimento sustentável. Considera-se que o desenvolvimento almejado seja resultado do investimento nos indivíduos, e não na mera criação e distribuição da riqueza. Assim, um modelo de desenvolvimento mais ético, com foco na participação e melhoria de vida de cada cidadão, acarreta benefícios imediatos ao conjunto da sociedade. Um exemplo bastante nítido desse encadeamento está quantificado no documento "The Economic Cost of Gender-Based Discrimination in Social Institutions"[9], da Organização para a Cooperação e o Desenvolvimento Econômico (OCDE), que busca demonstrar de que forma a paridade de gênero representa não apenas um direito humano, mas também uma oportunidade econômica ímpar. Segundo os pesquisadores, o impacto negativo da discriminação baseada em gênero chega a 12 trilhões de dólares, ou 16% da renda global. Um mundo livre de instituições sociais discriminatórias traria benefícios macroeconômicos generalizados, o que reforça a necessidade de se avançar com normas, políticas e programas nesse sentido no âmbito das estratégias nacionais de crescimento.

Outro trabalho que corrobora essa percepção é o documento "Integrating Human Rights Into Development: Donor Approaches, Experiences and Challenges", publicado em parceria pelo Banco Mundial e a OCDE, em 2016[10]. O estudo lança luzes sobre a interconexão existente entre violações de direitos, pobreza, exclusão, degradação ambiental, vulnerabilidade e conflito, e reconhece a importância dos direitos humanos em

---

9   FERRANT, Gaëlle; KOLEV, Alexandre. **The economic cost of gender-based discrimination in social institutions.** OECD Development Centre, 2016. Disponível em: https://www.oecd.org/development/gender-development/SIGI_cost_final.pdf. Acesso em: 17 jul. 2021.

10 WORLD BANK; ORGANIZATION FOR ECONOMIC CO-OPERATION AND DEVELOPMENT. **Integrating Human Rights into Development: Donor Approaches, Experiences, and Challenges.** 3. ed. Washington, DC, 2013. Disponível em: https://openknowledge.worldbank.org/bitstream/handle/10986/25859/111914-WP-IntegratingHumanRightsIntoDevelopmentThirdEdition-PUBLIC.pdf?sequence=1&isAllowed=y. Acesso em: 17 jul. 2021.

diferentes contextos, bem como sua potencial relevância instrumental para melhorar os processos e resultados das estratégias de cooperação internacional e desenvolvimento. Nesse contexto, os direitos humanos são percebidos tanto como um objetivo em si quanto como uma contribuição para a qualidade e eficácia da assistência ao desenvolvimento de países emergentes ou de menor desenvolvimento relativo. A integração dos direitos humanos ao desenvolvimento decorreria de obrigações legais, que emanam do arcabouço legal a que os Estados têm o dever de respeitar, e de considerações éticas e políticas, pautadas no próprio conceito de dignidade humana.

Na esfera da cooperação internacional e ajuda ao desenvolvimento, os direitos humanos fornecem uma lente a partir da qual se pode examinar as causas estruturais da pobreza e desigualdade, além de contribuir para aumentar a eficácia de estratégias, programas e projetos que visam a combater essas e outras mazelas sociais. Por meio de abordagens baseadas nos direitos humanos (*Human Rights Based Approach*) e de seu foco no aprimoramento de instituições e na prestação de contas (*accountability*), países e organismos internacionais podem aproximar-se do papel de parceiros para o desenvolvimento, ao invés de provedores auxiliares de direitos e serviços, competência esta exclusiva dos Estados em sua atuação doméstica.

Muitas vezes, a raiz de problemas ligados ao desenvolvimento é a própria distribuição de poder dentro de uma sociedade, que tende a criar grupos mais beneficiados e grupos excluídos da cobertura e proteção do Estado e suas políticas públicas. Esse tema, no seu âmbito econômico, será debatido também no Capítulo XVI deste livro. Nesse contexto, o uso de abordagens baseadas em direitos humanos por parte de formuladores e executores de políticas públicas, por exemplo, conduz a resultados melhores e mais sustentáveis, por analisar e enfrentar as desigualdades, as práticas discriminatórias e as relações de poder injustas. Tais abordagens participativas, como iniciativas que visam a empoderar populações pobres e vulneráveis, colocam as reivindicações das pessoas e as obrigações do Estado no centro do debate econômico e social nacional, contribuindo instrumentalmente para a promoção da boa governança, a administração do risco, a redução da pobreza e a melhoria da eficiência dos projetos de desenvolvimento. Nessa perspectiva, os direitos humanos são considerados um canal de legitimidade para a ação estatal e uma estratégia eficaz de responsabilização dos detentores de deveres e reparação aos detentores de direitos.

A perspectiva de que cada ser humano nasce dotado de direitos, necessários para o desenvolvimento de suas capacidades, e que a pobreza é um dos principais obstáculos para a realização desses direitos, traz o foco do desenvolvimento para o indivíduo e o Estado, nos termos do art. 2.º da Declaração sobre Direito ao Desenvolvimento, adotada pela Assembleia da ONU em 1986, que reza que "a pessoa humana é o sujeito central do desenvolvimento e deveria ser participante ativo e beneficiário do direito ao desenvolvimento" e que "os Estados têm o direito e o dever de formular políticas nacionais adequadas para o desenvolvimento, que visem ao constante aprimoramento do bem-estar de toda a população e de todos os indivíduos, com base em sua participação ativa, livre e significativa e no desenvolvimento e na distribuição equitativa dos benefícios daí resultantes".

TEMAS CORRENTES E UM PROJETO PARA O BRASIL: GOVERNANÇA E COMBATE À CORRUPÇÃO

Este artigo se propõe a esclarecer de modo sintético a relação umbilical existente entre o respeito aos direitos humanos e a confecção de uma agenda positiva para o Brasil e de que forma os desafios que se impõem à sociedade brasileira são fruto em sua maior parte da violação desse conjunto de direitos e garantias fundamentais. A falta de conhecimento sobre o tema, que inviabiliza um debate público lúcido e democrático, inclusive no âmbito das instituições de Estado, coloca-se, hoje, como um dos principais óbices a que o Brasil alcance padrões aceitáveis internacionalmente em termos de bem-estar da população e outros indicadores de cunho econômico, social e ambiental, por exemplo.

A incorporação de uma *rationale* centrada no desenvolvimento humano às políticas públicas passa, primeiramente, pela definição do conceito de governança, que se refere a processos e práticas pelas quais temas de interesse comum são decididos e regulamentados. Uma boa governação, portanto, deve ser um objetivo compartilhado pelo conjunto da sociedade, e os meios para sua consecução relacionam-se à temática dos direitos humanos. A esse respeito, o Conselho de Direitos Humanos da ONU considera uma boa governança aquela que visa alcançar os Objetivos de Desenvolvimento Sustentável (ODS), ou seja, o processo pelo qual as instituições públicas conduzem os negócios públicos, gerem recursos públicos e garantem a realização dos direitos humanos.

Nesse contexto, uma questão que emerge é de que forma o Estado brasileiro tem-se empenhado em garantir a cada indivíduo os direitos à saúde, moradia adequada, alimentação suficiente, educação de qualidade, justiça equitativa e segurança pessoal, sem o que não se pode falar em boa governança. Essa noção e a de direitos humanos se reforçam mutuamente, de modo que a solidificação de princípios e estruturas de garantia dos direitos humanos resulta em melhores resultados em termos de políticas públicas. Competiria assim ao Estado prover um ambiente transparente e responsável, onde os indivíduos possam conhecer e exercer seus direitos e onde haja clareza sobre as competências das instituições públicas, e o devido monitoramento e responsabilização, em caso de violações.

Os processos que conduzem a uma boa governança, vale dizer, devem envolver o chamado à participação nos negócios públicos e empoderamento de todos os indivíduos e grupos sociais, de forma significativa, promovendo instituições mais democráticas e modalidades de transparência e prestação de contas mais efetivas. O impacto positivo de uma abordagem baseada em direitos humanos, nesse sentido, extrapola a esfera macroeconômica, ao beneficiar importantes áreas de atuação do Estado, tais como a gestão de financiamento público e de empresas públicas, a descentralização da tomada de decisões, o acesso à justiça e a promoção de maior paridade de gênero e racial e de oportunidades econômicas entre grupos vulneráveis.

As Nações Unidas, vale dizer, organizam os vínculos entre boa governança e direitos humanos em torno de quatro grandes áreas, que bem poderiam servir de norte para a reconstrução da sociedade brasileira via políticas públicas reconhecidamente eficazes e sobre bases mais humanas e solidárias[11]:

i) Instituições democráticas: criação dos meios para maior participação da sociedade civil e de comunidades locais na formulação de políticas, por meio de instituições formais e de mecanismos de consultas informais;

ii) Oferta de serviços públicos: a boa governança incrementa a realização dos direitos humanos na medida em que melhora a capacidade do Estado de cumprir suas obrigações em termos de saúde, educação e nutrição, segurança pública, entre outros. Para isso, são necessárias ferramentas e mecanismos políticos culturalmente sensíveis, que promovam transparência e garantam que os serviços sejam acessíveis e aceitáveis para todos;

iii) Estado de Direito: uma boa governação, com foco nos direitos humanos, deve reformar a legislação e as instituições responsáveis pela implementação do Estado de Direito, a exemplo dos sistemas penal

---

11 ORGANIZAÇÃO DAS NAÇÕES UNIDAS. **About Good Governance: What is good governance?** Disponível em: https://www.ohchr.org/EN/Issues/Development/GoodGovernance/Pages/AboutGoodGovernance.aspx. Acesso em: 17 jul. 2021.

e judiciário, no sentido de promover a melhoria da capacidade operacional e a promoção de consciência pública sobre os quadros jurídicos nacionais e internacionais e a necessidade de reforma legal;

iv) Combate à corrupção: nesse campo, a boa governança se escora em princípios de prestação de contas, transparência e participação para desenvolver medidas anticorrupção, com mecanismos que incluam o estabelecimento de comissões nesse sentido e a criação de mecanismos de compartilhamento de informações e monitoramento do uso de recursos públicos.

A propósito desta última área, é importante registrar que, em anos recentes, o tema do combate à corrupção tem gerado importantes debates no Brasil, e no mais das vezes sem levar em consideração as implicações políticas e econômicas para o país. A corrupção por si mesma já pode ser considerada uma violação de direitos humanos devido aos impactos negativos, diretos e indiretos, sobre a implementação de serviços públicos, em detrimento do princípio de não discriminação, por exemplo. Políticas de prevenção e combate à corrupção são importantes sobretudo para garantir que recursos públicos sejam direcionados de maneira eficaz, gerando benefícios ao conjunto da sociedade e criando um ciclo virtuoso entre boa governança e cidadania.

Os processos ligados a transparência, discussão, monitoramento e prestação de contas gerados por medidas anticorrupção favorecem enormemente a participação da sociedade civil e inibe crimes de abuso de poder, emprego irregular de verbas públicas, favorecimento ilícito e peculato, entre outros, em benefício da distribuição mais equitativa e justa dos recursos materiais e imateriais no âmbito da sociedade. Tanto a corrupção quanto a violação sistemática de direitos humanos são consequência de instituições democráticas frágeis. Em alguns casos de corrupção extrema e amplamente difusa, observa-se a própria falência das instituições estatais, com consequências nefastas em termos de políticas públicas e garantia de direitos, e o rompimento do contrato social[12].

Em contextos de corrupção sistêmica e de cooptação do Estado por grupos de interesse, as violações de direitos humanos de cidadãos que tentem denunciar condutas ilegais tendem a ser mais prevalentes, inibindo a participação popular e favorecendo a perpetuação da corrupção. Para não permitir que esse ciclo de violação seja alimentado, uma medida

---

12 WORLD BANK. **Combating Corruption.** Disponível em: https://www.worldbank.org/en/topic/governance/brief/anti-corruption. Acesso em: 17 jul. 2021.

fundamental é assegurar a proteção de pessoas envolvidas na denúncia, investigação e julgamento de crimes de corrupção[13].

Como toda forma de injustiça sistêmica, a corrupção causa maior impacto entre populações vulneráveis e marginalizadas, que dependem em maior proporção de serviços públicos e não têm acesso a serviços alternativos, oferecidos pelo setor privado[14]. Soma-se a isso a menor participação na formulação e implementação de políticas públicas, que por vezes ignoram por completo essa realidade, e a falta de recursos para se defender de violações a seus direitos. Estudos sugerem, inclusive, que as classes mais baixas arquem com uma proporção maior de seus salários em propinas, cenário que agrava a exclusão social e inibe a criação de condições favoráveis ao desenvolvimento[15].

Sobre o tema, é importante compreender a dinâmica do fenômeno da corrupção, que se manifesta em escala global e exige, portanto, uma ação concertada para seu correto equacionamento. No Brasil, a corrupção se manifesta de forma particular em cada contexto, com consequências igualmente nocivas ao conjunto da sociedade. No âmbito do Poder Judiciário, o fenômeno é especialmente danoso para o Estado de Direito, pois mina a independência, a imparcialidade e a integridade da justiça, afetando o direito que todo cidadão possui a um julgamento justo e equitativo e, em última instância, a própria credibilidade do sistema judicial[16].

Esse contexto também acaba por favorecer a criação de mecanismos de "justiça" paralelos, estruturados ou não, que costumam alimentar ciclos de abusos e violência por parte de agentes estatais e não estatais, diante da incapacidade das instituições de atuar de forma eficaz na resolução e mediação de conflitos. Um exemplo bastante didático desse fenômeno é a capilaridade que as milícias alcançam em áreas periféricas das aglome-

---

13 ORGANIZAÇÃO DAS NAÇÕES UNIDAS. **Human Rights Council: Forty-first session**, 2019. Disponível em: https://documents-dds-ny.un.org/doc/UNDOC/LTD/G19/209/30/PDF/G1920930.pdf?OpenElement. Acesso em: 17 jul. 2021.

14 ORGANIZAÇÃO DAS NAÇÕES UNIDAS. **Final report of the Human Rights Council Advisory Committee on the issue of the negative impact of corruption on the enjoyment of human rights**, 2015. Disponível em: https://www.refworld.org/docid/550fef884.html. Acesso em: 17 jul. 2021.

15 WORLD BANK. **Combating Corruption.** Disponível em: https://www.world-bank.org/en/topic/governance/brief/anti-corruption. Acesso em: 17 jul. 2021

16 ORGANIZAÇÃO DAS NAÇÕES UNIDAS. **Integrity in the Criminal Justice System**. Disponível em: https://www.unodc.org/unodc/en/corruption/criminal--justice-system.html. Acesso em: 17 jul. 2021.

rações urbanas, que se valem da ausência do Estado para se desenvolverem, inclusive com tribunais criados para punir indivíduos que desrespeitem as leis impostas pelos criminosos.

Da mesma forma, preocupa no Brasil o entrelaçamento de interesses privados com a coisa pública. É urgente, portanto, aprimorar mecanismos de prevenção à corrupção proveniente dessa relação simbiótica com o setor privado, de modo a impedir interferências indevidas no âmbito de processos legislativos e judiciários e da burocracia estatal em benefício de grupos econômicos, reduzindo a eficácia de políticas públicas em temas fiscais, ambientais, econômicos, etc., em detrimento do bem comum.

Os massivos fluxos financeiros ilegais gerados pela drenagem dos cofres públicos para ganhos privados retiram recursos que de outra maneira seriam investidos na melhoria da qualidade de vida da população. Mais do que isso, muitas vezes o destino de recursos desviados são os países ricos, agravando ainda mais o quadro de pobreza e desigualdade global. Segundo as Nações Unidas, "a corrupção, o suborno, o furto e a evasão fiscal custam, por ano, cerca de 1,26 trilhões de dólares aos países em desenvolvimento. Isso significa que a má gestão de recursos, associada a corrupção impacta a promoção de direitos iguais e o próprio desenvolvimento"[17]. Ademais, medidas de prevenção são sempre preferíveis a medidas de combate à corrupção. Estruturas de investigação e responsabilização de crimes de corrupção são fundamentais para coibir e recuperar recursos do Estado, mas elas são extremamente difíceis de se operacionalizar e custosas do ponto de vista econômico, político e social.

Os problemas do Brasil de hoje são inúmeros e atravessam realidades distintas e absolutamente complexas. O remédio para a pobreza, desigualdade, vulnerabilidade e marginalização, ineficiência crônica do Estado, degradação ambiental, violência e corrupção envolve a conscientização da sociedade sobre a origem desses desafios e uma repactuação de ordem política, econômica e social. Os direitos humanos devem servir, nesse longo processo, de bússola e porto seguro, por serem fruto de uma construção histórica e democrática dos povos e por se proporem a tratar a totalidade das dimensões humanas e sua atuação no mundo.

Para os Estados comprometidos com os Objetivos de Desenvolvimento Sustentável, os direitos humanos são ao mesmo tempo um método

---

17 ORGANIZAÇÃO DAS NAÇÕES UNIDAS. **Goal 16: Promote just, peaceful and inclusive societies.** Disponível em: https://www.un.org/sustainabledevelopment/peace-justice/. Acesso em: 17 jul. 2021.

e um objetivo nesse processo. Um método, porque responsabiliza e qualifica as instituições públicas a cumprir as suas obrigações, enquanto detentoras de deveres, favorecendo a boa governança e inibindo a corrupção. E um objetivo, porque busca empoderar e qualificar os detentores de direitos e criar meios e mecanismos de participação e transparência para facilitar e otimizar o diálogo entre a sociedade e o poder público estabelecido. No núcleo dessa dinâmica, está a noção, cristalizada universalmente há mais de 70 anos, de que "todos os seres humanos nascem livres e iguais em dignidade e em direitos. Dotados de razão e de consciência, devem agir uns para com os outros em espírito de fraternidade"[18].

REFERÊNCIAS

ANISTIA INTERNACIONAL. **Informe 2020/21: o estado de direitos humanos no mundo**, 2021. Disponível em: https://www.amnesty.org/download/Documents/POL1032022021BRAZILIAN%20PORTUGUESE.PDF. Acesso em: 17 jun. 2021.

DABLA-NORRIS, Era et al. Causes and consequences of Income Inequality: A global perspective. **International Monetary Fund Staff Discussion Note**, 2015. Disponível em: https://www.imf.org/external/pubs/ft/sdn/2015/sdn1513.pdf. Acesso em: 17 jul. 2021.

FERRANT, Gaëlle; KOLEV, Alexandre. **The economic cost of gender-based discrimination in social institutions**. OECD Development Centre, 2016. Disponível em: https://www.oecd.org/development/gender-development/SIGI_cost_final.pdf. Acesso em: 17 jul. 2021.

HUMAN RIGHTS WATCH. **Relatório Mundial**, 2021. Disponível em: https://www.hrw.org/pt/world-report/2021/country-chapters/377397. Acesso em: 17 jun. 2021.

ORGANIZAÇÃO DAS NAÇÕES UNIDAS. **Goal 16: Promote just, peaceful and inclusive societies**. Disponível em: https://www.un.org/sustainabledevelopment/peace-justice/. Acesso em: 17 jul. 2021.

ORGANIZAÇÃO DAS NAÇÕES UNIDAS. **Integrity in the Criminal Justice System**. Disponível em: https://www.unodc.org/unodc/en/corruption/criminal-justice-system.html. Acesso em: 17 jul. 2021.

---

18 ORGANIZAÇÃO DAS NAÇÕES UNIDAS. **Declaração Universal dos Direitos Humanos**. Disponível em: https://www.ohchr.org/en/udhr/documents/udhr_translations/por.pdf. Acesso em: 17 jul. 2021.

ORGANIZAÇÃO DAS NAÇÕES UNIDAS. **Human Rights Council: Forty-first session,** 2019. Disponível em: https://documents-dds-ny.un.org/doc/UNDOC/LTD/G19/209/30/PDF/G1920930.pdf?OpenElement. Acesso em: 17 jul. 2021.

ORGANIZAÇÃO DAS NAÇÕES UNIDAS. **Universal Periodic Review.** Disponível em: https://www.ohchr.org/EN/HRBodies/UPR/Pages/BRIndex.aspx. Acesso em: 17 jun. 2021.

ORGANIZAÇÃO DAS NAÇÕES UNIDAS. **Final report of the Human Rights Council Advisory Committee on the issue of the negative impact of corruption on the enjoyment of human rights,** 2015. Disponível em: https://www.refworld.org/docid/550fef884.html. Acesso em: 17 jul. 2021.

ORGANIZAÇÃO DAS NAÇÕES UNIDAS. **Human Development Report 2020: The next frontier,** 2021. Disponível em: http://hdr.undp.org/sites/default/files/hdr2020.pdf. Acesso em: 17 jun. 2021.

ORGANIZAÇÃO DAS NAÇÕES UNIDAS. **About Good Governance: What is good governance?** Disponível em: https://www.ohchr.org/EN/Issues/Development/GoodGovernance/Pages/AboutGoodGovernance.aspx. Acesso em: 17 jul. 2021.

ORGANIZAÇÃO DAS NAÇÕES UNIDAS. **Declaração Universal dos Direitos Humanos.** Disponível em: https://www.ohchr.org/en/udhr/documents/udhr_translations/por.pdf. Acesso em: 17 jul. 2021.

PINHEIRO, Paulo Sérgio. A incompletude da democracia no Brasil e o retrocesso dos direitos humanos. **Working paper. Núcleo de Estudos da Violência.** Universidade de São Paulo, 2020. Disponível em: https://nev.prp.usp.br/wp-content/uploads/2021/02/texto_rdh_psp.pdf. Acesso em: 17 jun. 2021.

PIKETTY, Thomas. **Capital in the Twenty-First Century**. Cambridge: Belknap Press, 2013.

WORLD BANK. **Combating Corruption**. Disponível em: https://www.worldbank.org/en/topic/governance/brief/anti-corruption. Acesso em: 17 jul. 2021.

ORGANIZAÇÃO DAS NAÇÕES UNIDAS. **What are Human Rights**. Disponível em: https://www.ohchr.org/en/issues/pages/whatarehumanrights.aspx. Acesso em: 17 jul. 2021.

WORLD BANK. **Combating Corruption.** Disponível em: https://www.worldbank.org/en/topic/governance/brief/anti-corruption. Acesso em: 17 jul. 2021.

Parte IV:
UM BRASIL PARA TODOS

11

Prioridade absoluta: por que é urgente investir em um benefício infantil

Pedro Fernando Nery

A forma como tratamos as crianças, a forma como cuidamos de seu bem-estar, e a forma como garantimos que suas vidas sejam cheias de oportunidades diz muito sobre que tipo de país somos.
JACINDA ARDERN[1]

RESUMO: Passados quase dois anos de pandemia, o Brasil observou os maiores níveis de desigualdade de renda e de pobreza dos últimos anos e precisará de uma nova política social. A literatura e a experiência internacional indicam que o melhor caminho é o reforço dos programas que atendem às crianças. Há um elevado retorno deste tipo de gasto para o conjunto da sociedade, uma das razões pelas quais ele se justifica. A infância, em particular a primeira infância, é tão importante para o futuro de sociedades, que muitos países já adotam transferências de renda voltadas para toda a população infantil, ou quase toda. Neste capítulo, apresentamos a vantagem de introduzir um benefício universal infantil e descrevemos as experiências internacionais. Defendemos que este é um caminho meritório para o futuro da política social no Brasil.

INTRODUÇÃO

A Constituição de 1988 conviveu, ao longo de seus mais de trinta anos, com elevadas taxas de pobreza infantil. Tamanha indiferença com o

---

1 Ardern (2019).

grupo mais vulnerável dos brasileiros é uma contradição da Carta que mereceu a alcunha de Cidadã, pelo esforço de construção de um Estado de Bem-Estar Social. Hoje deve ficar claro que o atual padrão do gasto da Seguridade Social não protege seus cidadãos mais expostos a diversos riscos – ao contrário do modelo de democracias avançadas e do que a própria ciência tem prescrito sobre as enormes consequências positivas de se combater a pobreza nas faixas etárias mais jovens. O futuro da proteção social no Brasil passa pela adoção de um amplo benefício infantil.

Gastar muito e proteger pouco é só um dos paradoxos da nossa política social quando falamos da infância. Outro advém do próprio texto da Constituição, tão usada para escudar os grupos mais bem posicionados na distribuição de renda (tipicamente famílias mais velhas bem incluídas em mercados relevantes, como o de mercado de trabalho) dos efeitos de reformas. A Constituição de 1988 estabelece que crianças são a prioridade: na verdade, vai além, dispondo que crianças são **prioridade absoluta**. Daí deveria decorrer que qualquer política que não contribuísse para o atendimento de suas necessidades deveria ser secundária, o que, como veremos, está longe de ser o caso no Brasil. O problema, então, não é com o texto constitucional, mas com sua aplicação assimétrica, enlevada por pressões mais fortes advindas de setores organizados, o que não é o caso das crianças.

Foi assim que a Carta Cidadã foi promulgada:

> Art. 227. **É dever** da família, da sociedade e **do Estado assegurar à criança** e ao adolescente, **com absoluta prioridade, o direito à vida, à saúde, à alimentação, à educação**, ao lazer, à profissionalização, à cultura, **à dignidade**, ao respeito, à liberdade e à convivência familiar e comunitária, **além de colocá-los a salvo de toda forma de negligência, discriminação, exploração, violência, crueldade e opressão**.

Este dispositivo, associado aos aprendizados da experiência internacional e da ciência, nas últimas décadas, nos impele a defender um robusto benefício infantil – de caráter universal ou semiuniversal. Tal proposta é viável e é ainda mais urgente depois de uma severa recessão que derrubou a renda das famílias mais pobres, prejudicou o emprego, principalmente das mulheres, e fechou escolas por tempo demais. A infância, em particular a primeira infância, deve estar no centro da reconstrução do Brasil.

A CIÊNCIA DO GASTO PÚBLICO

Mesmo antes da pandemia, a taxa de crianças vivendo abaixo da linha da pobreza era de cerca de 40% – segundo informa anualmente a

Fundação Instituto Brasileiro de Geografia e Estatística (IBGE) na pesquisa Síntese de Indicadores Sociais (SIS). Este fracasso nacional não necessariamente decorre de o Brasil gastar pouco com política social: de cada 4 reais gastos pelo governo federal (despesa primária), cerca de 3 vão para a Seguridade Social. Este é o conjunto de políticas voltadas para proteger os brasileiros de variados riscos em suas vidas (pobreza, doenças, acidentes, velhices), em três grandes áreas (Assistência, Saúde, Previdência). Uma pequena parcela de fato protege especificamente crianças contra a pobreza – menos de 5% desse gasto.

Talvez pela própria dificuldade de se organizarem em sindicatos ou partidos políticos, a maior parte do gasto social vai, na verdade, para brasileiros mais velhos, eleitores e com acesso ao mercado de trabalho formal (carteira assinada). Entretanto, o conjunto da sociedade perde quando não se combate a pobreza infantil. Digamos que há uma "ciência" do gasto público, quando consideramos que há farta literatura avaliando variados tipos de despesa em muitos países. Elas convergem para mostrar um resultado elevado de políticas públicas destinadas à infância, em parte pelo próprio efeito cumulativo que possuem. Vale dizer, uma criança mais bem alimentada será um aluno melhor, que aprenderá mais e será um trabalhador de maior renda, etc.

O ponto focal dessa literatura é o trabalho do Prêmio Nobel James Heckman, um economista que trabalhou algumas vezes com o brasileiro Flavio Cunha (por sua vez, um economista premiado com a Medalha Frisch). Embora parte da pesquisa de Heckman tenha sido relativizada, recentemente, a conclusão de que há retornos elevados para um país, ao investir em suas crianças, se mantém. Heckman estima um retorno anual de cerca de 14% para este gasto – bem acima do de aplicações financeiras, o que sugere nesta linguagem economicista o alto impacto deste tipo de política. Ou ainda, um retorno de 7 reais na vida adulta para cada 1 real despendido na infância.

Se segue que combater a desigualdade de renda será menos efetivo se não considerarmos as desigualdades que já estão presentes no início da vida. Antes do mercado de trabalho, antes da universidade, antes da própria educação básica – quando consideramos que muitas crianças não têm acesso à educação infantil (creches por exemplo).

Estes anos cruciais do início da vida, a primeira infância, são fundamentais para o desenvolvimento cognitivo e não cognitivo e, como veremos, muitos brasileiros nessa idade passam por diversas privações ligadas à pobreza. Estamos falando de nutrição adequada, acesso à água limpa, uma habitação com espaço seguro para brincadeiras, contato com brinquedos e livros, além de familiares capazes de estimular as crianças e da ausência de estresse elevado no lar. Não à toa, o financista Warren Buffett, uma das pessoas mais ricas do planeta, fala em "loteria ovariana" aludindo à importância de nascer em uma família com recursos, afirmando que o resultado dessa loteria seria o acontecimento mais relevante da vida de qualquer um[2].

Sob uma perspectiva de responsabilidade fiscal, trata-se de ampliar a arrecadação futura e reduzir o gasto. Boa parte da arrecadação do governo vem de tributos sobre a renda e sobre os salários: quanto mais empregáveis e mais produtivos forem os cidadãos, maiores serão os níveis de emprego e os salários, ampliando a massa salarial e, em consequência, a própria receita do governo. Estes adultos também demandarão menos gastos com algumas políticas, como seguro-desemprego e outros benefícios, além de saúde e, infelizmente, políticas de segurança pública e penitenciária – tamanha a vulnerabilidade dessa população. Por isso, o próprio Heckman argumenta que "os que buscam reduzir deficits e fortalecer a economia devem investir na primeira infância"[3].

O desenvolvimento do cérebro na primeira infância ocorre em diversas áreas, e todas as privações que prejudicam esse desenvolvimento acabam tendo consequências de longuíssimo prazo – para a cognição e o emocional do adulto, ao atrapalhar o funcionamento e a estrutura do cérebro. Há uma ligação, portanto, entre a atenção à primeira infância, hoje, e o Produto Interno Bruto (PIB) amanhã. É didática a explicação dos economistas Naercio Menezes Filho e Bruno Komatsu (2020):

> O desenvolvimento infantil é um processo ordenado de obtenção de habilidades interdependentes e nos primeiros mil dias de vida as crianças adquirem capacidades que servirão como fundamento para o aprendizado e aquisição de habilidades em fases posteriores da vida, até a adolescência e a fase adulta[4].

Ciente destas evidências, direcionar melhor o gasto público à infância surge não apenas como uma preocupação ética, mas uma preocupação de todos com a redução da desigualdade e o crescimento da economia. Comentando o resultado das pesquisas na área, a *Harvard Magazine* ressaltou o argumento de que os efeitos positivos das políticas para a infância

---

2   Buffett (2013).
3   Heckman (2012).
4   Menezes-Filho e Komatsu (2020).

em geral, e contra a pobreza em particular, sequer deveriam ser consideradas "gastos"[5].

Podemos dizer que a ciência do gasto público também dirime duas preocupações frequentemente manifestadas contra o investimento na infância. Uma é de que existiria um desestímulo ao trabalho dos pais, um comodismo imoral que perpetuaria a própria pobreza, ou certa dependência provocada por políticas como as de transferência de renda. Outro preconceito é o de que haveria estímulo ao aumento das famílias, com mulheres escolhendo ter mais filhos para tirar vantagem dessas políticas. Em países desenvolvidos e emergentes, reiterados estudos não encontram este tipo de evidência. A ciência do gasto desmistifica essas ideias, que no passado foram apresentadas, inclusive, de forma violenta, como quando se afirmava que o Bolsa Família deveria ter outra condicionalidade além das de educação e de saúde: a laqueadura das mães.

Para o Brasil, em que o gasto com infância é baixo e a principal política de transferência de renda – o Programa Bolsa Família – paga um piso de cerca de R$ 40 por mês para cada criança, de fato não faz sentido imaginar que houve em larga escala aumento de filhos em famílias pobres ou saída da força de trabalho para receber tal valor. Trata-se de pouco mais de um real por dia.

A evidência científica do Bolsa Família é de que, a um baixo custo, ele reduziu a pobreza e a desigualdade e estimulou o acesso à educação e à saúde. Especialmente diante do impacto da pandemia, a expansão do Bolsa Família é bem-vinda para combater a pobreza infantil. A Seguridade Social brasileira precisa ter um "seguro" melhor contra este risco. Como expuseram os deputados Tabata Amaral, Felipe Rigoni, Paula Belmonte e Pedro Cunha Lima: "Não existe risco social maior do que o de nascer em uma família pobre"[6]. Há uma série de outras políticas que precisam de atenção, como as de saneamento básico, creche, emprego para os pais e visitação domiciliar: aqui, porém, focaremos nas de transferência de renda, defendendo a necessidade de um benefício universal infantil.

O BENEFÍCIO UNIVERSAL INFANTIL

O benefício universal infantil é entendido como uma política de expansão dos ganhos do Bolsa Família e superação de fragilidades. De

---

5   Bolotnikova (2020).

6   Emenda n. 83 à Proposta de Emenda à Constituição (PEC) n. 287, de 2016.

maneira simplificada, para o público infantil, o Bolsa Família paga benefícios mensais de R$ 41 por criança, somente para famílias com renda por pessoa abaixo de R$ 178. O valor total recebido pela família dependerá, ainda, da quantidade de filhos, já que há valores decrescentes com o tamanho da família e um limite máximo desses dependentes, bem como valores suplementares para famílias na extrema pobreza. A proposta do governo Bolsonaro, em 2021, chamada Auxílio Brasil (Medida Provisória n. 1.061) teria pouco potencial de alterar esta situação, pois, além de não prever quantidade de recursos suficientes e permanentes para uma nova política, não trata das desvantagens do modelo atual descritas a seguir.

Uma vantagem óbvia do benefício universal é expandir a cobertura do Bolsa Família, já que muitas crianças pobres estão fora do Programa – seja porque não satisfazem os critérios de renda, por problemas burocráticos ou porque estão na "fila". A fila é a abominável situação em que famílias reconhecidamente pobres não recebem o benefício por ausência de dotação orçamentária. Esta é uma situação comum, que antes da pandemia chegou a deixar quase 3 milhões de brasileiros à espera. Ela não ocorre com outros benefícios, inclusive assistenciais, que são pagos obrigatoriamente a quem tem direito.

Um segundo motivo para este tipo de proteção ser universal é superar o debate sobre "portas de saída" do Bolsa Família. Me refiro à preocupação de que os pais podem não querer buscar emprego porque se acomodavam com o benefício, ou, de forma mais coerente, porque temem não conseguir retornar ao programa se eventualmente perderem a nova renda (por exemplo, pela fila). Em um benefício universal, eventual ganho de renda, mesmo com emprego formal, não provocaria exclusão da política. Isso porque os limites de renda não seriam critério para acessá-la, pois estaria disponível para todos. Como crianças aparecem com maior proporção nas famílias mais pobres, universalizar um benefício para a infância é progressivo do ponto de vista da distribuição de renda – isto é, gasta-se mais com quem precisa mais.

Um terceiro elemento que justifica a universalização é a redução de burocracias e custos administrativos, dispensando-se toda a energia perdida com a comprovação da condição de pobreza. Este ganho, porém, será reduzido se a renda for usada como critério para ampliar ou reduzir o valor dos benefícios.

Em quarto lugar, uma política universal tem a vantagem de reduzir o estigma, o preconceito, em relação a uma política que é só "para pobres". Este estigma pode existir em classes mais bem posicionadas na distribuição de renda e entre os próprios beneficiários.

Um quinto argumento pela universalização, em linha com o anterior, é a formação de uma coalizão política ampla em defesa do benefício. Como é sabido, pobres têm menos voz na sociedade, possuem menos recursos para se organizar e mobilizar a opinião pública e o próprio Parlamento. A partir do momento que classes médias são incluídas na política, isso poderia contribuir para a sua manutenção e eventual expansão, ainda que ela beneficie mais os mais pobres.

Um sexto ponto, não menos importante, é que a universalização, ao substituir limites rígidos de renda, acomodaria melhor a situação econômica de muitas famílias pobres, caracterizadas pela oscilação de renda – com choques positivos (como um emprego informal ou "bico") e negativos (demissão, doença, etc.).

É importante frisar: grupos mais ricos já recebem um benefício infantil – como explicaremos a seguir. Assim, o benefício universal, a depender do seu formato, pode até mesmo reduzir as transferências para os mais ricos. Se em um primeiro momento o leitor pode estranhar a defesa de um benefício universal, já que ele seria inclusive recebido pelos mais ricos, é preciso esclarecer que crianças de famílias mais ricas já recebem tal transferência do Estado – ainda que indireta: é a dedução do pagamento do Imposto de Renda por dependente, que seria substituída pelo benefício universal no novo modelo. Quem de fato não recebe nada hoje é um grupo que não está acolhido nem pelo Bolsa Família nem é rico o suficiente para declarar o IR, ou para ter muita renda declarada para deduzir. Há ainda um terceiro benefício hoje, o salário-família, pago para empregados com carteira assinada com salários menores: não nos aprofundaremos nele agora.

Se for mesmo pouco palatável a ideia de um benefício universal, por tratar de forma igual inclusive os muito ricos, podemos optar por um modelo semiuniversal, que exclui rendas mais altas. Como veremos, este é o modelo adotado em alguns países. Veja, ademais, que um benefício universal infantil é em algum grau similar à renda básica de cidadania historicamente proposta pelo ex-Senador Eduardo Suplicy – mas cuja primeira fase incluiria apenas crianças.

É importante que, ao menos para famílias mais pobres, os valores sejam mais significativos do que os pagos pelo Bolsa Família até 2021. Regras de reajuste pela inflação, como nos demais benefícios sociais, ou mesmo regras de aumento real, são bem-vindas. Em 2016, os benefícios do Bolsa Família acumulavam um bom período sem reajustes em meio a uma inflação mais alta. Isso provocou uma inaceitável defasagem de cerca de 20% nos seus valores – na prática, perda real de renda.

A necessidade de ampliação do público e dos valores do Bolsa Família deve ser cotejada com as dramáticas taxas de pobreza infantil que convivem com o Programa. Como vimos no início deste capítulo, 2 de cada 5 crianças brasileiras vivem tipicamente abaixo da linha da pobreza. Na primeira infância, é pior: a taxa é de 3 para cada 10 no caso das crianças brancas, e 3 a cada 5 para crianças negras – segundo os cálculos do economista Daniel Duque[7]. Já nas estimativas de Naercio Menezes Filho e Bruno Komatsu, metade das famílias com crianças na primeira infância e que recebem o Bolsa Família continuam em situação de pobreza mesmo com o recebimento do benefício[8].

Antes de avançarmos na comparação internacional do benefício universal infantil, vamos entender a situação atual desse debate. Um benefício infantil de caráter universal foi estudado e defendido, há uma década, pelos pesquisadores Sergei Soares e Pedro Souza, do Instituto de Pesquisa Econômica Aplicada (Ipea), que revisitaram a proposta em estudos recentes e coautorados por outros pesquisadores associados ao Instituto: Graziela Ansiliero, Aline Amaral, Luis Henrique Paiva, Letícia Bartholo e Rafael Osorio[9]. Outra referência deste grupo, com a participação ainda de Rodrigo Orair, se aprofundou nas possibilidades de financiamento[10].

No âmbito internacional, em 2020, o Fundo das Nações Unidas para a Infância (Unicef) compilou as experiências de diversos países com benefícios do tipo. Um estudo assim era necessário por algum tempo, e este trabalho da Unicef caminha para ser uma referência importante nos próximos anos – mencionaremos algumas de suas conclusões adiante.

No Congresso Nacional, a ideia do benefício universal infantil já foi abraçada em algumas proposições. Foi aprovada pelo Senado Federal, dentro da PEC Paralela da Reforma da Previdência, a partir de uma emenda do Senador Jayme Campos acatada pelo Senador Tasso Jereissati. Tal emenda foi integrada a uma proposta já presente naquela PEC, de proteção constitucional à criança na Seguridade, introduzida pelo Senador Alessandro Vieira e os Deputados Tabata Amaral, Felipe Rigoni, Paula Belmonte e Pedro Cunha Lima. A PEC Paralela se encontra na Câmara. Uma segunda PEC, apenas sobre o benefício universal infantil, de autoria do

---

7   Duque (2020).
8   Menezes-Filho e Komatsu (2020).
9   Soares et al. (2019).
10   Paiva et al. (2021).

Senador Tasso Jereissati, foi apresentada na pandemia e tramita no Senado Federal.

A seguir, apresentamos os modelos de benefícios infantis, inclusive universais, em países da Organização para a Cooperação e Desenvolvimento Econômico (OCDE) – grupo a que o Brasil almeja ingressar e que reúne principalmente países desenvolvidos e em desenvolvimento. Acreditamos que a apresentação desses modelos permite comparar nossas escolhas com as de outras sociedades e refletir sobre possíveis mudanças.

BENEFÍCIO INFANTIL NA OCDE

É comum na OCDE, principalmente entre os países desenvolvidos, uma ênfase grande nas transferências de renda voltadas às famílias jovens como parte integrante do Estado de Bem-Estar Social. Nas próximas páginas, descrevemos sucintamente o modelo de cada País, depois resumido em uma Tabela 1. Esta seção é baseada nas informações da página *Social Security Programs Throughout the World*.

Antes de avançarmos, vale esclarecer que a comparação sobre o valor dos benefícios não é trivial, dada a diversidade de regras envolvidas. Para fins de simplificação, focamos no maior valor que pode ser recebido, excluindo casos de deficiência – que contam com proteção adicional (como no Brasil, em que há o Benefício de Prestação Continuada – BPC). Uma comparação que talvez fosse mais apropriada seria pelo valor médio, não pelo valor máximo, mas não há neste momento dados transnacionais facilmente disponíveis para fazê-la. Além disso, também foi mais factível fazer a comparação em dólares correntes, em vez da opção mais rigorosa de usar a métrica que contempla a diferença de custos de vida em cada país (paridade do poder de compra – PPC).

O valor máximo que pode ser recebido por criança depende de vários fatores. Eles podem variar de acordo com a idade: em alguns casos, pode ser maior para crianças mais velhas, mas, na maioria das vezes em que há diferenciação, o valor é maior para crianças menores. O valor também pode variar de acordo com o número de crianças na família, que costuma ser diretamente proporcional à quantidade de filhos. É o inverso do que ocorre com o Bolsa Família no Brasil, talvez porque a preocupação da opinião pública de cada país possa ser diferente: decrescimento da população no caso dos ricos *versus* fertilidade supostamente alta da população pobre no caso brasileiro.

O benefício infantil é universal na Alemanha. O valor varia entre 230 e 260 dólares, de acordo com o número de filhos. Há benefício com valores suplementares pagos às famílias mais pobres. Os valores maiores são reservados a bebês de até 14 meses.

A Austrália opera parte de seu sistema de proteção a famílias com crianças por meio do sistema tributário, na prática universal: os maiores valores são destinados a famílias mais pobres e às que cumprem exigências de consumo de serviços de saúde para as crianças menores (vacinação, etc.). Há valores adicionais para a primeira infância, recém-nascidos e crianças com deficiência. Também há um benefícios adicional pago no fim do ano e outro para famílias monoparentais – caso em que o pagamento poderia superar mil dólares ao mês.

Na Áustria, o benefício universal é parcialmente custeado por contribuições sobre a folha de salários. O valor mensal pode chegar a 150 dólares, com valores maiores para crianças mais pobres ou com deficiência. A Bélgica não conta com um benefício universal, mas tem uma rede de proteção social para a infância com ampla cobertura: de benefícios para filhos de ocupados com emprego formal a benefícios assistenciais para filhos de famílias mais pobres. Os valores mudam de acordo com a região daquele país e, no caso da assistência, podem chegar a 350 dólares para uma criança.

Ao contrário dos Estados Unidos, conhecido pela timidez da rede de proteção social, o Canadá possui uma rede de proteção robusta contra a pobreza infantil, que inclui um benefício semiuniversal (quase universal) – em que apenas as famílias mais ricas não recebem o pagamento. Para as demais, os valores são decrescentes com a renda. Na primeira infância o pagamento é mais alto, e pode chegar a 450 dólares por mês. Há benefício adicional para criança com deficiência.

Até 2019, o Chile tinha, para proteção a crianças, um sistema para empregados formais, equivalente ao salário-família brasileiro (benefício trabalhista a empregados formais de baixos salários) e outro sistema mais parecido com o Bolsa Família (assistencial, com condicionantes quanto a educação). O benefício do Chile é pago por família, não por criança, que para um filho único seria de 15 dólares.

Na Coreia do Sul o benefício não é universal e a cobertura é baixa, o que poderia ser consequência de exigências excessivas, segundo a Unicef. O benefício coreano seria pago somente na primeira infância. Este diferencia os valores pagando mais a crianças em creches. O valor é decrescente com a idade e pode chegar 350 dólares no primeiro ano de vida – a despeito de relativamente poucas crianças o receberem.

A Costa Rica não possui um benefício infantil nos moldes europeus, mas apenas uma modalidade assemelhada ao Bolsa Família somente para crianças mais velhas. Na Colômbia o benefício infantil existe, e, em uma exploração preliminar, parece pagar valores maiores do que o benefício variável por criança do Bolsa Família (algo como 20 dólares).

O benefício infantil é universal na Eslováquia, prevendo valores maiores para crianças de até 3 anos, quando os pais têm despesas com creche ou babá, desde que o trabalho ou os estudos os impeçam de ficar em casa. Isso eleva o benefício para cerca de 300 dólares. Há ainda uma parcela especial no momento do parto. Crianças pobres podem receber valores adicionais. A Eslovênia também possui um benefício universal, com valores adicionais para a criança de família monoparental, o bebê que não frequenta creche, e a criança com necessidades médicas. Valores complementares, para famílias pobres, são pagos no nascimento e no caso de haver muitos filhos. O benefício universal varia de acordo com a renda familiar, e pode alcançar 200 dólares.

Segundo a Unicef, a Espanha é um dos países que menos gasta em proporção ao PIB com este tipo de proteção dentre os países ricos. A *"asignación económica"* não é universal: além deste benefício infantil, há parcelas únicas pagas no nascimento (ou no momento da adoção), mas também segundo critérios de renda e apenas para famílias monoparentais, numerosas ou em que a mãe possua deficiência. O benefício infantil é semestral, com média mensal de cerca de 30 dólares, um dos valores mais modestos desta comparação. Há valores suplementares em caso de deficiência.

A política do governo Joe Biden na pandemia foi a princípio temporária: não há um benefício universal infantil ou semiuniversal permanentemente nos Estados Unidos. A política mais conhecida é uma espécie de dedução de imposto de renda de baixa focalização. A reforma desta política, com ampliação dos recursos envolvidos e melhor focalização, pode provocar efeitos substanciais na redução da pobreza infantil[11] e funcionar de forma análoga a um benefício semiuniversal. Veja que um benefício universal infantil foi proposto naquele país, recentemente, inclusive por um senador republicano (o ex-presidenciável Mitt Romney).

Na Estônia, o benefício infantil é universal, com complementações para crianças que tenham um dos pais ausentes, crianças de até três anos,

---

11   Segundo estimativas iniciais. Ver Tax Policy Center (2021) e Institute on Taxation and Economic Policy (2021), entre outros.

e crianças na pobreza: o valor pode chegar a 250 dólares por mês se a família for numerosa. Não há benefício universal na Dinamarca, mas o limite de renda para receber o benefício infantil é alto e contempla boa parte da população (semiuniversal). Os valores podem se aproximar de 400 dólares para uma criança, a depender da composição familiar. Uma particularidade da Dinamarca é a existência de um benefício para pais que estejam estudando.

A Finlândia é conhecida pela ênfase de suas políticas de apoio à primeira infância, como a famosa caixa de papelão entregue para a família de todos os recém-nascidos cheia com diversos itens que serão úteis nos primeiros dias do bebê (que pode ser substituída por um pagamento em dinheiro). Lá, além do benefício universal infantil, há complementação para criança em família de menor renda, para criança em família mono-parental, para o bebê de até 3 anos que não frequente a creche local, e para crianças pequenas quando um dos pais trabalha em tempo parcial para cuidar dela. No conjunto de situações excepcionais, um valor de cerca de mil dólares poderia ser alcançado – em tese.

Um dos sistemas mais generosos de benefícios infantis é o francês. Há um benefício universal (*"allocations familiales"*), mas só a partir de duas crianças: poderíamos chamar então de benefício familiar universal. Os valores variam de acordo com a renda da família. Um grupo de benefícios na França é voltado para a primeira infância: de uma parcela única no parto (cerca de mil dólares) até um benefício mensal (até três anos de idade), passando por benefícios específicos para o custeio de creche ou babá (até seis anos) e para os pais que reduziram a carga de trabalho para cuidar das crianças (de até três anos). Estes benefícios, porém, não são sempre universais, e podem depender da renda familiar. Entre outros benefícios, destacam-se uma parcela extra no retorno às aulas e os bene-fícios específicos para o pai ou a mãe da criança que adoeça ou da criança incapaz.

Assim, a depender do número de filhos, da idade da criança, da renda familiar e de outras condições, o benefício infantil pode superar mil dólares mensais. Ao contrário de outros países, parte do custo dos benefícios na França é financiado por tributação sobre a folha de salários e contribuição de autônomos.

Na Grécia, o benefício infantil chega a 80 dólares mensais, mas não é universal. Ele é semiuniversal na Holanda, que tem um híbrido de be-nefícios para famílias que contribuem e para famílias pobres: com com-plementações para família monoparental, o valor pode alcançar 300 dólares no mês. Na Hungria, o valor pode alcançar 100 dólares, e o sistema compreende um conjunto de benefícios, incluindo um para o genitor que deixa de trabalhar para cuidar de filho pequeno.

Um caso particularmente generoso é o da Irlanda, que segundo a Unicef consegue reduzir fortemente a pobreza infantil com seus benefícios. O valor também pode alcançar 250 dólares no conjunto de um benefício universal infantil, parcela de retorno às aulas e benefício especial em caso de deficiência. Na Islândia, o benefício é universal, mas decresce com a renda: pode, no entanto, chegar a 250 dólares. Custeado por empregadores, trabalhadores e o governo, o benefício infantil em Israel é universal. Há valores adicionais para famílias maiores e famílias monoparentais chefiadas por mulher que estejam em vulnerabilidade, além de um extra para o retorno às aulas, podendo uma criança receber uma soma mensal expressiva em caso de pobreza – bem acima do valor típico do benefício.

A Itália é uma exceção entre países ricos europeus e não possui este tipo de proteção: crianças são beneficiadas somente indiretamente por benefícios familiares voltados para adultos com emprego formal que tenham renda baixa ou por benefícios assistenciais. Há, porém, "vouchers" para bebês de até três anos em creches.

Parcialmente custeado pelos empregadores, o Japão possui um benefício universal infantil, mas não despende tanto da proteção de renda para a infância como outros países europeus. Também não possui um conjunto de pagamentos muito sofisticado. O benefício é menor para famílias que ganham mais e para crianças com mais de três anos – podendo chegar a algo como 150 dólares mensais por criança.

Na Letônia, o benefício é universal e complementado por uma parcela na ocasião do parto ou adoção. Chama atenção o valor ser várias vezes maior para bebês de até 18 meses (200 dólares), decrescendo em quatro vezes entre 18 meses e 24 meses e novamente a partir daí. Já na vizinha Lituânia o benefício de cerca de 50 dólares não é universal, mas é universal o pagamento de uma parcela expressiva no nascimento (equivalente a quase um ano do benefício infantil, algo como 500 dólares) – um arranjo incomum.

No riquíssimo Grão-Ducado de Luxemburgo, o benefício de até 450 dólares existe não apenas para crianças e adolescentes, mas é universal até para jovens adultos que estejam estudando: parcelas especiais para retorno às aulas e deficiência também existem. Mas mesmo considerando que o PIB *per capita* do país é alto, é também verdade que Luxemburgo tem o maior gasto total em relação ao PIB na comparação internacional (Unicef). Algo como 2,5% do PIB seria gasto com benefícios deste tipo.

O México começou, nos anos 1990, uma linha de programas similar ao Bolsa Escola e Bolsa Família: isto é, um benefício infantil condicionado a exigências de consumo de serviços públicos de educação e saúde. Já foi chamado de *Progresa, Oportunidades* e *Prospera*. Além das bolsas para famílias com crianças estudantes, há uma espécie de sistema de *vouchers* para crianças de até 4 anos matriculadas em creches. Os valores são pagos por família, e não por criança. No caso de filho único, pode situar-se ao redor de 30 dólares mensais (os pagamentos se dão somente durante o ano letivo). Contudo, apenas famílias na extrema pobreza têm direito.

Na Noruega, um benefício infantil é pago para crianças e adolescentes, com uma complementação para aquelas em família monoparental. O benefício infantil é de cerca de 100 dólares mensais por criança, com 100 dólares adicionais no caso de família monoparental. O benefício não somente é universal como é automático. Há ainda outro benefício para crianças de até dois anos, com pais contribuintes para a previdência social, estando elegíveis aquelas que não acessam por mais que 20 horas semanais alguma creche custeada pelo Estado. O valor pode chegar a 700 dólares mensais. Famílias em maior vulnerabilidade de renda podem receber um benefício adicional para custear despesas com a criança.

Na Nova Zelândia, um benefício universal somado a um conjunto de outros benefícios acolhe a infância, com operação principalmente via sistema tributário. Além de proteção maior para a criança com deficiência, há diferentes complementações em caso de insuficiência de renda, que mudam para a família em que os pais trabalham, para família monoparental (o genitor precisa estar procurando emprego ou se qualificando) e para família com pai adolescente que esteja estudando ou estagiando. Valores maiores são pagos nos três primeiros anos da criança, com ênfase no primeiro ano. O valor pode chegar a 1.500 dólares mensais, se considerarmos que é este o valor da renda garantida pelo Estado para qualquer família com criança (embora, para uma família típica fora da pobreza, a soma recebida possa ser bem menor).

Na Polônia, o benefício infantil não é universal, mas o limite de renda *per capita* para acessá-lo é relativamente alto: cerca de 170 dólares mensais. O benefício chega a 30 dólares. Também há valores adicionais para família monoparental, além de um benefício de parcela única na época do parto – cerca de 250 dólares. Em Portugal o benefício não é universal, adotando--se um critério de patrimônio. Há parcelas extras para crianças com deficiência e no retorno às aulas após as férias. O valor mensal do *"abono de família para crianças e jovens"* chega a 150 dólares.

Um benefício semiuniversal, com limite de renda alto, é pago no Reino Unido. Ele mistura um benefício infantil propriamente dito com instrumentos de política tributária. Esta segunda perna do programa pode ser mais significativa, especialmente para famílias mais pobres, que recebem mais desse sistema. O valor recebido por criança pode chegar a cerca de 450 dólares por mês, ou mais em caso de deficiência. Por esta métrica, seria um dos sistemas mais generosos no mundo hoje. Já a República Tcheca tem um sistema mais modesto: não universal e com benefícios máximos de cerca 30 dólares.

A Suécia foi pioneira na adoção de um benefício universal e conta com uma rede de proteção robusta: há valores complementares para crianças pobres em família monoparental, para crianças doentes ou com deficiência (seja para cobrir o afastamento do pai/mãe do trabalho ou para cobrir as despesas de saúde). A depender de variadas vulnerabilidades da criança, o valor poderia chegar inclusive a 700 dólares mensais.

Na Suíça, o benefício varia de valor de acordo com a região e é parcialmente custeado por tributação sobre a folha de salários. Ele chega a 200 dólares e é semiuniversal, com limites altos, mas diferentes para quem trabalha e para quem não trabalha.

A Turquia não conta com benefício infantil. A Tabela 1 resume as informações apresentadas quanto aos países da OCDE em comparação com o Brasil.

Tabela 1. Benefício infantil na OCDE e Brasil

	Benefício infantil?	Universal?	Valor máximo (dólares)
Alemanha	Sim	Sim	250
Austrália	Sim	Sim	1100
Áustria	Sim	Sim	150
Bélgica	Sim	Não	350
Brasil	**Sim**	**Não**	**10**
Canadá	Sim	Não	450
Chile	Sim	Não	15
Colômbia	Sim	Não	20
Coreia do Sul	Sim	Não	350
Costa Rica	Não	Não	N/A
Dinamarca	Sim	Não	400

Eslováquia	Sim	Sim	300
Eslovênia	Sim	Sim	200
Espanha	Sim	Não	30
Estados Unidos	Não	Não	N/A
Estônia	Sim	Sim	250
Finlândia	Sim	Sim	950
França	Sim	Sim	1000
Grécia	Sim	Não	50
Holanda	Sim	Não	300
Hungria	Sim	Sim	100
Irlanda	Sim	Sim	250
Islândia	Sim	Sim	250
Israel	Sim	Sim	N/A
Itália	Não	Não	N/A
Japão	Sim	Sim	150
Letônia	Sim	Sim	200
Lituânia	Sim	Não	50
Luxemburgo	Sim	Sim	450
México	Sim	Não	30
Noruega	Sim	Sim	100
Nova Zelândia	Sim	Sim	1500
Polônia	Sim	Não	50
Portugal	Sim	Não	150
Reino Unido	Sim	Não	450
República Checa	Sim	Não	30
Suécia	Sim	Sim	700
Suíça	Sim	Não	200
Turquia	Não	Não	N/A

Fonte: Elaboração própria a partir de dados da OCDE.

CONSIDERAÇÕES FINAIS

A Unicef argumenta que há "um crescente corpo de evidências sobre a efetividade da proteção social em alcançar resultados para as crianças e resultados sociais mais amplos", especialmente quanto aos resultados de transferências de renda no desenvolvimento cognitivo e na saúde destes adultos de amanhã[12]. De outra parte, a pobreza na infância – pelos seus

---

12 Fundo das Nações Unidas para a Infância (2020).

efeitos no acesso a bens materiais, saúde e bem-estar psicológico – pode ter "impactos devastadores e irreversíveis no desenvolvimento futuro e nas possibilidades de vida". Por isso, seria justificada, em algum grau, a socialização dos custos da criação.

O órgão da ONU aponta ainda que mesmo em países desenvolvidos que já contam com redes de proteção robustas os benefícios infantis universais ou semiuniversais chegam a reduzir a pobreza infantil em até 10 pontos percentuais. Eles apresentam também papel importante na redução da desigualdade entre domicílios em geral. Segundo suas simulações, o efeito poderia ser ainda mais poderoso em países emergentes.

Contudo, a própria Unicef observa que o Brasil gasta menos com benefícios voltados à infância do que outros países em desenvolvimento: do Irã ao Uzbequistão, passando pela Argentina. São vários os países em que os recursos gastos em proporção ao PIB são maiores, aproximando-se ou até superando 2% do PIB – limiar que no Brasil equivaleria a R$ 150 bilhões (cinco vezes o orçamento típico do Bolsa Família, ou três os recursos previstos para o novo programa Auxílio Brasil a partir de 2022 – e ambos sequer atendem só crianças).

Ao contrário, o modelo de proteção social no Brasil é muito voltado para famílias mais velhas. Criticar esse modelo é certeza de receber reações injustas com chavões sobre perda de direitos, desmonte, ataque à Constituição Cidadã. Mas o Bolsa Família, nem sequer previsto na Constituição, nunca chegou a cobrir a metade das crianças brasileiras.

Temos ainda um gasto orientado por gerações mais antigas, que não beneficia muito dos brasileiros mais vulneráveis, em parte porque há uma atenção desproporcional a aposentadorias (crianças pobres vivem em geral com pais jovens) ou mesmo em salário-mínimo (crianças pobres vivem em geral com pais com dificuldade de ter emprego formal).

Os valores alocados no orçamento ao tema deste capítulo são tão pequenos que faz pouco sentido alegar a inviabilidade de sua expansão pela fragilidade da situação fiscal. Há muitas políticas que pouco chegam aos mais pobres que, com modestas adaptações, poderiam liberar quantidade de recursos que seriam substantiva para a política social. Me refiro a política de defesa nacional, a política de recursos humanos da Administração Federal e a políticas de isenção tributária que enriquecem os já ricos.

Não temos desculpas para não avançar. Como coloca o economista Sergei Soares, que liderou o debate do benefício universal infantil no Brasil nos últimos anos, o benefício universal infantil é *uma ideia cujo tempo chegou.*

REFERÊNCIAS

ARDERN, Jacinda. Making NZ the best place in the world to be a child. **Magic Talk**, 2019. Disponível em: https://www.magic.co.nz/home/news/2019/03/jacinda-ardern-making-nz-the-best-place-in-the-world-to-be-a-ch.html. Acesso em: 17 ago. 2021.

BOLOTNIKOVA, Marina. Welfare's Payback. *Harvard Magazine*, 2020. Disponível em: https://www.harvardmagazine.com/2020/11/right-now-welfare-payback. Acesso em: 15 ago. 2021.

BUFFETT, Warren. Just a regular billionaire. Entrevista a Rebecca Jarvis. **CBS News**. Disponível em: https://www.youtube.com/watch?v=P9YTKb5PgR0. Acesso em 26 ago. 2021.

BRASIL. [Constituição (1988)]. **Constituição da República Federativa do Brasil de 1988.** Brasília, DF: Presidência da República, 1988. Disponível em: http://www.planalto.gov.br/ccivil_03/constituicao/constituicao.htm. Acesso em: 15 ago. 2021.

DUQUE, Daniel [Renda]. 6 de maio de 2020. Twitter: @dannielduque. Disponível em: https://bit.ly/3jxkKy0. Acesso em: 15 ago. 2021.

FUNDO DAS NAÇÕES UNIDAS PARA A INFÂNCIA (UNICEF). 2020. Universal child benefits: Policy issues and options. **Research Reports**, 2020. Disponível em: https://odi.org/en/publications/universal-child-benefits-policy-issues-and-options/.

HECKMAN, James. 2012. Invest in Early Childhood Development: Reduce deficits, Strengthen the Economy. **Heckman Equation – The economics of human potential**, 2012. Disponível em: https://heckmanequation.org/resource/invest-in-early-childhood-development-reduce-deficits-strengthen-the-economy/.

INSTITUTE ON TAXATION AND ECONOMIC POLICY. **Child tax credit enhancements under the American Rescue Plan**, 2021. Disponível em: https://itep.org/child-tax-credit-enhancements-under-the-american-rescue-plan/. Acesso em 26 ago. 2021.

MENEZES-FILHO, Naercio; KOMATSU, Bruno. **Uma Proposta de Ampliação do Programa Bolsa-Família para Diminuir a Pobreza Infantil.** Policy Paper, n. 50. Insper, 2020.

PAIVA, Luis Henrique; BARTHOLO, Leticia; SOUZA, Pedro; ORAIR, Rodrigo. **A reformulação das transferências de renda no Brasil: simulações e desafios**. Publicação Preliminar. Brasília: Ipea, 2021.

SOARES, Sergei. Universal Child Grant in Brazil: An Idea Whose Time has Come. **IV Seminar on Investing in Children**. Unicef. Santo Domingo, 2019.

SOARES, Sergei; ANSILIERO, Graziela; AMARAL, Aline; SOUZA, Pedro; PAIVA, Luis Henrique. A universal child grant in Brazil: what must we do, and what can we expect from it? **Working Paper/181**. Internacional Policy Centre for Inclusive Growth (IPC-IG), 2019.

SOARES, Sergei; BARTHOLO, Leticia; OSORIO, Rafael. Uma proposta para a unificação dos benefícios sociais de crianças, jovens e adultos pobres e vulneráveis. **Texto para Discussão (TD) n. 1.636**. Brasília: Ipea, 2019.

SOUZA, Pedro; SOARES, Sergei. O benefício infantil universal: uma proposta de unificação do apoio monetário à infância. **Texto para Discussão (TD) n. 1.636**. Brasília: Ipea, 2011.

TAX POLICY CENTER. **What is the child tax credit?,** 2021. Disponível em: https://www.taxpolicycenter.org/briefing-book/what-child-tax-credit. Acesso em 26 ago. 2021.

12

O resgate da progressividade tributária: uma agenda para a justiça social e ambiental

Rodrigo Octávio Orair
Theo Ribas Palomo
Laura Carvalho

RESUMO: O debate sobre o resgate da progressividade tributária é anterior à pandemia da covid-19, mas foi significativamente ampliado desde então. A natureza sem precedentes da crise associada à pandemia explicitou uma série de riscos (sanitários, econômicos, sociais e ambientais) aos quais as populações estão expostas e catalisou uma reflexão sobre maneiras de mitigá-los no futuro. Isso tem levado inúmeros países a formularem pacotes fiscais de "reconstrução" que contemplam ações de fortalecimento do sistema de saúde, proteção social e setores produtivos estratégicos, além de ações que lidem com questões distributivas e outros riscos de longo prazo como a crise climática. Neste contexto, o capítulo discute propostas para o Brasil resgatar a progressividade tributária no âmbito de uma agenda voltada para promover justiça social e ambiental, com potencial de levantar receitas de até 2,2% do PIB.

INTRODUÇÃO

O debate sobre o resgate da progressividade tributária é anterior à pandemia da covid-19, mas foi significativamente ampliado desde então. A natureza sem precedentes da crise associada à pandemia explicitou uma série de riscos (sanitários, econômicos, sociais e ambientais) aos quais as populações estão expostas e catalisou uma reflexão sobre maneiras de mitigá-los no futuro. Isso tem levado inúmeros países a formularem pacotes fiscais de "reconstrução" que contemplam ações de fortalecimento do sistema de saúde, proteção social e setores produtivos estratégicos, além de ações que lidem com questões distributivas e outros riscos de longo prazo como a crise climática. Ou seja, uma tônica comum aos pacotes de estímulo fiscal anunciados por boa parte dos países tem sido aproveitar a janela de oportunidade para conciliar o objetivo conjuntural, de superação da crise econômica e social, com objetivos estratégicos de médio e longo prazos.

As condições extraordinárias da era pós-pandemia também catalisaram uma série de reflexões e revisões de antigos paradigmas sobre a política macroeconômica mais geral, desde a renovada ênfase sobre o papel da política fiscal na promoção do crescimento inclusivo e sustentável, até as rediscussões das relações entre moeda e finanças públicas. Outra reflexão importante se refere às fontes potenciais de arrecadação e aos desafios-chave da tributação relacionados à readequação das fontes de financiamento e do desenho da proteção social, suporte às estratégias de transição para uma economia de baixo carbono, tributação da economia digital e resgate da progressividade tributária.

O foco deste texto é justamente sobre este último desafio, que busca se contrapor ao paradigma predominante no último quarto do século XX, que preconizava que a tributação deveria se abster de objetivos distributivos. Esta diretriz guiou um movimento de reorientação da tributação em favor do capital e dos mais ricos verificado em diferentes doses por quase todas as economias desenvolvidas e boa parte das emergentes. Pelo menos desde o pós-crise de 2008, no entanto, os modelos teóricos e pressupostos subjacentes estão passando por reexames para considerarem desenvolvimentos mais recentes. É o caso das evidências de extrema concentração de renda e riqueza no topo da pirâmide e do avanço da agenda de transparência, que resultou em mudanças no ambiente internacional no sentido de dificultar que a renda e a riqueza sejam escondidas no exterior (*offshore*). Diante da preocupação com o acirramento das desigualdades sociais na era pós-pandemia, o renovado foco sobre estas dimensões de equidade tributária e sobre o papel do sistema tributário de regular as relações de renda e riqueza adquiriram ainda mais vigor.

Neste contexto, discutiremos um conjunto de reformas voltadas ao resgate da progressividade tributária no Brasil. O foco da próxima seção é sobre uma reforma do imposto de renda que pressupõe a revisão do tratamento diferencial dado à renda do capital. Na seção seguinte discutiremos a tributação de bens e serviços. Por fim, a tributação de carbono.

Procuraremos argumentar que uma agenda bem desenhada de resgate da progressividade tributária combinada à tributação do carbono tem potencial de levantar receitas de até 2,2% do Produto Interno Bruto (PIB). Caso acrescidas ao orçamento do Programa Bolsa Família, por exemplo, seria possível mais que quintuplicar os recursos disponíveis e redesenhar a proteção social não-contributiva do país. Para além de uma expansão do sistema de proteção social, parte da arrecadação adicional gerada por essas propostas também poderia financiar investimentos necessários para a transição a uma economia de baixo carbono no Brasil, contribuindo assim para superar dois dos principais desafios do século XXI.

2. O RESGATE DA PROGRESSIVIDADE DO IMPOSTO DE RENDA

2.1 Diagnóstico do Imposto de Renda no Brasil

A atual estrutura do imposto de renda no Brasil carece de lógica sistêmica e possui inúmeras brechas para planejamento tributário que limitam seu potencial arrecadatório e sua progressividade. Segue-se uma breve lista de distorções:

- As alíquotas estatutárias que incidem sobre o lucro da empresa são muito elevadas (até 34%, somando-se o Imposto de Renda sobre Pessoa Jurídica – IRPJ – e a Contribuição Social sobre o Lucro Líquido – CSLL), mas há uma ampla gama de exclusões da base de cálculo e regimes especiais que, na maioria das situações, reduzem muito as alíquotas efetivas – cuja média se situa em 23,4% – e geram arbitrariedades no tratamento tributário entre empresas e setores econômicos;

- Há assimetrias no tratamento tributário entre as diversas fontes de rendimentos da propriedade do capital, com viés desfavorável aos ativos produtivos. As alíquotas sobre o lucro da empresa (até 34%) são, com frequência, mais elevadas do que as que incidem sobre ganhos de capital (15%), aplicações financeiras (normalmente de 15% a 22,5%, além de inúmeras isenções) e a alíquota máxima do Imposto de Renda sobre Pessoa Física (IRPF), de 27,5%.

- A alíquota máxima do IRPF é baixa para padrões internacionais. Além disso, a base de cálculo do imposto é reduzida pelo grande volume de isenções e deduções, que carecem de justificativas sólidas sociais ou econômicas. Essa estrutura restringe o grau de progressividade do imposto e dá origem a iniquidades horizontais (isto é, entre contribuintes com os mesmos níveis de renda).

- As iniquidades horizontais são agravadas pelas assimetrias no tratamento dos pequenos negócios e dos trabalhadores por conta própria em relação aos empregados assalariados. Parâmetros mal calibrados nos regimes especiais de pequenas e médias empresas (PMEs), conjugados com a isenção dos dividendos e a elevada tributação sobre a folha de pagamentos, geram incentivos para um fenômeno de transfiguração artificial da renda do trabalho em renda do capital para pagar menos imposto, conhecido no Brasil como "pejotização". Isto é, algumas pessoas físicas, que são meras prestadoras de serviços e não empresas propriamente ditas, se convertem artificialmente em sócias ou proprietárias de empresas. Se no regime assalariado convencional a cunha tributária representa em média 42,4% dos custos laborais (somando tributos incidentes sobre a folha de pagamentos e IRPF), os sócios organizados em empresas de regimes especiais conseguem reduzir este custo de maneira substancial. Nos casos extremos de atividades de cunho personalíssimo com baixos custos operacionais, a cunha tributária dos prestadores de serviços cai para uma média de 8,1% no regime do Simples e de 17,9% no Lucro Presumido. Isso viola o princípio básico da equidade horizontal, segundo o qual pessoas com a mesma renda deveriam arcar com as mesmas alíquotas.

- O grau de progressividade tributária fica ainda menor pelo fato de que apenas uma pequena parcela dos rendimentos dos muito ricos está sujeita à tabela progressiva do IRPF. A maior parcela advém de rendimentos do capital que gozam de tratamentos especiais, como os dividendos isentos e as aplicações financeiras isentas ou tributadas na fonte por alíquotas especiais. Este tratamento diferenciado conferido aos rendimentos do capital é a principal razão a explicar a existência de uma quebra na escala de progressividade do IRPF no extremo topo da distribuição. Neste caso, viola-se o princípio básico da equidade vertical que recomenda que pessoas com rendas mais altas deveriam arcar com alíquotas maiores (e não menores).

Longe de ser exaustiva, esta breve lista de distorções serve para ilustrar que nosso modelo de tributação da renda é incoerente e injusto, desestimula o investimento em ativos produtivos (em favor de outras modalidades) e abre inúmeras brechas para elisão fiscal. O resultado está sintetizado no Gráfico 1, que mostra as alíquotas médias do IRPF por estratos da distribuição de renda[1].

---

1   As alíquotas foram calculadas seguindo os mesmos procedimentos de Gobetti e Orair (2017) e incluem estimações do imposto de renda retido na fonte.

Gráfico 1. Alíquotas médias do IRPF ao longo da distribuição de renda no Brasil

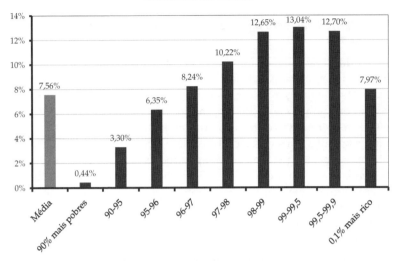

Fonte: Elaboração dos autores a partir das tabulações dos Grandes Números do IRPF, ano-calendário 2017. Nota: Médias calculadas para os declarantes do imposto de renda.

De maneira sintética, o IRPF pode ser considerado progressivo, porque incide quase inteiramente sobre os rendimentos dos 10% mais ricos do país (isto é, cerca de 15 milhões de contribuintes da população de pouco mais de 150 milhões de adultos). Entre os 90% mais pobres, a grande maioria é isenta e somente uma minoria recolhe o imposto a uma alíquota média de 0,4% sobre seus rendimentos. Porém, as alíquotas médias que incidem sobre os 10% mais ricos são relativamente baixas (entre 3,3% e 13%) e deixam de crescer no topo mais extremo da distribuição, restringindo-se bastante o grau de progressividade do imposto. Outra peculiaridade é que há uma quebra na escala de progressividade que faz com que o milésimo mais rico – isto é, cerca de 150 mil contribuintes auferindo uma média anual de R$ 2,9 milhões de rendimentos originados principalmente do capital –, em média, arque com uma alíquota menor do que o 96º centésimo da distribuição de renda – cuja renda média é 24 vezes inferior e provém principalmente dos rendimentos do trabalho.

Este breve diagnóstico não deixa dúvidas de que há ampla margem para ampliar o potencial arrecadatório e a progressividade do imposto de renda, desde que se tomem os devidos cuidados para não reproduzir ou mesmo amplificar distorções atuais. Ele também serve para relativizar a visão de que o IRPF no Brasil é alto. Isto pode ser verdade para alguns, mas não para todos.

2.2 Alternativas para o resgate da progressividade do Imposto de Renda

A ideia de se ampliar a progressividade do imposto de renda está convencionalmente associada à restrição das deduções e/ou fixação de alíquotas marginais mais elevadas para a tabela progressiva. Entretanto, sob a configuração do IRPF no Brasil, estas medidas, por si só, teriam efeitos redistributivos e arrecadatórios muito limitados porque só atingiriam os rendimentos classificados como tributáveis, o que não inclui os dividendos nem os rendimentos de aplicações financeiras, principais fontes de renda dos muito ricos. O ônus ficaria bastante concentrado sobre os assalariados e, em parte, seria contraproducente ao incentivar ainda mais o fenômeno da "pejotização" mediante a transfiguração artificial da renda do trabalho (tributável) em renda do capital (isenta do IRPF).

Por outro lado, a mera restituição da tributação sobre dividendos tampouco resolveria o problema, já que manteria o desalinhamento de alíquotas, o desincentivo ao investimento em ativos produtivos e as brechas para elisão fiscal. Se os dividendos fossem submetidos à tabela progressiva do IRPF, por exemplo, uma parte dos seus impactos seria neutralizada, porque as empresas seriam induzidas a usar mecanismos alternativos para remunerar sócios e proprietários. É o caso da recompra de ações tributada por uma alíquota especial de ganhos de capital ou distribuições disfarçadas de lucros.

Além disso, a alíquota estatutária máxima sobre a renda de dividendos, integrando a tributação da pessoa jurídica e física, seria superior a 50%, valor muito elevado para padrões internacionais. Isto é, se o lucro for tributado em até 34% no nível da pessoa jurídica e sobre os 66% restantes incidir uma alíquota de até 27,5%, chega-se à tributação máxima de 52,2% – uma alíquota máxima próxima à da França (52,7%) e só superada por outros quatros países da Organização para a Cooperação e Desenvolvimento Econômico (OCDE) (talvez pelos EUA, também, caso a proposta tributária do Plano Biden venha a ser aprovada). A média dos países-membros desta organização é de 41,7%, subdividida entre uma alíquota de 22,5% no nível da empresa e outra de 24,7% no nível pessoal (aplicada sobre os 77,5% de lucros restantes).

As experiências internacionais sugerem que o Brasil tributa muito no nível da empresa, quando comparado, por exemplo, com estas médias dos países da OCDE, onde prevalece uma tributação mais equilibrada entre os níveis da empresa e pessoal. A grande maioria desses países utiliza mecanismos para integrar a taxação dos lucros na pessoa jurídica e na pessoa física e amenizar a dupla tributação dos dividendos, mas praticamente nenhum os isenta integralmente. No Brasil, a tributação do lucro varia de acordo com o porte da empresa e pode chegar aos 34%, que é superior à alíquota de qualquer outro país da OCDE[2]. Em contrapartida, o Brasil concede isenção integral para os dividendos no nível pessoal, o que só encontra paralelos na Estônia e na Letônia. O resultado é um modelo com extremos anacrônicos que incentiva as empresas a distribuírem dividendos ao invés de reterem e reinvestirem seus lucros.

Estas constatações reforçam o argumento de que o ideal seria caminhar na direção de um modelo mais coerente e aderente às práticas internacionais. Medidas mais simplistas não resolvem a questão. A solução passa por seguir um conjunto de diretrizes que incluem: i) maior isonomia no tratamento tributário entre os rendimentos do trabalho e do acionista ou proprietário de empresas (inclusive nos pequenos negócios); ii) maior isonomia na tributação entre as diversas fontes de renda do capital (dividendos, aplicações financeiras ou ganhos de capital); e iii) adoção de um mecanismo consistente de integração do imposto de renda nos níveis pessoal e da empresa, com alíquotas não desalinhadas em relação aos padrões internacionais.

Há algumas alternativas de modelos discutidos na literatura especializada. Uma primeira abordagem é introduzir procedimentos para viabilizar a tributação abrangente da renda, submetendo-se a totalidade dos rendimentos dos contribuintes à tabela progressiva do IRPF (sejam eles provenientes do trabalho ou da propriedade do capital), de maneira integrada ao IRPJ[3]. Basicamente, esta abordagem visa operacionalizar a

---

2 Atualmente, a maior alíquota é de 31,5% em Portugal, que pode vir a ser superada pelos Estados Unidos se a proposta de elevação do Plano Biden for aprovada (em torno de 32%, incluindo uma estimativa média de alíquotas subnacionais).

3 Estes procedimentos incluem: i) a adoção do critério de competência para a contabilização dos rendimentos do acionista, de modo que o conceito relevante passa a ser o de renda atribuída (independentemente de o lucro ter sido retido ou distribuído como dividendos) para lidar com o problema de represamento (*lock-in*) de lucros; ii) o estabelecimento de um sistema de créditos para prover plena integração com o IRPJ, ao permitir compensar o imposto já pago pela empresa (isto é, o IRPJ é tratado como uma antecipação que gera créditos a serem compensados no IRPF); iii) mecanismos de atualização monetária para tributar somente os ganhos reais com aplicações financeiras; e iv) mecanismos de atualização monetária e de cálculo retroativo do imposto devido no ato da realização dos ganhos de capital, evitando-se o problema de falta de liquidez quando estes ganhos são tributados por competência.

tributação progressiva do aumento no poder de compra do patrimônio do contribuinte, em conformidade com os princípios originários do modelo abrangente de IRPF. Dado que toda a renda, sem exceção, é incluída na base tributável e submetida às alíquotas progressivas, assegura-se um tratamento uniforme às diversas fontes de renda. Sua desvantagem é que os procedimentos exigidos são de difícil operacionalização e na prática nenhum país conseguiu implementá-los integralmente.

Uma segunda alternativa, mais factível do ponto de vista operacional, é o "modelo dual", adotado inicialmente nos países nórdicos na década de 1990, sob contínuas revisões, e que vem inspirando formulações de reformas tributárias ao redor do mundo, a exemplo da reforma do Chile, de 2014. Tal modelo preserva uma estrutura dual que provê tratamento diferenciado entre os rendimentos do trabalho, submetidos à tabela progressiva do IRPF, e os rendimentos do capital, tributados de maneira ampla por alíquotas lineares alinhadas entre si. No modelo "semi-dual" adotado no Brasil, ao contrário, a base é restringida pelas inúmeras isenções e as alíquotas estão desalinhadas.

Uma possível configuração para um modelo dual passa por estabelecer uma alíquota única de, digamos, 20% sobre uma base ampla de rendimentos do capital no nível pessoal (dividendos, aplicações financeiras e ganhos de capital) e sobre o lucro no nível da empresa. No caso específico da renda atribuída ao acionista (ou seja, a soma dos dividendos e ganhos de capital das participações na empresa) pode-se (ou não) conceder uma dedução até o limite do retorno normal do capital. Com isto, o lucro normal seria tributado exclusivamente no nível da empresa pela alíquota de 20%, alinhando-se à tributação das aplicações financeiras e dos demais ganhos de capital. Já a tributação sobre os lucros excedentes poderia chegar a 36%, somando-se os 20% pagos na pessoa jurídica e mais 16% na física (isto é, 0,8 x 20% correspondentes à alíquota que incide sobre os rendimentos do acionista acima do retorno normal). Ao final, a tributação integrada dos lucros variaria entre 20% e 36%, de acordo com o maior ou menor volume de lucros excedentes. A simetria deste modelo pressupõe que a alíquota máxima da tabela progressiva do IRPF, que incide sobre os rendimentos do trabalho, seja estabelecida em um nível próximo destes mesmos 36%.

Também se faz necessário introduzir um mecanismo de divisão da renda do proprietário ou acionista das pequenas empresas: entre o retorno normal, que é considerado remuneração do capital, ficando sujeito ao imposto sobre o lucro da empresa (20%) e isento quando distribuído à pessoa física; e o retorno excedente, que deve ser considerado remuneração do trabalho e submetido às alíquotas progressivas do IRPF. Sem prejuízo à opção de um trabalhador autônomo ou uma pequena empresa por não adotar este regime especial e se sujeitar às alíquotas da tabela progressiva do IRPF. O resultado destes mecanismos é que tanto a tributação dos rendimentos atribuídos aos sócios ou proprietários das empresas (integrando os níveis da empresa e pessoal, independentemente do porte da empresa) quanto a tributação dos rendimentos dos trabalhadores autônomos ou assalariados ficariam mais alinhadas em, no máximo, 36%[4].

A virtude deste modelo dual é combinar, por um lado, a simplicidade e operacionalidade da tributação na fonte com alíquotas lineares para os rendimentos do capital, e, por outro lado, um alinhamento de alíquotas que confere tratamento mais isonômico entre as diversas fontes de renda. As principais experiências de modelo dual promoveram ganhos arrecadatórios no imposto de renda devido à uniformização e ampliação da base de incidência. Assim como ampliou sua progressividade, ao promover a revisão de benefícios tributários concedidos aos rendimentos do capital, eliminar incentivos a fenômenos de transfiguração de renda e fechar brechas para elisão e evasão fiscais. Vale dizer, são geralmente os mais ricos, que contam com especialistas em planejamento tributário, os mais beneficiados por tais práticas.

As maiores críticas ao modelo dual estão relacionadas à manutenção de alíquotas lineares para os rendimentos do capital e da dedução que isenta o retorno normal do acionista, mesmo havendo uma série de justificativas teóricas para tributá-lo em algum nível. Estas características restringem o grau de progressividade do IRPF no topo da distribuição, tema que é particularmente relevante em um país tão desigual como o Brasil. Em razão desta restrição, torna-se justificável que o modelo dual de IRPF seja reforçado por um imposto que incida sobre o patrimônio dos mais ricos, se o objetivo for perseguir maior progressividade, diferentemente do modelo abrangente que pode prescindir de um alcance tão amplo deste tipo de imposto.

---

4   A principal experiência deste formato de modelo dual é a da Noruega após a reforma de 2006, com uma alíquota do capital no nível pessoal de 28%, tributação da renda do acionista entre 28% e 48,2% (28%+0,72*28%) e alíquotas da tabela progressiva variando de 28% a 48%. O método de cálculo do retorno normal do capital é semelhante ao que se utiliza hoje no Brasil para apurar os juros sobre o capital próprio (JSCP) e corresponde a aplicar uma taxa de juros de longo prazo sobre o patrimônio da empresa (inclusive nos regimes especiais de PMEs), porém o cálculo é feito no nível da pessoa física mais imune a práticas de planejamento tributário.

Este tipo de imposto sobre patrimônio vem recebendo crescente interesse nos últimos anos devido ao renovado foco sobre o papel da tributação em regular a concentração de renda e riqueza no topo. Tal revisão reflete desenvolvimentos recentes no ambiente internacional de ampliação das desigualdades e de avanço da agenda global de transparência fiscal, que estabeleceu novos instrumentos de prevenção para evitar que a renda do capital e o patrimônio sejam escondidos no exterior (*offshore*) e minimizou o grau de distorção destes impostos[5].

2.3 *Simulação dos resultados do resgate da progressividade*

Infelizmente, os dados fiscais hoje disponíveis ao público em geral não nos permitem simular com maior grau de precisão os resultados da alternativa de um modelo abrangente. Por isso, vamos nos restringir a apresentar estimativas que tomam como base duas referências de modelo dual:

a) Modelo 1: unificação em 20% da alíquota sobre o lucro da empresa e os principais rendimentos pessoais do capital e aumento da alíquota máxima da tabela progressiva do IRPF para 35%;

b) Modelo 2: alíquota de 22,5% sobre o lucro e os rendimentos pessoais do capital e alíquota máxima da tabela progressiva do IRPF de 40%.

A primeira alternativa equivale a aproximar as alíquotas brasileiras às de países como Chile e México, ainda abaixo da média dos países da OCDE. Na segunda ficaríamos muito próximos das médias praticadas nos países da OCDE. Além do realinhamento de alíquotas, as estimativas consideram revisões de deduções, isenções e regimes especiais que ampliam a base de cálculo do imposto[6]. Os parâmetros dos modelos estão calibrados para assegurar maior equilíbrio na tributação de renda entre as empresas de diferentes portes e entre os rendimentos do acionista ou proprietário de empresas e dos trabalhadores autônomos ou assalariados. Desta maneira, busca-se ampliar a progressividade do imposto tanto pela elevação de alíquotas quanto pela eliminação de brechas de planejamento tributário e de incentivos a fenômenos de transfiguração da renda como a "pejotização".

---

5   Sobre o renovado interesse nos impostos sobre propriedade, ver OCDE (2018).

6   Entre as quais: a imposição de teto para a dedução de despesas médicas; eliminação de isenções de dividendos e aplicações financeiras (LCIs, LCAs etc.); substituição da dedução dos juros sobre o capital próprio; e a restrição do volume de dividendos isentos nos regimes de PMEs aos percentuais presumidos (ou arbitrados) pela legislação. Ver a seção 6.3 de Paiva et al. (2021) para mais detalhes sobre os parâmetros das simulações.

O Gráfico 2 permite comparar as alíquotas médias do IRPF na estrutura atual e nos dois modelos simulados, deixando claro o aumento de progressividade[7]. A alíquota média entre todos os declarantes subiria de 7,6% para 11% (modelo dual 1) ou 11,6% (modelo dual 2), com a maior parte do aumento concentrado no centésimo mais rico. Cabe a ressalva de que os modelos simulados atenuam sem eliminar a quebra de progressividade no milésimo mais rico.

Gráfico 2. Alíquotas médias do IRPF ao longo da distribuição de renda na estrutura atual e em dois modelos duais simulados, com ou sem um imposto sobre patrimônio

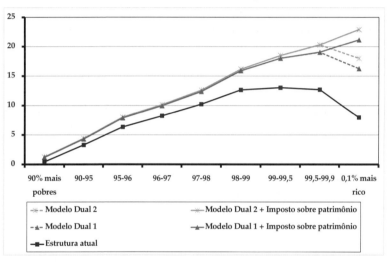

Fonte: Elaboração do autor.

Para contornar esta limitação, os resultados do Gráfico 2 incluem simulações que complementam o modelo dual de IRPF com um imposto sobre patrimônio das pessoas físicas (ou imposto sobre grandes fortunas). Há inúmeros desenhos possíveis para este imposto e, por simplicidade, a simulação está referenciada nos limiares e faixas de alíquotas adotados na Espanha. Esse país possui um imposto com alíquotas progressivas de 0,2% a 2,5%, sobre o valor do patrimônio que excede o limite de isenção de € 700.000 (ou R$ 2.526.082, ao câmbio médio de R$ 3,61 do ano de

---

[7] Para mais detalhes sobre as simulações, ver Paiva et al. (2021).

2017)[8]. Transpondo para os dados disponíveis no Brasil, o imposto incidiria sobre 240,7 mil contribuintes que, em função da íntima relação entre distribuição de renda e riqueza, estão concentrados basicamente no estrato dos adultos com maiores rendimentos no país.

Como se pode observar no Gráfico 2, a principal consequência do imposto sobre patrimônio é ampliar a alíquota média sobre os rendimentos do milésimo (0,1%) mais rico do país: de 16,3% para 21,2% quando combinado com o primeiro modelo dual, ou de 18,0% para 22,9% com o segundo modelo. Assim, o imposto sobre patrimônio elimina a quebra na escala de progressividade no extremo topo da distribuição e supre uma limitação do modelo dual de IRPF.

Do ponto de vista arrecadatório, as simulações sugerem receitas da ordem de 0,9% do PIB na primeira alternativa e 1,5% do PIB na segunda alternativa de modelo de IRPF (R$ 75,2 bilhões e R$ 127,0 bilhões em valores de 2021, respectivamente), sem contar mais 0,3% do PIB (R$ 26,2 bilhões) provenientes do imposto sobre patrimônio[9]. Ou seja, uma agenda bem desenhada de resgate da progressividade da tributação de renda tem potencial de levantar receitas de até 1,8% do PIB (R$ 153,2 bilhões), ao final de um período de transição com implementação gradual, de digamos 4 ou 5 anos.

Por fim, é digno de nota que a opção por apresentar exclusivamente os resultados do modelo dual de IRPF se deve ao fato de que suas simulações são menos demandantes de informações. Resultados semelhantes poderiam ter sido alcançados por uma calibração equivalente de modelo abrangente de IRPF, cujas informações necessárias para simulações não

---

8   Os resultados foram calculados a partir de uma *proxy* da base de cálculo, calculada a partir de informações de patrimônio das declarações de IRPF, e de uma estimativa de eficiência arrecadatória calibrada em 80%. Ver Paiva et al.(2021) para mais detalhes.

9   Vale reiterar que o desenho dos modelos duais passa por uma redução das alíquotas estatutárias do IRPJ/CSLL, com consequente perda de arrecadação no nível da empresa. Uma parte desta perda poderia ser neutralizada pelas já previstas revisões da dedução dos JSCP e dos regimes especiais de PMEs ou por medidas complementares, como a adoção de alíquotas mínimas e procedimentos para coibir práticas de erosão da base de cálculo e migração de lucros. A redução de alíquotas abre uma janela de oportunidade para se avançar na direção de um modelo de tributação do lucro de base mais ampla. Mesmo assim restaria a necessidade de compensar a outra parcela da perda de arrecadatória com receitas no nível da pessoa física e as estimativas de receitas já consideram esta compensação. Ver Paiva et al. (2021).

estão disponíveis. Independentemente do formato, o mais importante é que se busque um modelo que confira tratamento mais consistente às diversas fontes de renda e, assim, elimine brechas para fenômenos de transfiguração de renda. Caso contrário, há grande risco de que o resgate da progressividade não se concretize e que distorções atuais sejam até mesmo amplificadas, como pode ser o caso de inúmeras propostas simplistas de reforma do tipo "lista de mercado" não atentas a tais riscos.

3. REFORÇO DA TRIBUTAÇÃO DE BENS E SERVIÇOS

3.1 Distorções na Tributação de Bens e Serviços no Brasil

Existe há longo tempo no Brasil um consenso sobre a necessidade de reformar nosso caótico modelo de tributação de bens e serviços, marcado pela sobreposição de tributos federais, estaduais e municipais e por incontáveis ineficiências econômicas. Também está bastante disseminada na literatura especializada a visão de que um caminho para eliminar a maior parte dessas ineficiências é substituindo os vários tributos por um Imposto sobre Valor Adicionado (IVA) moderno. Isto é, um IVA no destino, com crédito integral, base abrangente e evitando-se ao máximo o recurso a alíquotas diferenciadas. Mesmo assim, nenhuma das propostas de reforma tributária colocadas na mesa de debate, nas últimas décadas, vingou politicamente, em função dos conflitos distributivos entre os entes federados, setores econômicos e outros grupos de interesse que atuam na sociedade e no Congresso.

O escopo central da proposta discutida no Congresso Nacional durante o triênio 2019-2021, que está sintetizada no relatório final da Comissão Mista de Reforma Tributária apresentado em maio de 2021, é justamente instituir um IVA moderno, batizado de Imposto sobre Bens e Serviços (IBS), em substituição a cinco tributos (Imposto sobre Circulação de Mercadorias e Serviços (ICMS), Imposto sobre Serviços (ISS), Imposto sobre Produtos Industrializados (IPI) e a Contribuição para o Financiamento da Seguridade Social (PIS/Cofins). A proposta busca, de forma pragmática, lidar com vários dos conflitos distributivos, ao prever uma transição longa tanto para a implementação do novo imposto quanto para a sua partilha entre os entes federados, e inegavelmente tornaria nosso sistema tributário e federativo mais justo e equilibrado.

A reforma tem potencial de tornar nossa tributação sobre bens e serviços muito mais equilibrada, ao prever maior uniformidade das alíquotas; ou seja, iguais para quase todos os bens e serviços dentro de cada localidade. Caso seja aprovada, não seria possível, por exemplo, fazer como a maioria dos Estados fazem hoje ao cobrar alíquotas de ICMS sobre energia elétrica e serviços de telecomunicações de 25% a até 30% do preço com imposto (ou 33% a 43% do preço sem imposto) e, ao mesmo tempo, praticamente isentar outras atividades ou grupos de empresas que financiam as campanhas eleitorais dos políticos locais. Dito de outro modo, a prática de diferenciação de alíquotas no país acabou se distanciando do critério de essencialidade, o que acaba agravando ainda mais o ônus da pesada tributação de bens e serviços sobre o bolso dos mais pobres.

A uniformização deverá beneficiar a maior parte da sociedade brasileira via redução da alíquota da maioria dos bens, compensada pela tributação mais elevada do setor de serviços, hoje subtributados e consumidos principalmente pelos mais ricos. O conjunto de impostos atuais com alíquotas diferenciadas incide proporcionalmente mais sobre os mais pobres, como mostra o trabalho recente de Cornelio et al. (2021) empregando os dados da Pesquisa de Orçamentos Familiares (POF) 2017/18. Conforme o Gráfico 3, para os 10% mais pobres da distribuição, os tributos indiretos recaem sobre 23,42% da renda total desse estrato, caindo gradualmente até representar 4,84% da renda do 0,5% mais rico. Essa elevada regressividade materializa-se em um aumento do Gini da renda total após a tributação indireta em 3,10%.

Gráfico 3. Incidência da tributação indireta para os estratos, segundo a renda total familiar *per capita*

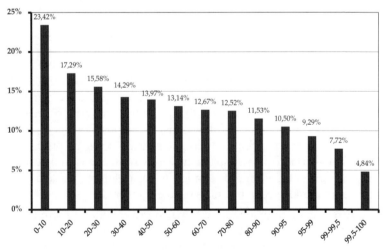

Fonte: elaboração própria com base em Cornelio et al. (2021).

3.2 Simulação de um Imposto sobre Bens e Serviços (IBS)

Quando simulamos uma alíquota uniforme, calculada de modo que a arrecadação permaneça constante, ainda se observa acentuada regressividade da tributação indireta, mas com uma redução da incidência para 80% da população. A partir do Gráfico 4 é possível visualizar o impacto dessa mudança. Enquanto para os oito primeiros décimos a participação dos tributos sobre a renda reduz em média em 3,4%, para o 1% mais rico essa participação aumenta em 11,5%. A desigualdade continua aumentando a partir da incidência desses impostos, com um aumento do Gini em 2,7%, mas em magnitude 0,43p.p. menor do que no cenário atual.

Gráfico 4. Incidência de um IBS para os estratos, segundo a renda total familiar *per capita*

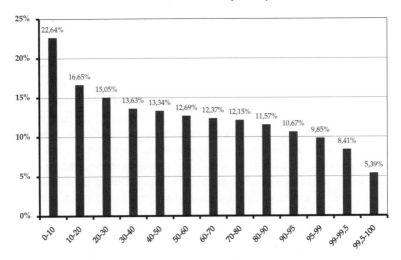

Fonte: elaboração própria com base em Cornelio et al. (2021).

Este modesto impacto redistributivo pode ser potencializado por um dispositivo embutido na reforma, que prevê a devolução do imposto para as famílias de baixa renda. Ou seja, um mecanismo que permite atenuar a regressividade inerente a um imposto indireto, concentrando o benefício fiscal nos mais pobres, conforme recomenda a literatura internacional. Dependendo do seu desenho, este mecanismo poderia converter o impacto redistributivo do IBS em aproximadamente neutro.

4. UMA RETOMADA SUSTENTÁVEL: TRIBUTAÇÃO SOBRE CARBONO

4.1 A pegada de carbono

Dentre as consequências da crise econômica decorrente da pandemia da covid-19, observou-se ao redor do mundo um relativo consenso quanto à necessidade de estímulos fiscais visando à manutenção da renda de indivíduos e empresas. Para o pós-pandemia, por outro lado, foram formulados planos para uma retomada no crescimento econômico e geração de empregos que, diferentemente dos planos de recuperação do passado, deram grande ênfase à questão ambiental.

Uma das possíveis formas de medir o impacto das atividades econômicas sobre o meio ambiente são as emissões de gases do efeito estufa (GEE), com destaque para o dióxido de carbono, decorrentes da produção de bens e serviços. Dentro da literatura econômica, o impacto da poluição sobre a sociedade pode ser entendido como uma externalidade negativa, já que os agentes não tomam esse custo na escolha de quanto produzir e consumir. Para corrigir essa falha de mercado, uma das medidas aventadas por boa parte dos planos de recuperação é a precificação das emissões via tributação da quantidade de carbono liberada durante a produção.

Na prática, esse tributo levaria os indivíduos a considerar as consequências nocivas da poluição sobre a sociedade a partir de mudanças nos preços dos produtos. Com o decorrer do tempo, o resultado esperado dessa política seria a readaptação dos hábitos de consumo e a remodelação da estrutura produtiva para uma economia menos dependente de bens, serviços ou atividades de alto custo para o meio ambiente. Ou seja, o tributo sobre o carbono reduziria paulatinamente seu impacto sobre o orçamento das famílias mediante a transição para uma produção econômica e consumo mais sustentáveis.

Para mensurar o impacto dessa política sobre a distribuição de renda, é preciso, em primeiro lugar, entender como a pegada de carbono, isto é, a emissão de carbono ligada às cestas de consumo de cada família, varia entre os estratos mais pobres e aqueles com maiores rendimentos. Visando tal fim, foram empregados os coeficientes de emissão de CO2eq[10] calcu-

---

10 A medida de equivalência de carbono (ou CO2eq) indica que outros gases de efeito estufa para além do dióxido de carbono são considerados, com base na equivalência de suas emissões com as emissões de CO2. Tal medida é internacionalmente aceita e utilizada pelo Painel Intergovernamental sobre Mudanças Climáticas (IPCC) das Nações Unidas.

lados por Pereda e Christofoletti (2019), que indicam quanto de CO2eq são emitidos a cada unidade monetária gasta em cada setor da economia brasileira, definidos pelo Sistema de Contas Nacionais. A partir dessas estimativas foi possível obter a pegada de carbono de cada família a partir dos microdados da POF 2017/18 multiplicando os coeficientes de emissão pelo consumo das famílias.

Um adendo importante é que esses dados cobrem apenas as emissões de GEE decorrentes da produção e do uso da energia que, segundo o relatório anual organizado pelo Observatório do Clima no ano de 2020, correspondem a cerca de 19% das emissões totais. Estão de fora componentes muito relevantes, como a agropecuária (28%) e a mudança do uso da terra (44% em 2019) onde, nesse último, o desmatamento entra como elemento central. Logo, para o caso brasileiro, é imprescindível que esses demais fatores sejam considerados para uma redução significativa na emissão de poluentes no país.

Gráfico 5. Distribuição da pegada de carbono (tonCO2eq) familiar *per capita* anual por estratos de renda

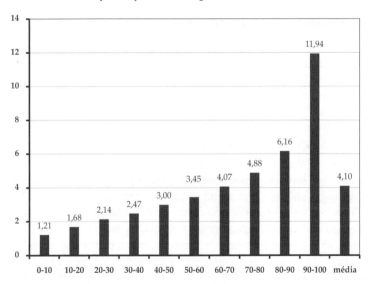

Fonte: Elaboração própria com base nos microdados da POF 2017-2018 e em Pereda e Christofoletti (2019).

O Gráfico 5 mostra a distribuição das estimativas de pegada de carbono familiar *per capita* segundo décimos de renda. A pegada média encontrada para o caso brasileiro foi de 4,1 toneladas de emissão de CO2eq, referente ao consumo *per capita* total das famílias brasileiras por um ano. Dentre os principais setores que contribuem para essa pegada, estão: transporte terrestre, automóveis, produtos de limpeza, produtos farmacêuticos, gasolina, eletricidade e carne. Ou seja, produtos em sua maioria de caráter essencial e cotidiano.

Pela distribuição, é possível observar que o valor médio de pegada para a população brasileira só é ultrapassado pelos 30% mais ricos, que contribuem com 56,07% das emissões totais. Já os 30% mais pobres, por outro lado, respondem a apenas 12,27% das emissões de CO2eq. Essas disparidades estão muito ligadas tanto ao tamanho do consumo, que cresce em proporção da renda, como à constituição das cestas de cada grupo. Em especial, é possível destacar o peso significativo das atividades de transporte, como a compra de automóveis e o transporte terrestre de passageiros, nas emissões totais. Enquanto os 10% mais ricos são responsáveis por uma pegada de carbono que é, no caso dos transportes terrestres de passageiros, cinco vezes maior que os 10% mais pobres, esse valor corresponde a mais de 81 vezes para a compra de automóveis.

4.2 Simulação da tributação sobre carbono

Nesta subseção, propõe-se um tributo sobre a emissão de carbono a partir de duas alíquotas, US$ 5 e US$ 10 por tonelada de carbono, a serem adotados em momentos distintos como parte de uma descarbonização gradual da economia brasileira. Esse aumento em etapas das alíquotas já ocorre em alguns países há certo tempo e busca minimizar as consequências econômicas e políticas no curto prazo decorrentes de uma mudança brusca nos preços dos bens e serviços.

Com relação aos valores, essa decisão foi baseada nos desenhos de tributação de carbono já existentes, compilados pelo Banco Mundial (2018). Uma rápida análise mostra que alíquotas acima de US$ 20/tonCO2eq foram adotadas apenas por países ricos como Islândia, Dinamarca, Noruega, Suíça e Suécia e parecem ser inviáveis para o caso brasileiro, ao menos no presente momento. Com relação aos países em desenvolvimento, todas as alíquotas referentes a um tributo sobre carbono estão situadas abaixo dos US$ 10/tonCO2eq. É o caso, por exemplo, do Chile, que aprovou uma reforma tributária em 2014 instituindo uma alíquota de US$ 5/tonCO2eq.

No Gráfico 6, é possível observar o impacto redistributivo da aplicação dessas duas alíquotas, a partir das cestas e do comportamento de cada estrato. Como nos demais impostos que incidem sobre o consumo das famílias, o tributo sobre carbono mostra-se regressivo, com sua participação na renda caindo 73,2%, quando passamos dos 10% mais pobres da população para os 10% mais ricos, no caso de menor alíquota, e 72,4%, no segundo cenário. Logo, em ambos os casos há um aumento da desigualdade no Brasil com a criação do novo tributo: o índice de Gini da renda é elevado em 0,1%, para a alíquota de US$ 5/tonCO2eq, e em 0,19%, para a alíquota de US$ 10/tonCO2eq.

Gráfico 6. Participação do tributo sobre carbono na renda familiar *per capita*, por estratos

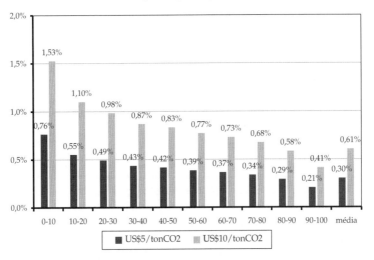

Fonte: elaboração própria com base nos microdados da POF 2017-2018 e em Pereda e Christofoletti (2019).

A regressividade observada advém justamente do fato de que o consumo ocupa um peso relativamente maior na renda dos mais pobres do que para os estratos mais ricos. Portanto, mesmo sendo os mais ricos os grupos que mais contribuem para as emissões de GEE graças a maiores valores de consumo e cestas com bens relativamente mais poluentes, são os mais pobres que sofreriam mais com essas medidas. Por outro lado, o potencial arrecadatório dessa nova forma de tributação no Brasil equivale a 0,20% do PIB para a primeira alíquota e 0,40% para a segunda, dadas as hipóteses feitas anteriormente.

O trabalho de Marques, Ribas & Carvalho (2020) propõe mitigar esse efeito regressivo por meio de uma política de dividendos sobre o carbono, transferindo renda para os estratos mais pobres a fim de neutralizar o impacto redistributivo desse tributo. Segundo os autores, um ressarcimento do imposto aos 34% mais pobres seria suficiente para manter o índice de Gini constante pós-tributação, garantindo uma receita anual de 0,17% do PIB no caso da alíquota de US$ 5/tonCO2eq e 0,34% para a alíquota de US$ 10/tonCO2eq.

Outra proposta do estudo é, além de ressarcir os 34% mais pobres, utilizar parte da receita adicional para viabilizar uma expansão do Programa Bolsa Família via aumento do valor da transferência ou do número de beneficiários. Em ambos os cenários, há uma redução significativa da desigualdade, mais do que compensando a regressividade do tributo sobre o carbono. Dessa forma, seria possível conciliar um incentivo à mudança na estrutura produtiva em direção a uma sociedade ambientalmente mais sustentável aliado à redução da desigualdade de renda.

5. CONSIDERAÇÕES FINAIS

Governos e instituições ao redor do mundo têm se debruçado sobre a formulação de agendas de recuperação econômica pós-pandemia que articulem geração de renda e empregos, combate às desigualdades e transição para uma economia de baixo carbono. Boa parte desses formuladores hoje entende que nos países ricos em que as taxas de juros estão próximas de zero, os investimentos e gastos públicos necessários para essas estratégias podem ser financiados por deficits fiscais sem que isso leve à insustentabilidade da dívida pública. Ainda assim, a tributação vem se constituindo como um dos pilares centrais dessas agendas por seus impactos distributivos e ambientais. Em países com juros mais elevados e riscos externos associados ao alto endividamento público, a tributação ganha, portanto, um papel ainda mais central: além de seus potenciais efeitos diretos sobre a desigualdade e as emissões de carbono, uma maior progressividade tributária pode contribuir para viabilizar a implementação de uma agenda que nos ajude a enfrentar os desafios econômicos, sociais e ambientais do século XXI.

No caso brasileiro, o grande número de distorções existentes no sistema tributário atual dá ampla margem para elevar nossa capacidade arrecadatória, distributiva e produtiva. Após diagnosticar alguns dos problemas do atual sistema de tributação direta e indireta, esse capítulo simulou o efeito sobre a desigualdade e a arrecadação de algumas propostas de mudança na tributação da renda/patrimônio, de bens e serviços e de carbono que estão em linha com o praticado por outras economias.

Tais simulações sugerem ser possível melhorar a eficiência e a equidade do sistema tributário brasileiro e, ao mesmo tempo, gerar receitas de até 2,2% do PIB[11] para expandir de forma expressiva nosso sistema de proteção social e/ou destinar recursos ao combate ao desmatamento e transição para uma economia verde. Viabilizar propostas como essas depende, no entanto, da superação de obstáculos que vão muito além da questão tributária, entre os quais a revisão de nosso regime fiscal.

REFERÊNCIAS

CORNELIO, Felipe Moraes; PALOMO, Theo Ribas; SILVEIRA, Fernando Gaiger; TONON, Marcelo Resende. **Tributação indireta: alíquotas efetivas e incidência sobre as famílias**. Brasília: Ipea, 2021 (Texto para Discussão, no prelo).

GOBETTI, Sérgio; ORAIR, Rodrigo. Taxation and distribution of income in Brazil: new evidence from personal income tax data. **Brazilian Journal of Political Economy**, v. 37, n. 2, p. 267-286, 2017.

OCDE – Organização para a Cooperação e Desenvolvimento Econômico. The Role and Design of Net Wealth Taxes in the OECD. **OECD Tax Policy Studies n. 26**. Paris: OECD Publishing, 2018.

ORAIR, Rodrigo; GOBETTI, Sérgio. Reforma Tributária no Brasil: Princípios Norteadores e Propostas em Debate. **Novos Estudos Cebrap**, v. 37, n. 2, p. 213-244, 2018.

PAIVA, Luis Henrique; BARTHOLO, Letícia; SOUZA, Pedro; ORAIR, Rodrigo. A reformulação das transferências de renda no Brasil: simulações e desafios. Brasília: Ipea, **Texto para Discussão**, 2021.

PEREDA, Paula; CHRISTOFOLETTI, Maria Alice. Heterogeneous welfare and emission effects of energy tax policies in Brazil. **Working Paper,** n. 32, Departamento de Economia, Universidade de São Paulo, 2019.

WORLD BANK. **Ecofys. State and Trends of Carbon Pricing 2018**. Washington, DC: World Bank, 2018.

---

11   Estimativa que leva em conta a maior alíquota de tributação sobre carbono. Já, ao considerar um ressarcimento desse tributo à população mais pobre, o impacto cai para 2,14% do PIB.

13

Propostas para tornar o Brasil uma liderança efetiva na corrida climática global

Natalie Unterstell

Gustavo Tosello Pinheiro

RESUMO: Uma transformação profunda da economia global está em curso, em função da mudança do clima. As oportunidades da descarbonização nas próximas três décadas, assim como os riscos, estão ficando mais claros para segmentos "vencedores" e "perdedores". O Brasil costuma se autodeclarar um líder ou uma potência verde, porém vem perdendo seu grande potencial para a transição para este novo paradigma. O desmatamento, a fossilização, a carbonização de sua eletricidade e a não eletrificação dos transportes são seus principais desafios. Até 2030, projeta-se aumento de emissões para o Brasil, caso as tendências atuais sejam mantidas. Propõe-se uma agenda de reconstrução de capacidades, retomada de prioridades e renovação da credibilidade do Brasil para romper com a inércia atual e, de fato, posicioná-lo como um líder na corrida pela descarbonização, ainda nesta década.

1. A QUESTÃO CLIMÁTICA NO MUNDO

Dentro de uma década, não haverá mais venda de carros a gasolina e diesel no Reino Unido, Noruega, Suécia, Dinamarca e Holanda. Até 2040, também no Canadá e na França. Isso não é prognóstico ou tendência, mas resultado direto de um conjunto de decisões públicas tomadas no início desta década de 20, com consequências importantes no mundo.

Em duas décadas, carros com motor a combustão serão objeto de museu. Os escapamentos se tornarão peças *vintage*, que crianças nascidas hoje mal saberão para o que serviam. Oxalá, os futuros adultos não convivam mais com o risco de doenças associadas à poluição do ar, que é um dos principais fatores de mortalidade no mundo de hoje.

Aos que duvidam da plausibilidade desse cenário, pede-se recorrer aos atuais planos de negócios das maiores fabricantes de veículos do mundo: a Volvo Cars anunciou que em 2030 será uma empresa exclusivamente elétrica. A General Motors prometeu eliminar os carros e caminhões movidos a petróleo até 2035. A Ford prometeu que todas as vendas na América do Norte serão de veículos elétricos até 2030 e a Volkswagen quer metade do mercado americano de elétricos no mesmo período (MOTA, 2021).

As tecnologias renováveis estão crescendo exponencialmente e o mercado de veículos elétricos parece estar perto de um ponto de inflexão, como observado pela Agência Internacional de Energia (IEA). O custo médio das baterias caiu quase 90% desde 2010 e deve baixar pela metade do preço de hoje já em 2023. Isso serve não só para veículos elétricos, mas também para as energias solar e eólica, que se tornaram a forma mais barata de geração (International Energy Agency, 2021).

Em larga medida, foi a China que fomentou tais avanços, promovendo um vibrante mercado de renováveis mundo afora. Não à toa, recebeu da revista britânica *The Economist* a alcunha de "eletro-Estado" (THE ECONOMIST, 2017), para designá-la a maior potência de energia renovável atual. Isso significa que ela domina cadeias inteiras de produção e abastecimento de tecnologia solar, eólica e outros.

Não quer dizer que a China já esteja descarbonizada – ela ainda está longe disso. Mas sua posição incomoda geopoliticamente os "petro-Estados", isto é, os grandes produtores de petróleo e gás, além dos países que fizeram outras apostas tecnológicas, como os Estados Unidos (EUA). Estes apostaram na transição do petróleo para o gás, vale dizer. Mas tanto a China quanto as demais potências estão em uma corrida para ver quem chega antes ao ponto de descarbonização[1].

---

1   O consumo de energia é de longe a maior fonte de emissões de gases de efeito estufa causadas por seres humanos, responsável por 73% das emissões mundiais. O setor de energia inclui transporte, eletricidade e geração de calor, edifícios, fabricação e construção, emissões fugitivas e outras queimas de combustível. Os outros principais emissores são: agropecuária (12%); uso da terra, mudança no uso da terra e florestas (6,5%); processos industriais de produtos químicos, cimento e outros (5,6%); e resíduos (3,2%).

Um dos principais estímulos para isso foi o Acordo de Paris, adotado por 195 países em 2015. Mais do que palavras no papel, o Acordo mudou expectativas e tornou a meta de zero emissões líquidas até metade do século uma referência a governos e empresas. A organização britânica *Energy and Climate Intelligence Unit* (ECIU) estima que mais de 50% do Produto Interno Bruto (PIB) global (empresas, governos) já tenha assumido metas de longo prazo alinhadas com Paris (ENERGY AND CLIMATE INTELLIGENCE UNIT, 2021).

Uma nova geração de políticas públicas alinhadas ao Acordo de Paris está surgindo, com potencial de impacto generalizado. Por exemplo, impostos de fronteira de carbono pela União Europeia, Reino Unido e EUA (em mercados que, juntos, representam mais de 30% das importações globais em valor) já acenam com requisitos para exportadores comprovarem que suas cadeias estão livres de desmatamento e que estão sujeitos a precificação de carbono em seus locais de origem (PLUMER, 2021; TAYLOR, 2021). Além das restrições, os impostos de fronteira podem estimular a criação de novos sistemas de comércio de emissão.

Da Rainha da Inglaterra ao dono do cofre do Vaticano, o Papa Francisco, há um consenso de que os riscos climáticos – sejam eles físicos ou regulatórios – são uma agenda econômica estruturante. E há um bom entendimento nas elites mundiais de que "bolhas de carbono" podem estourar nos próximos anos se não houver uma transição planejada do modelo com base em combustíveis fósseis para outro, livre de emissões. E essas bolhas, como alertou em 2015 o então chefe do Banco Central da Inglaterra, Mark Carney, oferecem risco à estabilidade do sistema financeiro. Por essa razão, Bancos Centrais de todo o mundo – inclusive o do Brasil – reagiram comprometendo-se com a divulgação obrigatória do risco climático e testes de estresse para facilitar e organizar tal transição.

A bolha de carbono já estourou para o setor de carvão, por exemplo, levando a perdas de bilhões de dólares e à decretação de falências em série. As empresas de carvão perderam mais da metade de seu valor negociado em bolsa nos Estados Unidos desde 2019 e buscam conversão para outros negócios. Os mesmos fatores que forçam a transição do carvão estão agora em jogo no setor de petróleo e gás. De olho nisso, países como a Dinamarca, um dos maiores produtores de fósseis da Europa, já declararam moratória a novos empreendimentos petrolíferos e prometem a eliminação progressiva de sua produção até 2050. A tendência é que as tecnologias de alto carbono comecem a perder participação de mercado, economias de escala e suporte regulatório.

Por todos esses fatores, pode-se assumir que estamos no início de uma profunda mudança na base da economia global: de um sistema dependente de petróleo e carvão para outro, livre das principais fontes de gases de efeito estufa. Engana-se quem pensa que será uma mudança lenta.

Até 2015, tecnologias e negócios de baixo carbono raramente competiam com as soluções existentes. Em 2020, tornaram-se competitivas em setores que representam cerca de 25% das emissões globais. Em 2030, estima-se que possam ser competitivas em setores que representam 70% de emissões (TURNER, 2020). A mesma dinâmica de mercado que está gerando avanços no setor de energia renovável hoje provavelmente será replicada em outros setores, aproximando de pontos de inflexão nos próximos 10 anos.

Têm especial importância a transição e a ruptura tecnológica projetadas para os sistemas de produção de alimentos. Especialistas sugerem que estão em curso tendências econômicas que poderão provocar a "disrupção mais profunda, mais rápida e de maiores consequências já ocorrida na agricultura e na produção de alimentos desde a primeira domesticação de plantas e animais há 10 mil anos" (TUBB; SEBA, 2021). A indústria de proteínas alternativas (que inclui carne vegetal, unicelular e à base de insetos, proteínas e carne cultivada) cresceu 29% entre 2019 e 2020. Até 2030, o mercado é projetado crescer mais de 18 vezes. Em 2030, o número de vacas nos EUA terá caído 50% e a indústria da pecuária estará praticamente falida (TUBB; SEBA, 2021).

Não se trata de um esverdeamento de nichos, de caráter temporário, mas de uma transição estrutural e de longa duração. Isso porque a ciência da mudança do clima já quantificou o que precisa ser feito: em dez anos, reduzir pela metade as emissões globais de gases causadores do aquecimento global; nos 20 anos depois disso, descarbonizar totalmente a economia.

Diante do imperativo da descarbonização rápida, que há de se acelerar conforme os impactos da própria mudança do clima são sentidos mundo afora, os países que souberem apostar poderão manter ou criar vantagens comparativas. Os que titubearem irão perder suas posições de comércio e de investimentos nesta década. Não se trata de adotar projetos ou programas de redução de emissões; e sim, de estruturar políticas de transição.

2. O CASO DO BRASIL

São costumeiras as referências elogiosas ao Brasil como liderança ou potência ambiental na imprensa, nos discursos de autoridades e nos documentos oficiais de governo. Tal suposição ancora-se nos atributos do Brasil como país florestal, megadiverso[2] e rico em natureza, com um dos maiores potenciais globais das energias solar, eólica e hidroelétrica, bem como uma rica variedade de formações naturais, cujo papel é fundamental no equilíbrio climático global. Somos educados desde a tenra infância a saber que nosso território abriga a maior quantidade de água doce e a savana mais rica do planeta, uma das três maiores superfícies agricultáveis, a maior insolação de superfície e o maior potencial de crescimento de biomassa do mundo.

Essa construção contribui para a miragem de que o Brasil "já seria uma economia de baixo carbono"[3] e, portanto, já estaria bem posicionado na "corrida global pela descarbonização". No entanto, ela diverge da realidade, pois o Brasil está no rol dos sete países que emitem mais de 1 bilhão de toneladas de Gases de Efeito Estufa (GEE) por ano. Em 2019, foram cerca de 2,17 bilhões de toneladas segundo dados do Sistema de Estimativas de Emissões de Gases de efeito estufa (SEEG, 2020)[4], colocando-nos em 5º lugar no ranking dos maiores emissores do mundo. Nossas emissões *per capita* também são maiores que a média mundial: em 2019, cada cidadão brasileiro emitiu 10,4 toneladas brutas de CO2e, contra 7,1 da média global.

Com relação à liderança, cabe observar a posição do Brasil nos principais índices de avaliação comparativa das políticas climáticas. No *Climate Change Performance Index 2021*, por exemplo, o Brasil está na 25ª posição geral; em queda. O índice avalia 61 países, os quais correspondem, conjuntamente, a 90% das emissões globais de GEE. Em uma escala de cinco indicadores, a política climática brasileira foi classificada no nível mais baixo, colocando o país na 56ª posição neste quesito (isto é, entre os piores).

---

2 O Brasil é um dos 17 países que foram classificados como "megadiversos", distribuídos entre América, África, Oceania e Ásia. Esses países possuem cerca de 70% da diversidade do mundo, em um território que não excede 10% da superfície total do planeta Terra. Apenas na Amazônia, já foram catalogados 55 mil espécies de vegetais, 428 de mamíferos, 1.622 de aves, 467 de répteis e 516 de anfíbios.

3 Comunicado oficial da diplomacia brasileira à ONU em 2016 contém a frase em inglês *"This already qualifies Brazil as a low carbon economy"*.

4 O desmatamento respondeu por 44% do total das emissões do país no ano, seguido da agropecuária, com 28% e da energia, com 19% do total de emissões. Contribuem ainda a indústria, com 5%; e resíduos, com 4%.

Já no *Green Future Index 2021*, publicado pela *MIT Technology Review* e que avalia 76 países em termos de compromisso e progresso com relação a um futuro de baixo carbono, o Brasil está em 32º lugar. O Brasil não chega a ser agrupado junto dos países considerados "retardatários do clima", mas fica no grupo de países que ainda precisam demonstrar compromisso em implementar o que prometem. O país se destaca em "Inovação Limpa" (11º lugar), mas é um dos piores em termos de "Política Climática" (41º lugar) e "Sociedade Verde" (71º lugar). O pilar da política climática mede o nível de ambição estabelecido nas políticas climáticas em torno de energia, agricultura e finanças, e o quanto essas economias estão usando os pacotes de estímulo pós-pandemia para canalizar investimentos para indústrias limpas. Este último responde por 40% da composição do índice. O Brasil possui metas formais de redução de emissões, inclusive inscritas em legislação doméstica, mas tem descumprido os objetivos de redução de emissões.

A esse respeito, a Política Nacional de Mudança do Clima (instituída pela Lei n.12.187/2009) estabeleceu em 2009 a redução de pelo menos 36% do montante de emissões anuais em 2020, em relação às emissões de 2005. A meta não foi alcançada devido ao crescimento do desmatamento e queimadas entre 2012 e 2020. A meta submetida pelo Brasil às Nações Unidas, no âmbito do Acordo de Paris, e registrada como Contribuição Nacional Determinada (NDC, na sigla em inglês), estabelece que o país se compromete com a redução em 37% as emissões de GEE até 2025 e 43% até 2030, em relação ao volume de emissões de 2005 e o perfil de emissões do Brasil caminha na direção oposta à destas metas.

Apesar das múltiplas metas assumidas, o Brasil não desenvolveu um conjunto robusto de políticas e não considerou requisitos climáticos na orientação de investimentos na economia – nem para o investimento público, nem para privados. Enquanto as principais economias do planeta anunciaram planos de recuperação verde para a reativação econômica pós-covid, neles incluídos objetivos climáticos e ambientais, o Brasil sequer estabeleceu planos de recuperação propriamente ditos para o pós-pandemia.

Vale ainda observar a piora do desempenho do Brasil no período recente. O país apresentou expressivo aumento, entre 2010 e 2015, na intensidade de CO^2 nas exportações em relação à média mundial, segundo estudo de autoria de Yamano & Guilhoto publicado pela Organização para a Cooperação e Desenvolvimento Econômico (OCDE) em 2020. Isso significa que o país está carbonizando seus produtos de exportação – o que vai na contramão da tendência acima identificada de taxação de carbono na fronteira por economias avançadas, e também da aplicação de análise de risco climático no sistema financeiro.

A meta brasileira de descarbonização até 2030 é mal avaliada por dois dos principais exercícios de análise comparativa global. No *Climate Action Tracker*, a meta do Brasil no Acordo de Paris foi classificada como "Insuficiente", em 2016 (Governo Rousseff), e "Altamente Insuficiente" em 2020 (Governo Bolsonaro). Isso significa que não é rigorosa o suficiente para limitar o aquecimento a 2° C, quanto menos 1,5° C.

Já para o *World Wide Fund for Nature* (WWF), a meta climática brasileira proposta para 2030 é considerada "indesejável", por violar o princípio de progressividade contido no Acordo de Paris. Isto é, de melhoria contínua, de modo a alcançar a descarbonização o quanto antes e contribuir para o objetivo de limitar o aquecimento global a 2° C máximos de temperatura até o final deste século.

Por fim, o Brasil não figura entre os vinte líderes em produtos verdes (por volume exportado) no mundo. Nosso país se situa em 46º lugar no *Green Complexity Index*, que mede capacidades atuais, e em 52º no *Green Complexity Potential Index*, que estima o potencial futuro de sucesso na economia verde.

O que explica esses resultados insatisfatórios e muito distantes da posição de liderança que o Brasil acredita deter? A seguir, tratamos de quatro problemas que explicam a situação do Brasil *vis-à-vis* à corrida climática global descrita na seção inicial. O desmatamento é o maior deles, por isso receberá maior espaço. Quanto às demais emissões de GEE do Brasil – excluindo-se as associadas ao uso da terra e à agricultura, elas aumentaram 84% desde 1990 (e 11% desde 2010). Há 3 fatores de preocupação em relação a essa trajetória: a fossilização do *mix* de energia, a carbonização da matriz elétrica e a não eletrificação dos transportes.

2.1 Desmatamento

No caso da Amazônia, o desmatamento é um vilão do aquecimento global, enquanto a floresta é a vítima. Há evidências científicas mostrando que, a acumulação de mais de 25% de desmatamento pode levar o ecossistema ao colapso[5]. Isso resultará na perda de sua capacidade de contribuir para a regulação global do clima e de produzir vapor d'água, funções

---

5   Processo descrito na literatura como *"tipping point"* ou *"dieback"*.

ecossistêmicas que garantem, hoje, entre outras importantes atividades econômicas e sociais, a pujante agricultura na América do Sul.

Em 2020, cerca de 20% da floresta amazônica já havia sido desmatada, contra 0,5% até 1975. Estudo publicado na Revista *Nature* em 2021 aponta que a porção sudeste da região já teria entrado em tal processo de colapso. As políticas de prevenção e controle do desmatamento na região sucumbiram nos últimos anos, aumentando o risco de que a perda de florestas se acumule e cause irreversível prejuízo ecológico e econômico (GATTI et al., 2021).

Desde que sua resiliência seja preservada, a floresta amazônica ainda tem alta capacidade de regeneração natural, ou seja, de restaurar suas funcionalidades e sua estrutura física, informa Pinto et al. (2021). Esses autores indicam que, em 2019, uma área de 7,2 milhões de hectares (equivalente a duas vezes o tamanho do Estado de Alagoas) de vegetação com idade mínima de seis anos foi identificada na Amazônia. Isso ilustra um grande potencial para a restauração florestal e o enorme desperdício em relação ao desmatamento ocorrido nas últimas décadas. Este que deixou abertas áreas extensas com baixa ou nenhuma produtividade agrícola, enquanto expandiu-se a "fronteira agrícola".

É fundamental reverter o desmatamento no Brasil, para manter a provisão de serviços ecossistêmicos relevantes à economia brasileira como um todo e à regulação climática global. Isso precisa acontecer antes que seja tarde demais para a floresta se regenerar.

O perfil das emissões brasileiras de GEE é irracional, como cunharam Viola e Franchini (2019), pois derivam dos enormes níveis de desmatamento na Amazônia.

Houve um processo de redução sustentada das taxas de desmatamento – de 24.000 km^2, em 2004, para 4.500 km^2 em 2012. O Plano de Prevenção e Controle do Desmatamento na Amazônia (PPCDAM) foi o principal esforço governamental no período. Criado em 2003, sua lógica de intervenção considerou duas principais estratégias: a primeira buscou aumentar o custo do desmatamento, através do aumento da fiscalização ambiental. A segunda, buscou reduzir artificialmente a disponibilidade de terras disponíveis para atividades ilegais através da criação de áreas protegidas em terras devolutas da União.

Entre 2004 e 2012 foram designados 25 milhões de hectares de unidades de conservação (equivalentes a um Estado de São Paulo), 7 milhões de hectares de reservas extrativistas (equivalentes a três vezes o Estado de Sergipe) e 18,5 milhões de hectares de terras indígenas (área pouco menor que a extensão territorial do Estado do Paraná). Neste mesmo intervalo de tempo em que o país reduziu em 80% o desmatamento, a produção agrícola da Amazônia Legal cresceu 37%.

As emissões de GEEs na Amazônia tiveram seu menor valor em 2010 (656,1 milhões de toneladas de CO2eq), mantiveram-se estáveis até 2012 (688,2 milhões toneladas de CO2eq) e atingiram a maior quantidade, em 2019, quase o dobro de 2010. A curva ascendente de desmatamento experimentada a partir de 2013 coincide com a repercussão da mudança na Lei do Código Florestal ocorrida em 2012. Reflete, também, o menor investimento estatal no *cumprimento e na fiscalização* das leis ambientais, isto é, na aplicação pelo Executivo daquilo que fora pactuado pelo Legislativo e sancionado pela Presidente da República. Tais emissões resultam do avanço mais intenso das "fronteiras" agrícolas, minerais e de infraestrutura áreas de naturais conservadas.

As 10 cidades com maior nível de emissões de GEE no Brasil, em 2020, poluem mais do que países inteiros, como o Peru ou a Bélgica – sete delas estão na Amazônia e têm o desmatamento, seguido de emissões pelo rebanho bovino, como principal fonte de GEE. As emissões *per capita* no município que mais emite no Brasil – São Félix do Xingu (PA) – são de 225 toneladas por ano – 21 vezes a média de emissões brutas *per capita* do Brasil, 12 vezes a dos Estados Unidos e 6 vezes mais que a do Qatar, líder no mundo (SEEG, 2021). Se fosse um país, São Félix do Xingu estaria à frente do Chile, da Noruega e da Costa Rica, segundo o *World Resources Institute.* Igualmente surpreendente é que 94% das emissões oriundas do desmatamento tenham origem ilegal (INSTITUTO CENTRO DE VIDA, 2021).

O desmatamento ilegal na Amazônia brasileira é impulsionado em grande parte por redes criminosas que têm capacidade logística para coordenar a invasão de terras e/ou a extração madeireira em larga escala, processamento e venda, ao mesmo tempo em que destacam homens armados para proteger seus interesses (RAISG, 2020; HRW, 2019; SANDY, 2019). Diferente do senso comum de que o desmatamento resulta da pobreza, há fortes indícios de que, por sua escala e pela capitalização envolvida, trata-se de uma atividade altamente lucrativa e organizada. Essa característica é conhecida e, por essa razão, o uso do aparato estatal para coibir crimes ambientais é fundamental.

A ausência de controle sobre terras públicas é outro fator que estimula o desmatamento, por meio da grilagem, ou seja, a apropriação ilegal de terras públicas. A expectativa de regularização fundiária é o principal fator para a grilagem. Enquanto o destino dessas áreas não é definido, a prática pela qual organizações criminosas invadem terras públicas, cortam florestas e depois fraudam documentos para obter títulos de terra do governo se generaliza. Brito, Almeida e Gomes (2021) estimam que uma área equivalente a 29% da Amazônia (1,43 milhão de km²), atualmente sem informação de destinação fundiária, possa ser alvo de grilagem. Os mesmos autores destacam que, a partir de 2019, governos federal e estaduais na região passaram a defender a regularização fundiária como a melhor estratégia de identificação e de punição dos responsáveis pela destruição da floresta. Porém, a escolha do modelo de regularização é fundamental: a depender da modelagem, ela pode conferir incentivos adicionais à grilagem e à destruição florestal. Ao criar a expectativa de que uma nova lei seja mais flexível do que a existente, o governo está estimulando a grilagem e o desmatamento. Além disso, como o governo Bolsonaro praticamente interrompeu a implementação da titulação de terras de acordo com a lei existente, o incentivo à grilagem de terras foi reforçado. Em 2019, foi emitido apenas um título[6], ante aos mais de 3.000 por ano na média dos anos anteriores[7].

A pecuária também é um fator importante, mas seu papel como causa do desmatamento é menos evidente. A grilagem de terras tem utilizado a pecuária como parte do processo de ocupação do território, em geral como estágio final do ciclo de aproveitamento de terra, madeira e produção. Nesse caso, a pecuária seria mais uma consequência do processo de grilagem e desmatamento do que uma causa, segundo Filho, Bragança e Assunção (2021). Ainda assim, 80% das terras desmatadas na região foram tomadas pela pecuária ou se encontram em estado de abandono. O desmatamento é, portanto, um sintoma do avanço da lógica de fronteira, combinado com o baixo investimento histórico em regularização fundiária e racionalização do uso da terra no Brasil. O Estado corre atrás da fronteira – quando deveria agir para estabilizá-la.

É importante notar que esta lógica encontra suporte político de alto nível na atual conjuntura, com consequências dramáticas. Como candidato presidencial, Jair Bolsonaro prometeu desfazer as regulamentações ambientais do Brasil e deixar de demarcar terras indígenas (FOLHA DE S. PAULO, 2018). Como presidente, ele cumpriu essa promessa e criou a expectativa de que, mesmo que pratiquem o desmatamento, os responsáveis não serão punidos. O presidente e seus ministros referem-se re-

---

6   Segundo dados contidos na Nota Técnica n. 360/2021/GABT-1/GABT/GAB/P/ SEDE /INCRA, enviada pelo Incra ao Supremo Tribunal Federal no âmbito da ADPF 769 (Arguição de descumprimento de preceito fundamental) em 2021.

7   Segundo dados obtidos sobre o Programa Terra Legal relativos ao período entre 2009 e 2018 por meio do sítio: http://nead.mda.gov.br/políticas e organizados pela pesquisadora Brenda Brito.

petidamente à aplicação da lei como uma "indústria da multa", à qual responderam criando uma espécie de "indústria do perdão".

À tolerância à ilegalidade, o governo Bolsonaro somou novas barreiras burocráticas para a ação fiscalizatória, como a criação de audiências de conciliação ambiental para tratar de infrações (que, na prática, travaram o sistema de aplicação de multas desde outubro de 2019)[8, 9]. De fato, entre 2019 e 2020, embora o desmatamento tenha aumentado, o número de penalidades aplicadas por crimes ambientais foi o menor em 24 anos. E, segundo estudo da Universidade Federal de Minas Gerais (UFMG), a média anual de processos com multas pagas entre 2014 e 2018 no Ibama, autarquia ligada ao ministério, era de 688; já em 2019 e 2020, os balanços foram 74 e 13 multas pagas (média de 44). O número de processos julgados em 1ª e 2ª instância também recuou: de 5,3 mil anuais entre 2014 e 2018 para somente 113 julgamentos em 2019 e 17 em 2020.

Também se reduziu substancialmente o financiamento para a pasta ambiental – somente a porção do orçamento destinado à pasta ambiental via Orçamento Geral da União se tornou, em 2021 o mais baixo dos últimos 21 anos[10]. Mas não pelo lado da oferta de recursos: as autoridades brasileiras dispõe de R$ 3 bilhões investidos pela Noruega e Alemanha por meio do Fundo Amazônia, gerido pelo Banco Nacional de Desenvolvimento Econômico e Social (BNDES). O governo congelou esses recursos, porque supostamente beneficia governos estaduais e organizações da sociedade civil que são consideradas não aliadas. A situação fática do Fundo Amazônia se tornou objeto de Ação Direta de Inconstitucionalidade por Omissão (ADO), que está sendo relatada pela ministra Rosa Weber, no Supremo Tribunal Federal.

---

8   Como o Decreto n. 9.760 de abril de 2019, a Instrução Normativa Conjunta MMA/ Ibama/ ICMBio n. 2, de 29 de janeiro de 2020 e Instrução Normativa Conjunta MMA/Ibama/ICMBio n. 2, de 26 de abril de 2021.

9   Conforme Monitor da Política Ambiental, publicado pela Política por Inteiro em parceria com a Folha de S. Paulo. Disponível em: https://arte.folha.uol.com.br/ ambiente/monitor-politica-ambiental-dev/#/analise-redes-sociais. Uma análise das 10 medidas críticas tomadas durante a pandemia foi consultado em: https:// www.politicaporinteiro.org/2021/04/22/as-10-maiores-boiadas-durante-a--pandemia-de-covid-19-ate-aqui.

10   O Projeto de Lei Orçamentária Anual (Ploa) aprovado pelo Congresso em maio de 2021, para o ano de 2021, garantiu R$ 1,99 bilhão para todas as despesas do MMA, inclusive as obrigatórias. Na série histórica, desde o ano 2000, o montante autorizado nunca foi menor do que R$ 2,9 bilhões, em valores atualizados pelo IPCA (índice de preços considerado oficial pelo governo federal). Os dados são do Observatório do Clima.

Na falta de atuação firme do Estado para impedir a invasão ilegal por madeireiros e garimpeiros, tem havido aumento da violência além do próprio desmatamento. Isso ameaça diretamente a sobrevivência dos povos indígenas e das comunidades locais. Um exemplo é a Terra Indígena Yanomami, área que faz fronteira com a Colômbia e a Venezuela, que é campeã de requerimentos minerários por não indígenas (ISA, 2019; FOLHA DE S. PAULO, 2019). Mais de 20.000 garimpeiros ocupam terras ilegalmente nesta região desde o início de 2019, principalmente para a extração ilegal do ouro (FOLHA DE S. PAULO, 2021; DW, 2021)[11].

A política ambiental do governo Bolsonaro marcou uma reversão dramática no histórico nacional: se alguns governos anteriores foram ineficientes na implementação das políticas ambientais, o atual foi deliberadamente ineficaz. A formulação de políticas baseadas na ciência – que perdeu força a partir de 2013, como citado anteriormente, mas cujos fundamentos eram respeitados minimamente até então – deu lugar à desmobilização do aparato de proteção dos bens públicos ambientais.

A percepção do risco do desmatamento tornou-se sistêmica. Investidores internacionais, lideranças do empresariado nacional e importadores e exportadores de produtos brasileiros pediram providências explícitas ao governo federal quanto ao controle do desmatamento. Isso porque investidores estão começando a considerar os riscos associados a desmatamento e degradação ambiental em suas decisões.

A mobilização inédita do segmento produtivo é indicativa do temor de que a política bolsonarista se torne uma marca negativa permanente associada aos produtos brasileiros. Isto é, um risco sistêmico. Em particular, investidores e empresários se mostraram preocupados com o atraso da ratificação do acordo comercial entre Mercosul e União Europeia, em virtude dos ruídos e das incertezas em torno da capacidade do Brasil em cumprir a cláusula ambiental. A conexão entre clima, comércio e investimento está absolutamente clara para os agentes econômicos. Os problemas ambientais, por outro lado, não serão resolvidos apenas pelos economistas, pelos bancos ou pelos empresários. Por se tratar de bens públicos, exigem algum nível de coordenação estatal.

---

11   Até 2018, a presença do Exército fora fundamental para inibir a entrada de garimpeiros. Em 2018, foi responsável pela saída de mais de 1.500 garimpeiros do Rio Uraricoera. Porém, desde 2019, houve abandono das bases e os garimpeiros retomaram a invasão em ritmo acelerado.

2.2 Fossilização

Os combustíveis fósseis representam 52% da energia do Brasil (incluindo combustíveis para transporte). No período entre 1990 e 2014 (este último o ano pico de produção no Brasil), as emissões absolutas do setor de petróleo e gás no Brasil aumentaram 148%. Vultosos recursos foram direcionados para desenvolver a indústria do petróleo após a descoberta dos reservatórios do pré-sal, por meio da capitalização da Petrobras em 2010 e dos maciços subsídios ao consumo de gasolina e diesel entre 2007 e 2014 (VIOLA; FRANCHINI, 2018). Como se vê no gráfico a seguir, o *boom* de subsídios obviamente elevou as emissões oriundas do segmento no período e manteve-as em patamar alto.

A recuperação da lucratividade da Petrobras, desde sua crise de governança, em 2016, manteve as emissões de GEE em alto patamar, já que "ocorreu sob a estratégia de extrair o máximo petróleo e, o mais rápido possível, envolvendo a empresa em uma corrida suicida para o fundo do poço de petróleo, antes que as restrições aos combustíveis fósseis avancem em todo o mundo" (VIOLA; FRANCHINI, 2019). De 2014 até 2019, a produção reduziu mas, ainda assim, se manteve cerca de 112% mais alta que em 1990 e 30% maior que em 2005.

Gráfico 1. Emissões relativas à petróleo e gás no Brasil x Subsídios

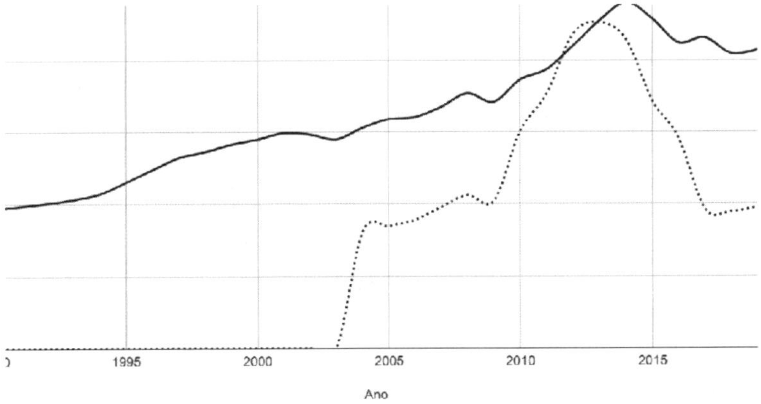

Fonte: elaboração própria a partir de dados da OCDE, 2020 (subsídios; exclui PIS e COFINS) e SEEG, 2020.

O pré-sal nos foi apresentado como a grande oportunidade de desenvolvimento nacional, já que, com a confirmação das reservas provadas, o Brasil se tornaria um dos maiores produtores do mundo, tal qual a Arábia Saudita. A aposta era que estaríamos entre os dez maiores detentores de petróleo e gás do mundo em uma década, e essa riqueza se transformaria em educação de qualidade, ganhos de produtividade e até apoio para transição de baixo carbono. Quando da primeira extração de petróleo em um campo do pré-sal brasileiro, em setembro de 2008, o presidente Lula da Silva realizou pronunciamento em cadeia nacional no qual disse: "O pré-sal é um passaporte para o futuro. Iremos transformar uma riqueza perecível, como o petróleo e o gás, em fonte de riqueza perene e inesgotável para o povo brasileiro" (O GLOBO, 2008). A Petrobras, de fato, se tornou, no espaço de uma década, a 9ª maior empresa listada em bolsa quanto a reservas de petróleo (CARBON TRACKER, 2020). A exploração do pré-sal, no entanto, não nos permitiu dar um salto econômico nem carimbou nosso passaporte para a investir na descarbonização. Setores como o de biocombustíveis, em que o Brasil possui grande competitividade, foram despriorizados pelas políticas públicas voltadas ao desenvolvimento do pré-sal.

Hoje, o cenário para a indústria de petróleo e gás é bastante turbulento. Como os preços de ações de companhias de energia fóssil são parcialmente baseados no tamanho das reservas de petróleo e gás e nas suposições dos investidores sobre o preço futuro pelo qual poderão ser vendidas, os investidores estão percebendo que essas cadeias perderão valor, cada vez mais cedo. Isso porque a soma das reservas conhecidas de petróleo, gás e carvão equivale a três vezes o máximo de emissões que podemos realizar no mundo até o final do século, dentro do objetivo de limitar o aquecimento a 2° C. Logo, seguindo a lógica de não estourar uma "bolha de carbono", as empresas de petróleo e gás parecem estar super capitalizadas e podem perder entre 40% e 60% de seu valor em bolsa no cenário de descarbonização (CAMPANALE; LEGGETT, 2011).

Em resposta a esse risco, as petroleiras estão buscando se refundar como empresas de energia e diversificar investimentos. Para efeito de comparação, a empresa italiana de petróleo e gás Eni pretende cortar as emissões absolutas em 80% nos próximos 30 anos, e a companhia British Petroleum (BP), zero em carbono em sua produção *upstream* até 2050. Já a Petrobras segue planejando um futuro isento de mudança do clima. No seu plano de investimentos para 2021 a 2025, apenas 1 bilhão de dólares – dos 55 bilhões disponíveis – foram reservados para financiar fontes renováveis de energia e ações de mitigação. A má gestão dos riscos de transição pela companhia brasileira é um ponto de fragilidade não apenas para a empresa, mas também para os mercados de capitais e para as economias locais dela dependentes.

2.3 Carbonização

O Brasil gera 82% de sua energia elétrica a partir de fontes renováveis – o nível mais alto dentre países do G20 – e cerca de 63% da eletricidade é gerada por hidrelétricas (YANG; TUNBRIDGE, 2021). No entanto, em 20 anos, o Brasil já viveu três crises hídricas com impacto sobre o setor elétrico e tem buscado diversificar suas fontes. Em 2001, o "apagão do setor elétrico" causou um prejuízo de 32,4 bilhões de reais em valores de outubro de 2003, que, trazidos a valores de junho de 2021, com base no Índice Geral de Preços de Mercado (IGP-M), alcançou o montante de 119,4 bilhões de reais (BRASIL, 2009).

Nas duas décadas que se passaram desde a primeira crise, observou-se a redução da participação da fonte hidrelétrica, de 90% em 2001 para 63% em 2021 (VALOR ECONÔMICO, 2021). A boa novidade foi o aumento da participação da fonte eólica neste período, que se tornou a fonte mais barata disponível no mercado brasileiro e representou 11% da geração de energia elétrica em 2020. A má notícia é que está havendo "carbonização", isto é, o aumento do uso de carvão e gás natural na matriz brasileira para suplantar as hidrelétricas. Isso tem aumentado o custo de operação do sistema e as emissões de carbono, agravando ainda mais o efeito estufa e gerando impactos inflacionários na economia brasileira.

Para as próximas décadas, projeta-se uma pressão ainda maior sobre o sistema interligado nacional de oferta de energia. A expansão futura da fonte hidrelétrica será limitada pela aceleração dos impactos da mudança do clima. Os cenários do Painel Intergovernamental de Mudança do Clima (IPCC) projetam a redução de vazões em regiões críticas para o abastecimento dos reservatórios hidrelétricos, principalmente no Norte do país Assim sendo, a alternativa de suplementação com base em energias não renováveis impõe um problema novo: a de redução da participação de fontes limpas na matriz e o aumento das tarifas aos consumidores.

Haveria possibilidade de uma mudança no foco, com a suplementação da energia hidrelétrica por energia eólica e solar em vez de combustíveis fósseis para atender à crescente demanda por eletricidade. As renováveis modernas (como eólica e solar) no Brasil não só são a fonte mais limpa, mas são as mais econômicas. A aprovação da Medida Provisória n. 1.031, referente à privatização da Eletrobrás, e sua conversão na Lei n. 14.182/2021, no entanto, impôs o aumento obrigatório da participação de gás e carvão no *mix* de eletricidade. Isso significará o *lock-in* por cerca de 30 anos em tecnologias de alto carbono, além de desfavorecer energias renováveis até então muito mais competitivas.

O sinal de que o Brasil irá adaptar sua matriz hidrelétrica por meio da carbonização é negativo, principalmente porque está deixando de ser uma alternativa de curto prazo (quando há risco de crise hídrica) para se tornar uma política longeva e que terá efeitos sobre o quadro de emissões de GEE do país.

Ainda, apesar de o Brasil ter uma das maiores frotas de veículos do mundo, os carros híbridos e elétricos ainda representam uma fatia ínfima do mercado. Em 2019, foram emplacados 19.745 veículos elétricos (ASSOCIAÇÃO BRASILEIRA DOS VEÍCULOS ELÉTRICOS, 2021), o que representou menos de 0,62% dos emplacamentos (FEDERAÇÃO NACIONAL DE DISTRIBUIÇÃO DE VEÍCULOS AUTOMOTORES, 2021). As emissões de CO2 do setor de transporte atingiram o pico em 2014, mas ainda contribuem com quase metade do CO^2 relacionado à energia do Brasil. Apesar da grande proporção de biocombustíveis na matriz energética setorial (24%), os combustíveis fósseis ainda dominam (75%). A fim de permanecer dentro de um limite de 1,5°C, o transporte de passageiros e carga precisa ser descarbonizado. O principal plano de incentivos do governo brasileiro, aprovado em 2018 e que vai durar 15 anos (até 2033), mantém a rota tecnológica dos motores a combustão e apoia discretamente os elétricos e híbridos. Por ironia do destino, o Brasil pode voltar a ser o país que fabrica e conduz "carroças".

3. TRAVESSIA: DA CARBONIZAÇÃO (2011-2020) À DESCARBONIZAÇÃO (2021-2030) DO BRASIL

Desde 2010, o Brasil experimenta crescimento de suas emissões anuais de GEE, com aumento médio de 0,041 bilhões de toneladas de CO2eq. ao ano. Essa taxa de carbonização da economia é reflexo da retomada do aumento do desmatamento e da promoção da fossilização na década de 2010, somadas à ausência de políticas de resiliência da matriz hidrelétrica e eletrificação veicular. Em 2019, foram 2,17 bilhões de toneladas de CO2eq., maior patamar em mais de 10 anos (valor maior e mais recente fora de 2.3 bilhões de toneladas em 2007). Mais da metade – cerca de 1,14 bilhões de toneladas – tiveram como origem a Amazônia Legal e 76% estão relacionados a desmatamento.

Gráfico 2. Metas de redução das emissões brasileiras: Contribuições Nacionalmente Determinadas (NDCs)

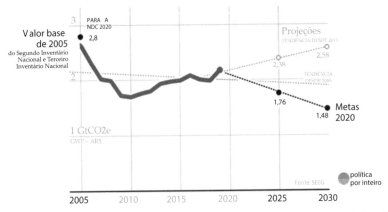

Fonte: Elaboração própria a partir de dados das Comunicações Nacionais do Brasil à Convenção Quadro das Nações Unidas sobre Mudança do Clima; edição Política por Inteiro.

Mantidos o ritmo de emissões experimentado na última década e o perfil de extrema irracionalidade (associado à predominância de emissões oriundas do desmatamento), o Brasil alcançará um patamar de 2,38 Gt em 2025 e 2,59 Gt em 2030. Mesmo no cenário mais otimista, olhando para os dados a partir de 2005, o país não está em rota de alcançar taxas de reduções fixadas para 2025 e 2030. E, por último, para atingir os resultados propostos em 2020, será necessária uma redução média em torno de 0,063 Gt ao ano, cenário muito distante dos nossos patamares atuais.

Por isso, é um erro agarrar-se aos resultados alcançados no passado com relação ao controle do desmatamento, ao desenvolvimento pioneiro de biocombustíveis e à presença de fontes renováveis na matriz energética acima da média mundial e dos países da OCDE. Estas não são condições suficientes para posicionar o país na nova corrida climática, pois terá de responder a novas perguntas, como as colocadas a seguir.

Quão preparado está o Brasil para lidar com tendências de disrupção do mercado de proteínas projetada em cenários internacionais citados no capítulo 1 deste artigo? Quão firme é o passo de expansão das fontes renováveis na matriz elétrica *vis-à-vis* aos combustíveis fósseis? Qual a disposição da sociedade brasileira em antecipar a transição da Petrobrás de companhia de petróleo para companhia de energia, apostando no cenário em que o petróleo terá valor reduzido? Como ser um exportador competitivo numa economia global que taxa o conteúdo de carbono?

Enquanto continuarmos "deitados em berço esplêndido" em relação à abundância de florestas e energia limpa, sem buscar galgar novas posições, ficaremos cada vez mais longe da liderança verde que tanto estimamos. Por isso, apresentamos a seguir elementos de uma transição do Brasil para baixo carbono, buscando refletir as novas oportunidades e conjunturas nacional e internacional.

4. PROPOSTAS DE POLÍTICA PÚBLICA PARA A TRANSIÇÃO DE BAIXO CARBONO

Tomando o mote deste livro, pensamos que é necessário restaurar a capacidade de inovação do Estado brasileiro. As ações e políticas públicas desenvolvidas nesta próxima década precisarão reverter a taxa de carbonização atual e promover o país como potência climática efetiva. Para tanto, apresentamos a seguir propostas sobre o que reconstruir, recuperar e retomar.

a. Passar a limpo as credenciais verdes brasileiras

Antes de mais nada, é imperativo que o Brasil realize uma autoavaliação honesta sobre suas credenciais verdes – vis-à-vis a seu histórico de políticas públicas e ao contexto da nova corrida climática. Há novas responsabilidades no horizonte (que presumem deixar de contrair inimigos) e oportunidades de aprender com outras nações (como demonstrado nos índices citados na seção 2). O mau desempenho brasileiro em índices comparativos internacionais relevantes indica que há muito o que fazer, principalmente na implementação de uma governança adequada à transição para uma economia carbono líquido zero. Tal ambição requer o engajamento dos principais atores econômicos e sociais na pactuação de planos e políticas para avançar a descarbonização em larga escala e com a devida urgência.

O Brasil precisa levantar de seu "berço esplêndido", superar seus delírios de liderança ambiental, arregaçar as mangas e se juntar à corrida climática global. Muito importante é reconhecer a existência do desmatamento como problema nacional, já que alcançou o patamar de risco sistêmico, que contamina todas as interações do Brasil com o resto do mundo. Zerar o desmatamento ilegal e buscar a restauração de áreas degradadas com baixa aptidão agrícola devem ser prioridades nacionais e um compromisso que contribuiria para as credenciais verdes do país.

b. *Recuperar a credibilidade internacional*

O Brasil precisa sinalizar claramente aos agentes econômicos nacionais e estrangeiros que sua trajetória desejada é de descarbonização. Como apresentou aumento de emissões e colocou a Amazônia sob risco de irreversível colapso, o Brasil perdeu sua credibilidade e se alinhou às nações menos ambiciosas, como um pária. É fundamental que o país reverta os sinais dados aos parceiros diplomáticos, comerciais e de investimento em relação à sua política climática. Isso se aplica à formulação de metas formais (por exemplo, via legislação) e pacotes de transição para zero carbono líquido (ou *net zero*, conforme popular expressão em inglês) bem como a retirar compromissos do papel, aproveitando a oportunidade de atrair parceiros de investimento. Inclui ainda o reposicionamento na arena diplomática internacional da mudança do clima, como *player* reformista.

c. *Focar em uma pauta de exportações de baixo carbono*

Uma das oportunidades para retomar a rota do desenvolvimento, isto é, crescer ampliando a renda per capita e reduzindo as desigualdades sociais, é aproveitar-se da demanda externa. Ampliar as exportações não apenas em volume mas agregando valor a partir da qualificação das mesmas através da descarbonização do conteúdo dos produtos pode render posições no mercado internacional bem como evitar a incidência de impostos de fronteira de carbono (mencionados anteriormente na seção 1).

Se lograr alcançar a redução das emissões de GEE, o Brasil terá uma oportunidade para evitar barreiras tarifárias e ao mesmo tempo ampliar exportações. O baixo custo de abatimento das emissões brasileiras nos confere ganhos de competitividade relativa no cenário de descarbonização do comércio internacional.

d. *Reconstruir e fortalecer o controle ambiental*

As agências brasileiras encarregadas de fazer cumprir a legislação ambiental e de direitos indígenas estão criticamente comprometidas e são incapazes de cumprir seus mandatos com eficácia. Isso resulta da estratégia central do governo Bolsonaro de reconfigurar o aparato de *enforcement ambiental* do Brasil, que se encontra paralisado, para todos os efeitos. O que falta para conter o desmatamento no Brasil é uma estrutura de política federal eficaz e respeitada dentro do próprio Estado para responsabilizar o desmatamento ilegal. Esta é uma função típica e intransferível do aparato estatal e, portanto, cabe restabelecer e fortalecer a governança ambiental liderada por agências técnicas com mandatos legais para realizar tarefas de aplicação da lei, nomeadamente o Ibama, o Icmbio e a Funai. Garantir o capital humano destas agências ao longo do tempo é uma das tarefas fundamentais para fortalecê-las, bem como o apoio irredutível aos seus setores de inteligência.

e. Estabilizar as "fronteiras de desmatamento"

A mudança na agenda do uso da terra no Brasil depende do avanço do Estado Democrático de Direito na fronteira agropecuária, reconhecendo direitos, pacificando conflitos e estabelecendo as condições básicas ao desenvolvimento. A expectativa de flexibilização de exigências legais ou mesmo de anistia a ilegalidades tem se perpetuado, alimentando *lobbies* que atuam no Congresso Nacional para flexibilizar a legislação. A restauração das leis tanto em âmbito local quanto na sua pactuação nacional é fundamental para estabilizar as regiões alvos de desmatamento e grilagem.

É preciso concluir a destinação de 18,9% do território nacional que permanece como áreas de terras públicas sob risco de invasão. Devem ainda ser reconhecidos os direitos territoriais originários das comunidades que as ocupam tradicionalmente. Além disso, a destinação de terras oferecerá um sinal claro para os grileiros de que a ação do Estado está em andamento e que a invasão de terras públicas não será tolerada, algo compatível com princípio de "minimizar o arrependimento" que muitos economistas defendem ser aplicável aos casos em que o uso equivocado de um recurso cria perdas difíceis de serem revertidas.

Por fim, devem-se suspender os mais de 11 milhões de hectares de cadastros ambientais rurais (CAR) declarados sobre florestas públicas que eventualmente são usados para legitimar processos de grilagem de terras. Classificar esses registros do CAR sobre florestas públicas como "suspensos" permitirá que todos os atores dos setores público e privado distingam claramente os responsáveis por qualquer desmatamento ilegal que ocorra na área registrada.

f. Retomar a transição para o modelo de alta produtividade agrícola

A expansão da agropecuária não depende mais da abertura de fronteiras, pois o Brasil detém mais de 170 milhões de hectares de pastagens, em sua maioria degradadas, mas com potencial de recuperação. É possível prepará-las para uso agrícola, silvicultura, ou ainda restaurando a vegetação nativa. A transformação deste enorme estoque de terras de baixa produtividade representaria um verdadeiro *Green Deal* brasileiro, com a multiplicação do PIB agrícola do país em pelo menos quatro vezes, considerando-se um cenário conservador de adoção de melhores práticas pecuárias (FERREIRA JR. et al., 2020). Se a abertura de novas fronteiras agrícolas for interrompida, o governo poderá dar espaço para que a lógica de transição a esses modelos de maior produtividade se restabeleça.

g. Desenhar uma agenda pública de reversão da destruição da Amazônia

Para evitar o colapso do ecossistema da Amazônia, é fundamental que o Brasil adote uma política pública de curto prazo voltada a estancar o intenso desmatamento em curso, por meio de fiscalização ambiental efetiva e, na sequência, atue para revertê-lo, por meio de intervenções inteligentes nas áreas sob maior risco, inclusive via restauração florestal. Essa política para evitar um *"tipping point"* (ponto de inflexão ecológico) não tem precedentes na nossa história, mas certamente pode se beneficiar da retomada dos fundamentos do bem-sucedido esforço de controle do desmatamento realizado sob as gestões de Marina Silva e Carlos Minc no Ministério do Meio Ambiente. Por exemplo, das estratégias de esforço concentrado nas regiões sob maior pressão do desmatamento e que coincidem com as zonas onde os pesquisadores têm notado sinais de colapso (*dieback*), como no sudeste do Pará. As operações de fiscalização combinadas com programas de regularização fundiária e ambiental, como o Terra Legal, demonstraram fazer a diferença. Além deles, iniciativas de pagamento por serviços ambientais em áreas protegidas, como Bolsa Verde e o Bolsa Floresta, tiveram bons resultados. Além disso, é preciso avançar na agenda de desenvolvimento econômico sustentável na região, um desenvolvimento baseado em conhecimento (tecnológico e tradicional) e que produz bens e serviços de maior valor agregado. Que valoriza a biodiversidade da floresta e alavanca investimentos interessados no potencial da bioeconomia amazônica.

h. Fortalecer o federalismo ambiental e alinhar incentivos

Diferentemente de outras políticas públicas sistematizadas, como a saúde, não há alinhamento de incentivos entre níveis federativos nem pactuação de resultados no campo ambiental. Por isso, há enormes dificuldades para diminuir as taxas de desmatamento de forma durável.

Propõe-se substituir o Sistema Nacional de Meio Ambiente (SISNAMA) por um Sistema Único Ambiental, por meio do qual estados e/

ou municípios sejam recompensados pelos resultados alcançados através de estímulo financeiro e político para cooperação com o governo federal. Os atores devem ter liberdade para escolher os meios mais eficientes para atingir os meios propostos e serem premiados por produtos finais (redução da taxa de desmatamento e/ou aumento da cobertura florestal). Tal sistemática solucionaria o problema de externalidade negativa gerada pelo desmatamento decorrente das atividades econômicas locais, viabilizando a substituição dos sistemas produtivos nocivos por outros de menor impacto sobre a floresta.

Da redução do desmatamento e manutenção (ou ganho) da cobertura florestal ao aumento da qualidade ambiental de recursos hídricos e do ar, os entes federados devem ter ao aumento da qualidade ambiental de recursos hídricos e do ar, os entes federados devem ter seu desempenho anual aferido e comparado aos pares, como critérios para a destinação de recursos na forma de pagamento por resultados.

Estimou-se que R$ 3 bilhões por ano seria um montante de recursos capaz de induzir estados e municípios a melhores comportamentos em relação à conservação florestal, por meio de transferências intergovernamentais[12]. Outras fontes de recursos podem ser alavancadas para garantir sustentabilidade fiscal. Por exemplo, via abatimento da dívida dos entes com a União, vinculações ao Fundo de Participação dos Estados (FPE) ou Fundo de Participação dos Municípios (FPM) e até mesmo pagamentos por resultados obtidos junto à comunidade internacional.

i. Reverter a carbonização da matriz energética nacional, valorizando as hidrelétricas

O Brasil deve priorizar um conjunto de investimentos no setor elétrico como forma de evitar a repetição de crises no setor e a carbonização indesejável de sua matriz. Entre as alternativas a priorizar, destaca-se a realização de leilões para contratação de energia eólica, solar fotovoltaica e solar térmica para o Sistema Interligado Nacional (SIN). Há 66 GigaWatts de capacidade de geração renovável em projetos habilitados aguardando leilão na Aneel – o equivalente a mais de quatro usinas de Itaipu. Além da transformação da matriz elétrica com ampliação de fontes de menor emissão, sugere-se inverter a lógica das hidrelétricas para que se tornem verdadeiras "pilhas" do sistema. Isso pode se dar via reforma do modelo

---

12 Estudo feito a pedido do Ministério do Meio Ambiente em 2012 e realizado por Raul Velloso, Marcos Mendes, Jorge Hargrave e Natalie Unterstell.

operacional do sistema elétrico brasileiro, para que valorize a conservação do nível dos reservatórios hidrelétricos de modo que eles operem como armazenadores de energia do SIN e permitam a ampliar a capacidade de geração de fontes renováveis intermitentes. Isso possibilitaria poupar água nos reservatórios sob maior *stress* hídrico e climático, ampliando a resiliência do sistema.

j. Reorientar os subsídios e o planejamento de longo prazo relativo a combustíveis fósseis

A Agência Internacional de Energia sinalizou, em 2021, que a transição energética é um caminho sem volta e que a janela de oportunidade para exploração de petróleo e gás se fechará em algum momento. A indústria de petróleo e gás está se calibrando para esse risco, com variações nas estratégias individuais dos atores de mercado em relação a grandes temas como hidrogênio, captura de carbono e inovação. O Brasil carece de estratégia de transição planejada, inclusive em relação às receitas que hoje sustentam os governos locais. No contexto em que até mesmo "petro-Estados" como a Arábia Saudita buscam diversificar suas economias e miram um modelo de desenvolvimento pós-petróleo, o Brasil precisa considerar o paulatino abandono das fontes intensivas em gases de efeito estufa. Os empregos e receitas tributárias associados à indústria de petróleo tornam a transição planejada uma prioridade, embora complexa. Propõe-se reformar os subsídios públicos a esse segmento, considerando as diretrizes em discussão no G20, em linha com um planejamento de longo prazo que enfrente os riscos de transição.

k. Regular o preço do carbono

Estabelecer um preço adequado sobre as emissões de GEE é de fundamental relevância para internalizar os custos da mudança do clima nas decisões econômicas e para criar incentivos econômicos para a transição de uma economia a uma não carbonizada. Um sinal de preço pode também mobilizar os investimentos necessários para estimular a inovação. O Brasil dispõe de dispositivos legais e robusto conhecimento econômico para implementar a regulação de preço de carbono, com foco em um sistema de comércio de créditos de carbono que possa se interligar a outros similares no mundo. Um dos efeitos da sua implementação pode ser a geração de uma nova fonte de receita no balanço de pagamentos. A regulação requer, destarte, uma boa estrutura de medição e verificação de emissões, bem como governança transparente e eficiente.

4. CONCLUSÃO

A década de 20 deste século reúne fatores que estão convergindo para uma profunda e rápida transformação civilizatória. A questão não parece ser se vamos conseguir alcançar uma economia descarbonizada, mas quão rápida será essa transformação, dado o objetivo de conter o aquecimento global.

Até 2015, nenhum setor da economia global contava com tecnologias maduras para descarbonização. De lá para cá, a adoção do Acordo de Paris estimulou uma mudança de expectativas e houve crescimento exponencial de tecnologias como: baterias para veículos elétricos, energia solar e eólica. Como consequência, tecnologias antigas e de alto carbono têm perdido espaço no mercado e até apoio regulatório. Enquanto isso, as oportunidades nos mercados de baixo carbono estão ficando mais claras, e os atores se sentem confiantes até mesmo para defender políticas com desenhos de incentivos mais agressivos para a descarbonização.

O Brasil reúne boas condições para competir nesse novo paradigma, mas está deixando de aproveitá-las, por acreditar que já estaria automaticamente qualificado pelas apostas do passado. Como mostramos na seção 2, a autoimagem de liderança verde brasileira não se sustenta na prática e ameaças como desmatamento, fossilização, carbonização e não investimento nas novas tecnologias impõem dificuldades para o país se manter competitivo na agenda. O Brasil, país diverso e rico em natureza, só se tornará potência ambiental se tiver política pública adequada para isso.

Por outro lado, há riscos enormes – e sistêmicos – de o país não entrar efetivamente neste jogo, já que os "problemas nacionais" como a grilagem e a tolerância com as ilegalidades ambientais estão expostos internacionalmente. As consequências incluem perder atratividade para investimentos e oportunidades comerciais, além de erodir do *soft power* na diplomacia global do clima. Como mencionado na seção de propostas, é preciso construir consenso nacional quanto à existência desses graves problemas, que têm o desmatamento como mais forte sintoma. Precisamos superar a negação de nossas fragilidades ambientais e abraçar as oportunidades no horizonte.

A liderança ambiental que o Brasil deseja ocupar pressupõe custos políticos. É preciso que enquanto sociedade enfrentemos os grupos de interesse que se beneficiam da produção de combustíveis fósseis, da grilagem de terras públicas, da exploração madeireira ilegal, do garimpo ilegal, do desmatamento e queimadas sem licenças. Apenas "isolando esses defeitos", isto é, exigindo respostas verdadeiras e duradouras a eles, será possível dar passos para recuperar a credibilidade e a confiança da comunidade internacional.

Por fim, acreditamos que é necessário "dobrar a aposta" na capacidade de inovação pública brasileira. Temos alguns bons exemplos como referência. Um deles é a corajosa decisão do Brasil de apostar no Pró-Álcool no fim dos anos 1970: uma resposta aos choques internacionais no mercado de petróleo e que permitiu o desenvolvimento de uma pujante e competitiva indústria de biocombustíveis.

Aqui e agora, é preciso ter a mesma coragem e ousar. Não basta "copiar e colar" o que as economias avançadas estão fazendo. Temos que trilhar nosso próprio caminho e saltar etapas para reencontrar o caminho sustentável.

Mas temos, sim, que olhar para o lado, aprender com quem está mais à frente e buscar competir. A implementação de modelos testados no exterior como um sistema de comércio de emissões e a eliminação de subsídios a combustíveis fósseis podem contribuir para destravar ações e fluxos de investimento no capital natural, valorizando nossos ativos e fortalecendo a identidade nacional associada.

REFERÊNCIAS

ASSOCIAÇÃO BRASILEIRA DO VEÍCULO ELÉTRICO – ABVE. **ABVE projeta 28 mil veículos eletrificados em 21**, 2021. Disponível em http://www.abve.org.br/abril-bate-recorde-abve-preve-28-mil-ves-em-2021/.

BRASIL. Tribunal de Contas da União. **Relatório de Auditoria n. 006.734/2003-0**. Plenário. Relator: Ministro Benjamin Zymler. Sessão de 15/7/2009. Disponível em: http://www.tcu.gov.br/Consultas/Juris/Docs/judoc/Acord/20090721/006-734-2003-9-MIN-WAR.rtf.

BRASIL. INDC. **Pretendida Contribuição Nacionalmente Determinada para Consecução do Objetivo da Convenção-Quadro das Nações Unidas sobre Mudança**, 2015. Disponível em: http://www.itamaraty.gov.br/images/ed_desenvsust/BRASIL-iNDC-portugues.pdf.

BRASIL. Ministério da Agricultura, Pecuária e Abastecimento. **Plano Setorial de Mitigação e de Adaptação às Mudanças Climáticas para a Consolidação de uma Economia de Baixa Emissão de Carbono na Agricultura**, 2012. Disponível em: http://www.agricultura.gov.br/assuntos/sustentabilidade/plano-abc/arquivo -publicacoes-plano-abc/download.pdf

BRASIL. Ministério da Ciência, Tecnologia e Inovações. **Modelagem Setorial de Opções de Baixo Carbono para o Setor AFOLU**, 2017. Disponível em: http://www.mctic.gov.br/mctic/export/sites/ institucional/ciencia/ SEPED/clima/arquivos/ projeto_opcoes_mitigacao/publicacoes/AFOLU. pdf.

BRASIL. Ministério da Ciência, Tecnologia e Inovações. **Modelagem Setorial de Opções de Baixo Carbono para o Setor de Biocombustíveis**, 2017. Disponível em: http://www.mctic.gov.br/mctic/export/sites/ institucional/ciencia/SEPED/clima/arquivos/projeto_opcoes_mitigacao/publicacoes/ Setor-Energetico_Biocombustiveis.pdf.

BRASIL. Ministério da Ciência, Tecnologia e Inovações. **Modelagem Setorial de Opções de Baixo Carbono para o Setor de Siderurgia**, 2017. Disponível em: http://www.mctic.gov.br/mctic/export/sites/institucional/ ciencia/SEPED/clima/arquivos/ projeto_opcoes_mitigacao/publicacoes/ Ferro-Gusa-e-Aco.pdf.

BRASIL. Ministério da Ciência, Tecnologia e Inovações. **Modelagem Setorial de Opções de Baixo Carbono para o Setor de Fontes Renováveis de Energia Elétrica**, 2017. Disponível em: http://www. mctic.gov.br/mctic/export/sites/ institucional/ciencia/SEPED/clima/ arquivos/ projeto_opcoes_mitigacao/publicacoes/Setor -Energetico_ Fontes-renovaveis.pdf.

BRITO, Brenda; ALMEIDA, Jefferson; GOMES, Pedro. **Legislação fundiária brasileira incentiva grilagem e desmatamento na Amazônia.** Policy Briefing. Amazônia 2030: Imazon & PUC-Rio, 2021. Disponível em: https://amazonia2030.org.br/wp-content/uploads/2021/05/AMZ-2030- -Legislacao-fundiaria-brasileira-incentiva-grilagem-e-desmatamento- -na-Amazonia.pdf.

CARVALHO, Carlos. Ocupação e uso de terras no Brasil a partir do Cadastro Ambiental Rural – CAR. **Revista da APEAESP**, v. 3, 2017. Disponível em: https://www.alice.cnptia.embrapa.br/alice/bitstream/ doc/1082917/1/4882.pdf.

CERES. **Investor engagements with companies succeed in spurring agreements with companies**, 2021. Disponível em: https://www.ceres. org/news-center/press-releases/investors-seek-greater-climate-action-2021-proxy-season.

CHINA'S embrace of a new electricity-transmission technology holds lessons for others. **The Economist**, Londres, 14 jul. 2017. Disponível em: https:// www.economist.com/leaders/2017/01/14/chinas-embrace-of-a-newelectricity-transmission-technology-holds-lessons-for-others. Acesso em: 12 dez. 2021.

CLIMATE ACTION TRACKER. **Brazil: Country summary**, 2021. Disponível em: https://climateactiontracker.org/climate-target-update-tracker/brazil/. Acesso em: 19 set. 2021.

CLIMATE CHANGE PERFORMANCE INDEX – CPPI. **Climate Change Performance index,** 2021. Disponível em: https://ccpi.org/wp-content/uploads/Climate-change-performance-index-2021.pdf.

DELGADO, Fernanda; SOUSA, Milas; ROITMAN, Tamar. **Caderno de Biocombustíveis, n. 8.** Fundação Getulio Vargas (FGV), 2017. Disponível em: https://fgvenergia.fgv.br/sites/fgvenergia.fgv.br/files/caderno_biocombustivel_-_baixa.pdf.

ENERGY AND CLIMATE INTELLIGENCE UNIT. **Net zero tracker: net zero emissions race 2021 scorecard**. Londres, 28 ago. 2021. Disponível em: https://eciu.net/netzerotracker. Acesso em: 29 ago. 2021.

FENABRAVE. **Informativo de Emplacamentos.** Edição 216, 2021. Disponível em: https://online.fliphtml5.com/ordey/vybi/#p=1.

FERREIRA JR., Laerte; PARENTE, Leandro; MESQUITA, Vinícius; OLIVEIRA-SANTOS, Claudinei. **Dinâmica das pastagens Brasileiras: ocupação de áreas e indícios de degradação – 2010 a 2018.** Relatório para o Ministério da Agricultura. 2020. Disponível em: https://www.gov.br/agricultura/pt-br/assuntos/noticias/estudo-mostra-reducao-de-26--8-milhoes-de-hectares-de-pastagens-degradadas-em-areas-que--adotaram-o-plano-abc/Relatorio_Mapa1.pdf.

FILHO, Francisco; BRAGANÇA, Arthur; ASSUNÇÃO, Juliano. **Um Novo Modelo de Negócios é Necessário para Aumentar a Produtividade da Pecuária na Amazônia.** Policy Briefing 06. Amazônia 2030: Imazon & PUC-Rio. 2021. Disponível em: https://amazonia2030.org.br/wp--content/uploads/2021/05/Pecuaria-PT.pdf.

GATTI, Luciana et al. Amazonia as a carbon source linked to deforestation and climate change. **Nature,** v. 595, p. 388-393, 2021.

GERMANWATCH. **Climate Transparency Report 2020**, 2020. Disponível em: https://germanwatch.org/en/19556.

HAMILTON, Ian *et al.* The public health implications of the Paris Agreement: a modelling study Lancet Planet. **The Lancet**, 2021. Disponível em: https://www.thelancet.com/journals/lanplh/article/PIIS2542-5196(20)30249-7/fulltext.

ICV. **Illegal Deforestation and Conversion in the Amazon and Matopiba: lack of transparency and access to information**, 2021. Disponível em: https://www.icv.org.br/website/wp-content/uploads/2021/05/icv-relatorio-ing-v1-1.pdf.

KOTASSOVÁ, Ivana; DEWAN, Angela. Fossil fuel air pollution causes almost 1 in 5 deaths globally each year. **CNN**, 2021. Disponível em: https://edition.cnn.com/2021/02/09/world/climate-fossil-fuels-pollution-intl--scn/index.html. Acesso em: 19 set. 2021.

MEALY, Penny; TEYTELBOYM, Alexander. Economic complexity and the green economy, **Research Policy**, 103948, 2020.

MIT TECHNOLOGY REVIEW. **Green Future Index,** 2021. Disponível em: https://www.technologyreview.com/2021/01/25/1016648/green-future--index/.

MOTA, Renato. Volvo deixará de vender carros movidos a gasolina até 2030. **Olhar Digital**, São Paulo, 2 mar. 2021. Disponível em: https://olhardigital.com.br/2021/03/02/carros-e-tecnologia/volvo-deixara-de-vender--carros-movidos-a-gasolina-ate-2030. Acesso em: 12 dez. 2021.

"NO que depender de mim, não tem mais demarcação de terra indígena", diz Bolsonaro a TV. **Folha de S. Paulo**, São Paulo, 05 nov. 2018. Disponível em: https://www1.folha.uol.com.br/poder/2018/11/no-que--depender-de-mim-nao-tem-mais-demarcacao-de-terra-indigena-diz--bolsonaro-a-tv.shtml. Acesso em: 12 dez. 2021.

NOBRE, Carlos A. et al. **Land-use and climate change risks in the Amazon and the need of a novel sustainable development paradigm.** Procedings Of The National Academy Of Sciences Of The United States Of America, Washington, v. 113, n. 39, p. 10759-10768, 27 set. 2016. Disponível em: https://www.pnas.org/content/113/39/10759. Acesso em: 28 ago. 2021.

O GLOBO. Bolsonaro afirma a ruralistas que governo reduziu multas ambientais para gerar "paz e tranquilidade". **O Globo:** Política. Rio de Janeiro, 1.º maio 2021. Disponível em: https://oglobo.globo.com/brasil/bolsonaro-afirma-ruralistas-que-governo-reduziu-multas-ambientais--para-gerar-paz-tranquilidade-24998142. Acesso em: 28 set. 2021.

ORGANIZAÇÃO PAN-AMERICANA DE SAÚDE – OPAS. **OMS revela principais causas de morte e incapacidade em todo o mundo entre 2000 e 2019,** 2020. Disponível em: https://www.paho.org/pt/noticias/9-12-2020-oms-revela-principais-causas-morte-e-incapacidade-em-todo-mundo-entre-2000-e.

PINTO, Andréia et al. **Restauração Florestal em Larga Escala na Amazônia: O Potencial da Vegetação Secundária.** Policy Briefing. Amazônia 2030: Imazon & PUC-Rio. 2021. Disponível: https://amazonia2030.org.br/restauracao-florestal-em-larga-escala-na-amazonia-o-potencial-da--vegetacao-secundaria/.

PLUMER, Brad. Europe Is Proposing a Border Carbon Tax: What Is It and How Will It Work? **The New York Times.** New York, 14 jul. 2021. Disponível em: https://www.nytimes.com/2021/07/14/climate/carbon--border-tax.html. Acesso em: 29 ago. 2021.

SANDY, Matt. "The Amazon Is Completely Lawless": the rainforest after Bolsonaro's first year. **The New York Times.** New York, 05 dez. 2019. Disponível em: https://www.nytimes.com/2019/12/05/world/americas/amazon-fires-bolsonaro-photos.html. Acesso em: 29 ago. 2021.

SISTEMA DE ESTIMATIVAS DE EMISSÕES DE GASES (Brasil). Observatório do Clima. **Análise das emissões de GEE Brasil (1970-2014) e suas implicações para políticas públicas e a contribuição brasileira para o Acordo de Paris,** 2016. Disponível em: http://seeg.eco.br/wp-content/uploads/2016/09/WIP-16-09-02-RelatoriosSEEG-Sintese.pdf. Acesso em: 25 ago. 2021.

TAYLOR, Kyra. **US lawmakers push carbon border tariff similar to EU's CBAM: Democrats in the US Senate are considering a "polluter import fee".** Euractiv, Schiphol, 22 jul. 2021. Disponível em: https://www.euractiv.com/section/energy-environment/news/us-lawmakers-push--carbon-border-tariff-similar-to-eus-cbam/. Acesso em: 29 ago. 2021.

TUBB, Catherine; SEBA, Tony. **Rethinking Food and Agriculture 2020-2030: The Second Domestication of Plants and Animals, the Disruption of the Cow, and the Collapse of Industrial Livestock Farming,** 2019. Disponível em: https://static1.squarespace.com/static/585c3439be65942f022bbf9b/t/5d7fe0e83d119516bfc0017e/1568661791363/RethinkX+Food+and+Agriculture+Report.pdf. Acesso em: 29 ago. 2021.

TURNER, Julia et al. **The Paris effect: How the climate agreement is reshaping the global economy.** SYSTEMIQ, 2020. Disponível em: https://www.systemiq.earth/wp-content/uploads/2020/12/The-Paris-Effect_SYSTEMIQ_Full-Report_December-2020.pdf. Acesso em: 29 ago. 2021.

WORLD WIDE FUND FOR NATURE – WWF. **Brazil: NDC we don't want,** 2021. Disponível em: https://wwf.panda.org/discover/our_focus/climate_and_energy_practice/ndcs_we_want/reviewed_ndcs_/brazil/.

YAMANO, Norihiko; GUILHOTO, Joaquim. **CO2 Emissions Embodied in International Trade and Domestic Final Demand: Methodology and results using the OECD InterCountry Input-Output Database.** OECD Science, Technology and Industry Working Papers, 2020.

YANG, Muyi; TUNBRIDGE, Pete. **Brasil: Fontes eólica e solar atendem à crescente demanda por eletricidade no Brasil**, 2021. Disponível em: https://ember-climate.org/wp-content/uploads/2021/03/Global-Electricity-Review-2021-Brazil-Translated.pdf. Acesso em: 29 ago. 2021.

14

Integração Racial: Uma Urgência Nacional

Irapuã Santana

RESUMO: Muito se fala sobre o mito da democracia racial, mas pouco se debate sobre como seria importante alcançá-la. O racismo, entendido como a prática de desumanização ou subcategorização do indivíduo por sua raça ou etnia, gerou bloqueios de acesso aos mesmos espaços pelos indivíduos de raças diferentes. Quando cruzamos o viés socioeconômico, podemos enxergar a separação racial que foi iniciada pelo Estado brasileiro desde os tempos da escravidão até os dias atuais. O objetivo do presente artigo é analisar tal fenômeno, em uma linha do tempo do passado, presente e futuro, a partir de uma perspectiva multidisciplinar, a fim de estabelecer propostas para o debate racial no país, que consistem, basicamente, em buscar o fortalecimento do estatuto da igualdade racial dentro das instituições, aliando-se à potencialização do debate e conscientização da sociedade a fim de que seja possível a coexistência em harmonia com os direitos fundamentais do ser humano.

INTRODUÇÃO

O Brasil é um país racista? Como é possível identificar uma pessoa racista? Afinal, o que é racismo?

Podemos definir o racismo como a prática de desumanização ou subcategorização do indivíduo por sua raça ou etnia.

Tal desclassificação pode acontecer a nível individual, quando uma pessoa comete essa ação em relação a outra, mas também pode ocorrer a nível coletivo, tanto por parte das instituições quanto pela sociedade em geral, no momento em que é possível observar um comportamento social e institucional reiterado, de modo naturalizado.

A designação como indivíduos de segunda categoria foi o fundamento principal que levou à escravização de milhões de pessoas negras e à subalternidade que são presentes ainda hoje.

É esse o pilar que sustenta a Lei n. 7.716/89, na qual está a noção genérica de que é crime se impedir o acesso ao bem da vida pretendido por determinada pessoa, em razão de sua *"raça, cor, etnia, religião ou procedência nacional"*.

Nesse sentido, seria possível enxergar a subumanização fora do campo individual, promovida pelas próprias instituições e pelo Estado? Seguramente.

É só lembrarmos, por exemplo, da Lei de Terras de 1850, que restringia a aquisição de propriedade, excluindo o meio laboral, impondo a exclusividade da compra. Assim, os negros recém-alforriados não tinham dinheiro para adquirir sequer um terreno, para construir sua casa. Enquanto isso, em 1890, o Estado brasileiro concedia a possibilidade de aquisição de propriedade, mediante trabalho, caso a pessoa fosse branca e viesse da Europa.

Negar categoricamente o direito à liberdade e de propriedade é sentenciar à miséria, por gerações, grande parcela da sociedade brasileira. Afastar os negros dos grandes centros, criminalizar seus costumes e relegá-los à própria sorte é aquilo que a história conta na construção deste país.

Isso se reflete no presente, enquanto os piores índices socioeconômicos têm em comum a cor escura da pele das pessoas representadas.

A partir desse quadro, há quem defenda que o racismo deveria ser analisado dentro de uma lógica de infraestrutura coletiva, com um pano de fundo histórico sempre presente. Por outro lado, também existem os negacionistas, que não enxergam o racismo em lugar algum, sob o argumento que todos somos iguais, havendo, quando muito, alguma ação individual.

Nas reflexões que serão expostas a seguir, estará presente a linha mestra de entender o racismo como um fator relevante de vulnerabilidade, que passa por muitas áreas da sociedade brasileira, impedindo-a de ser diversa e efetivamente inteira.

O PASSADO

Para entendermos o que ocorre no Brasil de hoje, é preciso ir ao passado e tentar enxergar todos os fatos que influenciaram na forma como o país foi construído, onde o tratamento relativo à comunidade negra se mostra como um ponto central desse debate.

O racismo surge para justificar a escravização de pessoas negras, retirando-lhes o caráter humanitário a fim de subjugá-las, dizendo que não tinham alma e que eram selvagens e, por esse motivo, seria benéfico utilizá-las em trabalhos forçados.

A escravidão, por si só, já traz em seu conteúdo a divisão entre negros e brancos. Entretanto, ao contrário do que possa parecer, sua extinção não contribuiu efetivamente para eliminar as barreiras de mobilidade social, que faria misturar as duas raças de maneira concreta. Isso porque outros obstáculos foram impostos pelo Estado brasileiro, como a Lei de Terras e as normas de educação nacional no Brasil Império.

Basicamente, com a escravidão, tínhamos a ausência de liberdade para a população negra. Com a Lei de Terras, a ausência de propriedade. E, por fim, não havia também direito à educação. Sem esses três pilares, qualquer pessoa deve reconhecer o efeito nefasto sobre gerações inteiras negras, no que diz respeito à busca por dignidade.

No dia 18 de setembro de 1850 nasceu a Lei de Terras, determinando que a aquisição de terras devolutas somente era possível mediante a compra, tornando-se estritamente proibida a obtenção do título de propriedade através do trabalho.

Art. 1º Ficam prohibidas as acquisições de terras devolutas por outro titulo que não seja o de compra.

Os negros que já detinham a condição de posseiros eram submetidos a uma série de requisitos extremamente restritos para que fossem reconhecidos seus domínios, o que, na prática, significou retirar da população negra o acesso ao direito de propriedade.

Associado a isso, estava em vigor a proibição de acesso à escola pelos escravos, na medida em que somente era permitido que cidadãos brasileiros estudassem. Quanto aos negros não escravizados, outras tantas restrições eram impostas a ponto de também inviabilizar o acesso à educação.

A Constituição de 1824 dispunha sobre a matéria, especificamente na combinação entre os artigos 179, XXXIII – que estabelecia o direito de cidadãos brasileiros terem ensino público – e o 6º – o qual informava quem eram as pessoas reconhecidamente qualificadas como cidadãs brasileiras:

> Art. 179. A inviolabilidade dos Direitos Civis, e Politicos dos Cidadãos Brazileiros, que tem por base a liberdade, a segurança individual, e a propriedade, é garantida pela Constituição do Imperio, pela maneira seguinte.
>
> XXXIII. Collegios, e Universidades, aonde serão ensinados os elementos das Sciencias, Bellas Letras, e Artes.

> Art. 6. São Cidadãos Brazileiros
>
> I. Os que no Brazil tiverem nascido, quer sejam ingenuos, ou libertos, ainda que o pai seja estrangeiro, uma vez que este não resida por serviço de sua Nação.
>
> II. Os filhos de pai Brazileiro, e Os illegitimos de mãi Brazileira, nascidos em paiz estrangeiro, que vierem estabelecer domicilio no Imperio.
>
> III. Os filhos de pai Brazileiro, que estivesse em paiz estrangeiro em sorviço do Imperio, embora elles não venham estabelecer domicilio no Brazil.
>
> IV. Todos os nascidos em Portugal, e suas Possessões, que sendo já residentes no Brazil na época, em que se proclamou a Independencia nas Provincias, onde habitavam, adheriram á esta expressa, ou tacitamente pela continuação da sua residencia.
>
> V. Os estrangeiros naturalisados, qualquer que seja a sua Religião. A Lei determinará as qualidades precisas, para se obter Carta de naturalisação.

Vale ressaltar que apenas em 1854, com o Decreto n. 1.331-A de 17 de fevereiro, houve um regulamento que previsse a forma de acesso de negros ao ensino formal, porém, como antecipado, os obstáculos eram quase intransponíveis aos não escravos:

> Art. 69. Não serão admittidos á matricula, nem poderão frequentar as escolas:
>
> § 1º Os meninos que padecerem molestias contagiosas.
>
> § 2º Os que não tiverem sido vaccinados.
>
> § 3º Os escravos.

Art. 85. Não serão admittidos á matricula, nem poderão frequentar o Collegio, os individuos nas condições do Art. 69.

Diante desse quadro, apesar de a história oficial pintar um belo caminho de melhoria das condições do negro no século XIX, vemos que o Estado lhe negava os direitos básicos de propriedade e de acesso à educação.

Para arrematar e completar todos os pontos de bloqueio do acesso ao desenvolvimento socioeconômico da população negra, em 28 de julho de 1890, foi editado um decreto com o objetivo de incentivar a vinda de imigrantes ao Brasil.

Essa é mais uma página interessante e triste de nossa história, porque não se tratava de qualquer imigrante, visto que os de origem africana, logo no art. 1º do decreto, estavam expressamente excluídos da sua incidência, expondo uma verdadeira política de branqueamento da sociedade brasileira.

Dentre os inúmeros incentivos introduzidos pelo governo brasileiro no sistema projetado, destaco dois: (i) a passagem de vinda era custeada pelo Brasil e (ii) era entregue um título de propriedade de terra ao imigrante que aceitasse vir ao país trabalhar.

Art. 5º Sómente terão passagem integral ou reduzida, por conta do Governo Federal:

1º As familias de agricultores, limitados aos respectivos chefes, ou aos seus ascendentes os individuos maiores de 50 annos;

2º Os varões solteiros maiores de 18 annos e menores de 50, uma vez que sejam trabalhadores agricolas;

3º Os operarios de artes mecanicas ou industriaes, artezãos e os individuos que se destinarem ao serviço domestico, cujas idades se acharem comprehendidas entre os limites do paragrapho precedente.

Os individuos enfermos ou com defeitos physicos, sómente terão passagem gratuita, si pertencerem a alguma familia que tenha pelo menos duas pessoas válidas.

Art. 26. O immigrante receberá, no acto do seu estabelecimento, um titulo provisorio de sua propriedade, no qual serão lançados, com o preço do lote, os adiantamentos que receber.

Neste mesmo titulo serão igualmente registrados os pagamentos que forem effectuados.

Logo que terminarem os pagamentos devidos pelo immigrante, será este titulo trocado por outro de caracter definitivo, onde lhe seja dada plena quitação e se achem indicadas todas as vantagens estabelecidas no citado decreto n. 451 B, de 31 de maio.

Ora, enquanto os povos não africanos eram convidados a vir para o Brasil, garantindo-lhes passagem, trabalho e casa, os quase seis milhões de negros foram proibidos pelo Estado brasileiro de ter um lugar para morar e para estudar.

Logo, não é preciso muito esforço para concluir quem ficou com os postos de trabalho disponíveis à época e a quem foi permitido prosperar social e economicamente após o dia 13 de maio de 1888.

Um estudo formulado por Justin R. Bucciferro, professor de Economia da Universidade Estadual de Nova Iorque, traz uma evidência empírica muito favorável para o povo negro: "*novas estimativas de ganhos confirmam que os europeus foram explorados quase da mesma forma que os escravos, mas benefícios não monetários e racismo podem ter apoiado as oportunidades do primeiro grupo de mobilidade social*"[1].

Essa pesquisa desnuda a forma como o racismo foi e é capaz de gerar uma vulnerabilidade implacável sobre a população negra, relegando aos piores índices socioeconômicos encontrados nos dias atuais. Enquanto os negros procuravam por trabalho, eram preteridos frente à alta oferta de imigrantes europeus e de seus filhos em terras brasileiras.

Para se ter uma ideia, já em 1920, os afro-brasileiros eram a grande maioria nos empregos de baixa remuneração e tinham a renda correspondente a, no máximo, 80% daquela obtida pelos trabalhadores brancos.

O professor chega a afirmar categoricamente que a segregação racial claramente existia entre as ocupações no Brasil, onde somente se permitia a contratação de pessoas negras nos espaços em que os brancos não mais queriam estar, gerando a perpetuação do desequilíbrio social, econômico e racial.

Assim, embora a liberdade tenha sido uma melhora incalculável na qualidade de vida dos negros, o prevalente preconceito e o desejo de clareamento da população criou novas desvantagens, que são sentidas até os dias atuais.

---

1   BUCCIFERRO, Justin R. A lucrative end: abolition, immigration, and the new occupational hierarchy in southeast Brazil. **Cliometrica,** 2021, p. 1.

O PRESENTE

A Resolução n. 68/237 editada na Assembleia Geral da ONU de 23 de dezembro de 2013 instituiu a Década Internacional dos Afrodescendentes, com o tema "Afrodescendentes: reconhecimento, justiça e desenvolvimento"[2]. Esse período compreenderá 1º de janeiro de 2015 a 31 de dezembro de 2024[3].

O principal objetivo da Década Internacional consiste em promover o respeito, a proteção e a realização de todos os direitos humanos e liberdades fundamentais de afrodescendentes, como reconhecidos na Declaração Universal dos Direitos Humanos[4].

O Brasil aderiu a essa campanha, celebrando o período a partir do dia 22/07/2015.

Tal iniciativa se dá em decorrência da evidente necessidade de reduzir a extrema desigualdade de acesso do povo negro ao exercício de seus direitos fundamentais e aos serviços públicos[5].

O quadro de representatividade e visibilidade dessa parcela da população também no que consistente no acesso à justiça é algo que vem aumentando, mas está muito aquém do desejável. Nesse sentido, cumpre anotar alguns dos objetivos traçados pela ONU para aprimoramento do atendimento ao povo negro[6]:

---

2 ORGANIZAÇÃO DAS NAÇÕES UNIDAS. **Resolution adopted by the General Assembly on 23 December 2013:** 68/237 Proclamation of the International Decade for People of African Descent. Disponível em: http://www.un.org/en/ga/search/view_doc.asp?symbol=A/RES/68/237.

3 PORTAL BRASIL. **ONU aprova Década Internacional de Afrodescendentes.** 2014. Disponível em: http://www.brasil.gov.br/cidadania-e-justica/2014/01/onu-aprova-decada-internacional-de-afrodescendentes.

4 ORGANIZAÇÃO DAS NAÇÕES UNIDAS PARA A EDUCAÇÃO, A CIÊNCIA E A CULTURA. **Década Internacional de Afrodescendentes.** Disponível em: http://www.unesco.org/new/pt/brasilia/about-this-office/prizes-and-celebrations/2015-2024-international-decade-for-people-of-african-descent/.

5 PORTAL BRASIL. **ONU aprova Década Internacional de Afrodescendentes.** Disponível em: https://www.youtube.com/watch?v=gSej12eOxlQ&feature=youtu.be.

6 ORGANIZAÇÃO DAS NAÇÕES UNIDAS. **Resolution adopted by the General Assembly on 18 November 2014: 69/16**. Programme of activities for the implementation of the International Decade for People of African Descent. Disponível em: http://www.decada-afro-onu.org/assets/pdf/A.RES.69.16_IDPAD.pdf.

- Introduzindo medidas para garantir igualdade perante a lei, especialmente no desfrute do direito ao tratamento igual perante tribunais e todos os outros órgãos jurídico-administrativos;
- Projetando, implementando e aplicando medidas eficazes para a eliminação do fenômeno popularmente conhecido como "perfil racial" (*"racial profiling"*);
- Garantindo que afrodescendentes tenham total acesso a proteção e recursos eficazes perante os tribunais nacionais competentes e outras instituições do Estado contra quaisquer atos de discriminação racial, e o direito de exigir destes tribunais reparação ou indenização justa e adequada por qualquer dano sofrido em resultado de tal discriminação;
- Facilitando o acesso à justiça para afrodescendentes que foram vítimas de racismo fornecendo as informações jurídicas necessárias sobre seus direitos e prestando assistência jurídica quando apropriado;
- Assegurando que afrodescendentes, como todas as outras pessoas, desfrutem de todas as garantias de um julgamento justo e da igualdade perante a lei tal como consagrado nos instrumentos internacionais de direitos humanos relevantes, e especificamente o direito à presunção de inocência, o direito à assistência de um advogado e um intérprete, o direito a um tribunal independente e imparcial, garantias de justiça e todos os direitos garantidos aos presos;
- Convocando a todos os Estados interessados a tomar medidas apropriadas e efetivas para conter e reverter as duradouras consequências destas práticas, tendo suas obrigações morais em consideração.

Para que as medidas desenhadas sejam implementadas, é necessário o reconhecimento da existência de um fato de nossa realidade cotidiana, contida na afirmação de que o racismo existe no Brasil, dentro dos próprios braços estatais.

Para tanto, é importante conhecer o Brasil de hoje. Apesar de ter uma equivalência entre brancos e negros no país, no critério populacional, compreendendo os negros a 56,1% da população brasileira, a forma como essas comunidades estão distribuídas é de modo absolutamente desproporcional, no que tange ao critério socioeconômico.

Apesar de a população preta ou parda ser maioria no Brasil, esse grupo, em 2018, representou apenas 27,7% das pessoas quando se consideram os 10% com os maiores rendimentos. Por outro lado, entre os 10% com os menores rendimentos, observa-se uma sobrerrepresentação desse grupo, abarcando 75,2% dos indivíduos.

No critério de escolaridade, o desequilíbrio se mantém da mesma forma, quando o índice de analfabetismo de pessoas brancas é de 3,9% contra 9,1% de pessoas negras.

No nível superior, em 1997, apenas 2,2% de pardos e 1,8% de negros entre 18 e 24 anos cursavam ou tinham concluído um curso de graduação no Brasil. Após algumas universidades estaduais e federais aderirem ao sistema de cotas, os números começaram a apresentar melhoras. Subiu de 2,2% para 11% a porcentagem de pardos que cursam ou concluíram um curso superior no Brasil; e de 1,8% para 8,8%, de negros, segundo o Ministério da Educação, em 2013. Nesse contexto, e com a trajetória de melhora nos indicadores de adequação, atraso e abandono escolar, estudantes pretos ou pardos passaram a compor maioria nas instituições de ensino superior da rede pública do País (50,3%), em 2018.

O racismo empobrece não somente as pessoas, mas a sociedade em geral. De acordo com o Relatório Global de Mobilidade Social de 2020 do Fórum Econômico Mundial, o Brasil ocupa a 60ª posição no ranking de mobilidade social entre 82 países. Isso quer dizer que uma pessoa de baixa renda no país demoraria nove gerações para atingir a renda média da população brasileira.

Segundo estudo publicado pelo *National Bureau of Economic Research*, homens negros nascidos em famílias no 75º percentil da distribuição de renda terminam, em média, 12 percentis abaixo dos homens brancos nascidos em famílias igualmente ricas[7].

Outra pesquisa americana mostra que crianças brancas pobres têm 45% mais chances de permanecer pobres do que deveriam. As crianças brancas do quintil de renda superior têm 21% mais probabilidade de permanecer no quintil superior como adultos em comparação com crianças aleatórias. Dessa forma, crianças brancas ricas têm duas vezes mais chances de permanecer ricas do que deveriam[8].

Crianças negras pobres têm 17% a mais de probabilidade de permanecer no mesmo nível de renda como adultos, em comparação com as

---

7   AKEE, Randall; JONES, Maggie; PORTER, Sonya. Race Matters: Income Shares, Income Inequality, and Income Mobility for All U.S. Races. **Demography**, v. 56(3), p. 999-1021, 2019.

8   REEVES, Richard; PULLIAM, Christopher. **No room at the top: The stark divide in black and white economic mobility**. Brookings, 2019. Disponível em: https://www.brookings.edu/blog/up-front/2019/02/14/no-room-at-the-top-the--stark-divide-in-black-and-white-economic-mobility/.

crianças aleatórias. Isso é quase duas vezes a chance de crianças brancas pobres. As crianças negras que fazem parte da camada mais rica da população têm, na verdade, 2% a menos de chance de permanecer no quintil de renda superior, em comparação com a média (?)[9].

No Brasil, a situação não é mais animadora, pelo contrário. Segundo trabalho desenvolvido por Carlos Costa Ribeiro, filhos de brancos têm três vezes mais chance de entrar na escola do que filhos de negros e duas vezes mais chance de ingressar na universidade[10].

Rafael Osório, em sua tese de doutorado, afirma que *"os brasileiros estão sujeitos a um regime de mobilidade comum, no qual o peso da renda do passado é muito grande na determinação da renda presente, independentemente do grupo racial"* e que *"o fato de negros e brancos estarem sujeitos a um mesmo regime de mobilidade é extremamente ruim para os negros"*[11].

Como se não bastassem essas questões, é importante observar a população carcerária no Brasil, formada por jovens, pretos e pobres.

Para confirmar empiricamente que os presos pertencem às camadas mais pobres da nossa sociedade, é preciso conjugar com o fator escolaridade. Explicamos: o Ministério da Justiça aponta que 75% da população prisional brasileira ainda não acessou o ensino médio, tendo concluído, no máximo, o ensino fundamental, mas não traz qualquer faixa de renda.

Por sua vez, o IBGE demonstra uma correlação entre escolaridade e classe social, no sentido de que as pessoas mais pobres, em regra, têm menor tempo de estudo.

É, pois, forçoso concluir, por exercício de lógica, o óbvio: o nosso preso é o jovem entre 16 e 29 anos (55%), negro (64%) e pobre, com reduzida escolaridade (75%).

Apesar da pandemia, mesmo com a diminuição de circulação de pessoas nas ruas, o Brasil bateu o recorde de pessoas mortas por policiais,

---

9   Ibidem.

10 RIBEIRO, Carlos Antonio Costa. Classe, raça e mobilidade social no Brasil. **Dados,** v.49(4), 2006. Disponível em https://www.scielo.br/j/dados/a/5PnmRBJ4MxnkTzss59gPgzq/?lang=pt#.

11 OSÓRIO, Rafael Guerreiro. **A desigualdade racial de renda no Brasil: 1976-2006**. Tese (Doutorado em Sociologia). Universidade de Brasília, p. 208-209, 2009.

desde 2013, chegando ao absurdo número de 6.416, resultando em um aumento de 190% desde o início do acompanhamento do índice.

Porém, as mortes registradas em operações policiais, no Rio de Janeiro, aumentaram entre janeiro e fevereiro, chegando à marca de 47, representando um aumento de 161%, na comparação com os meses de novembro e de dezembro de 2020, quando foram registradas 18 mortes, com 5 feridos em confrontos, segundo a Rede de Observatórios da Segurança (AMARAL, 2021).

O panorama extremamente aterrorizante também é racializado, tendo em vista que 78,9% das vítimas são negras. Portanto, não é exagero afirmar que a população negra luta ainda para ter acesso a bens básicos da vida, como manter-se viva, livre e completando o ensino superior.

O FUTURO

Apesar de ser uma obra dirigida para a RE-construção, penso que, diante do quadro ora apresentado, precisamos ainda construir pontes para a devida integração nacional entre brancos e negros no país.

E estamos caminhando nessa direção, a partir da criação de cotas raciais nas universidades e no serviço público, da distribuição proporcional de verbas eleitorais para as candidaturas negras, bem como da conscientização do setor privado provendo instrumentos de equalização de acesso e manutenção de pessoas negras aos postos de trabalho.

Um dos capítulos da mais alta importância da história negra atual é, sem dúvida alguma, a criação das cotas raciais, primeiramente nas universidades públicas e, posteriormente, no serviço público.

O Supremo Tribunal Federal nos dois casos, por unanimidade, considerou constitucionais as cotas raciais. Mas, apesar da unidade de nossa Suprema Corte, o entendimento é polêmico e ainda divide opiniões.

A Suprema Corte dos Estados Unidos enfrentou o tema, no concernente ao ingresso nas universidades, e entendeu pela constitucionalidade das cotas, por maioria, em 23/06/2016.

O *Justice* Anthony Kennedy, em seu voto, considerou ser plenamente possível a universidade poder *"instituir um programa de admissões racialmente consciente como um meio de obter os benefícios educacionais decorrentes da diversidade do corpo discente"*.

Prossegue ao afirmar que *"a diversidade promove o entendimento inter--racial, ajuda a dissolver estereótipos raciais e permite aos estudantes entender melhor as pessoas de raças diferentes. Além disso, prepara os estudantes para uma força de trabalho e para uma sociedade cada vez mais diversa e forma líderes que representam as raças com maior legitimidade aos olhos dos cidadãos"*[12].

Thomas Sowell, em seu trabalho intitulado *"Ação afirmativa pelo mundo: um estudo empírico"*, atenta para os perigos de se implementar uma ação afirmativa observando-se tão somente seus fundamentos filosóficos e morais, sem atentar para os resultados práticos de benefícios e custos, o que converge para o entendimento dos críticos das cotas raciais em concurso público.

Mas, no que concerne à eficácia das cotas raciais a fim de reduzir a miséria da população, a experiência mostra que a reserva de vagas para pessoas negras é um grande caso de sucesso do ponto de vista de acesso ao ensino superior.

Outro fato que conduz a entendermos pelo avanço gradual da pauta de equidade racial é que o Tribunal Superior Eleitoral reconheceu de forma inequívoca que a sub-representatividade de pessoas negras na política em razão da disparidade de recursos financeiros para o financiamento de campanhas viola o texto constitucional e determinou a distribuição proporcional de verbas eleitorais para candidaturas negras.

Porém, como foi visto, a fotografia atual é de um país que ainda luta para não resguardar sua população negra, que permanece exposta a uma série de contextos que geram a degradação de seu caráter de ser humano, negando-lhe o mínimo de dignidade.

A verdade é que existem vários diplomas legislativos que reconhecem direitos, mas, ao que parece, é tudo pró-forma e o povo negro segue largado à própria sorte.

Dessa forma, mostra-se necessário mudar a roupagem das ações afirmativas, cortando as amarras que ainda nos impedem de concretizar direitos tão legítimos da maioria da população brasileira.

O Estatuto da Igualdade Racial, no seu art. 2º, estabelece que *"**é dever do Estado e da sociedade garantir a igualdade de oportunidades**, reconhecendo a todo cidadão brasileiro, independentemente da etnia ou da cor da*

---

12 ESTADOS UNIDOS. **FISHER v. UNIVERSITY OF TEXAS AT AUSTIN ET AL.** United States of America Supreme Court. 2015. Disponível em: https://www.supremecourt.gov/opinions/15pdf/14-981_4g15.pdf.

*pele, **o direito à participação na comunidade, especialmente nas atividades políticas, econômicas, empresariais, educacionais**, culturais e
esportivas, defendendo sua dignidade e seus valores religiosos e culturais"*
(grifamos).

O art. 4º, por sua vez, materializa os objetivos traçados pelo artigo
supracitado, estabelecendo medidas concretas a serem seguidas, especificamente nos seguintes dispositivos:

Art. 4º A participação da população negra, em condição de igualdade
de oportunidade, na vida econômica, social, política e cultural do País
será promovida, prioritariamente, por meio de:

(...)

II – adoção de medidas, programas e políticas de ação afirmativa;

III – modificação das estruturas institucionais do Estado para o adequado
enfrentamento e a superação das desigualdades étnicas decorrentes do
preconceito e da discriminação étnica;

(...)

V – eliminação dos obstáculos históricos, socioculturais e institucionais
que impedem a representação da diversidade étnica nas esferas pública
e privada;

(...)

VII – implementação de programas de ação afirmativa destinados ao
enfrentamento das desigualdades étnicas no tocante à educação, cultura,
esporte e lazer, saúde, segurança, trabalho, moradia, meios de comunicação de massa, financiamentos públicos, acesso à terra, à Justiça, e
outros.

Parágrafo único. Os programas de ação afirmativa constituir-se-ão em
políticas públicas destinadas a reparar as distorções e desigualdades
sociais e demais práticas discriminatórias adotadas, nas esferas pública
e privada, durante o processo de formação social do País.

Um dos caminhos a propor é modificar a forma como se enxerga o
Estatuto da Igualdade Racial, o qual tem sido considerado uma lei de
conteúdo abstrato e para o futuro, passando a entendê-lo como uma
ordem concreta, direta e imediata a todos os Poderes da República, em
todos os níveis da federação, para realizar a integração pretendida por
toda nação, no sentido de extinguir o racismo. Assim, é importante apresentar um trecho da exposição de motivos dessa legislação:

O Brasil tornou-se uma das maiores economias mundiais por meio do trabalho de brancos, índios e negros. Por isso, nós negros queremos ver nossa história reconhecida, registrada e respeitada!

Queremos políticas públicas e privadas que abram espaços para a nossa gente tão sofrida.

Revolta-nos ver que nossos jovens, ainda hoje, figuram nas listas dos assassinados, dos marginalizados. São maioria nas prisões, entre os desempregados e entre aqueles que dependem do salário mínimo.

No ano passado, institutos de pesquisas vinculados ao governo federal mostraram que os negros são os mais pobres, os menos escolarizados, são os que recebem os menores salários quando empregados e constituem a maioria esmagadora dos trabalhadores lançados na informalidade e no desemprego.

Dados do IPEA nos mostram que os diferenciais de pobreza entre negros e brancos não diminuíram. A proporção de negros abaixo da linha de pobreza é de 50%, enquanto a de brancos fica em 25%. Isso desde 1995.

O diferencial entre os indigentes – que são os mais pobres entre os pobres-, é ainda mais desfavorável aos negros. Se somos maioria entre os pobres (65%), essa maioria se amplia entre os indigentes (70%). A proporção de negros abaixo da linha de indigência no total da população negra no Brasil também vem mantendo a mesma tendência desde 1995: em torno de 25%, muito superior à proporção de brancos, que fica em aproximadamente 10%.

Os mesmos indicadores mostram que houve melhoras em relação à expectativa de vida, mas a desigualdade entre os índices para negros e brancos persiste. Por exemplo, uma pessoa negra, nascida em 2000 viverá, em média, 5,3 anos menos que uma branca.

Em novembro do ano passado, o Departamento Intersindical de Estatística e Estudos Socioeconômicos (Dieese) mostrou que, em todas as regiões do país, o salário pago aos afrobrasileiros é menor em relação aos trabalhadores brancos.

Em março de 2005 o IBGE nos dizia o mesmo em sua pesquisa mensal de emprego. Segundo a cor, em seis regiões metropolitanas, a pesquisa do IBGE indicou que as informações sobre os rendimentos do trabalho mostravam que os negros e os pardos recebiam por hora trabalhada menos que os brancos.

Para dar fim a esses indicadores e aos pensamentos discriminatórios, foi que, em conjunto com o Movimento Negro, pensamos o Estatuto. Queremos conquistar os espaços que nos foram negados.

O Estatuto é um conjunto de ações afirmativas, reparatórias e compensatórias. Sabemos que esses tipos de ações devem emergir de todos e de cada um. Devem partir do Governo, do Legislativo, da sociedade como um todo e do ser humano que habita em cada um de nós.

Felizmente isso vem acontecendo. Talvez pudessem ser mais numerosas, mas temos presenciado ações afirmativas. São frentes de luta contra o racismo na educação, no mercado de trabalho, nos meios de comunicação e em diversas outras áreas.

Dessa forma, qualquer interpretação na aplicação da lei que restrinja esse sentimento social e constitucional não deve ser levada à frente, tendo em vista que é preciso dar o maior alcance e força possível para que se consiga atingir os objetivos de chegar à igualdade de fato.

Portanto, é preciso continuar caminhando – devagar e junto, como ensinam os provérbios africanos –, mas que seja de modo mais firme, não aceitando mais benefícios "*pra inglês ver*" a fim de acabarmos, de uma vez por todas, com o racismo no Brasil[13].

"Valeu Zumbi / O grito forte dos Palmares / Que correu terras, céus e mares / Influenciando a Abolição / Zumbi valeu / Hoje a Vila é Kizomba / É batuque, canto e dança / Jongo e Maracatu / Vem, menininha, pra dançar o Caxambu / Ô nega mina / Anastácia não se deixou escravizar / Ô Clementina / O pagode é o partido popular / Sacerdote ergue a taça / Convocando toda a massa / Nesse evento que congraça / Gente de todas as raças / Numa mesma emoção / Esta Kizomba é nossa constituição / Que magia / Reza, ajeum e orixá / Tem a força da Cultura / Tem a arte e a bravura / E um bom jogo de cintura / Faz valer seus ideais / E a beleza pura dos seus rituais / Vem a Lua de Luanda / Para iluminar a rua / Nossa sede é nossa sede / De que o Apartheid se destrua"[14].

REFERÊNCIAS

AKEE, Randall; JONES, Maggie; PORTER, Sonya. Race Matters: Income Shares, Income Inequality, and Income Mobility for All U.S. Races. **Demography,** v.56(3), p. 999-1021, 2019.

AMARAL, Natasha. Rede de Observatórios: Mortes em ações policiais crescem 161% no Rio. **O Dia**, Rio de Janeiro, 11 mar. 2021. Disponível em: https://odia.ig.com.br/rio-de-janeiro/2021/03/6102742-rede-de-observatorios-mortes-em-acoes-policiais-crescem-161--no-rio.html. Acesso em: 12 dez. 2021.

---

13 "Se quer ir rápido vá sozinho; se quer ir longe vá em grupo." "O sol caminha devagar mas atravessa o mundo."

14 Kizomba, festa da raça. Luiz Carlos da Vila. Samba enredo da Vila Isabel de 1988.

BRASIL. **Lei n. 601, de 18 de setembro de 1850**. Dispõe sobre as terras devolutas do Império. Disponível em: http://www.planalto.gov.br/ccivil_03/leis/l0601-1850.htm.

BUCCIFERRO, Justin R. A lucrative end: abolition, immigration, and the new occupational hierarchy in southeast Brazil. **Cliometrica,** 2021, p. 1.

ESTADOS UNIDOS. **FISHER v. UNIVERSITY OF TEXAS AT AUSTIN ET AL.** United States of America Supreme Court. 2015. Disponível em: https://www.supremecourt.gov/opinions/15pdf/14-981_4g15.pdf.

ORGANIZAÇÃO DAS NAÇÕES UNIDAS. **Resolution adopted by the General Assembly on 23 December 2013: 68/237**. Proclamation of the International Decade for People of African Descent. Disponível em: http://www.un.org/en/ga/search/view_doc.asp?symbol=A/RES/68/237.

ORGANIZAÇÃO DAS NAÇÕES UNIDAS PARA A EDUCAÇÃO, A CIÊNCIA E A CULTURA. **Década Internacional de Afrodescendentes.** Disponível em: http://www.unesco.org/new/pt/brasilia/about-this-office/prizes-and-celebrations/2015-2024-international-decade-for-people-of-african-descent/.

ORGANIZAÇÃO DAS NAÇÕES UNIDAS. **Resolution adopted by the General Assembly on 18 November 2014: 69/16**. Programme of activities for the implementation of the International Decade for People of African Descent. Disponível em: http://www.decada-afro-onu.org/assets/pdf/A.RES.69.16_IDPAD.pdf.

OSÓRIO, Rafael Guerreiro. **A desigualdade racial de renda no Brasil: 1976-2006**. Tese (Doutorado em Sociologia). Universidade de Brasília, p. 208-209, 2009.

PORTAL BRASIL. **ONU aprova Década Internacional de Afrodescendentes,** 2014. Disponível em: http://www.brasil.gov.br/cidadania-e-justica/2014/01/onu-aprova-decada-internacional-de-afrodescendentes.

REEVES, Richard; PULLIAM, Christopher. **No room at the top: The stark divide in black and white economic mobility**. Brookings, 2019. Disponível em: https://www.brookings.edu/blog/up-front/2019/02/14/no-room-at-the-top-the-stark-divide-in-black-and-white-economic-mobility/.

RIBEIRO, Carlos Antonio Costa. Classe, raça e mobilidade social no Brasil. **Dados,** v. 49(4), 2006. Disponível em: https://www.scielo.br/j/dados/a/5PnmRBJ4MxnkTzss59gPgzq/?lang=pt#.

VILA, Luiz Carlos da. Kizomba, festa da raça. In: **LETRAS**. Disponível em: https://www.letras.mus.br/martinho-da-vila/287389/. Acesso em: 31 ago. 2021.

15

Política de habitação social no Brasil: trajetória de acesso e perspectivas futuras

Tainá Souza Pacheco

Laryssa Kruger Da Costa

RESUMO: A pandemia de covid-19 jogou luz na importância e centralidade da moradia na vida das pessoas. Este capítulo traça um panorama da política de habitação social brasileira para mostrar que a inclusão do atendimento às famílias de baixa renda foi um processo lento, gradual e que ainda é incerto. Olhando o passado é possível entender de que forma podemos avançar no presente e no futuro. Acreditamos que a participação do governo federal como coordenador e financiador é fundamental, assim como a existência de uma fonte estável e perene para investimento em habitação de interesse social. Ainda, é necessária a participação de estados e municípios, fundamentais para garantir inserção urbana dos empreendimentos em locais com acesso a oportunidades e para fomentar o adensamento. Por fim, a criação de mecanismos de monitoramento e avaliação para constante aprimoramento das políticas habitacionais.

1. INTRODUÇÃO

A moradia é um bem composto por diversas características que influenciam seu valor final. Estas, por sua vez, não estão restritas apenas a aspectos físicos da residência, como tamanho e qualidade de materiais, mas englobam também amenidades, refletindo características do entorno, como acesso a serviços, arborização e segurança. Por ser um bem material, no sentido de ter forma física, cada unidade habitacional (UH) terá uma localização única. Assim, o valor da terra onde a unidade é construída tem papel central na definição de seu valor, principalmente em contextos urbanos onde a terra é escassa.

Uma das características não intrínsecas das residências é a sua distância em relação a polos de emprego do mercado de trabalho onde se encontra. O modelo de estrutura espacial das cidades, unificado por

Brueckner (1987), mostra que existe um *trade-off* entre o preço da terra e a sua distância do centro de negócios. A justificativa é dada pelo custo de transporte, que aumenta conforme a residência se afasta desse centro. As terras mais distantes do centro são, portanto, mais baratas, e essa distância é relativa, pois depende da conectividade oferecida pelo sistema de transporte.

O problema da habitação surge da incompatibilidade entre a capacidade de pagamento das famílias de baixa renda dentro do mercado de crédito e o custo da habitação. Esse problema é agravado quando a oferta de moradia é baixa, gerando demanda excedente pelas unidades. Famílias de baixa renda que não têm acesso ao mercado de crédito acabam financiando parte do seu custo de habitação com o tempo que gastam nos deslocamentos diários.

A capacidade de pagamento das famílias varia. Aquelas com menor volume e maior instabilidade de renda não conseguem acessar crédito e muito menos poupar, de forma que dependem quase que integralmente de subsídios governamentais para ter acesso à moradia. Em um segundo grupo, famílias de renda média-baixa têm capacidade de pagamento de um financiamento, mas não conseguem acessar o crédito por conta da necessidade de entradas e pela instabilidade na renda. Assim, subsídios parciais que alavanquem o financiamento e que diminuam os riscos de não pagamento temporário podem ser colocados. Na camada de renda média estão famílias que conseguem acessar os financiamentos, mas necessitam de estabilidade nas taxas de juros e um mercado de crédito regulado com condições adequadas. Por fim, há famílias de renda alta que não necessitam de fundos governamentais para acesso à moradia[1].

Com isso, políticas de habitação social com apoio governamental são necessárias para garantir acesso à moradia para famílias de baixa renda. Essas políticas têm normalmente dois objetivos: i) aumentar o consumo

---

1   O mesmo raciocínio pode ser feito para o mercado de aluguel. Famílias de baixa renda e com instabilidade de rendimentos não conseguem poupar para assegurar um caução ou comprovar sua fonte de renda devido à informalidade.

de moradia de qualidade, ou seja, garantir que famílias não acabem em imóveis precários em termos de construção, titulação, serviços públicos como educação, saúde e transportes, e localização e acesso a oportunidade; ii) reduzir as externalidades negativas das áreas precárias, como favelas, comunidades ou cortiços.

A localização dos programas de habitação popular é sempre um tema em debate, não só porque as características do entorno alteram o valor das moradias, mas também porque o local onde as pessoas moram podem ter impacto em resultados do mercado de trabalho (PACHECO, 2019), conforme a teoria de descasamento espacial (*spatial mismatch*). Assim, a política de habitação não pode ser separada da política de transportes e planejamento das cidades. Só um planejamento integrado entre habitação e transporte público consegue garantir que a moradia exista em áreas de acesso a oportunidades.

Esse capítulo pretende olhar a política de habitação voltada para os dois grupos mais vulneráveis. Para tanto, se estrutura da seguinte forma: após essa caracterização teórica e introdução, há um levantamento da história das políticas de habitação social, traçando um paralelo com os principais marcos das políticas de transporte urbano. Em seguida discute-se o que é possível aprender com o passado e como esses aprendizados podem ajudar a guiar o futuro.

2. HISTÓRIA DAS POLÍTICAS DE HABITAÇÃO DO BRASIL

A história da habitação popular no Brasil não pode ser separada da história do crescimento urbano, e da população urbana. Se em 1920, 82% da população era rural (23 milhões) e apenas 18% urbana (5 milhões), em 1960 a proporção praticamente se iguala, e em 2010 o país já experimenta um cenário inverso, com 85% da população urbana (162 milhões) e 15% da população rural (28 milhões) (BONDUKI, 2014).

2.1 Intervenção tímida na habitação: os Institutos de Aposentadoria e Pensão e a Fundação Casa Popular

Com o início da Era Vargas em 1930, há uma mudança sobre a visão do papel do Estado na habitação. Se até o momento imperava a ideia de que o Estado não deveria prover moradia, que ficaria a cargo de empreendedores, a partir do início da década de 1930 o governo passa a intervir tanto na produção quanto no mercado de locação.

O principal marco da política habitacional da década de 1930 é a criação dos Institutos de Aposentadoria e Pensão (IAPs), que viram na provisão habitacional uma forma de aumentar a rentabilidade de seus fundos e passaram a prover moradia na lógica rentista predominante no período. A estratégia de construção para o mercado de aluguéis dos IAPs foi comprometida a partir da promulgação da lei do inquilinato, de forma que os esforços dos institutos passaram a se concentrar na provisão de moradia para venda a trabalhadores com provimentos mais altos[2].

Apesar dos institutos serem a primeira estrutura institucional voltada à agenda da habitação, decisões políticas na era varguista são encaradas como centrais para o processo de periferização das cidades. A lei do inquilinato desestimulou a produção rentista direcionada aos trabalhadores, reduzindo a oferta de moradias. No mesmo sentido de indução, foi regulamentada a venda de lotes a prestação, que facilitou a aquisição. A partir disso, inaugura-se a tradicional forma de ocupação dos pobres na cidade: loteamento periférico, autoconstrução e casa própria (BONDUKI, 2014).

Apesar de haver variação entre níveis de consolidação e precariedade, os espaços periféricos são caracterizados pela predominância de usos residenciais, baixa oferta de serviços públicos e privados, comércios, infraestrutura e áreas públicas insuficientes e, principalmente, pela baixa oferta de oportunidades de emprego. A consequência da ocupação periférica é não ter – ou ter acesso restrito – a infraestruturas, serviços e oportunidades, além da necessidade de percorrer longos deslocamentos diários para trabalhar e estudar. Essa forma de ocupação do espaço urbano gera desgastes tanto no plano individual como de piora da qualidade de vida e funcionamento geral da cidade.

Na década de 1950 toma corpo o incentivo federal à indústria automobilística, com a criação, em 1956, do Grupo Executivo da Indústria Automobilística (GEIA), e a instalação da fábrica da Volkswagen em São Bernardo do Campo, Região Metropolitana de São Paulo, em 1959. A estruturação do setor automobilístico no país é importante por estabelecer

---

2   A Lei n. 4.598/1942 vigorou até 1964, congelando os valores de aluguel e dificultando o despejo de inquilinos inadimplentes. Tal medida reduziu substancialmente a oferta de moradia para aluguel, por desestimular novas construções e por incentivar a venda de imóveis por proprietários que auferiam renda com aluguel, que faziam as vendas para reaver o capital desvalorizado. Assim, ao invés de solucionar a crise habitacional, a lei do inquilinato acabou por aprofundá-la – como sempre costuma acontecer em políticas de congelamento de preços de aluguéis.

uma oferta mais regular de veículos individuais, que passarão a disputar mercado com o transporte público (VASCONCELLOS; MENDONÇA, 2010).

Apenas em 1946 surge o primeiro órgão federal destinado às questões habitacionais e urbanas, a Fundação Casa Popular (FCP). Buscando investir na questão habitacional de forma abrangente e universalista, seu projeto era ambicioso, pois previa centralizar todas as carteiras prediais e fundos dos IAPs sob seus domínios. Com isso, o financiamento habitacional não ficaria restrito apenas aos trabalhadores do mercado formal vinculados aos IAPs. Ao ir de encontro aos interesses dos institutos e de seus associados, a FCP nasce esvaziada e sem fôlego para levar adiante seu projeto.

Assim, o país chega na década de 1960 com uma população urbana crescente e sem políticas que lhe permitam acessar moradia e transporte público de qualidade.

2.2 BNH e a derrota da agenda de reforma urbana

No início da década de 1960 havia duas grandes correntes discutindo políticas habitacionais. Do lado conservador, a questão passou a ser vista pela ótica da Aliança para o Progresso, defensora da intervenção estatal em projetos com foco na questão quantitativa. Essa corrente acreditava que a provisão de UH aos mais pobres freava revoltas e a expansão do comunismo, por inserir o trabalhador na propriedade privada[3]. Do lado progressista, a proposta mais consistente foi formulada em 1963, no contexto do Seminário de Habitação e Reforma Urbana (SHRU). A proposta partia do pressuposto de que a habitação é um direito do cidadão e um dever do Estado, que a construção de novas UH não é a única solução aos problemas de moradia e que políticas habitacionais devem ser enquadradas em um conjunto mais amplo de políticas urbanas acompanhadas por um sistema de indicadores estatísticos produzidos pelo Instituto Brasileiro de Geografia e Estatística (IBGE).

O golpe militar de 1964 abortou as concepções pregadas pela corrente progressista, associando a política habitacional aos interesses do setor da

---

3   Também era essa a leitura de Engels, desenvolvida no livro "Sobre a questão da moradia". Nele, o autor discute e critica iniciativas de industriais da época, que visavam solucionar a questão habitacional transferindo propriedade aos trabalhadores. Para ele a propriedade prendia o trabalhador à terra, o que contribuía para dificultar processos revolucionários.

construção civil, marca da política até hoje. Assim, foi criado um sistema de financiamento com recursos estáveis para fomentar o setor da construção civil e, com isso, a economia, ao mesmo tempo em que se garantia apoio junto às massas populares que podiam acessar a casa própria.

Em agosto de 1964 foram criados o Banco Nacional de Habitação (BNH) – ideia que vinha sendo estudada pelo Estado desde o segundo governo Vargas, o Sistema Financeiro da Habitação (SFH) e o Serviço Federal de Habitação e Urbanismo (SERFHAU), antigo FCP. O BNH financiava e geria o SFH e o SERFHAU voltava-se à formulação da política habitacional e urbana, inclusive com a missão de difundir políticas de planejamento urbano a nível municipal. Se estruturava, então, uma política verdadeiramente nacional de habitação, em que o BNH contava com agentes promotores a níveis estaduais e federais.

Em 1966 o investimento em habitação social ganha novo fôlego com a criação do Fundo de Garantia do Tempo de Serviço (FGTS), que garantiu uma fonte estável de recursos a baixo custo para os bancos, vindos da poupança compulsória do trabalhador. Ainda no mesmo ano, a criação do Sistema Brasileiro de Poupança e Empréstimo (SBPE), alimentado pela poupança voluntária, foi importante fonte de recursos para financiamento da habitação para a classe média. Tais órgãos passam a ser a sustentação do SFH.

Em relação ao transporte urbano, a década de 1970 é marcada pela mobilização social em torno da qualidade e do preço do serviço coletivo e pela crise do petróleo, que impõe uma dificuldade adicional aos governos locais na gestão da mobilidade baseada quase que exclusivamente no modo ônibus[4]. Uma resposta institucional foi a criação, em 1975, do Sistema Nacional de Transportes Urbanos (SNTU) composto pela Empresa Brasileira de Transportes Urbanos (EBTU) a nível federal e pelas Empresas Metropolitanas de Transportes Urbanos (EMTU) a nível estadual, metropolitano ou municipal. A participação do governo federal se dava com estudos e investimentos em infraestrutura, principalmente viária, visando aumentar a eficiência dos sistemas. Nesse sentido, a EBTU, assim como

---

4   O desmonte das estruturas locais de bondes e de transportes regionais é anterior à década de 1970. Por conta da riqueza de dados, um bom exemplo é o da cidade do Rio de Janeiro. Em 1950 o transporte público, majoritariamente composto pelo bonde, atendia, em média, 451 viagens por habitante por ano, enquanto o transporte individual apenas 8. Em 2005, a divisão é mais equilibrada, com o transporte público atendendo 149 viagens/habitante/ano, e o individual, 137 (VASCONCELLOS; MENDONÇA, 2010).

o SERFHAU, foi muito mais uma agência de planejamento e fomento do que propriamente executora de políticas de mobilidade.

Talvez as críticas mais recorrentes à política do BNH sejam a localização dos empreendimentos e a insuficiência de atendimento às famílias de baixa renda. Contudo, é necessário entender seu contexto: em um momento de forte expansão urbana, em que as cidades precisavam prover moradia para uma grande quantidade de pessoas, era natural que as construções se dessem nas áreas de expansão. Com essa pressão sobre a terra e sem algum tipo de complementação voltada para localização, os projetos eram executados nos locais em que o solo era mais barato. O maior problema é que não havia uma preocupação com a política urbana de forma mais ampla. Assim, não se exigia do município ou estado, a inclusão das novas UH em uma política de expansão urbana planejada, com provisão também de transporte de massa, equipamentos públicos, áreas verdes, de lazer e atração de empregos. Ainda, priorizou-se a construção de conjuntos murados, afastando seus moradores da cidade à sua volta. O resultado foi a criação de extensos bairros dormitórios sem uso misto, com grandes lotes murados.

A atuação federal no setor de transportes entre 1960 e 1980 contribuiu para aprofundar o quadro de expansão urbana sem acesso a oportunidades, ao invés de mitigá-lo. O forte incentivo à produção automobilística vinculado ao baixo investimento e ausência de subsídio aos transportes públicos de massa[5] criou uma competição desleal para o segundo. Tanto a produção quanto o licenciamento de automóveis são inexpressivos no fim da década de 1970, e chegam a quase um milhão já no início dos anos 1980, refletindo em uma taxa de motorização (veículos/100 habitantes) que salta de 0,5 em 1950 para 7,7 em 1980 (VASCONCELLOS; MENDONÇA, 2010).

Outra crítica que merece destaque é a falta de subsídio para atender a população de baixa renda. Da maneira que estava estruturado, o SFH

---

5 Enquanto a expansão automobilística caminhava a passos largos – também no transporte público com a expansão das redes de ônibus -, o investimento em transporte sobre trilhos era tímido. Houve um desmonte dos sistemas de bondes, que já tinham alguma capacidade instalada, para dar espaço aos carros nas vias públicas. O investimento em metrô, custoso tanto financeiramente quanto em tempo, foi e ainda é tímido. A primeira viagem comercial do Metrô da cidade de São Paulo ocorreu apenas em 1974 (JORNAL DO BRASIL, 15 de setembro de 1974, "Metrô paulista inicia levando 2 mil em festa"). Disponível em: <http://memoria.bn.br/docreader/DocReader.aspx?bib=030015_09&pagfis=110813>.

precisava ter retorno do crédito concedido, de forma que foram priorizados os financiamentos de unidades habitacionais para famílias de renda média inseridas no mercado de trabalho formal – mesmo padrão da época dos IAPs (ARRETCHE, 1990)[6]. Não havia subsídio para a população de baixa renda acessar o crédito, ou mesmo outras soluções habitacionais, como aluguel social, financiamento de materiais para autoconstrução e políticas fundiárias que facilitassem o acesso à terra urbanizada. Sem soluções alternativas e com uma demanda por moradia muito maior do que a oferta existente, a população crescente nos centros urbanos, que ficava à margem do financiamento habitacional acabava criando loteamentos irregulares, favelas, cortiços e ocupações de terra – também nas franjas urbanas.

De forma quantitativa, o BNH produziu cerca de 4,5 milhões de unidades novas, das quais 2,2 milhões com recurso do FGTS para o setor popular em 22 anos[7]. No entanto, apenas um terço do total de UH eram destinados a famílias de baixa renda (1 a 3 salários mínimos) (AZEVEDO, 1988). Outro legado do período BNH é o SFH que, com suas duas fontes de recurso, o FGTS e o SBPE, é pilar de sustentação das políticas habitacionais até o presente.

2.3 Do fim do BNH (1986) ao início do governo Lula (2002)

Com a forte crise econômica e política dos anos 1980 houve um esvaziamento nas fontes de recurso do BNH e o banco, que já acumulava críticas devido ao tipo de política habitacional que fazia, foi dissolvido em novembro de 1986. À Caixa Econômica Federal (CEF) foi transferida a gestão do SFH, junto com ativos e pessoal do BNH. A partir desse momento, acontece um esvaziamento da política de habitação e da política urbana como um todo em nível nacional. Entre 1986, fim do BNH, e 2003, criação do Ministério das Cidades, a gestão da política habitacional passou por cinco ministérios ou estruturas administrativas diferentes, caracterizando descontinuidade e desarticulação institucional (BONDUKI, 2014).

---

6   Em sua concepção, o BNH visava atender as famílias com renda entre 1 e 3 salários mínimos. No entanto, os elevados níveis de inadimplência dessa camada da população aliado ao fato de que o BNH precisava ter retorno do crédito concedido fizeram com que, a partir de 1970, o atendimento a essa população praticamente deixasse de existir.

7   Os números são muito expressivos frente ao que se observou anteriormente. Enquanto foram produzidas pelos IAPs (1930-1945) aproximadamente 120 mil unidades habitacionais, a FCP, sem escala e recursos, não conseguiu alcançar a marca de 20 mil UHs contratadas enquanto funcionou (ANDRADE; AZEVEDO, 1982).

Nos anos 1980 e 1990 o SFH tinha pouca capacidade de investimento, por conta de desequilíbrios gerados pela correção das prestações abaixo da inflação e saques da poupança e do FGTS por conta do desemprego e da crise econômica. Do outro lado, a demanda era crescente, pois a população urbana ainda estava em crescimento no Brasil.

Na ausência de articulação, direcionamento e fundos federais, coube a estados e municípios levar adiante programas habitacionais e urbanos. Observou-se uma heterogeneidade de modelos, adaptados às realidades e capacidades de financiamento locais, desde mutirões e construção por autogestão até urbanização de favelas. Ainda que quantitativamente inexpressivos, os projetos mostraram novas possibilidades de enfrentamento da questão habitacional, para além da construção de novas UH, e da participação popular na construção coletiva de políticas públicas.

Na área do transporte urbano, a crise econômica dos anos 1980 ajudou a reduzir a demanda, mascarando os problemas de saturação das redes de ônibus, principalmente nas grandes cidades. Foi importante, em 1985, a promulgação da Lei n. 7.418, que instituiu o Vale Transporte, que se tornou obrigatório em 1987. Com isso, o gasto com deslocamento do trabalhador formal ficava restrito a 6% do seu salário, sendo o restante complementado pelo empregador, que podia deduzir parte do valor pago dos impostos.

A partir do início dos anos 1990 há dois movimentos que contribuem para o enfraquecimento dos sistemas de transporte público. Primeiro, ganham fôlego os sistemas de transporte clandestino nas grandes cidades, operados por vans. Como no caso da habitação, quando a ausência de políticas levou a população a buscar alternativas informais ou ilegais nas franjas urbanas, a falta de ação do poder público para regular e promover um transporte público com tarifa módica e qualidade adequada permitiu o surgimento de serviços clandestinos[8]. Ao invés de trabalhar para reverter a situação e combater a clandestinidade, o governo federal estava interessado em incentivar o setor automobilístico e toda sua cadeia, intensificando os problemas de congestionamento, poluição e acidentes. Segundo, um conjunto de isenções fiscais que permitiram a criação do carro popular, em 1993, aliado a um mecanismo de controle do preço dos combustíveis com a criação da Contribuição Independente para o Desenvolvimento Econômico – CIDE (VASCONCELLOS; MENDONÇA, 2010).

---

8 Segundo Vasconcellos e Mendonça (2010), o transporte coletivo chegou a atender cerca de 20% da demanda por viagens nas grandes cidades brasileiras.

No período também foi aprovada a Constituição Federal (CF), de 1988, que posicionou a habitação como competência compartilhada entre os três níveis federativos, e a prestação de transporte público como atribuição de estados e municípios, cabendo à união uma função mais normativa no sistema. A forte participação popular no processo constituinte conseguiu assegurar que a política urbana constasse na carta magna nos arts. 182º e 183º, pressão que remonta a propostas e discussões que já existiam desde o Seminário de Habitação e Reforma Urbana, de 1963. No entanto, nem a moradia nem o transporte constavam como direitos sociais no art. 6º da CF. A moradia foi incluída em 2000 pela Emenda Constitucional (EC) 26; o transporte apenas em 2015, pela EC 90.

Ainda que artigos bastante vanguardistas de reforma urbana estivessem presentes na CF de 1988, foi só com o Estatuto da Cidade (Lei n.10.257 de 2001) que eles foram regulamentados. O estatuto criou mecanismos para que os municípios pudessem regular o uso do solo urbano (com, por exemplo, o Imposto Predial e Territorial Urbano (IPTU) progressivo, o usucapião de terrenos urbanos, a outorga onerosa do direito de construir e a instalação de zonas especiais de interesse social). A aplicação desses instrumentos ficou condicionada à existência e aprovação de planos diretores, obrigatórios para municípios com mais de 20 mil habitantes. O Estatuto também previu a obrigatoriedade de plano de mobilidade para municípios com mais de 500 mil habitantes[9].

Apesar dos avanços na garantia de direitos e regulamentação da política de planejamento urbano contendo instrumentos claros de melhoria das cidades, políticas de incentivo ao automóvel e a periferização eram colocadas em prática em ritmos mais acelerados. Os instrumentos de planejamento e controle do solo urbano se configuraram em parte como cartas de boas intenções com baixa aplicação. Nesse sentido, havia dois projetos de cidade: um dos planos e outro de fato implementado.

2.4 A política habitacional nos anos 2000

Ainda que sem relevância do ponto de vista da produção, o governo do presidente Fernando Henrique Cardoso, além de aprovar o principal marco da política urbana, o Estatuto das Cidades, também promoveu importantes reformas jurídico-administrativas para ampliar a segurança do mercado imobiliário. Essas reformas, por sua vez, foram essenciais para

---

9   Regra alterada em 2012 para municípios com mais de 20 mil habitantes.

a decisão do mercado em expandir sua atuação para o segmento econômico, e consequentemente, para viabilizar as políticas de habitação que vieram. Um exemplo disso foi a regulamentação da reintegração de posse de propriedade residencial no caso de inadimplência (DIAS, 2012).

A institucionalização da pauta urbanística iniciada com a aprovação do Estatuto das Cidades foi reiterada com a criação, em 2003, do Ministério das Cidades, que sinalizava também do ponto de vista administrativo a relevância da agenda para o governo federal e entendimento de que era necessário centralizar e coordenar ações e políticas urbanas.

A Política Nacional de Habitação (2004) propunha um desenvolvimento urbano integrado, no qual o Governo Federal estabelecesse o arcabouço conceitual e relacionasse os agentes locais envolvidos na implementação. No entanto, a falta de integração com o transporte público é latente, visto que a Política Nacional de Mobilidade Urbana (PNMU) é do ano de 2012.

A partir do entendimento de que era preciso atender a classe média para poder atender também as classes de renda mais baixa, é proposto que o SFH seja subdividido em dois sistemas: o Sistema Nacional de Habitação de Mercado (SNHM) e o Sistema Nacional de Habitação de Interesse Social (SNHIS). No primeiro, os recursos são provenientes do SBPE e do mercado de capitais e buscam atender famílias de renda média (mais de três salários mínimos). No segundo, há a criação do Fundo Nacional de Habitação de Interesse Social (FNHIS) com recursos provenientes do FGTS e principalmente recursos do Orçamento Geral da União (OGU). O SNHIS funcionava na lógica dos demais sistemas nacionais de políticas, com exigência de conselho, plano e fundo, estruturas que se repetiam entre os níveis federativos.

Na habitação de mercado, a Lei n. 10.931, de 2004, trouxe mais segurança jurídica ao mercado imobiliário. Ainda, a obrigatoriedade de vinculação de 65% dos fundos do SBPE para produção habitacional, aliada a um cenário de crescimento da economia e do nível de emprego e renda fez crescer o financiamento imobiliário[10]. As aplicações em habitação do SBPE (SFH e carteira imobiliária a taxas livres) saltaram de R$ 2,7 bilhões

---

10 Também merece destaque a Lei n. 11.196 de 2005, que reduziu a tributação efetiva ao permitir a eliminação do imposto de renda sobre o lucro imobiliário nos casos de reaplicação do recurso na compra de outro imóvel em até seis meses, e a Resolução n. 3.410, de 2006, do Conselho Monetário Nacional, lei que permitiu o financiamentos imobiliários a juros fixos ao possibilitar aos agentes financeiros contratar financiamentos imobiliários a juros fixos, sem correção pela TR (PlanHab, 2008, p. 80).

em 2003 para R$ 30 bilhões em 2008, indicando que a alta do mercado imobiliário é anterior ao início dos anos 2010 (dados do PlanHab). O crescimento sem precedentes de recursos disponíveis para habitação, com a possibilidade de aportes do OGU em subsídios, gerou interesse no mercado para expandir sua atuação para o segmento econômico. Além disso, tornou mais evidente a necessidade de articulação da política habitacional com outras políticas urbanas e fundiárias. O Plano Nacional de Habitação – PlanHab (2008), previsto pela PNH, foi um último esforço nesse sentido.

O PlanHab criava instrumentos para solucionar os problemas de habitação no país no horizonte 2008-2023, tendo sido dividido em quatro eixos de atuação: financiamento e subsídio, arranjos institucionais, política urbana e fundiária e cadeia produtiva da construção civil. Também previa: (i) uma cesta de produtos, tais como financiamento de materiais com assessoria técnica e compra de lote urbanizado, rompendo com a lógica de que só a provisão de novas UH consegue dar conta do problema habitacional; (ii) a divisão das famílias em cinco grupos de atendimento segundo sua capacidade financeira; e (iii) a divisão dos municípios por porte e capacidade institucional. Tais divisões buscavam maximizar o número de famílias que poderiam ser atendidas com recursos empregados pelo governo federal na área.

Ainda durante a gestação do PlanHab eclode a crise financeira de 2008, e o governo, preocupado com os possíveis efeitos sobre o Brasil, decide lançar uma série de medidas anticíclicas. Destacam-se os programas nas áreas de habitação e transportes, setores com longas cadeias produtivas.

O Programa Minha Casa Minha Vida (PMCMV) foi lançado em 2009 (Lei n. 11.977/09), então como programa social, com objetivo de reduzir o deficit habitacional principalmente da população de baixa renda, e econômico, objetivando a manutenção do nível da atividade[11]. Sua estrutura não marca uma ruptura, mas apenas uma mudança de rumo da política habitacional, visto que o programa se fundamenta sobre o SFH, legado de momentos passados. No entanto, o PMCMV, gestado à parte

---

11 Segundo estudos elaborados no contexto do PlanHab, o deficit habitacional brasileiro era de 6,3 milhões (FJP, 2005), com estimativa de demanda futura prevista em 25 milhões (CARVALHO, 2007), totalizando a necessidade de uma oferta de 31,3 milhões de moradias até 2023. Quase 80% do deficit se concentrava em famílias com rendimentos de até 3 salários mínimos.

e lançado antes do PlanHab, faz com que o plano sofra ajustes para se adequar ao programa[12]. Institucionalmente fora do SNHIS e com muito aporte de recursos do OGU, o PMCMV acaba assumindo protagonismo na política habitacional e soterrando outros produtos previstos no PlanHab.

O PMCMV, no que concerne à moradia urbana, previu atendimento para famílias divididas em quatro faixas de renda (Faixa 1, Faixa 1,5, Faixa 2, Faixa 3), sendo a Faixa 1 habitação de interesse social com subsídio de até 95% do valor do imóvel para as famílias com renda de até R$ 1.800. Para as demais faixas (famílias com rendimentos de até R$ 7 mil) foi previsto subsídio parcial e/ou desconto em taxas de juros, além da criação de um Fundo Garantidor e descontos em seguros para reduzir o risco dos financiamentos imobiliários e a pressão sobre as taxas de juros. A moradia podia ser construída por entes privados ou entidades, sendo a produção majoritariamente feita pelo primeiro. No desenho institucional do PMCMV os entes locais passaram a assumir papel marginal na política habitacional, enquanto as empresas assumem papel de destaque.

Na Faixa 1 foram contratadas 1,9 milhões de moradias em todo país, aproximadamente 32% do total. Isso implica que, apesar do número de moradias contratadas nas faixas de mercado popular (Faixas 1,5, 2 e 3) serem superiores, os subsídios do programa estiveram concentrados no atendimento da população de baixa renda. Os investimentos advindos do OGU, a fundo perdido, são na ordem dos 100 bilhões, dos quais quase 90 bilhões destinados exclusivamente à habitação da Faixa 1. Os subsídios nas Faixas 1,5, 2 e 3, somam 75 milhões, e são frutos, sobretudo, da poupança compulsória do salário do trabalhador, financiadas pelo FGTS. O financiamento imobiliário para essas faixas é tradicional de mercado, havendo retorno de investimentos e juros, ainda que subsidiados. Comparativamente, os recursos empregados pelo OGU no PMCMV somam 88% do previsto no PlanHab, enquanto a quantidade de famílias atendidas foi de apenas 24,6%. Se houvesse uma gama diferenciada de produtos,

---

12 Ainda assim o PMCMV incorporou conceitos do PlanHab, como a divisão de famílias em grupos de atendimento de acordo com a renda, o atendimento diferenciado por município e região e a necessidade de subsídio para as famílias de baixa renda. Uma das maiores diferenças talvez seja a proposta de solução, quase exclusivamente a produção de novas unidades habitacionais pelo PMCMV, enquanto o PlanHab previa uma cesta, a disponibilidade de recursos no curto prazo (2,63% do OGU) muito acima do previsto pelo PlanHab e o papel de estados e municípios na política habitacional.

como previsto no Plano, então poderia ter sido possível atender mais famílias com o mesmo montante de recursos (CAMPANHONI, 2019).

Uma diferença significativa entre o PMCMV e o PlanHab foi que o programa não instituiu um subsídio à localização, como previa o Plano. Na primeira fase do PMCMV (2009 – 2010) não havia sequer critério de inserção urbana para contratação, que foi instituído apenas em 2011 (Lei n. 12.424/2011). Por conta disso, muito da contratação na Faixa 1 se deu em áreas pouco servidas de infraestrutura urbana, já que as UH não precisavam ir ao mercado, como nas outras faixas, e a busca por terras baratas maximizava os lucros das construtoras. Como aprendizado, critérios de seleção que consideravam a inserção urbana dos empreendimentos foram inseridos a partir de sua segunda fase. No entanto, devido ao programa ter recursos superiores ao número de propostas apresentadas, esses critérios somente passaram a ser utilizados a partir de 2015, quando não havia mais recursos abundantes destinados à habitação social[13].

Uma outra frente de medidas anticíclicas se deu no setor de transportes, com a redução das alíquotas de Imposto sobre Produtos Industrializados (IPI) e interferência no preço dos combustíveis[14]. Entre janeiro de 2000 e dezembro de 2012 o Índice Nacional de Preços ao Consumidor Amplo (IPCA) teve alta de 125% frente a alta de apenas 44% no índice associado aos gastos com veículo próprio. Já o índice de aumento das tarifas de ônibus teve alta de 192%, muito superior à inflação. Portanto, as políticas de incentivo ao automóvel e de congelamento de preços da gasolina tornaram o transporte privado relativamente mais barato do que o transporte público (CARVALHO et al., 2013). Isso se traduziu em uma taxa de motorização crescente, que chegou em 31,5 automóveis/100 habitantes em 2018. Os reajustes das tarifas de ônibus só foram reduzidos na esteira das manifestações populares, a partir de 2013, gerando forte impacto sobre os cofres municipais (CARVALHO, 2016).

Havia, portanto, um duplo incentivo à localização periférica dos empreendimentos de habitação de interesse social, com a promoção de empreendimentos imobiliários nas franjas das cidades, acompanhado do

---

13 Parte disso se deve à dificuldade do governo federal de monitorar todos os contratos, que eram aprovados pela CEF de forma descentralizada no país inteiro.

14 A Medida provisória nº 451/2008 reduz o IPI do carro popular de 7% para 0%, mantida nesse patamar até 2010, quando se encerra o efeito da MP. Contudo, em 2012 o governo entende que mais estímulos anticíclicos são necessários, de forma que reduz novamente o IPI de carros populares para 2%.

incentivo à motorização por veículo individual. De toda forma, estudos mostram a importância do PMCMV para a economia e para os beneficiários, e é latente o fato de que apenas com o programa foi possível produzir habitação de interesse social em quantidade expressiva. Para além dos subsídios, o sucesso da produção do PMCMV foi possível devido ao arranjo simplificado de implementação, funcionando independentemente das capacidades dos entes subnacionais e ao compartilhamento de ganhos políticos programa, sem que isso dependesse de recursos investidos pelos entes locais.

2.5 A política habitacional pós Minha Casa Minha Vida

Com a crise fiscal iniciada em 2013, a partir de 2015 houve uma redução quase que completa dos recursos para habitação social. Buscando se desvencilhar de uma herança petista, o presidente Jair Bolsonaro anula o PMCMV e lança o Programa Casa Verde e Amarela (PCVA) em 2020. A modalidade de mercado popular segue os moldes do PMCMV, com a novidade de apresentar juros mais atrativos nas regiões Norte e Nordeste.

O PCVA não destina recursos para habitação social, rompendo a lógica de subsídio anterior, e consequentemente, deixa de atuar na promoção voltada diretamente a famílias de menor renda. Esse perfil ainda poderá ser atendido na modalidade de mercado popular, desde que consiga ter seu financiamento aprovado e realize o pagamento da entrada do imóvel, o que na prática restringe drasticamente o atendimento e representa um retrocesso na política de habitação social.

3. ARTICULANDO O PASSADO PARA PENSAR O FUTURO

Analisar nossa trajetória até hoje permite não apenas compreender a maneira pela qual o poder público tratou a política, mas também quais pressupostos e definições de problemas estavam por trás das soluções propostas.

A associação entre política habitacional e política econômica, a coprodução entre setor público e privado com enfoque em novas UH e modelos de produção em larga escala possuem um peso histórico. Essas dimensões corroboram o entendimento das relações de dependência da trajetória (*path dependence*) (DIAS, 2012), principalmente devido aos custos envolvidos neste processo. Isso ajuda a compreender a dificuldade que soluções alternativas encontram para entrarem na agenda. Nessa seção pretende-se retomar algumas características comuns do desenvolvimento das políticas de habitação social, mostrando de que forma elas estão ou deixam de estar presente em cada momento histórico, e quais direções podem ser dadas para avançar no futuro em direção à moradia digna como direito atendido.

3.1 Centralização "versus" descentralização

O histórico da política habitacional é composto por movimentos de maior ou menor centralização da agenda no debate nacional. Os períodos de protagonismo no âmbito federal coincidem com as políticas de produção em escala e dos grandes investimentos na área, isto é, o BNH e o PMCMV. Esses movimentos são intercalados por períodos em que não há protagonismo dessa agenda no debate nacional, o que se reflete na escassez de recursos disponíveis e na ampliação da autonomia dos entes subnacionais na política (KRUGER, 2020). Foram em períodos de escassez e descentralização que emergiram soluções alternativas, muitas consideradas como "boas práticas" até hoje. Essas experiências devem ser usadas para pensar alternativas que fujam à simples provisão de novas UH.

Implementar políticas alternativas, no entanto, tende a ser solução apenas para municípios com capacidades administrativas e fiscais mais consolidadas[15]. Por esse motivo, o modelo descentralizado tende a acentuar as desigualdades regionais, uma vez que a política de habitação pode ser complexa e estruturada em um município, e completamente inexistente em outro (KRUGER, 2020)[16]. Programas nacionais nos períodos de grande investimento tendem a ter produções menos heterogêneas, contribuindo para a redução das desigualdades regionais. Considerando a necessidade de subsídios para o atendimento das camadas mais pobres, a continuidade de uma política habitacional nacional requer a participação ativa do governo federal, não só nas áreas de regulação e coordenação, mas também como financiador.

---

15 Na época de elaboração do PlanHab, o Ministério das Cidades, junto ao CEM (Centro de Estudos da Metrópole) e ao CEBRAP (Centro Brasileiro de análise e Planejamento), elaborou um estudo, intitulado "Capacidades administrativas, deficit e efetividade na política habitacional" (2007) que traçou um panorama das capacidades institucionais municipais, considerada baixa.

16 A desigualdade entre regiões influencia a dinâmica interna do mercado de trabalho e dos fluxos de migração, afetando a produção de riqueza, e a estabilidade política, social e econômica do país (ARAÚJO E FLORES, 2017).

3.2 Característica tradicional da política habitacional no Brasil: exclusão das camadas de baixa renda

As políticas de habitação no Brasil têm origem na década de 30, momento em que a moradia passa a ser interpretada como um problema higiênico e social e reconhecida como responsabilidade estatal. No entanto, em todos os outros momentos históricos anteriores ao PMCMV, a não alocação de subsídios nos programas fez com que eles dependessem do retorno dos investimentos de crédito, deixando a população de baixa renda sistematicamente sem atendimento.

Com um processo de crescimento urbano contínuo, o resultado da falta de acesso à moradia urbana foi a expansão de assentamentos precários e mercados informais nas franjas das cidades. O não investimento em moradia em um momento implica na necessidade de investimento futuro, e em todas as externalidades negativas causadas pela precariedade habitacional sobre os indivíduos e a cidade.

Outra característica histórica é que o investimento em habitação é um plano de governo, e não de Estado. Não há garantias de que haverá recursos para a área: como o investimento em habitação não é obrigatório e entra na alíquota de "investimento" do governo, ele é facilmente suprimido em momentos de ajuste fiscal. A criação de fundos que não dependem de aportes governamentais (principalmente FGTS e SBPE) conseguiu garantir alguma estabilidade no atendimento às camadas médias, mas não são suficientes para dar conta das necessidades das famílias mais vulneráveis que necessitam do aporte de recursos não onerosos.

Se o não investimento em habitação hoje gera custos futuros, há uma discussão que a sociedade brasileira precisa enfrentar: como garantir recursos de forma estável e permanente para habitação, nos moldes do que se vê para saúde e educação? Quais seriam as fontes para esse recurso? Já existe uma mobilização da sociedade nesse sentido há anos, culminando com uma Proposta de Emenda Constitucional (285/2008) que previa a vinculação de 2% das receitas da União e 1% das receitas dos estados e municípios[17] ao Fundo de Habitação de Interesse Social[18]. É preciso retomar

---

17 Conforme mostrou Campanhoni (2019), o PMCMV chegou a contar com 2,63% do OGU, mas quase não contou com destinação de receita de estados e municípios, que entraram muito mais com contrapartidas como terrenos e construção de infraestrutura e equipamentos públicos.

18 CÂMARA DOS DEPUTADOS. **Deputados podem votar parecer sobre a PEC da moradia popular.** 2009. Disponível em: https://www.camara.leg.br/noticias/134455-deputados-podem-votar-parecer-sobre-a-pec-da-moradia-popular/. Acesso em: 17 jul. 2021.

as discussões para entender a adequação das propostas passadas frente às possibilidades e desafios presentes e futuros.

Para aliviar a pressão sobre a necessidade de recursos, é importante que a política habitacional tenha um leque de opções para atender famílias com capacidades e estabilidades de renda diferentes. Isso vai desde garantir um mercado de crédito abrangente para as camadas médias até uma cesta de produtos que não apenas a construção de novas UH.

3.3 O papel central da moradia no acesso a oportunidades

Ter a participação do governo federal como articulador e financiador da política, e contar com fontes de recursos estáveis e permanentes é condição necessária, porém não suficiente para o equacionamento das questões habitacionais.

Por mais que tenha havido tentativas de estruturar uma política habitacional de forma integrada a outras esferas do planejamento urbano (SHRU, 1963 e PlanHab, 2008), predominou a separação das políticas em momentos de maior volume de recursos e, portanto, de maior produção de UH (BNH e PMCMV). Junto a isso, a priorização do transporte individual motorizado frente ao transporte coletivo levou ao padrão urbano característico brasileiro: grandes áreas urbanas, marcadas pela população de baixa renda vivendo longe do centro de empregos e enormes congestionamentos. Nesse sentido, havia um plano de cidade que priorizava a periferização da habitação popular e dos deslocamentos via automóvel motorizado de uso individual.

Em uma cidade não adensada, os moradores precisam viajar longas distâncias para acessar trabalho e serviços, reduzindo sua produtividade e tempo disponível para outras atividades e aumentando a emissão de gases do efeito estufa. Por conta do custo monetário e de tempo das viagens, muitas pessoas são excluídas de oportunidades econômicas e sociais (MONROY et al., 2020). Do ponto de vista governamental, o adensamento gera um uso mais efetivo da infraestrutura urbana instalada, reduzindo custos de provisão e manutenção. Para o mercado de habitação, mais unidades habitacionais em uma mesma gleba reduz o preço da terra por unidade, contribuindo para moradia mais acessível. Ou seja, o subsídio de localização pode parecer um encarecimento do programa habitacional, mas no fundo é uma economia de longo prazo[19].

---

19 O estudo "Quanto custa morar longe" buscou quantificar as diferenças entre empreendimentos construídos junto ao centro ou à margem da mancha urbana na Região Metropolitana de São Paulo. Disponível em: <http://quantoemorarlonge.escolhas.org/>.

Tanto no BNH como PMCMV não havia incentivos para que os proponentes, construtoras e municípios, promovessem empreendimentos em locais de melhor inserção urbana. A fixação de um valor por UH, com pequenas diferenças regionais, e a falta de um subsídio adicional à localização intraurbana (como proposto no PlanHab), incentivava as construtoras, para maximizar seus lucros, a buscar as glebas mais baratas que atendessem às condições mínimas exigidas.

Nas grandes cidades brasileiras é comum que os bairros de renda mais baixa sejam mais densos que os de renda mais alta, nos quais o tamanho das unidades habitacionais é maior. A existência de bairros centrais pouco adensados ocorre principalmente porque o zoneamento das cidades protege esses locais. No entanto, a não regulamentação da terra nas regiões centrais e um adensamento não planejado pode contribuir para o aumento no preço das moradias e dos aluguéis (AHLFELDT, 2018). Assim, para que haja adensamento de qualidade, é preciso a combinação da regulação da terra, com instrumentos como o zoneamento inclusivo, junto com subsídios à localização que permitam a construção de habitação social em regiões centrais.

Também é necessário qualificar o debate sobre a localização e inserção urbana. Não é porque há um ponto de ônibus em frente ao empreendimento que ele é bem localizado. Uma medida muito utilizada pela literatura é a acessibilidade residencial: proporção de empregos, escolas, leitos de UTI, etc. que uma pessoa consegue acessar em um determinado tempo se deslocando em um modo específico a partir da sua residência. Essa medida está intimamente ligada à densidade urbana (proximidade entre pessoas e atividades) e à conectividade e eficiência da rede de transporte público.

As políticas de habitação e as propostas de reformulação das redes existentes de transporte público das cidades brasileiras precisam levar em consideração a acessibilidade e o potencial de alteração na acessibilidade dos locais[20]. Locais com melhor acessibilidade normalmente estão inseridos em áreas mais centrais, onde o preço da terra é maior. O preço da terra urbana bem inserida pode ser menor se os instrumentos de função social

---

20 O Ipea (Instituto de Pesquisa Econômica Aplicada) elaborou, em parceria com a Secretaria de Mobilidade Urbana do Ministério de Desenvolvimento Regional (Semob/MDR), o projeto "Acesso a Oportunidades", um levantamento da acessibilidade das principais cidades brasileiras. Esse é um indicador que precisa ser incorporado pelas políticas de habitação e transportes.

da propriedade, como IPTU progressivo no tempo, forem colocados em prática pelos municípios[21]. Incentivos à inserção de prédios e/ou terrenos subutilizados no mercado são pontos centrais, associado a uma legislação urbanística (plano diretor e zoneamento) que incentive o adensamento de áreas providas de infraestrutura[22].

Uma solução para os centros que passaram por declínio é a modernização da legislação de requalificação edilícia, comumente chamada de *retrofit*. Associado a ele, pode ser aplicado o instrumento de Parcelamento Edificação e Utilização Compulsória, que penaliza proprietários de imóveis que não estão cumprindo sua função social.

Também são bem-vindas as políticas de regularização fundiária e urbanização de assentamentos precários, pois atuam na qualificação de áreas ocupadas por população de baixa renda, melhorando a infraestrutura e encerrando a insegurança na posse. Estes são alguns exemplos de que com instrumentos urbanísticos e legislação que permita o barateamento da habitação, o ente local pode reduzir a pressão por recursos federais[23].

3.4 Avaliação e monitoramento das políticas habitacionais

Um último eixo de atuação se relaciona com a existência e qualidade dos dados de habitação e políticas urbanas. Há um desafio persistente na política habitacional que está relacionado aos indicadores por ela utilizados. Um dos argumentos que fundamentou a criação do

---

21 Além da implementação do IPTU progressivo no tempo, os municípios podem elevar as contribuições de IPTU corrigindo distorções no tributo. Ver Afonso et. al (2013) para um diagnóstico.

22 Importante destacar o exemplo da cidade de São Paulo. Com os maiores desafios em números absolutos em relação à habitação, São Paulo vem colocando em prática instrumentos previstos no Estatuto das Cidades. Seu Plano Diretor Estratégico (2014) traz uma série de instrumentos, que além de orientar o desenvolvimento urbano nos eixos de transporte público, também colocam em prática incentivos voltados ao compartilhamento dos ganhos de produção da cidade e à habitação social. O PDE direcionou a produção imobiliária para os eixos de transporte público com a liberação de gabarito, possibilidade de coeficiente de aproveitamento máximo do terreno mediante a pagamento de outorga e benefícios para a instalação de fachada ativa. Isso viabilizou a construção de moradia econômica na cidade, que em 2020 passou a corresponder por 50% das vendas (SECOVI, 2020).

23 Para uma lista mais abrangente de instrumentos com seu impacto sobre o preço das moradias e o espraiamento urbano, ver Monroy et al. (2020).

PMCMV e do PCVA foi o tamanho do deficit habitacional no país, de modo que os programas assumem o objetivo de contribuir para a sua diminuição. O deficit é usado tanto na justificativa para validar a política, como um parâmetro na distribuição das metas de contratação e na avaliação. Para motivar a política, o argumento é razoável e contribui, inclusive, para legitimá-la frente à sociedade. No entanto, estabelecer a diminuição de deficit como objetivo do programa habitacional, figura como um equívoco, uma vez que: (i) não há clareza sobre o efeito causal do programa sobre o indicador; (ii) avalia-se a capacidade do programa de alterar o valor estanque do indicador e não sua trajetória futura; e (iii) leva-se em conta o indicador agregado e não seus componentes[24].

O deficit é praticamente o único indicador que guia as políticas de habitação. Portanto, faz-se necessário construir um painel de indicadores que deem conta de caracterizar a questão habitacional com a complexidade que ela exige. Ainda, o acompanhamento de indicadores locais pelo governo federal ajuda na distribuição de recursos de forma a minimizar as desigualdades regionais, incentivar os municípios a cumprirem as regras estabelecidas e avaliar quais ações foram de fato exitosas. Empiricamente é sempre um desafio analisar o impacto de políticas urbanas, pois as cidades ou regiões que adotam um tipo de política são diferentes das que não adotam, ou há um viés de seleção claro nos beneficiários dos programas. Ainda assim, existem avaliações empíricas de programas urbanos para o contexto brasileiro e internacional, e tais avaliações precisam guiar as tomadas de decisão (MONROY et al., 2020).

É apenas com um diagnóstico preciso e uma avaliação criteriosa e baseada em evidências que se pode rever o que não funcionou e caminhar

---

24 O deficit habitacional é um indicador sintético produzido pela Fundação João Pinheiro e composto por quatro variáveis diferentes: precariedade habitacional, coabitação, adensamento excessivo do domicílio alugado e ônus excessivo do aluguel. O indicador está ligado às deficiências nos estoques de domicílios, traduzidos como reposição ou incremento desse estoque. Ao mesmo tempo, o deficit não contabiliza a demanda futura por novas moradias, que é incrementada ano a ano. Assim, se o deficit se manteve estável durante a existência do PMCMV, então ele não contribuiu para a redução do deficit? Qual teria sido a trajetória do deficit sem a existência do PMCMV? O programa alterou a expectativa dos indivíduos em relação à condição de coabitação? Ver Campanhoni (2019) e Pacheco (2019) para uma discussão.

para empregar o escasso recurso público de forma mais eficiente no atendimento à população[25].

4. CONCLUSÃO

As políticas de habitação precisam ser estruturadas de forma a aumentar a oferta de moradias economicamente acessíveis ao mesmo tempo que estimulem um desenvolvimento urbano compacto. Não há possibilidade de enfrentar o problema habitacional sem a participação ativa do governo federal no papel de coordenador e financiador das políticas a serem implementadas em nível local. Também não há possibilidade de garantia de moradia digna se não houver estabilidade e perenidade de recursos. A sociedade precisará fazer um debate das fontes possíveis de recursos para o investimento em habitação. O envolvimento de estados e municípios também é fundamental para que a política habitacional seja integrada à política urbana, principalmente no que diz respeito à regulação urbana e ao transporte público de massa, garantindo uma cidade compacta e com acesso a oportunidades. Assim como em todas as políticas públicas, o monitoramento e avaliação são fundamentais para a boa aplicação dos recursos e o enfrentamento eficiente dos desafios postos.

Por fim, destaca-se o fato de que a política de habitação no Brasil é fruto de um processo lento e gradual que avançou no sentido de incluir as camadas mais pobres da população, mas sem a garantia de que continuará ampliando o acesso. Ainda há muito a se avançar; recuperar ideias e propostas do passado ajudam a pensar o futuro sem retroceder.

REFERÊNCIAS

AFONSO, José Roberto Rodrigues; ARAÚJO, Erika Amorim; NÓBREGA, Marcos Antônio Rios da. **O IPTU no Brasil: um diagnóstico abrangente.** FGV Projetos, v. 4, 2013.

ARRETCHE, Marta. **Estado e mercado na provisão habitacional: três modelos de política**, 1990. 269 f. Dissertação (Mestrado em Ciência Polí-

---

25 Novamente destaca-se que no PlanHab estavam previstas ações no sentido de criar um sistema de informação de políticas e necessidades habitacionais. Inclusive previa criar o Índice de Capacidade Institucional Habitacional e de Gestão Urbana para bonificar com maior acesso aos recursos federais os entes federativos que se qualificarem para gerir adequadamente o setor habitacional.

tica) – Instituto de Filosofia e Ciências Humanas, Universidade Estadual de Campinas, Campinas.

AZEVEDO, Sérgio de; ANDRADE, Luis A. Gama. **Habitação e Poder: da Fundação da Casa Popular ao Banco Nacional da Habitação.** Rio de Janeiro: Zahar Editores, 1982.

_____. Vinte e dois anos de política de habitação popular (1964-86): criação, trajetória e extinção do BNH. **Revista de Administração Pública**, v. 22, n. 4, p. 107-119, 1988.

BONDUKI, Nabil. **Os Pioneiros da Habitação Social.** 1. ed. São Paulo: Sesc São Paulo e Fundação Editora UNESP, 2014.

BRUECKNER, Jan K. The structure of urban equilibria: A unified treatment of the muth-mills model. **Handbook of regional and urban economics**, v. 2, p. 821-845, 1987.

CAMPANHONI, Andiara. **Análise Comparada entre o Programa Minha Casa, Minha Vida (PMCMV) e o Plano Nacional de Habitação (PlanHab): Contexto Econômico do Lançamento do Programa e seus Impactos na Execução da Política Habitacional.** 37 fl. Trabalho de conclusão de curso. Escola Nacional de Administração Pública. Brasília, 2019.

CARVALHO, Carlos et al. Tarifação e financiamento do transporte público urbano. Nota técnica. **Instituto de Pesquisa Econômica Aplicada.** Brasília, 2013.

CARVALHO, Carlos Henrique Ribeiro de. Desafios da Mobilidade Urbana no Brasil. Texto para discussão. **Instituto de Pesquisa Econômica Aplicada. Brasília,** 2016.

CARVALHO, José Alberto. **Projeção da demanda demográfica habitacional, o deficit habitacional e assentamentos subnormais.** Belo Horizonte: CEDEPLAR/FACE/UFMG, 2007.

DIAS, Edney Cielici. **O Plano Real ao Programa Minha Casa Minha Vida: Negócios, Votos e as Reformas de Habitação.** Dissertação (Mestrado em Ciência Política) Faculdade de Filosofia Letras e Ciências Humanas. Universidade de São Paulo, São Paulo, 2012.

FUNDAÇÃO JOÃO PINHEIRO. Deficit **habitacional no Brasil**, FJP, Brasília, 2000, 2005, 2006. Disponível em: http://novosite.fjp.mg.gov.br/deficit-habitacional-no-brasil/. Acesso em: 17 jul. 2021.

KRUEGER, Laryssa. **Periferizando Desenvolvimento: a Produção no Programa Minha Casa, Minha Vida.** Dissertação de mestrado. Universidade de São Paulo, mestrado em Arquitetura e Urbanismo. São Paulo, 2020.

MONROY, A. M., GARS, J., MATSUMOTO, T., CROOK, J., AHREND, R., & SCHUMANN, A. **Housing policies for sustainable and inclusive cities: How national governments can deliver affordable housing and compact urban development.** OECD Regional Development Working Papers, 2020. Disponível em: https://doi.org/10.1787/20737009. Acesso em: 24 ago. 2021.

PACHECO, Tainá Souza. **Moradia, localização e o programa habitacional "Minha Casa Minha Vida" no município do Rio de Janeiro.** Dissertação (Mestrado em Administração Pública e Governo). Fundação Getulio Vargas. São Paulo, 2019.

SINDICATO PATRONAL DE HABITAÇÃO. **Anuário do Mercado Imobiliário 2020.** Relatório técnico. São Paulo, 2020. Disponível em: http://secovi.com.br/downloads/url/2572. Acesso em: 17 jul. 2021.

VASCONCELLOS, Eduardo de Alcântara; MENDONÇA, Adolfo. Política Nacional de Transporte Público no Brasil: organização e implantação de corredores de ônibus. **Revista dos Transportes Públicos**, v. 33, p. 73-95, 2010.

Parte V:
A ECONOMIA

16

Política econômica: de onde partimos e para onde vamos

Laura Karpuska

Felipe Salto

Ricardo Barboza

RESUMO: Este capítulo apresenta um histórico recente da política econômica no Brasil e aponta os principais problemas que impedem um maior crescimento e uma melhor distribuição de renda e riqueza. Em seguida, discute um conjunto de dez propostas que poderiam ser desdobradas em estratégias de políticas públicas para a reconstrução do país.

1. HISTÓRICO DA POLÍTICA ECONÔMICA: 1980 A 2020

O Brasil teve um desempenho econômico pífio nas últimas décadas, mais precisamente entre 1980 e 2020, com crescimento oito vezes pior que a média dos países emergentes e quatro vezes pior que a média dos avançados, como mostramos no Gráfico 1.

Gráfico 1. Crescimento do PIB *per capita* entre 1980 e 2020

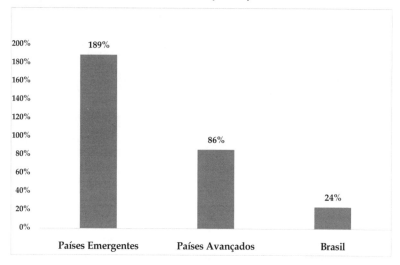

Fonte: Elaboração própria com base nos dados do World Economic Outlook (WEO) do Fundo Monetário Internacional (FMI). Dados em paridade de poder de compra (PPP).

Nos últimos 40 anos, a economia brasileira foi dirigida por diferentes governos, com as mais variadas orientações ideológicas. As políticas econômicas do período refletiram, ao menos em parte, essa variabilidade. Apesar disso, a economia brasileira estagnou, mostrando evidências de que possa estar na chamada armadilha da renda média (GILL; KHARAS, 2015).

Para mudar, é preciso reformar o modelo. Primeiro, focando nos pontos fracos da economia. Segundo, entendendo os custos e benefícios de cada reforma – pois todas terão efeitos colaterais negativos e é preciso reconhecê-los para combatê-los. Terceiro, desenhando reformas que sejam politicamente viáveis e que tragam a sociedade, a classe política e grupos técnicos para o debate. De forma geral, acreditamos que o Brasil precisa deixar de ser o país:

(i) com a maior complexidade tributária do mundo;
(ii) mais isolado comercialmente do planeta, depois do Sudão;
(iii) com o segundo maior *spread* bancário do globo, ganhando até de países que estão em guerra;
(iv) mais desigual do mundo, depois de Moçambique e São Tomé e Príncipe;

(v) onde é extremamente difícil fazer negócios;

(vi) que tem instituições fracas;

(vii) que investe pouco e investe mal;

(viii) que faz política pública baseando-se em muitas variáveis, mas raramente em evidências científicas;

(ix) com baixos níveis educacionais; e

(x) que tem pouco apreço pela estabilidade das contas públicas no longo prazo.

Não é *qualquer* reforma que causa crescimento econômico. Segundo um estudo recente de Alessio Terzi e Marco Marrazzo, dos 135 grandes episódios mundiais de aceleração do crescimento, quase metade foi precedida por ao menos uma reforma estrutural. No entanto, em 90% dos casos de reformas, não houve qualquer mudança posterior na trajetória de crescimento (TERZI; MARRAZZO, 2020). Por que isso acontece? Uma possível resposta, segundo os autores do estudo, é a seleção errada das reformas ou a implementação deficiente delas. Afinal, sem um bom diagnóstico sobre os principais gargalos e de como removê-los, é difícil progredir.

Narrativas sedutoras não causam crescimento econômico. O Brasil dos últimos 40 anos é um bom laboratório para isso, pois aqui nunca faltaram promessas do tipo "agora vai". Primeiro, acreditou-se que a redemocratização, por si só, seria a solução de todos nossos problemas. Resolveu muitos problemas fundamentais, mas falta muito. Depois, acreditou-se que o fim do regime de alta inflação, com o Plano Real, seria condição suficiente para abrir as portas da prosperidade. Em seguida, as atenções se viraram para a criação do "tripé macroeconômico", com regime de câmbio flutuante, regime de metas de inflação e regra fiscal de superavit primário. Mais tarde, foi a vez do descobrimento do pré-sal ser visto como a salvação da lavoura. Logo após, as fichas foram depositadas na chamada "Nova Matriz Econômica (NME)". Alguns anos depois, a aposta virou o *impeachment* de Dilma Rousseff. Mais recentemente, era a vez do "fim da corrupção" como fator que nos colocaria no trilho certo.

Algumas das medidas acima podem ter melhorado o potencial de crescimento do país – afinal, não temos os contrafactuais de como estaríamos sem elas. Pode ser. Mas fato é que o Brasil ficou para trás, ao menos em relação aos nossos pares. Mais poderia e pode ser feito para melhorar o ambiente econômico do país e a vida das pessoas, como vimos acontecer em outros países.

A. 1999-2007: Regime de metas, tripé macroeconômico e estabilizar para crescer e distribuir

De 1999 até 2007, o Produto Interno Bruto (PIB) do Brasil cresceu, em média, 3,3% ao ano. Comparado ao que se observa atualmente, foi um período de relativa bonança, mas bem abaixo dos nossos pares emergentes e do padrão de 1930 a 1980. Por trás dos resultados observados neste período, é importante reconhecer dois motores para a atividade econômica: (i) um superciclo de *commodities*, que começou em 1999 (REINHART; REINHART; TREBESCH, 2016) e que deu um empurrão na economia brasileira, altamente sensível à variações nos preços internacionais destes produtos (FERNÁNDEZ; GONZÁLEZ; RODRIGUEZ, 2018); (ii) diversas ações redistributivas, como a criação do Bolsa-Escola e sua ampliação, com o Bolsa-Família, além da política de aumento real do salário mínimo.

O período 1999-2007 também teve como marca registrada a adoção do chamado tripé macroeconômico, que vigora até hoje. Com o fim da âncora cambial e a adoção do regime de câmbio flutuante, o Brasil poderia começar a cortar sua alta taxa de juros, que se mantinha artificialmente elevada para segurar corridas cambiais. Criou-se uma nova âncora para os preços. Surgiu, então, o regime de metas de inflação no Brasil, a segunda perna do tripé depois do câmbio flutuante. Neste regime, o Banco Central tem o objetivo principal de manter a inflação, e as expectativas ancoradas, em uma meta definida pelo Conselho Monetário Nacional. Para fechar o tripé, o Brasil utilizou a regra fiscal de geração de superavits primários, de modo a garantir a solvência do setor público, isto é, o controle sobre a dinâmica da dívida pública. Esta terceira perna do arcabouço macroeconômico, além de contribuir para a redução dos riscos fiscais e de situações de instabilidade cambial, é fundamental para o bom funcionamento do regime de metas de inflação. Foi possível viver em uma economia mais estável, aproveitando-se da segurança trazida pelo tripé macroeconômico e da abundância global.

Apesar disso, vários problemas dos listados acima já eram presentes na economia brasileira. Por exemplo, na primeira pesquisa do *Doing Business* do Banco Mundial, feita com dados de 2003, o Brasil já figurava como um dos piores lugares do mundo para fazer negócios, com mais de 150 dias para a abertura de um novo empreendimento no país. O *spread* bancário era o mais alto do mundo, não muito diferente do observado em 2019 (último dado disponível), quando estávamos com o segundo maior *spreads* do planeta, perdemos apenas para Madagascar.

B. 2008-2010: Resposta à crise econômica internacional

O período de 2008 a 2010 foi marcado por uma crise econômica e financeira internacional de grandes proporções. Apesar disso, o Brasil passou relativamente bem pela Grande Recessão. O crescimento econômico se recuperou rapidamente e a desigualdade se manteve estável. O foco do governo foi em amortecer os efeitos da crise externa, algo que foi possível não apenas pelo contexto global, mas também pela situação fiscal saudável que o país vivia.

Em 2008, o PIB brasileiro cresceu a 5,1%, encolheu 0,1% em 2009, mas já mais que compensou essa queda no ano seguinte, crescendo 7,5% – maior valor registrado desde 1986. A dívida bruta em 55,6% do PIB em dezembro de 2008, e em trajetória de queda, foi fundamental para permitir de forma responsável a adoção de medidas anticíclicas de estímulo à demanda, de modo a combater a recessão. O Brasil foi um dos países que menos sofreu com a crise de 2008.

O governo Lula promoveu diversas medidas contracíclicas, supostamente temporárias, no período de 2008 e 2009. As ações basearam-se em desonerações tributárias setoriais e na concessão de subsídios creditícios por meio do Banco Nacional de Desenvolvimento Econômico e Social (BNDES), estimulando os investimentos privados.

Em relação ao BNDES, a principal política implementada foi Programa de Sustentação de Investimentos (PSI), que concedeu financiamentos a juros subsidiados, que chegaram a 3% em valores nominais. Para viabilizar esta política, o Tesouro Nacional fez uma série de capitalizações no BNDES. A diferença entre os juros pagos pelo Tesouro e os juros recebidos pelo BNDES foi uma despesa contraída e que apareceu apenas parcialmente no Orçamento Geral da União. Nascia a contabilidade criativa[1]. Além disso, concebeu-se a chamada política dos "campeões nacionais", que buscava promover a competitividade internacional de grandes empresas nacionais.

---

1 A contabilidade criativa também se verificou em abatimentos das desonerações tributárias e de gastos com investimentos da meta de resultado primário (receitas menos despesas, sem contar os juros da dívida) fixada na Lei de Diretrizes Orçamentárias (LDO). A esse respeito, ver NÓBREGA, Mailson; SALTO, Felipe. Contabilidade criativa turva meta fiscal. **O Estado de S. Paulo**, 2009. Disponível em: https://www.estadao.com.br/noticias/geral,contabilidade-criativa-turva--meta-fiscal,474130.

Neste período, o crescimento econômico foi sustentado pela chamada poupança externa. Do ponto de vista macroeconômico, isso significa aumentar o PIB acumulando deficits com o exterior na chamada conta corrente do balanço de pagamentos. Esses deficits foram financiados por forte entrada de capitais estrangeiros. No conjunto como um todo, a entrada de dólares foi positiva e a taxa de câmbio (real/dólar) se apreciou. O consumo e o investimento cresceram, mas não houve aumento da poupança interna.

Ocorre que as políticas de desoneração tributária e de concessão de crédito subsidiado nem foram temporárias, nem tiveram o foco necessário. Os gastos tributários e subsídios creditícios, em 2007, somavam 3,1% do PIB. Em 2009, já estavam em 4,2% do PIB, atingindo um pico de 6,7% do PIB em 2015. A chamada formação bruta de capital fixo reagiu por alguns anos, mas a um custo fiscal alto.

C. 2011-2014: O período da Nova Matriz Econômica (NME)

Após a crise internacional de 2008-2009, e em função da rápida recuperação em 2010, o governo escolheu continuar estimulando o crescimento por meio de políticas expansionistas de demanda. O problema é que a eficácia desses estímulos depende das chamadas "condições inicias". Quando a economia está distante do pleno emprego, como foi o caso durante a recessão de 2008-2009, o PIB cresce com estímulos à demanda. Já quando a economia está próxima do pleno emprego, os estímulos geram desequilíbrios internos, como inflação, e externos, como deficits em transações correntes.

Em artigo publicado no jornal *Valor Econômico*, em 2012, o ministro da Fazenda Guido Mantega explicou as bases dessa estratégia. "*As taxas (de juros) elevadas estão na gênese de duas outras grandes distorções na economia, a saber, câmbio valorizado e carga fiscal elevada, que levam à má alocação de recursos e a um menor crescimento da economia*".

Mantega esboça a redução dos juros pelo Banco Central e a maior intervenção no mercado de câmbio, além das desonerações tributárias – em particular, a da folha de pagamentos – como sendo as diretrizes básicas da nova política. Era um abandono ao tripé macroeconômico como conhecíamos.

A NME foi uma tentativa do governo de reagir à desaceleração do crescimento. O PIB, que crescia na média 4,5% entre 2004 e 2010, passara a crescer 2,4% entre 2011 e 2014. Mesmo com essa desaceleração, o desemprego estava nas mínimas históricas.

Isto criava uma restrição de oferta para o crescimento da economia por escassez do fator trabalho e fazia os salários reais crescerem acima da produtividade. Quando salários crescem acima da produtividade, a indústria, que não consegue repassar facilmente seus aumentos de custo para os preços, perde competitividade, e o nível geral de preços sobe, tirando poder de compra da população.

O governo passou a ser criticado por muitos especialistas, que destacavam que as medidas não teriam efeitos de longo prazo na economia brasileira e minariam a estabilidade conquistada ao longo dos governos Fernando Henrique Cardoso (FHC) e Lula. A NME também contribuiu para a geração de desequilíbrios fiscais. O resultado primário do setor público, que era superavitário em R$ 128,7 bilhões, em 2011, passou a um deficit de R$ 32,5 bilhões em 2014. A dívida bruta e a dívida líquida caíram, até 2013, passando a aumentar nos anos seguintes.

Com a dúvida sobre a sustentabilidade dessa expansão fiscal, o governo então passou a realizar diversas estratégias de contabilidade criativa, que traziam uma falsa percepção de que o problema fiscal era menor do que de fato era. Amplificou-se o problema das más escolhas de políticas econômicos com um aumento da falta de confiança no governo.

Os resultados da NME parecem ter sido negativos pelos diversos desequilíbrios gerados. A NME é frequentemente tida como uma das causas da recessão que se instalou posteriormente, em 2015-2016 – ainda que a magnitude precisa de seus efeitos seja algo passível de discussão, como discutido por Borges e Pessoa em 2017.

A NME explicita que políticas de estímulo à demanda devem ser restritas a períodos em que a economia experimenta choques negativos, que causam ociosidade nos fatores de produção. Estas políticas, contudo, não resolvem restrições pelo lado da oferta, problemas institucionais ou de desigualdades estruturais.

D. A era da economia política: 2015-2021

O *impeachment* e o governo Temer

É difícil elencar prioridades de políticas públicas, pois sempre haverá um grupo descontente com alguma medida e isso sempre gerará um custo político. É com esta percepção, de que governos são formados por atores políticos envolvidos em uma economia política onde existem grupos de interesse, é que vamos analisar o período de 2015-2020.

Amplificando os efeitos do cenário externo desfavorável, os erros de política econômica do governo Dilma prejudicaram o crescimento econômico e reduziram a confiança do *establishment* econômico de que a intervenção do Estado poderia ser bem-vinda. No meio disso, a Operação Lava Jato ganhava força, impactando diretamente setores relevantes do Brasil, como petróleo e construção. No dia 17 de julho de 2015, o então presidente da Câmara, Eduardo Cunha (PMDB-RJ), anunciou que passaria a ser oposição ao governo. Desgastado com investigações na Lava Jato e com descontentamento popular crescente em relação ao governo, era dado início a um processo que culminaria no *impeachment* da presidente Dilma Rousseff. Este dia marcou a política tomando o centro do palco brasileiro. Até hoje, 2022, não saiu.

A não sustentabilidade das políticas da Nova Matriz Econômica (NME) era clara. O governo inicia, então, um processo de retirada dos subsídios concedidos e de ajuste fiscal, que reduz a intervenção do governo na economia. Este desmonte impacta o empresariado brasileiro de forma direta e indireta. Parte do empresariado estava insatisfeito com a NME em si, pois a considerava insustentável. Outra parte, talvez com algum intersecto com a primeira, perde subsídios e, portanto, passa a não apoiar o governo. Apoiando ou não, ajustes fiscais e parafiscais são geralmente contracionistas, e isso afeta negativamente a atividade econômica no curto prazo – e agrava ainda mais o humor do empresariado.

A crise econômica se transformara em uma crise política. A popularidade de Dilma despenca. No dia 2 de dezembro de 2015, o presidente da Câmara dos Deputados Eduardo Cunha, aceita o pedido de *impeachment*, cujo processo, formalmente baseado nas "pedaladas fiscais", durou quase um ano. O Brasil acumulou mais de 7% de queda no PIB em 2015 e 2016. Foi o pior biênio em termos de crescimento desde 1901, quando começa a série de PIB no Brasil. Em 31 de agosto de 2016, Michel Temer, vice-presidente de Dilma Rousseff, é empossado como presidente da República.

Convivendo com a impopularidade, mas com habilidade política, Temer inicia um mandato focado na austeridade fiscal, mandando um sinal oposto ao do governo anterior. O teto de gastos foi criado e receitas foram desvinculadas (estes aspectos fiscais serão mais discutidos no Capítulo 17 deste livro) houve congelamento de nomeações para empresas estatais e reajuste para servidores públicos, redução do número de ministérios e fim do monopólio da Petrobras na exploração do pré-sal. Houve larga discussão sobre uma reforma da previdência, mas que somente viria a ser aprovada durante o governo de Jair Bolsonaro.

Um governo liberal?

Jair Bolsonaro, um paulistano eleito deputado pelo Estado do Rio de Janeiro, pouco conhecido, saiu bem nas primeiras pesquisas eleitorais compiladas a partir de abril de 2018. Bolsonaro tinha aproximadamente 15% dos votos. Marina Silva, candidata pela Rede, era a única consistentemente favorita no cenário sem Lula, preso e inelegível à época. Brancos, nulos e indecisos eram maioria, com mais de 30% do total computado. As pesquisas se mantiveram nessa média até o dia 6 de setembro de 2018 (GAZETA DO POVO, 2018). Neste dia, Bolsonaro estava em ato de campanha em Juiz de Fora quando levou uma facada de Adélio Bispo de Oliveira, preso no local.

A facada em Bolsonaro teve dois impactos. Primeiro, Bolsonaro ganhou a simpatia de muitos eleitores. Segundo, eleitores que já simpatizavam com o deputado do baixo clero ficaram mais à vontade para revelar seu voto. Bolsonaro sempre foi um candidato polêmico, com uma campanha contra minorias, misturando religião e política, se dizendo à favor da tortura, contra direitos humanos e instituições políticas (AFP/ISTOÉ, 2018). Com visões estatizantes, tendo votado contra o Plano Real, contra as privatizações dos anos 1990, contra as diversas tentativas de reforma da Previdência, contra a reforma administrativa de 1998, contra o Bolsa Família e contra o cadastro positivo de crédito, Bolsonaro se apropriou de uma bandeira supostamente liberal na economia.

Paulo Guedes, um economista com PhD por Chicago fundador de diversas empresas do mercado financeiro, era assessor econômico do candidato e também seu fiador. Conhecido por ser ultraliberal na economia, crítico do gasto público e tendo trabalhado como economista no governo do ditador chileno Pinochet, Guedes ganhou holofotes quando Bolsonaro, em julho de 2018, disse que *"não entendo mesmo nada de economia"* (GRILLO; MENEZES; PRADO, 2018), mas que Guedes seria sua referência para assuntos econômicos.

Os primeiros meses do governo Bolsonaro foram marcados por polêmicas em redes sociais e constante tensões entre os poderes. O foco dos analistas de mercado era na "agenda de reformas" do governo. Guedes se auto intitulava como liberal que queria reduzir o tamanho do Estado. Um chavão adotado foi "mais Brasil, menos Brasília" (FORTUNA, 2018) (o tamanho do Estado e seu papel no desenvolvimento de um país é discutido no Capítulo 1 deste livro).

Concordando-se, ou não, com essa agenda, era de se esperar que, com este viés, o governo viesse a atacar ao menos os itens (ii) isolamento comercial e (v) ambiente de negócios. Apesar do discurso, houve poucos avanços no que diz respeito a estes itens. Além disso, travou desentendimentos com outros poderes, ignorou trabalhos técnicos que buscavam responder aos problemas acima e exercia constantes testes às instituições brasileiras.

Um bom exemplo foi com a reforma da previdência. Bastante discutida desde o governo Temer, o novo governo acabou apresentando sua própria reforma. A nova proposta era mais ambiciosa em termos da economia fiscal, mas com menos isonomia, pois não tratava todos os poderes da mesma forma como a anterior.

Depois da reforma da previdência, houve muitas idas e vindas a respeito de qual seria a prioridade na agenda econômica do governo Bolsonaro. A Proposta de Emenda à Constituição (PEC) 438/2018, que busca harmonizar as inúmeras regras fiscais do Brasil e regulamentar gatilhos de ajuste fiscal do teto de gastos (mais discutida no Capítulo 17) foi ignorada pelo governo, que preferiu formular suas próprias medidas de cunho fiscal no chamado Plano Mais Brasil. O plano, que foi apresentado de forma incompleta no dia 5 de novembro de 2019 e, até o final de 2021, não havia sido aprovada ou devidamente discutida.

Não foi apenas no âmbito das contas públicas que o governo ignorou trabalhos anteriores do legislativo e focou em medidas próprias menos trabalhadas. Uma reforma tributária, urgente para um país com a maior complexidade tributária do mundo e com impostos regressivos – como destacamos nos itens (i) e (iii) no início do capítulo, já possuía duas PECs discutidas no legislativo: a PEC 45/2019 e a PEC 110/2019. Novamente com idas e vindas, o governo Bolsonaro se mostrava favorável a: (i) um imposto *à la* Contribuição Provisória sobre Movimentação Financeira (CPMF) sobre transações financeiras; (ii) tributar dividendos; e (iii) reduzir imposto sobre folha. As discussões de simplificação tributária, bastante avançadas nas PECs 45/2019 e 110/2019, não foram aprofundadas. Assim como no caso das contas públicas, até hoje, não houve andamento dessas reformas.

As principais críticas ao governo ficam com sua postura no combate à pandemia. Enquanto escrevemos este capítulo, vemos os resultados parciais da Comissão Parlamentar de Inquérito (CPI) da covid-19 instaurada pelo Senado Federal, como o fato que o governo negou 690 milhões de doses de vacina, apostou em tratamentos comprovadamente ineficazes, tentou mascarar números de mortos e gerou desinformação a respeito dos protocolos sanitários que devem ser seguidos.

O Brasil, com toda nossa experiência em campanhas de vacinação, poderia ser exemplo internacional de país em desenvolvimento que conseguiu controlar a crise sanitária, manter o nível relativo de renda, evitar aumento da pobreza e vacinar todo o seu povo. Além disso, a atuação do governo na pandemia escancarou o negacionismo científico, ao negar recomendações de especialistas do mundo inteiro, e o pouco apreço às instituições, ao formar discussões e comitês paralelos para tomadas de decisão. Foi uma enorme chance, e muitas vidas, perdidas.

Por fim, o contexto global se mostrou favorável após a primeira onda da pandemia. Em março de 2021, os termos de troca se encontravam muito próximos ao pico histórico dos últimos 41 anos, registrados no final de 2011. A atuação do governo sugere que o Brasil vai, mais uma vez, perder esse bonde. Além das confusões apresentadas acima no (i) quesito tributário e (x) fiscal, o governo não possui uma agenda ampla educacional (item ix) – um dos principais problemas do nosso subdesenvolvimento, tampouco comercial (item ii), social (item iv), ou que promova políticas públicas baseadas em evidência (item viii).

2. AS PROPOSTAS

2.1 Abertura comercial, "spreads" bancários e ambiente de negócios

- Abrir a economia ao comércio internacional, de forma unilateral e ao longo de um mandato (4 anos), revisando barreiras tarifárias e não tarifárias
- Estimular a competição bancária, de modo a reduzir o custo do capital para os tomadores de crédito
- Melhorar o ambiente de negócios para estimular o empreendedorismo e a consequente geração de emprego e renda

Abertura comercial

O Brasil é um país extremamente isolado do comércio internacional. É o segundo mais fechado às importações dentre os 160 países da base de dados do Banco Mundial, perdendo apenas para o Sudão. Enquanto a penetração de importações no PIB da economia brasileira é de cerca de 14%, a média mundial é mais do que o dobro, de 30%.

É verdade que países continentais, como o Brasil, naturalmente comercializam menos com o exterior. Afinal, por serem muito grandes, podem ser vistos como uma aglomeração de vários "países" menores. Ou seja, é natural que o "país Rio de Janeiro" transacione mais com o "país Ceará", deslocando o comércio que poderia ocorrer, por exemplo, com a Argentina.

A questão relevante, contudo, é que, mesmo controlando para variáveis típicas de países muito grandes, como tamanho do território, tamanho da população ou mesmo PIB per capita, ainda assim o Brasil aparece muito mais fechado à concorrência estrangeira do que as suas características sugerem.

Para crescer mais, o Brasil precisa abrir comercialmente. Como diz Edmar Bacha, desde a Segunda Guerra Mundial, doze países conseguiram sair da renda média para se tornarem países ricos. Coreia do Sul, Hong Kong, Israel, Cingapura e Taiwan chegaram lá com exportações industriais. Espanha, Grécia, Irlanda e Portugal, com exportações de serviços. Austrália, Nova Zelândia e Noruega, com exportações de recursos naturais. O denominador comum em todos esses episódios é a integração à economia mundial como motor da produtividade (BACHA, 2021).

Sob um ponto de vista teórico, a concorrência externa aumenta a produtividade por diversos canais. Primeiro, porque mais competição na provisão de bens intermediários amplia o acesso de empresas a insumos mais baratos e de melhor qualidade, diminuindo custos. Segundo, porque o acesso aos bens de capital e às tecnologias produzidas no exterior pode elevar a eficiência das empresas. Terceiro, porque, pressionadas pela competição, as empresas produzem mais e melhor, além de inovarem continuamente. Quarto, porque há um efeito seleção: empresas que sobrevivem em mercados competitivos são mais produtivas do que as que sucumbem.

Sob um ponto de vista empírico, os canais acima parecem realmente funcionar. A evidência recente mostra efeitos positivos de reformas comerciais que reduzem barreiras à importação sobre a produtividade e o crescimento dos países (IRWIN, 2019).

Para dar fim ao isolamento comercial brasileiro, é preciso rever as barreiras comerciais diversas, tarifárias ou não. A tarifa média do Brasil, na casa dos 13,5%, é muito superior à estimada para o nosso perfil de renda, de 7,8% (OLIVEIRA, 2020). No caso das tarifas aplicadas a bens de capital, o cenário é ainda pior: a proteção média no Brasil é 14 vezes maior do que no Chile e 25 vezes maior do que no México (ver OCDE, 2018).

As demais barreiras (antidumping, sanitárias, burocráticas e de regras de conteúdo local) também impedem que importações cheguem ao mercado doméstico. Não faltam exemplos de *lobbies* setoriais[2]. De acordo com a Organização para Cooperação e Desenvolvimento Econômico (OCDE), há muitas regras de conteúdo local no Brasil, em número bem acima do observado em outros países emergentes. Em relação à burocracia, estimativas do Ministério da Economia sugerem que ela causa um atraso médio de 6 dias para exportações e importações, sendo que cada dia de atraso implica uma perda de 2% no valor da operação – o que encarece produtos estrangeiros desnecessariamente.

Em suma, a abertura comercial deveria ser urgente para o Brasil e deve ser feita de forma unilateral e durante um mandato governamental (4 anos). O país jamais será um gigante mundial se prosseguir sendo um nanico na interação com o resto do mundo.

"Spreads" bancários

O Brasil tem o segundo maior *spread* bancário do mundo, perdendo apenas para Madagascar. Ou seja, bancos cobram muito caro para emprestar dinheiro no Brasil. Na base de dados do Banco Mundial existem cerca de 100 países e o *spread* brasileiro é seis vezes maior do que a média mundial e superior ao observado em países em guerra.

Spreads bancários elevados têm consequências perversas para a economia. O custo elevado do dinheiro inibe o consumo, o investimento e a inovação tecnológica, com impactos negativos sobre o desenvolvimento em geral e sobre o bem-estar das famílias em particular. A razão disso é bastante intuitiva: se o Brasil tivesse acesso a recursos mais baratos, poderia produzir muito mais do que produz hoje.

Por muito tempo, houve dúvidas sobre as principais causas dos *spreads* anômalos. Segundo a Febraban, as principais razões para o alto spread bancário seriam os elevados custos de intermediação financeira (principalmente, inadimplência e impostos). Os altos *spreads*, portanto, não refletiriam a baixa competição bancária, pois mesmo que os lucros dos bancos fossem zero, o *spread* bancário cairia pouquíssimo (FEBRABRAN, 2017).

---

2   Segundo Oliveira (2020), mesmo tendo alta produtividade na produção de café em grãos, até recentemente nenhum grão de café de nenhum país do mundo podia entrar no Brasil, devido a uma barreira fitossanitária regulada pelo Ministério da Agricultura.

O Banco Central também já relativizou a importância da baixa concorrência para o *spread* bancário. O estudo denominado "Concentração, concorrência e custo de crédito", publicado no Relatório de Economia Bancária de 2018, sugere que o poder de mercado dos bancos (que pode ser entendido como falta de competição) responderia por apenas 7,3% do *spread* médio da amostra utilizada no estudo.

Estudos mais recentes, no entanto, têm alterado essa interpretação. Primeiro, uma pesquisa realizada por Tiago Cavalcanti, Joseph Kaboski, Bruno Martins e Cézar Santos mostrou que a inadimplência explica um percentual importante, mas não muito elevado da variabilidade observada nos *spreads* bancários, o que se contrapõe à visão da Febraban (CAVAL-CANTI et al., 2021). Segundo, um estudo feito por Gustavo Joaquim, Bernardus Van Doornik e José Ornelas mostrou efeitos substanciais da concorrência sobre os *spreads*. O trabalho identificou o efeito da concorrência por meio da exposição heterogênea de municípios a episódios de fusões e aquisições de bancos com atuação nacional. Os resultados sugerem que uma redução de quatro para três bancos no mercado local aumenta os *spreads* em 16% e reduz a quantidade de crédito em 17%. Além disso, o estudo sugere que se os spreads brasileiros caíssem para a média mundial, o volume de crédito aumentaria 40%. Em suma, a elevada concentração do mercado de crédito é um grande causador dos *spreads* bancários elevados no Brasil.

Como solucionar o problema? Um caminho seria promover maior competição e evitar atos de concentração. Para aumentar a competição, é preciso reduzir barreiras à entrada de novos competidores. A regulamentação de *fintechs* (ocorrida em 2018), o cadastro positivo (sancionado em 2019), o PIX saque e o *open banking* (projetos em andamento em 2021) são iniciativas recentes do Banco Central, por meio das agendas BC+ e BC#, que estão na direção correta e que devem ser avaliadas no futuro.

Se nada disso se revelar suficiente, talvez o Brasil precise importar uma proposta que gerou bastante debate nos Estados Unidos (EUA), qual seja, a possibilidade de dividir grandes bancos em partes menores. Para o professor do Massachusetts Institute of Technology (MIT) Simon Johnson, ex-economista-chefe do FMI, a divisão dos bancos em pedaços menores traria *"mais competição, melhores serviços e menores riscos para a economia"*. Essa ideia já foi aplicada em outros setores. Por exemplo, nos EUA, nos anos 80, a gigante de telecom AT&T foi obrigada a se desfazer de parte de seus ativos em benefício da competição.

Não custa lembrar que o grau de concentração bancária no Brasil é muito elevado quando comparado a outros países, incluindo os EUA, e, nas contas da consultoria Economática, os quatro grandes brasileiros são os mais rentáveis dentre os maiores bancos do mundo. Há muito espaço, portanto, para aumentar a competição.

Ambiente de negócios

O Brasil não tem um bom ambiente para fazer negócios. O país dos cartórios, dos despachantes e da incerteza jurisdicional desestimula o investimento privado e a abertura de novas empresas. Isso é extremamente problemático, pois a evidência empírica para os EUA sugere que o aumento de produtividade decorre, principalmente, do processo de entrada de novas empresas e do fechamento de plantas mais velhas e menos produtivas (ver FOSTER; HALTIWANGER; KRIZAN, 2007).

Em comparações internacionais, o Brasil está mal tanto na foto quanto no filme. De acordo com o *Doing Business* de 2020, que é uma pesquisa do Banco Mundial que mede a facilidade para fazer negócios em 190 países, o Brasil aparece tão somente na 124ª posição no ranking mundial. Em relação à pesquisa de 2019, o país caiu 15 posições na tabela (saindo do 109º para o 124º lugar). Países vizinhos, como Chile (59º), México (60º) e Colômbia (67º) estão muito mais bem posicionados.

O mais curioso nisso tudo é que o diagnóstico de um ambiente de negócios hostil no Brasil é antigo. Entra governo e sai governo; há muita promessa e pouca mudança. Por exemplo, em 2017, prometeu-se uma ampla reforma do ambiente de negócios no país, conduzida pelo então Ministério da Fazenda (ver BRASIL, 2017). Mas, de lá para cá, o Brasil piorou sua posição no ranking mundial. Aperfeiçoamentos regulatórios só se traduzem em uma melhor posição no ranking se o ritmo de reformas for mais forte do que o experimentado nos demais países em posição próxima na classificação. O Brasil andou, é verdade, mas seus pares andaram muito mais.

Em geral, períodos de crise são vistos como excelentes oportunidades de mudança. A Europa, por exemplo, vivenciou uma grave crise entre 2011 e 2013, que afetou dramaticamente Grécia, Espanha, Portugal e Itália. Todos esses países aproveitaram a crise para reformar, de fato, seus respectivos ambientes de negócio. Entre 2010 e 2015, a Grécia passou da 109ª para a 61ª posição no ranking da pesquisa. A Espanha passou de 62ª para 33º, Portugal de 48ª para 29ª e a Itália de 78ª para 56ª.

Na direção oposta, depois da segunda recessão mais longa de sua história, entre 2014 e 2016, o Brasil quase não melhorou a vida de seus empreendedores. Em 2013, o Brasil ocupava a 130.ª posição do ranking do *Doing Business*. Sete anos depois, conseguiu caminhar para a 124.ª posição, permanecendo atrás de países como Gana, Uganda e Papua Nova Guiné. Avançamos apenas 6 posições, contra quase 30, em média, daqueles quatro países europeus.

Para além das dificuldades capturadas pelo *Doing Business*, há várias outras que igualmente atrapalham empreendimentos no país, como marcos regulatórios com brechas legais, decisões inesperadas da justiça e desrespeito a contratos. Esses custos de transação, que parecem uma doença invisível, fazem com que, quando há interesse, os investidores acabem cobrando um prêmio de risco desproporcional para aplicar dinheiro no Brasil.

O lado bom de estarmos tão distantes das melhores práticas internacionais é que saltos são possíveis. Com boa comunicação é possível avançar muito mais. Não há nada na natureza do Brasil que o torne mais difícil para abrir uma empresa do que no Senegal, ou que o torne mais complicado para obter um alvará de construção do que o Irã; ou ainda que faça ser mais complicado para registrar uma propriedade do que no Egito. O desafio é entender como funcionam as experiências bem-sucedidas e construir um plano de ação, com responsáveis, metas e consequências bem definidas, para reduzir a distância do Brasil em relação à fronteira – tornando o país minimamente mais amigável aos negócios.

2.2 Desigualdade, educação e instituições

- Reduzir desigualdades de renda, riqueza e acesso
- Promover o acesso a posições de poder no mercado privado e no sistema político, focando em representatividade e igualdade
- Estimular *accountability* político e o exercício da cidadania

O Brasil é um dos países mais desiguais do mundo. Ouvimos isso sempre, especialmente em relação a desigualdade de renda. De fato, a desigualdade no Brasil é de renda, mas primariamente de acesso e representatividade. A pobreza no nosso país é multidimensional.

Programas de transferência de renda, como discutido no Capítulo 11, um sistema tributário mais progressivo, como discutido no Capítulo 12 e mesmo aqui, e melhoras no sistema educacional que foquem na melhora efetiva do aprendizado através de métricas de performance de professores, implementação de currículos e melhoria na estrutura das escolas, como discutido nos Capítulos 7 e 8, estão entre os pontos mais levantados por especialistas no combate à desigualdade. Certamente, são importantes mas, nesta seção do livro, queremos trazer outra dimensão do problema, que não poderá ser totalmente combatida com transferências e tributos. Focamos aqui na desigualdade que é induzida e perpetuada pelas instituições.

Muitos fatores são fundamentais para que exista distribuição interna de ativos e riqueza que são gerados por uma economia. Estes fatores passam por condições iniciais de riqueza, definições de direitos de propriedade, estruturas de mercado e *rule of law*. Estes são fatores determinantes para que a estrutura produtiva e política de uma economia possa de fato, ser mais igualitária. Logo, é impossível falar de combate à desigualdade e não falar de instituições.

As instituições são fundamentais. São elas que formam a base para as escolhas que empresas e trabalhadores fazem e que determinam investimentos em capital, tecnologia e produção. Ainda que existam questões geográficas e culturais que determinem crescimento, a maior diferença na performance econômica entre países é explicada por questões institucionais. Ilustramos o pensamento desenvolvido acima através do fluxograma ilustrado na Figura 1.

Figura 1. A importância das instituições

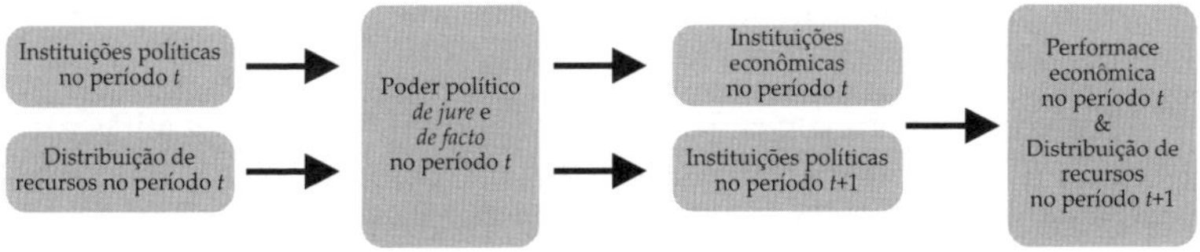

Fonte: Acemoglu, Johnon e Robinson (2004).

Fica mais fácil pensarmos na importância das instituições quando pensamos o que leva alguns países terem indivíduos mais educados e maquinários mais sofisticados, ou a terem uma melhor tecnologia e inovarem mais? Parece um pouco simplista afirmar que aumento de tecnologia causa crescimento. O que, na verdade, estimula os avanços tecnológicos? Estado de Direito (*"Rule of Law"*), regulação de externalidades, combate às desigualdades de acesso e capacidade de monitorar seus governos certamente fazem parte do conjunto de instituições determinantes para a tecnologia que vai gerar produto e para como o produto será dividido. É com este arcabouço que queremos introduzir um debate sobre crescimento e combate a desigualdades de forma estrutural.

O grande problema aqui é que estas instituições que determinam a produção e alocação de recursos são, como dizem os economistas, endógenas. Ou seja, elas são determinantes e determinadas pelo ambiente econômico e político que fazem parte. Dentro de um mesmo país, existem preferências diversas a respeito de quais instituições devem ser incentivadas. Qual será a instituição que prevalece vai depender da distribuição de poder político – *de jure*, e econômico – *de facto*, dentro de um país. Logo, a distribuição de poder político determina instituições. Mas o que determina a distribuição de poder político? A própria distribuição de recursos numa sociedade determina a distribuição de poder político.

Vemos então que as instituições políticas e a distribuição de recursos evoluem conjuntamente, se impactando mutuamente. Se o poder político ou os recursos da sociedade estão todos concentrados em um determinado grupo, será difícil sustentar um ambiente onde o restante da população terá seus direitos de propriedade, oportunidade e permissões sustentado.

Para que o país possa crescer e ser menos desigual, sugerimos duas abordagens. A primeira é estimular o processo de monitoramento dos governos, ou o processo de *accountability* político. Para isso, os cidadãos precisam entender seu papel nesse monitoramento. Para que isto ocorra, a tríade (i) educação (Capítulos 7 e 8), (ii) transparência (Capítulo 6), e (iii) informação (Capítulo 5) precisam trabalhar conjuntamente para estimular a consciência coletiva dos cidadãos.

Por vezes, vemos sugestões de reformas que poderiam ser feitas para melhorar o ambiente institucional no Brasil. É comum ouvir que o parlamentarismo seria uma saída para o Brasil, reduzindo corrupção e instabilidade política. O Peru tem um sistema político em que o presidente conta com voto de confiança do Congresso – é um presidencialismo com características parlamentaristas. Lá, este tipo de mecanismo não trouxe mais estabilidade – talvez, até o contrário.

Pensando no exemplo do Peru, chegamos na segunda abordagem. Qualquer reforma de sistema de governo (Capítulo 2), eleitoral ou político (Capítulo 3) não será condição suficiente para que existam melhoras institucionais significativas no Brasil. As reformas precisam ser condições necessárias, no sentido de que elas devem servir como base para que um novo conjunto de instituições possa ser regulamentado, mas também, socialmente discutido. A instituição tem que "pegar". Para isso, manter em mente o primeiro ponto levantado, a respeito do *accountability* político ser estimulado através do exercício da cidadania e do debate com a sociedade, é fundamental.

2.3 Estado e Economia: o orçamento e políticas públicas com evidência

- Simplificar o sistema tributário
- Investir em infraestrutura
- Estabelecer prioridades para o país e elaborar o orçamento a partir delas
- Estimular exportações
- Unificar programas sociais
- Elaborar políticas públicas com base em evidências

O tema de contas públicas é complexo, mas fundamental para a reconstrução da economia nacional. Sem uma reforma orçamentária, fiscal e tributária, dificilmente passaremos a crescer à altura do desafio de redistribuir renda e riqueza e melhorar a vida das pessoas que mais dependem do Estado[3].

Analisar as contas públicas é discutir a partilha do bolo de recursos originados na própria sociedade: no trabalho, na produção, no lucro, no consumo e na renda. A questão central é como arrecadar bem para gastar melhor. É preciso aumentar a eficiência – fazer mais com mesmos recursos da atuação do Estado. É preciso também buscar políticas públicas eficazes: atingir o resultado preconizado com determinada política pública.

Olhando para o lado das receitas, o sistema tributário brasileiro é um dos mais complexos do mundo. O modelo de imposto de renda precisa ser mais progressivo, a tributação do patrimônio é baixa[4] (inclusive a da

---

3   No Capítulo 16 deste livro, o leitor encontrará uma discussão aprofundada sobre os problemas fiscais do Brasil. Também no Capítulo 18, o livro traz o debate dos instrumentos de planejamento orçamentário e fiscal. Assim, nesta seção, vamos apenas pontuar as questões que estão relacionadas diretamente à formulação da política econômica e que tocam no lado fiscal. Ainda, faremos sugestões de caminhos a seguir.

4   Para uma análise aprofundada sobre a tributação do patrimônio, ver: ARAÚJO, Érika; AFONSO, José Roberto; NÓBREGA, Marcos. **IPTU no Brasil: um diagnóstico abrangente**. FGV Projetos, 2013. Disponível em: https://joserobertoafonso.com.br/livro-iptu-no-brasil-afonso-et-al/.

terra) e, no consumo, o ICMS – Imposto sobre a Circulação de Mercadorias e Serviços – é confuso e promove verdadeira guerra fiscal entre os estados, cujo resultado é um jogo de soma negativa

Do lado das despesas, os investimentos públicos nunca foram tão baixos como em 2021. Estimativas indicam que, de cerca de 11% do PIB, em meados dos anos 1970, passamos a menos de 2% do PIB[5] atualmente. Mas os investimentos totais não subiram, isto é, o setor privado não aumentou sua participação, como poderia ser esperado. Logo, há um problema fundamental que não pode ser resolvido apenas com a participação do governo, como já feito anteriormente. Como reverter esse problema?

O primeiro passo é saber que não se parte de terra arrasada. Há boas propostas e estudos sobre o sistema tributário, de um lado, e sobre a qualidade dos gastos públicos, de outro. O primeiro passo é identificá-los e, partindo-se de um bom diagnóstico, executar propostas discutidas democraticamente com o Congresso e a sociedade.

Do lado da arrecadação, o ICMS poderia tomar dois caminhos, a nosso ver: ter suas regras alteradas por meio de Resolução do Senado Federal para acabar com a duplicidade de alíquotas interestadual e interna e extinguir a possibilidade de concessão de incentivos mal-ajambrados. A tributação deve ser toda no destino, como acontece tipicamente na tributação do Imposto sobre Valor Adicionado (IVA) no mundo inteiro.

Para compensar a mudança, podem-se criar fundos de compensação de perdas e de desenvolvimento regional, com políticas públicas previstas nos orçamentos e feitas de maneira transparente e com avaliação *ex ante* e *ex post*. O segundo caminho seria uma reforma mais ampla, com unificação de impostos que incidem sobre a mesma base e são recolhidos pela União ou pelos governos subnacionais. É o caso da PEC 45/2019. Sua desvantagem é que, por ser mais ampla, enfrenta maior resistência política – mas nada que não possa ser contornado com debate e propostas de mudanças graduais.

Nos impostos sobre a renda das famílias e das empresas, há que discutir a tributação de lucros e dividendos, mas reformulando também a tributação sobre a pessoa jurídica. Não tributamos pouco as empresas,

---

5   Ver cálculos de Orair, R, atualizados frequentemente pelo Observatório da Política Fiscal do Instituto Brasileiro de Economia (IBRE) da Fundação Getulio Vargas (FGV).

na verdade. Estamos, nessa matéria, próximos da média da OCDE. A questão é a incidência desses tributos e a sua distribuição segundo a renda. No IRPF, é preciso ampliar as faixas de tributação. Temos de ter alíquotas mais altas, para além da alíquota máxima atual de 27,5%.

Do lado dos gastos, a despesa pública total do governo central é cerca de 19,5% do PIB. Destes, doze pontos vão para pagar salários, aposentadorias e pensões. O restante divide-se em benefícios sociais, subsídios e subvenções econômicas, gastos discricionários em saúde e em educação, despesas correntes para custear a máquina pública e investimentos. O espaço para investimentos é cada vez menor. Daí a importância de reformas estruturais que possa flexibilizar o orçamento, reduzir o custo da máquina pública e dar espaço para investimento público. O BNDES pode ter um papel importante na retomada dos investimentos públicos, especialmente participando da elaboração de projetos de infraestrutura. Além disso, o banco é um instrumento útil para adicionar investimentos privados à economia, como a evidência empírica sugere (ver BARBOZA et al., 2020), e que deve ser utilizado com critérios sociais claros, evitando a substituição de fonte. A experiência internacional mostra que diversos países estão criando e estimulando bancos de desenvolvimento para atuarem em falhas de mercado. No gasto social, há um espaço significativo para ganhos de eficiência. Unificar programas, extinguir os que não estão gerando resultados e ampliar os recursos para aqueles que são bem avaliados e reduzem a pobreza e a desigualdade, a exemplo do Bolsa Família. A discussão da Renda Básica tem lugar neste contexto de aumento do desemprego estrutural e da miséria. O avanço tecnológico é bem-vindo, mas suas consequências têm de ser endereçadas nas ações do Estado. A redução da pobreza e da desigualdade necessita de maior espaço no orçamento público.

Neste sentido, é fundamental que políticas públicas, seja em áreas sociais ou de infraestrutura, sejam feitas através de evidência. Infelizmente, mais frequentemente do que gostaríamos de admitir, nós fazemos políticas públicas a partir de crenças.

Para fazer isso, é preciso implementar fases teste, onde a estatística e os cientistas sociais possam observar os efeitos daquela política em um grupo de indivíduos. A política foi eficaz, ou seja, alcançou o que promete? A política gerou algum efeito colateral negativo indesejado? Se sim, esse efeito pode ser contrabalanceado com alguma política? Este efeito é maior ou menor que o benefício da política desenhada?

Além disso, é fundamental que o povo pratique o seu papel de monitoramento como cidadão. Cobrar evidências a respeito de políticas públicas incentiva políticos a serem mais cautelosos nos desenhos de políticas públicas e também incentiva políticos a se munirem de técnicos e especialistas na avaliação *ex-ante* e *ex-post*.

Esta seção não esgota os tópicos levantados, mas apenas indica os temas que serão centrais, em matéria de tributação, gastos e investimentos nos próximos anos.

REFERÊNCIAS

ACEMOGLU, Daron; JOHNSON, Simon; ROBINSON, James. Institutions as the Fundamental Cause of Long-Run Growth. In:AGHION, Philippe; DURLAUF, Steven (Org.). **Handbook of Economic Growth**. Editora North-Holland, 2004. Elsevier, 2005.

BACHA, Edmar. Bonança externa e desindustrialização: uma análise do período 2005-2011. In: BACHA, Edmar; BOLLE, Monica de. **O futuro da indústria no Brasil – desindustrialização em debate**. Editora Civilização Brasileira, 2013.

BACHA, Edmar. Abertura já. **Valor Econômico**, 2021. Disponível em: https://valor.globo.com/opiniao/coluna/abertura-ja.ghtml. Acesso em: 27 jul. 2021.

BARBOZA, Ricardo; PESSOA, Samuel; PONTUAL, Eduardo; ROITMAN, Fábio. What Have We Learned About the Brazilian Development Bank? **Anais do 48º Encontro Nacional de Economia (ANPEC)**, 2020.

BORGES, Braulio. Impacto dos erros (reais) da Nova Matriz tem sido muito exagerado. Blog do Ibre, Fundação Getulio Vargas (FGV), 2017. Disponível em: https://blogdoibre.fgv.br/posts/impacto-dos-erros-reais-da-nova-matriz-tem-sido-muito-exagerado.

BRASIL. Ministério da Fazenda. Fazenda (2017). Reforma do Ambiente de Negócios e o Doing Business, 2017. Apresentação em 31/10/2017. Disponível em: https://www.gov.br/fazenda/pt-br/centrais-de-conteudos/apresentacoes/arquivos/2017/apresentacao_db_just_31_10_v2.pdf/view. Acesso em: 31 jul. 2021.

CAVALCANTI, Tiago; KABOSKI, Joseph; MARTINS, Bruno; SANTOS, Cezar. Dispersion in financing costs and development. **NBER Working Paper w28635**, 2021. FEDERAÇÃO BRASILEIRA DE BANCOS (Febraban). **Como fazer os juros serem mais baixos no Brasil. Uma proposta dos bancos ao governo, Congresso, Judiciário e à sociedade**. 1.ed., 2017.

DOLLAR, David; KLEINEBERG, Tajana; KRAAY, Aart. Growth still is good for the poor. **European Economic Review**, v.81, p.68-85, 2016.

FOSTER, Lucia; HALTIWANGER, John; KRIZAN, C.J. Aggregate Productivity Growth: Lessons from Microeconomic Evidence. In: HULTEN, Charles; DEAN, Edwin; HARPER, Michael. **New Developments in Productive Analysis**. University of Chicago Press, 2007.

FERNÁNDEZ, Andrés; GONZÁLEZ, Andrés; RODRIGUEZ, Diego. Sharing a ride on the commodities roller coaster: Common factors in business cycles of emerging economies. **Journal of International Economics**, v.111, p.99-121, 2018.

FORTUNA, Deborah. Bolsonaro tem slogan: "Menos Brasília, Mais Brasil" em campanha eleitoral. **Correio Braziliense**, Brasília, 14 ago. 2018. Disponível em: https://www.correiobraziliense.com.br/app/noticia/politica/2018/08/14/interna_politica,700317/bolsonaro-tem-slogan--menos-brasilia-mais-brasil-em-campanha-eleitora.shtml. Acesso em: 12 dez. 2021.

FRASES de Bolsonaro, o candidato que despreza as minorias. **Agência France Presse-AFP/Revista IstoÉ**, São Paulo, 24 out. 2018. Disponível em: https://istoe.com.br/frases-de-bolsonaro-o-candidato-que-despreza--as-minorias/. Acesso em: 12 dez. 2021.

GILL, Indernit; KHARAS, Homi. **The middle-income trap turns ten.** The World Bank, 2015. Disponível em: https://documents1.worldbank.org/curated/en/291521468179640202/pdf/WPS7403.pdf.

GRILLO, Marco; MENEZES, Maiá; PRADO, Thiago. Exclusivo: "Não entendo mesmo de economia", afirma Jair Bolsonaro. **O Globo**, Rio de Janeiro, 21 jul. 2018. Disponível em: https://oglobo.globo.com/politica/exclusivo-nao-entendo-mesmo-de-economia-afirma-jair-bolsonaro-22908268. Acesso em: 12 dez. 2021.

IRWIN, Douglas. Does trade reform promote economic growth? A review of recent evidence. **Peterson Institute for International Economics Working Paper**, p. 19-9, 2019.

JOAQUIM, Gustavo; DOORNIK, Bernardus; ORNELAS, José. **Bank competition, cost of credit and economic activity: evidence from Brazil.** Banco Central do Brasil, 2019.

MACHADO, Luciano; GRIMALDI, Daniel; ALBUQUERQUE, Breno. Additionality of countercyclical credit: a cost-effectiveness analysis of the Investment Maintenance Program (PSI). **Discussion Paper** 129, BNDES, 2018.

MANTEGA, Guido. O primeiro ano da nova matriz econômica. **Valor Econômico**, 2012. Disponível em: https://valor.globo.com/brasil/noticia/2012/12/19/o-primeiro-ano-da-nova-matriz-economica.ghtml.

OLIVEIRA, Ivan. Abertura Econômica e Racionalização dos Instrumentos de Política Comercial no Brasil. In: GIAMBIAGI, Fabio (Org.). O **Futuro do Brasil**.1.ed. Editora Atlas, 2020.

ORGANIZAÇÃO PARA A COOPERAÇÃO E DESENVOLVIMENTO ECONÔMICO (OCDE). **Relatórios Econômicos OCDE: Brasil.** Fevereiro de 2018. Disponível em: https://www.oecd.org/economy/surveys/Brazil-2018-OECD-economic-survey-overview-Portuguese.pdf.

PESQUISA Datafolha para presidente – abril de 2018. Caderno Pesquisas Eleitorais. **Gazeta do Povo**, Curitiba, 15 abr. 2018. Disponível em: https://especiais.gazetadopovo.com.br/eleicoes/2018/pesquisas-eleitorais/datafolha/pesquisa-datafolha-para-presidente-abril-2018. Acesso em: 12 dez. 2021.

PESSOA, Samuel. O impacto da nova matriz econômica sobre a economia: resposta a Bráulio II. Blog do Ibre, Fundação Getulio Vargas (FGV), 2017. Disponível em: https://blogdoibre.fgv.br/posts/o-impacto-da-nova-matriz-economica-sobre-economia-resposta-braulio-ii.

REINHART, Carmen; REINHART, Vincent; TREBESCH, Cristoph. Global cycles: Capital flows, commodities, and sovereign defaults, 1815-2015. **American Economic Review**, v.106(5), p.574-80, 2016.

SALTO, Felipe; ALMEIDA, Mansueto. **Finanças públicas: da contabilidade criativa ao resgate da credibilidade**. 2.ed. Editora Record, 2016.

TERZI, Alessio; MARRAZZO, Marco. Do structural reforms yield growth? **LSE Business Review**, 2020.

17

Regras fiscais e a responsabilidade com as contas públicas

Felipe Salto

Guilherme Tinoco

Vilma Pinto

RESUMO: O presente capítulo busca discutir o futuro das contas públicas no país, com foco no aperfeiçoamento das regras e no reforço à importância da sustentabilidade fiscal. O objetivo final é mostrar como conciliar o financiamento das políticas públicas necessárias à reconstrução do país com a sustentabilidade das contas públicas. Para isso, inicia-se com uma exposição sobre a situação geral e a evolução das contas públicas nos últimos anos, tanto para o governo central como para os entes subnacionais. Em seguida, discutem-se o *enforcement* e o desenho das regras fiscais brasileiras, dada a necessidade de harmonizar e aprimorar as regras fiscais existentes. Como caminho para os próximos anos, conclui-se que o país precisa retomar os superavits primários, para garantir a sustentabilidade da dívida, ao mesmo tempo em que simplifique e harmonize o seu arcabouço de regras e dispositivos fiscais, inclusive objetivando melhorar a qualidade do gasto público. Aperfeiçoar o pacto federativo, melhorando a coordenação entre todos os entes federativos, juntamente com a fixação de objetivos nacionais comuns também é tarefa importantíssima para garantir um aprimoramento da política fiscal nos anos que virão.

INTRODUÇÃO

O que é uma regra fiscal? De maneira geral, podemos defini-la como um mecanismo que introduz metas ou limites para uma ou mais variáveis fiscais (como dívida, resultado ou gasto), por certo período, em um país ou região. O objetivo, no fundo, é formalizar um compromisso com a sustentabilidade fiscal, isto é, assegurar aos agentes econômicos que os governantes não vão gastar em excesso. No jargão dos economistas, fala-se que as regras foram criadas para conter o viés deficitário do setor público, uma vez que este poderia ter incentivos para gastar além das possibilidades.

E quais variáveis fiscais poderiam ser utilizadas como alvo dessas regras? Na verdade, existem algumas, com destaque ao limite para a dívida pública, as metas de resultado primário e o teto de gastos[1]. Mesmo assim, cada uma pode ser utilizada de diferentes maneiras: no caso do resultado primário, por exemplo, pode-se utilizar o resultado efetivo ou um resultado ajustado, aquele que leva em conta o ciclo econômico e os eventos não recorrentes, também chamado de resultado estrutural. No caso do gasto, o foco pode ser em alguma rubrica específica, como por exemplo, nos gastos com pessoal, ou no total da despesa, eventualmente com determinadas exclusões, como, por exemplo, do gasto com investimentos.

Assim, percebe-se que existem inúmeras possibilidades de regras, cada uma com seus prós e contras, e que podem também ser utilizadas em conjunto. O cardápio é grande, ainda que o objetivo final seja o mesmo: impedir o descontrole fiscal. Quando bem elaboradas, as regras podem ajudar no alcance deste objetivo, como mostra a experiência internacional[2].

No caso brasileiro, existem diferentes regras fiscais em vigor, tanto para a União quanto para os entes subnacionais. Em sentido estrito, a União teria quatro regras fiscais, sendo três em vigor (regra de ouro, meta de resultado primário e teto de gastos) e uma pendente, que são os limites de dívida previstos na Lei de Responsabilidade Fiscal (LRF), ainda carente de regulamentação[3]. Já no caso dos estados, as principais regras existentes são os limites de despesa com pessoal e de dívida, no âmbito da LRF, além das metas para resultado primário e nominal[4].

---

1   O Novo Regime Fiscal (NRF), mais conhecido como Teto dos Gastos, foi instituído por meio da Emenda à Constituição n. 95/2016. A regra fiscal consiste em limitar o crescimento das despesas primárias da União e será detalhado na seção seguinte.

2   Para entender mais sobre os tipos de regras fiscais adotadas pelos países, desenho ótimo e prós e contras, ver Eyraud et al. (2018).

3   Brochado et al. (2019).

4   Se somarmos outros normativos legais que poderiam ser interpretados como regras fiscais em um sentido mais amplo, esse número seria ainda maior. Ver, por exemplo, levantamento da Instituição Fiscal Independente (IFI) feito em 2018, que, mesmo com uma lista não exaustiva, chegou a encontrar onze regras

Mesmo diante de tantas regras fiscais, contudo, o país não ficou livre dos problemas fiscais. Isto explicita que regras podem ser condições necessárias, porém não necessariamente suficientes, para o bom equilíbrio fiscal de longo prazo. Eles se agravaram nos últimos anos e continuam ocupando espaço importante na lista de preocupações do país. Além disso, com a crise do coronavírus, novos desafios foram lançados e poderão impactar a dinâmica das contas públicas. Por isso, a discussão sobre as regras fiscais e a sustentabilidade da dívida pública segue tão relevante.

O presente capítulo está organizado da seguinte forma: na primeira seção, expõem-se a situação geral e a evolução das contas públicas; na segunda seção, apresentam-se as principais regras fiscais existentes no Brasil. Na terceira seção, discutem-se aperfeiçoamentos e mudanças desejáveis no arcabouço legal, incluindo alterações na LRF e no teto de gastos e a harmonização das demais regras.

DIAGNÓSTICO DAS CONTAS PÚBLICAS

Nos primeiros anos da década passada, as contas públicas voltaram a ser fonte de preocupação. Isso ocorreu pela deterioração do cenário fiscal: piora dos resultados primários e aumento acentuado no endividamento público. A necessidade de resposta à pandemia da covid-19 trouxe agravamento adicional para as contas públicas, além de criar um dilema sobre a capacidade para ampliar gastos *vis-à-vis* ao reequilíbrio fiscal.

Para entender o cenário geral, é preciso começar pelo básico. Os governos tomam dinheiro emprestado para financiar despesas não cobertas pela arrecadação tributária. Esses deficits precisam ser financiados de alguma maneira: via emissão de títulos públicos pelo governo ao mercado, isto é, via dívida pública[5]. Mas isso tem custos. O governo assume despesas de juros atreladas a esses papéis emitidos. Garante, por outro lado, o financiamento de todas as suas necessidades de custeio, investimento, educação, segurança, emprego e demais políticas públicas não cobertas por arrecadação tributária.

A dinâmica da dívida é fundamental para analisar a solvência de um determinado país. Solvência é importante porque um país que não honra suas dívidas não consegue tomar emprestado quando é preciso. Além

---

em vigor no país e que incluem regras para a geração de despesa obrigatória, contratação de crédito e renúncia de receitas. Para mais detalhes, ver IFI (2018).

5   Além dos títulos públicos, há outras formas de endividamento, a exemplo de empréstimos junto a organismos multilaterais.

disso, períodos de incerteza fiscal reduzem a confiança dos agentes econômicos, prejudicam o crescimento de curto prazo e podem levar a aumento do desemprego e queda da qualidade de vida. Se a dívida cresce muito, os compradores de títulos públicos podem exigir juros maiores do governo para adquiri-los. Não se trata apenas de analisar a dívida em reais, mas também sua evolução em relação ao Produto Interno Bruto (PIB). Tradicionalmente, utiliza-se o indicador dívida/PIB para essas avaliações. Se a economia cresce mais do que a dívida, conclui-se que a sustentabilidade está preservada e o risco de insolvência, afastado.

A evolução da dívida pública brasileira pode ser observada nas estatísticas divulgadas pelo Banco Central. O Gráfico 1 apresenta a evolução do indicador de endividamento bruto e líquido desde 2001[6].

---

6   Nas estatísticas do Banco Central do Brasil (Bacen) é possível encontrar informações referente à Dívida Líquida do Setor Público (DLSP) e Dívida Bruta do Governo Geral (DBGG). O Bacen mudou sua metodologia de apuração da DBGG, em fevereiro de 2008, justificando a alteração em razão da maior necessidade de títulos do Tesouro, em sua carteira, dada a política de acúmulo de reservas internacionais vigente. A compra de reservas requer esterilização, com realização de operações compromissadas, pelo Bacen, o que exige aumentar a carteira de títulos disponíveis. Achou-se por bem contabilizar na estatística da nova DBGG, assim, apenas o volume de títulos que lastreiam as operações compromissadas junto ao mercado, e não mais os títulos livres em carteira (Bacen, 2008).

Gráfico 1. Evolução da DBGG e da DLSP (% do PIB)

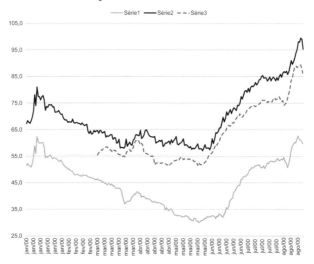

Fonte: Banco Central. Elaboração dos autores.

Após um período de queda do endividamento, de 2002 a 2013, fruto da adoção do regime de metas para o resultado primário, em 1999, da queda dos juros básicos – e do custo médio da dívida, e do crescimento do PIB, os indicadores de endividamento passaram a aumentar sistematicamente. A dívida bruta representava 51,5% do PIB, em dezembro de 2013, e avançou até 88,8% do PIB em 2020[7].

De 2013 a 2019 – ano em que receitas extraordinárias do petróleo e devoluções de recursos do Banco Nacional de Desenvolvimento Econômico e Social (BNDES) para o Tesouro amenizaram um pouco a dinâmica do endividamento – a piora da situação fiscal resultou: a) da adoção de políticas de subsídios financeiros e creditícios, desde 2008, a exemplo do aumento da dívida para aumentar o *funding* do BNDES; b) do crescimento dos gastos tributários, isto é, das desonerações e benefícios tributários concedidos ao setor produtivo; c) da elevação do gasto obrigatório (além dos subsídios), no período de 2004 a 2011, quando as receitas cresceram fortemente, na esteira da alta dos preços das *commodities*; d) da piora do desempenho do PIB, principalmente a partir de

---

7   As análises e dados relacionados ao endividamento bruto, são referentes a metodologia atual.

2014, com efeitos sobre as receitas públicas e o denominador dos indicadores de endividamento.

É fundamental compreender que a dívida é regida por uma espécie de regra: a equação de sustentabilidade da dívida. Essa fórmula mostra que a variação da dívida depende do seu tamanho, do esforço fiscal primário do setor público e da diferença entre duas taxas: os juros e o crescimento real do PIB. Quanto maior a diferença entre os juros reais e a variação do PIB real, mais difícil estabilizar a relação dívida/PIB. Carlin e Soskice (2006) apresentam a lógica desse arcabouço didaticamente.

Podemos calcular, para diferentes premissas de juros e de crescimento econômico e diferentes níveis de endividamento, o esforço fiscal necessário para equilibrar a dívida como proporção do PIB. O problema central: os juros dependem das condições macroeconômicas, das expectativas, da evolução da produtividade, das perspectivas de crescimento e da própria condução da política fiscal, além das regras fiscais. O crescimento, da mesma forma, resulta da política econômica, do ambiente interno e externo, e de uma série de fatores alheios ou não à condução da economia.

Simular a equação de sustentabilidade, dadas essas incertezas, é útil para precificar os riscos e, principalmente, o tamanho do desafio fiscal em determinadas condições. Por exemplo, se o crescimento econômico for de 2,5% ao ano e a taxa real de juros, de 3% ao ano, uma dívida de 85% do PIB requereria superavit primário de 0,4% do PIB para tornar-se estável. Se os juros reais forem maiores, em torno de 3,5%, e o crescimento do PIB for de 2%, esse esforço requerido passa a ser de 1,3% do PIB.

Essas contas ajudam a dimensionar o tamanho do ajuste fiscal que o Brasil terá pela frente na próxima década, dado que, enquanto este livro era escrito, as perspectivas para 2021 indicavam deficit acima de 2% do PIB para o ano. Mesmo com a ajuda da inflação, em 2021, que estava elevando o PIB nominal e, portanto, diminuindo a dívida/PIB (dados até junho), já estava claro que seria preciso retomar os superavits primários nas contas do setor público para que as condições de sustentabilidade fossem alcançadas.

Para detalhar um pouco melhor a evolução das contas primárias do governo central, o Gráfico 2 coloca uma lupa nos principais números, desde 1997, em percentual do PIB, da seguinte maneira: o eixo da esquerda mostra a evolução da receita líquida e da despesa total, enquanto o eixo da direita apresenta a evolução do resultado primário, isto é, a diferença entre receitas e despesas[8]. De maneira geral, é possível verificar que os resultados primários foram positivos, de 1997 a 2013, com grande robustez especialmente durante a década de 2000, mantendo uma média anual de 2,0% do PIB entre 2000 e 2009.

De 2014 para frente, contudo, o sinal se inverteu e os deficits se tornaram significativos, atingindo os recordes em 2015 (-2,0%) e 2016 (-2,6%), sem falar no deficit de 2020, que chegou a 10% do PIB, em razão dos impactos da pandemia. Também é importante dizer que a deterioração dos resultados, entre 2011 e 2015, foi intensificada pela "contabilidade criativa"[9].

Gráfico 2. Resultado primário do Governo Central – 1997 a 2020 (% do PIB)

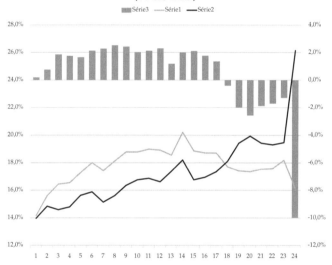

---

8   As receitas líquidas correspondem às receitas primárias menos transferências aos entes subnacionais realizados por intermédio de repartição de receitas; já as despesas totais, correspondem às despesas primárias totais considerando a fase de pagamento efetivo.
9   Em 2010, a chamada "manobra contábil da Petrobras" distorceu um pouco os números, ao afetar simultaneamente receitas e despesas – como pode ser observado no gráfico 2. Por essa razão, alguns trabalhos apresentam os números ajustados para esse e outros fatores extraordinários. Neste texto, contudo, preferimos trabalhar com os dados originais, pois essas pequenas distorções não afetam o quadro mais geral apresentado aqui. Para uma análise da contabilidade criativa, ver Salto e Almeida (2016).

Fonte: Secretaria do Tesouro Nacional (STN).

Olhando somente para a despesa, a elevação de 14,0% do PIB para 19,5% do PIB, entre 1997 e 2019, correspondeu, em termos reais, a um aumento médio de 5,0% ao ano. A preços de dezembro de 2020, o volume praticamente se multiplicou por 3, ao passar de R$ 523 bilhões para R$ 1.536 bilhões. Se considerarmos o período de 1997 a 2016, que antecedeu a adoção do teto de gastos, a variação anual média ficou em 5,6%. Das quatro categorias do gasto, fazendo a comparação entre 1997 e 2019, duas tiveram elevação mais expressiva.

A primeira diz respeito aos *Benefícios Previdenciários*, que passaram de 4,9% do PIB para 8,5% do PIB, refletindo o envelhecimento populacional, as regras de aposentadorias e os aumentos reais no valor dos benefícios. A segunda se refere à categoria denominada *Outras despesas obrigatórias*, que engloba uma série de gastos, e que passou de 0,9% para 2,6% do PIB, alta que se deveu especialmente a benefícios assistenciais, como as transferências referentes à Lei Orgânica de Assistência Social e Renda Mensal Vitalícia (LOAS/RMV), o abono salarial e seguro-desemprego e as despesas com a complementação para o Fundeb[10].

As outras duas categorias do gasto ficaram próximas à estabilidade em relação ao PIB ao longo do período. No caso de *Pessoal e encargos sociais*, que inclui a despesa com ativos e inativos da União, o gasto ficou estável em 4,2% do PIB. Já as *Despesas do Poder Executivo Sujeitas à Programação Financeira* (que incluem algumas obrigatórias e também as discricionárias), onde estão, por exemplo, os investimentos e o Bolsa-Família, saiu de 3,9% do PIB, em 1997, para 4,1% do PIB em 2019.

Ainda sobre a despesa primária, é importante chamar atenção para a rigidez desse gasto. Pelos dados apresentados acima, nota-se que 66% do gasto total em 2019 foi destinado apenas a benefícios previdenciários e gastos com pessoal. Se adicionarmos mais três rubricas, isto é, abono e seguro-desemprego, LOAS/RMV e complementação da União ao Fundeb, chegamos a 76% da despesa total. Por fim, somando o restante de outras despesas obrigatórias, como os mínimos constitucionais para saúde e educação e o Bolsa-Família, chegamos a algo próximo a 95% do total de gastos em 2019[11].

---

10 Esta complementação da União ao Fundo Nacional da Educação Básica (Fundeb) está amparada no art. 212-A da Constituição da República Federativa do Brasil de 1988.

11 Utilizou-se o ano de 2019 como referência para evitar as distorções referentes ao ano de 2020, por conta da pandemia.

Algumas reformas foram feitas, nos últimos anos, para controlar esse gasto e melhorar sua trajetória futura. O grande destaque foi a reforma da previdência de 2019, que impacta os gastos do Regime Próprio de Previdência Social (RGPS) e do RPPS da União. Algum controle de gasto com pessoal ativo também tem sido realizado, ainda que não para algumas categorias específicas. Apesar disso, especialmente no caso da previdência, as reformas só amenizam a tendência de alta. Com o teto chegando no limite, a tendência é de redução do espaço para a realização das despesas discricionárias.

Em relação à receita primária líquida percebe-se que, enquanto a receita acompanhou a despesa até o final da década de 2000, na década seguinte houve inflexão deste comportamento, com a receita seguindo a desaceleração da economia. A consequência foi, como já falado, a reversão de superavits em deficits primários.

Existem diversas hipóteses para explicar o forte crescimento da receita nos anos 2000, dentre elas o crescimento do PIB e da produtividade, o aumento nos preços das *commodities*, o aumento na formalização observada no mercado de trabalho e as reformas no mercado de crédito. O esgotamento desses fatores, e do crescimento do PIB, em especial, acabou prejudicando a arrecadação de 2011 em diante, que ainda sofreu o impacto da política de desonerações implementada no período. Retomar o crescimento econômico é, portanto, um dos fatores principais para que a rota dos superavits primários seja retomada.

No que diz respeito aos entes subnacionais, a tese de doutorado da economista Selene Peres Nunes, que participou do processo de elaboração da LRF, traz uma evidência empírica fundamental no debate sobre a lei. A relação entre os órgãos de controle e os governos levou, em muitos casos, a interpretações múltiplas das regras da LRF ao redor do país. Isso criou uma discrepância no quadro fiscal, que terá de ser endereçada adequadamente. Por exemplo, enquanto alguns estados contabilizam as despesas de pessoal terceirizado dentro do gasto total com a folha, outros não o fazem. Do lado da receita, idem.

Nunes afirma:

"Desde a introdução da Lei de Responsabilidade Fiscal (LRF), em 2000, têm sido constatadas várias mudanças institucionais pela via interpretativa, por práticas de contabilidade criativa dos tribunais de contas (TCs), ocasionando uma espécie de mutação genética. Embora isso não gere necessariamente um problema para governadores e prefeitos, que seguem apenas uma recomendação, reduz a uniformidade na Federação.

Consequentemente, o comportamento de organizações como os governos estaduais e municipais e as comissões de orçamento das casas legislativas não é o mesmo" (NUNES, 2019, p. 32).

A ausência do Conselho de Gestão Fiscal (CGF) – previsto na LRF – é talvez a principal responsável por essa heterogeneidade na aplicação da lei. O conselho está previsto na LRF e, na sua falta, o trabalho de harmonização contábil e coordenação e compilação das estatísticas dos entes subnacionais tem de ser feito pelo Tesouro Nacional. Em que pesem os esforços realizados pelo Tesouro, nos últimos anos, sobretudo de 2016 em diante, marcadamente com o Boletim dos Entes Subnacionais e a Matriz de Saldos Contábeis, há ainda um longo caminho a percorrer.

No fundo, o Brasil continua diante da questão de como tratar o pacto federativo. Os problemas de coordenação, arbitragem de conflitos e fixação de objetivos nacionais e federativos comuns, à luz da Constituição, precisam ser postos na mesa e discutidos a sério. Em geral, a União acaba por exercer um papel de distribuidora de recursos vinculados (Fundo de Participação dos Estados e Fundo de Participação dos Municípios) e extraordinários. O outro papel da União é de controladora da dívida dos entes subnacionais. Sem o aval do Tesouro, não acontece um empréstimo de grande monta por parte de um município ou estado.

PANORAMA DAS REGRAS FISCAIS BRASILEIRAS

O Brasil tem sido pródigo em criar e modificar suas regras fiscais: regra de ouro (constitucional), regra de primário (legal); limite de dívida (constitucional, mas hoje em vigência apenas para estados e municípios); teto de gastos (constitucional); e uma série de regras auxiliares previstas na Lei de Responsabilidade Fiscal (LRF).

Segundo Caselli et al. (2018), as regras fiscais ditas de "primeira geração" surgiram em um contexto de deficits elevados ou, melhor dizendo, de necessidade de corrigir o viés deficitário das políticas fiscais. Contudo, como afirmam os autores: "Embora os princípios que motivam a adoção de regras fiscais sejam diretos, desenhar regras eficazes é um desafio".

Isso ocorre porque cada regra fiscal está ligada a um tipo de objetivo. Por exemplo, o teto de gastos está relacionado à ideia de conter a evolução da despesa e, portanto, produzir resultados que permitam controlar o tamanho do Estado ou dos governos. Já as metas de resultado primário envolvem conjuntamente o lado da receita e o da despesa e visam à sustentabilidade da dívida pública em determinado prazo.

Esta seção detalha as duas principais regras fiscais brasileiras, a meta de resultado primário e o teto de gastos, além de tratar de outras regras vigentes ou pendentes de implementação.

METAS DE RESULTADO PRIMÁRIO

As metas de resultado primário têm a vantagem da ligação direta com a dívida pública. Se o objetivo mais importante da política fiscal é garantir a sustentabilidade da dívida em relação ao PIB, esse mecanismo – fixar compromisso para o esforço primário – pode ser bastante útil.

Como já mencionado, no caso do Brasil, houve um período de efetiva melhora dos indicadores de endividamento, de 2001 a 2013, resultante da geração de superavits primários, a partir de metas fixadas na Lei de Diretrizes Orçamentárias (LDO). A LDO é uma espécie de documento preparatório para a elaboração da Lei Orçamentária Anual (LOA) – o orçamento propriamente dito.

A meta de resultado primário pode ser pura ou ajustada pelo ciclo de atividade econômica. No Brasil, vigora o regime de metas para o resultado primário original, isto é, sem ajustes. A LRF estabelece a obrigatoriedade da fixação de metas, que valem para todo o setor público, e não apenas para a União[12]. Ela, inclusive, vai além da meta de primário, determinando que a LDO indique compromissos para a dívida pública. Ocorre que o limite para a dívida nunca foi regulamentado, no caso da União (art. 52 da Constituição).

Quando há indicação de descumprimento da meta de resultado primário nas avaliações feitas bimestralmente pelo governo, a LRF obriga a que se limitem as despesas. Trata-se do conhecido mecanismo de contingenciamento de despesas discricionárias (não obrigatórias). A LRF é uma legislação muito moderna para o seu tempo. Trouxe regras fiscais flexíveis, com previsão de válvulas de escape e instrumentos de gestão fiscal e acompanhamento. O problema é que a prática dos órgãos de

---

12 Art. 3º, § 1º Integrará o projeto de lei de diretrizes orçamentárias Anexo de Metas Fiscais, em que serão estabelecidas metas anuais, em valores correntes e constantes, relativas a receitas, despesas, resultados nominal e primário e montante da dívida pública, para o exercício a que se referirem e para os dois seguintes.

controle não foi suficiente para garantir, permanentemente, o cumprimento da lei.

A chamada contabilidade criativa prejudicou muito a dinâmica das contas públicas e a lógica das metas de resultado primário, entre 2009 e 2014. A decisão de política econômica por realizar medidas fiscais mais expansionistas, certa ou errada, era legítima. Contudo, a forma escolhida turvou o sistema de metas de resultado primário. Abatimentos de despesas com investimentos e desonerações tributárias foram produzindo o descolamento entre as metas legais e os resultados efetivamente produzidos, aqueles que importam para a dinâmica da dívida pública.

O primário é importante por ser o fluxo que alimenta a dívida junto com as despesas de juros. Estas, no entanto, não podem ser reduzidas, pois derivam da própria política monetária e das forças de mercado. Se há superavit primário, dados os parâmetros macroeconômicos (juros, câmbio, inflação e crescimento econômico), a dívida tenderá a estar controlada. Evidentemente, para tanto, a fixação das metas de primário deveria estar mais explicitamente relacionada a esse objetivo de sustentabilidade, equilíbrio ou até mesmo redução da dívida/PIB em determinado prazo.

No caso da meta para o primário ajustado pelo ciclo, a variável de interesse é o chamado resultado primário estrutural. Promovem-se ajustes para retirar despesas e receitas atípicas das séries originais e calcula-se o resultado primário recorrente. Em seguida, corrige-se pela evolução do ciclo de atividade, isto é: com base em técnicas econométricas, obtém-se o PIB potencial e descontam-se, ano a ano, das séries do primário recorrente, esses efeitos.

Pinto (2018) propôs métrica e simulações para o resultado estrutural no caso do Brasil. Ela destaca, no entanto, que a fixação de metas para o estrutural seria um passo mais complicado. O resultado estrutural é pouco intuitivo e de operacionalização complexa. Requereria a existência de estimativas independentes de PIB potencial, por exemplo, variável sobre a qual há pouco consenso entre os economistas.

Cabe ressaltar que, do ponto de vista econômico, seria um arcabouço mais apropriado do que a meta pura de primário, por permitir avaliar a política fiscal livre dos efeitos de alta e baixa da economia, como os ocasionados por crises financeiras, econômicas e de outra natureza. Outro trabalho relevante sobre o tema, de Gobetti et al. (2018), foi publicado em 2018 pelo Instituto de Pesquisa Econômica Aplicada (Ipea). Os autores analisam o estado da arte da literatura sobre o tema, passo importante para esse debate, sobretudo quando envolve a possível adoção de novas métricas como regras legalmente firmadas.

NOVO REGIME FISCAL

A adoção do teto de gasto, em 2016, foi um avanço em relação à temática das regras fiscais. Naquele momento, a deterioração observada nas contas públicas mostrava que as regras então existentes não haviam sido capazes de propiciar um ambiente de sustentabilidade fiscal, havendo necessidade de uma reforma no arcabouço. Por isso, desde então, o teto de gasto tornou-se a principal regra fiscal do país, tendo conseguido ancorar as expectativas de sustentabilidade fiscal da União e, portanto, contribuído para melhorar os níveis de risco e índices de confiança na economia brasileira. Como vimos anteriormente, o gasto primário crescia a uma média anual de quase 6% em termos reais desde pelo menos o final dos anos 1990, e, portanto, o anúncio de uma regra que seria capaz de impedir a continuidade dessa dinâmica ajudou a dissipar temores quanto à possibilidade de termos uma trajetória de dívida insustentável.

Naquele momento, as regras fiscais para a despesa estavam em evidência, por serem capazes de oferecer um balanço desejável entre flexibilidade e simplicidade. Por isso, vinham sendo cada vez mais utilizadas. Segundo o Fundo Monetário Internacional (FMI), 45 países tinham regras desse tipo em vigor em 2015, entre economias avançadas e em desenvolvimento, marcando um crescimento expressivo, uma vez que em 2010 eram apenas 20[13].

O teto foi instituído em dezembro de 2016, através de uma emenda na Constituição (EC 95/2016) e estipulava que a despesa primária do governo federal não poderia crescer em termos reais por pelo menos 10 anos[14]. Ela se configurava, portanto, como uma regra bastante simples e de fácil monitoramento. Em caso de descumprimento dos limites estabelecidos, o Poder que extrapolasse o limite sofreria algumas sanções, como

---

13   FMI (2015).

14   Em realidade, o teto de gasto foi instituído com duração de 20 anos, mas, a partir do décimo ano haveria a possibilidade de alteração do método de correção dos limites, por meio de lei complementar.

ficar impedido de realizar concurso público, conceder aumentos salariais e admitir pessoal[15].

Em relação ao desenho da regra, além da simplicidade e do fácil monitoramento, outras vantagens seriam: a) evitar que a política fiscal se tornasse pró-cíclica; b) fornecer um direcionamento de curto prazo para os gestores da política fiscal; e c) permitir uma ancoragem de longo prazo, dada a sua longa duração.

Vale notar ainda que, apesar da ideia de congelar as despesas em termos reais por pelo menos 10 anos, na verdade a regra do teto contou com uma gordura inicial, por duas razões: o aumento das despesas em 2016, o ano base, e um índice de correção de teto de 2017 que foi substancialmente maior do que a inflação observada. Assim, percebe-se que a regra do teto foi pensada para que o ajuste fiscal fosse implementado ao longo do tempo, impedindo uma contenção muito forte da despesa, no curto prazo, que poderia ser contraproducente para a atividade econômica.

No momento de implementação do teto, ao longo de 2016, o debate foi bastante acirrado. Dentre as características mais criticadas, destaca-se a duração (pelo menos 10 anos de congelamento real), a impossibilidade de alguma elevação real dos gastos e a não exclusão do teto de gastos específicos, notadamente o investimento. A bem da verdade, são discussões legítimas e que prosseguem até os dias de hoje. Naquele momento, contudo, se perderam em um contexto de debate polarizado, onde o grupo de oposição ao teto se concentrou mais em condenar qualquer tipo de teto do que em investir na construção de um desenho de teto que lhe contemplasse.

Após mais de quatro anos de implementação do teto, podemos tecer alguns comentários. O primeiro se refere ao comportamento do risco-país e da curva de juros, que apresentaram queda significativa no período que se seguiu e que ajudaram inclusive a diminuir o gasto financeiro (isto é, com juros) do setor público[16]. Houve, de fato, ancoragem das expectativas fiscais de médio e longo prazo no país.

---

15   A desagregação do teto por poder foi uma importante característica para ajudar a controlar o gasto dos outros Poderes além do Executivo. Mais detalhes sobre o teto de gasto, como exclusões e critérios de cálculo podem ser encontrados na própria EC 95/2019.

16   Outros fatores também são relevantes para explicar o movimento, mas é difícil de negar o papel do teto de gasto e das perspectivas de uma postura fiscalmente mais responsável associada ao governo do Presidente Michel Temer, iniciado

Outro fator, relacionado ao primeiro, é que o teto definitivamente colocou a reforma da previdência como prioridade no debate e na agenda fiscal do país. Evidência disso é que, durante a corrida eleitoral de 2018, um tema impopular como a reforma foi defendido por um grande número de candidatos. Na segunda metade de 2019, finalmente, a reforma foi aprovada, devendo-se em boa medida ao teto de gastos, que explicitou o problema da evolução do gasto obrigatório e, em particular, da despesa com aposentadorias e pensões.

O teto também teve êxito em segurar alguns gastos, sobretudo nos outros Poderes que não o Executivo. Além disso, foi a regra fiscal mais preparada e flexível para lidar com a pandemia, uma vez que já trazia em seu desenho a possibilidade do uso de créditos extraordinários para lidar com eventos extremos.

Por fim, aos poucos o teto vem alterando o paradigma no qual o orçamento é elaborado, com maior realismo do que no passado, uma vez que se eliminou o incentivo que congressistas tinham para inflar receitas de maneira artificial, de modo a acomodar um maior volume de gastos[17]. Não que alguns não tenham tentado arrumar outros artifícios, como ocorreu com o Orçamento de 2021, quando houve a tentativa de subestimação de despesas obrigatórias, mas as coisas ficaram muito mais claras e, com isso, houve recuo na tentativa.

Contudo, como diz o ditado, nem tudo são flores. Por muito tempo, criticou-se o teto por cortes em despesas discricionárias, incluindo o investimento público. Era de certa forma uma crítica indevida, pois os cortes não eram provocados pelo teto, que sempre apresentava folga no final dos anos, mas sim pelas metas de resultado primário.

Apesar disso, essa crítica começará a fazer cada vez mais sentido de agora em diante. Em 2021, por exemplo, o teto operará no limite e as despesas discricionárias estarão em níveis muito baixos. Programas im-

---

em maio de 2016. Adicionalmente, embora muitos países emergentes tenham observado a queda do risco-país no mesmo período, vale notar que a queda no risco-país brasileiro foi bem mais pronunciada, ajudando a diminuir a diferença entre as curvas que foi abrindo ao longo dos anos de administração da Presidente Dilma Rousseff.

17   Esse incentivo aparecia durante a elaboração do orçamento. Com projeções de arrecadação superestimadas, havia como acomodar um nível maior de despesas, mantendo a meta de resultado primário inalterada. Por isso, era comum, no início do exercício, que o Executivo fizesse consideráveis contingenciamentos de despesas.

portantes vêm tendo orçamento reduzido, como mostram os exemplos nas áreas de educação, ciência e tecnologia. O Censo Demográfico foi adiado novamente pela falta de recursos. Ao mesmo tempo, as emendas do relator atingiram montantes elevados.

Assim, há dois problemas principais. O primeiro é que, com a elevação dos gastos obrigatórios, os gastos discricionários vêm sendo espremidos. O segundo é que, muitas vezes, o processo político não tem conseguido escolher as prioridades de uma maneira coerente. Parte da função de um teto de gastos é explicitar *trade-offs* orçamentários e forçar políticos a buscarem eficácia e eficiência. Não parece ter sido o caso. Há algo que as regras fiscais podem fazer em relação a isso? Discutiremos na última seção.

OUTRAS REGRAS FISCAIS

No rol das regras fiscais brasileiras há uma série de limites e condições que ainda carecem de regulamentação para serem postas em prática. Ainda assim, novas regras fiscais são criadas na esperança de tornar a condução das contas públicas mais responsável.

A despeito das regras fiscais que estão previstas na legislação, mas que ainda não estão em vigor, destaca-se o limite para dívida consolidada da União.

De acordo com o artigo nº 52, inciso IV da Constituição da República Federativa do Brasil de 1988, compete ao Senado Federal estabelecer limites para a dívida consolidada da União, dos Estados, do Distrito Federal e dos Municípios. Segundo a LRF, essa definição tem que partir de proposta do Presidente da República.

O Senado Federal fixou como limite máximo para a dívida consolidada líquida dos Estados e o Distrito Federal o valor de 200% da Receita Corrente Líquida (RCL), já para os municípios, o limite foi de 120% da RCL. Contudo, para a União não foi feita essa limitação.

Além disso, também há regras fiscais que foram relaxadas com o passar do tempo, fazendo com que elas não tenha tido a eficácia desejada. Um bom exemplo é o limite para despesas com pessoal previsto na LRF. A solução encontrada pelo governo para aumentar o rigor destas regras fiscais foi no sentido de alterar a redação da LRF, por meio da Lei Complementar n. 178/2021, e da Constituição Federal, por meio da Emenda à Constituição n. 109/2021, para deixar mais claro qual conceito deve ser considerado.

Não obstante, dada a dificuldade operacional para acionamento dos gatilhos previstos na regra do teto dos gastos (EC 95/16), o governo foi motivado a criar uma nova regra fiscal que fosse capaz de gerar uma situação em que os gatilhos previstos no novo regime fiscal fossem acionados automaticamente. Esta nova regra fiscal surgiu por meio da EC 109/2021, que tratou de vários outros assuntos relacionados às regras fiscais e a busca pelo equilíbrio das contas públicas.

A EC 109/2021 constitucionalizou algumas questões e criou novas regras de controle das contas públicas da União e dos entes subnacionais. Por meio desta EC 109/2021, foi criada uma nova regra para acionamento de gatilhos automáticos, conhecido como estado de emergência fiscal, além de dispor sobre regras para sustentabilidade da dívida e avaliação dos gastos tributários e exigir a criação de um plano de redução destes benefícios.

A NECESSÁRIA HARMONIZAÇÃO DAS REGRAS DO JOGO

A harmonização das regras fiscais nos parece uma ideia-força fundamental para a discussão fiscal brasileira. Mais do que debater, isoladamente, se o teto de gastos foi positivo ou não, é importante olhar para o conjunto de instrumentos e regras que determinam o arcabouço orçamentário no Brasil. A regra de ouro, o teto de gastos, a meta de resultado primário, o limite para a dívida, sem mencionar todas as regras auxiliares da LRF – mais relevantes para os governos subnacionais – criaram uma situação que requer harmonização. Em 2021, introduziu-se mais uma regra para a União, que trata do acionamento de medidas de ajuste fiscal (gatilhos) em situação específica: quando a despesa obrigatória atingir 95% da despesa primária total, ambas sujeitas ao teto. Como se vê, o Brasil é pródigo em criar regras, mas não em cumpri-las. Não fosse assim, teríamos uma situação fiscal muito menos instável e mais previsível.

A pergunta a ser respondida é: qual a política fiscal que queremos e qual o seu objetivo primordial? A literatura econômica e de contas públicas é consensual sobre a importância de se obter as chamadas condições de sustentabilidade da dívida. A dívida em relação ao PIB tem de ser sustentável, para garantir o financiamento adequado, a juros baixos e sem macular os outros eixos da política econômica. Isto é, a política fiscal tem de ser tal que permita o bom financiamento dos anseios da sociedade refletidos nas leis e na Constituição, ao mesmo tempo em que não implique necessidade de juros altos, situação prejudicial aos investimentos privados e, em última instância, ao crescimento econômico. Não há espaço para desenhar e implementar boas políticas públicas sem respeito ao orçamento.

Em situações típicas em que a economia está distante do pleno emprego, isto é, quando existe ociosidade, é ideal elaborar e executar políticas contracíclicas. Gastos adicionais podem ser bem-vindos, nestas situações, desde que bem desenhados e avaliados *ex ante* e *ex post*. As regras fiscais devem levar isso em conta, na medida do possível. A esse respeito, já se comentou sobre a dificuldade de estabelecer metas para o resultado primário ajustado pelo ciclo de atividade econômica, mas ele poderia ser adotado como uma variável para acompanhamento da política fiscal e cálculo do impulso fiscal. Permitiria avaliar o viés – mais ou menos expansionista – da política fiscal com maior acurácia e transparência.

A política fiscal precisa garantir as condições de equilíbrio da dívida em um nível compatível com a média de países comparáveis e dadas as condições econômicas estruturais, como a taxa de juros neutra, a produtividade, o mercado de trabalho, dentre outras variáveis que caracterizam a avaliação macroeconômica. É verdade que um debate importante sobre o uso da relação dívida/PIB como indicador fundamental em contexto de juros persistentemente baixos surgiu a partir de trabalhos de economistas de relevo, notadamente, Blanchard (2019). Bacha (2020) apresentou análise a esse respeito com aplicações para o caso brasileiro de métrica de avaliação da sustentabilidade fiscal baseada no serviço da dívida, e não no seu estoque.

Em contexto de taxas reais de juros inferiores às taxas reais de aumento do PIB, como nos EUA, o debate faz mais sentido do que para situações como a brasileira. Com "juros menos crescimento" em situação confortável, aumentar o endividamento não é insustentável. No caso do Brasil, contudo, a taxa neutra de juros parece ainda refletir desafios não superados, como a baixa poupança agregada da economia. O período de 2016 a 2020, em que as taxas de juros nominais e reais diminuíram expressivamente, foi marcado também por um distanciamento do PIB observado em relação ao potencial (o chamado hiato do produto aumentou). Essas condições não são permanentes. Enquanto este capítulo era escrito, o Banco Central estava em pleno ciclo de aperto monetário, com elevação dos juros básicos. O mercado, por sua vez, revia (para cima) suas posições para os juros ao término de 2021 e para 2022.

Artigos de diversos economistas do FMI sobre as regras fiscais têm apontado para a importância de as regras fiscais serem flexíveis. Válvulas de escape para períodos de exceção (de crise econômica, por exemplo) são bem-vindas, sem deixar de induzir condutas austeras para períodos normais.

Vale dizer, os limites para despesas, por exemplo, relacionam-se mais ao tamanho do Estado desejado, pois fixam padrões de comportamento para o gasto, e não para o resultado. Já a regra de primário ou primário ajustado pelo ciclo liga-se diretamente à questão da sustentabilidade da dívida. Supostamente, o compromisso de esforço primário deve ser fixado com vistas ao equilíbrio ou redução da dívida em determinado instante do tempo e dados os parâmetros fundamentais: juros e PIB.

A vantagem da nossa regra para as despesas (o teto) é esclarecer os *trade-offs* associados às escolhas orçamentárias. Gastar mais com salários, na presença do teto, é gastar menos com previdência. Alocar mais recursos públicos para saúde é deixar de gastar em educação. Subsidiar o agronegócio implica prescindir de realizar incrementos no Bolsa Família. Isso é bastante salutar. A questão é se o desenho atual é o melhor e se seria possível avançar a partir de certas modificações.

Giambiagi e Horta (2019) propõem, por exemplo, excluir os investimentos do teto de gastos (como forma de manter o controle preconizado pela regra), impondo-lhe limites um pouco menos restritivos, por se tratar de despesas que serão necessárias nos próximos anos, fundamentais para a recuperação da taxa de investimentos agregada da economia brasileira. Investimento público, se for bem realizado, tem efeito multiplicador mais alto sobre a atividade econômica do que os gastos correntes (salários, aposentadorias, custeio da máquina etc.).

Há outras possibilidades na mesa. Uma delas seria modificar o indexador do teto de gastos, no décimo ano da regra, como prevê a própria Emenda Constitucional n. 95, de 2016, que instituiu o teto. Uma maneira de contemplar redução menos intensa (do que a contida no teto original) do gasto federal em porcentagem do PIB seria acoplar à regra de indexação do limite (hoje apenas a inflação passada) uma previsão de crescimento do PIB ou o próprio PIB potencial. Outra, adotar a meta de inflação mais essa taxa real.

O que é fundamental, a nosso ver, é preservar a ideia de ter algum controle sobre a evolução prospectiva das despesas. Por duas razões: 1) explicitação dos custos das escolhas públicas; e 2) estímulo ao debate sobre a eficiência do gasto e a necessidade de reformas que permitam melhorar as despesas realizadas, sobretudo as chamadas obrigatórias.

Uma regra de gasto combinada com a meta de resultado primário pode ajudar na garantia do equilíbrio fiscal intertemporal medido pela evolução da dívida/PIB – líquida ou bruta. A EC 109 introduziu a sustentabilidade da dívida como uma dimensão importante a condicionar a fixação das metas fiscais para os fluxos (despesas e resultado). Essa inovação depende de uma regulamentação por lei complementar. Além disso, a obrigatoriedade de fixar limites para a dívida já estava prevista no art. 52 da Constituição Federal e a LRF já contemplava, inclusive, o funcionamento desse limite, na prática, para quando regulamentado. A EC 109 ressuscitou essa discussão. Mas estamos longe de uma definição, é preciso ter claro.

O fato é que a variável dívida pública poderá ser introduzida, na prática, em algum momento, no arcabouço fiscal da União. Limites rígidos para a dívida têm diversas desvantagens, como restringir a política monetária a cargo do Banco Central (feita com títulos públicos que lastreiam as chamadas operações compromissadas, utilizadas para controlar a liquidez do sistema financeiro e garantir o cumprimento da meta-Selic) e a dificuldade de estabelecer um valor, ainda que em percentual do PIB, com a necessária precisão. As incertezas são muitas, inclusive as que incidem sobre o denominador, o PIB nominal, influenciado pela evolução real da economia e pela inflação.

Uma maneira sofisticada de lidar com essas questões seria utilizar como referência o modelo do Reino Unido. Estabelecer metas tendenciais de dívida, com bandas, para que os compromissos no âmbito dos fluxos (primário e teto) passassem a mirar essa tendência mais geral. Hoje, a meta de primário acaba sendo calculada por espécie de "conta de chegada". Isto é, se o teto é cumprido, com determinado nível de gastos projetado, então se estima a receita e o resultado primário para aquele patamar de despesas. Esse valor é fixado como meta na LDO. Isso está longe do ideal. O primário deveria ser calculado por estimativas a partir da equação de sustentabilidade da dívida, tendo em vista os objetivos de médio e longo prazo fixados pelo país para o nível e a trajetória do endividamento público.

Finalmente, o resultado primário ajustado pelo ciclo pode ser importante nessa harmonização de regras. Não como um compromisso legal, mas como uma variável a ser obrigatoriamente calculada pela área econômica do governo e divulgada, com metodologia pública, para escrutínio dos especialistas[18], dos órgãos de controle e da Instituição Fiscal Indepen-

---

18 A Secretaria de Política Econômica do Ministério da Economia tem uma metodologia de cálculo própria e divulga anualmente o resultado estrutural.

dente (IFI). A complexidade do cálculo do resultado estrutural é uma dimensão que não pode ser desprezada. Ela envolve a simulação do PIB potencial e a limpeza das séries de receitas e despesas públicas, como já discutido. Daí porque sua adoção como meta, a exemplo do teto de gastos ou da meta tradicional de resultado primário, não nos parece ser um bom caminho. Ao menos não de início.

CONSIDERAÇÕES FINAIS

Neste capítulo, discutiram-se conceitos de finanças públicas, o papel das regras fiscais e a evolução recente das contas dos governos nacional e subnacionais no Brasil. O arcabouço institucional na área fiscal evoluiu com as reformas dos anos 1980 e 1990 e a aprovação da LRF. Mais recentemente, a adoção do teto de gastos e a criação da Instituição Fiscal Independente (IFI) foram respostas relevantes após a crise do biênio 2015-2016.

Apesar dos avanços e da profusão de regras, o quadro fiscal continua desafiador. A má qualidade da despesa, a dificuldade de manter o controle da dívida pública e a baixa efetividade das regras, isoladamente, são obstáculos a serem suplantados. O orçamento público guarda cada vez menos espaço para despesas essenciais ao crescimento e ao desenvolvimento: os investimentos. De outro lado, há muitas despesas que são carregadas por anos a fio sem serem avaliadas e reduzidas, caso dos gastos tributários.

Neste capítulo, discutimos essas questões, tecendo considerações sobre que tipo de mudanças poderiam ajudar a recolocar o país no rumo da responsabilidade fiscal e da melhoria das condições de crescimento econômico. A harmonização das regras vigentes, o aprimoramento do teto de gastos e da meta de resultado primário e a fixação de objetivos de longo prazo para a sustentabilidade da dívida pública, juntamente com um aperfeiçoamento do pacto federativo, são eixos fundamentais desse debate central no processo vindouro de reconstrução do país pós-Bolsonaro.

REFERÊNCIAS

BACHA, Edmar. The Furman-summers fiscal sustainability metric: A note on the case of Brazil. **Texto para Discussão, 65**. Rio de Janeiro, RJ: Instituto de Estudos de Política Econômica/Casa das Garças (IEPE/CdG), 2020. Disponível em: https://bit.ly/3hGCqrh.

BANCO CENTRAL DO BRASIL. Estatísticas fiscais. **Nota para Imprensa**. Brasília, DF. Disponível em: https://bit.ly/3xJsBhA. Acesso em: 12 de julho de 2021.

BLANCHARD, Oliver. Public Debt and Low Interest Rates. **American Economic Review,** n. 109(4), p. 1197-1229, 2019.

BRASIL. Altera o Ato das Disposições Constitucionais Transitórias, para Instituir o Novo Regime Fiscal, e dá outras providências. **Emenda Constitucional n. 95.** Brasília, 2016. Disponível em: https://bit.ly/3ozm1p6. Acesso em: 09 de dezembro de 2020.

BROCHADO, Acauã et al. Regras Fiscais: uma proposta de arcabouço sistêmico para o caso brasileiro. **Texto para Discussão, 31**. Brasília, DF: Secretaria do Tesouro Nacional, 2019. Disponível em: https://bit.ly/3hCKHwi.

CARLIN, Wendy; SOSKICE, David. **Macroeconomics: Imperfections, Institutions, and Policies**. Oxford University Press, 2006.

EYRAUD, Luc et al. Second-Generation Fiscal Rules: Balancing Simplicity, Flexibility, and Enforceability. **Technical Background Papers**, 18(04). International Monetary Fund, IMF, 2018. Disponível em: https://bit.ly/3xGkWRb.

FUNDO MONETÁRIO INTERNACIONAL (FMI). **Fiscal Rules Dataset, 1985 – 2015**. Washington, DC, 2015.

GIAMBIAGI, Fabio; HORTA, Guilherme T. L. O teto do gasto público: mudar para preservar. **Texto para Discussão BNDES**, n. 144. Rio de Janeiro, RJ: Banco Nacional de Desenvolvimento Econômico e Social – BNDES. Disponível em: https://bit.ly/3klB1bb.

GOBETTI, Sérgio; ORAIR, Rodrigo; DUTRA, Frederico. Resultado Estrutural e Impulso Fiscal: aprimoramentos metodológicos. **Texto para Discussão, 2405**. (I. d. IPEA, Ed.) Brasília, DF, 2018. Disponível em: https://bit.ly/36CBnlI.

INSTITUIÇÃO FISCAL INDEPENDENTE (IFI). Tópico Especial: Regras Fiscais no Brasil. **Relatório de Acompanhamento Fiscal – RAF, 12**, 27-30. Brasília: IFI – Senado Federal, 2018. Disponível em: https://bit.ly/3ekH23Y.

NUNES, Selene. **A dinâmica institucional da Lei de Responsabilidade Fiscal: uma análise na perspectiva institucionalista.** Tese (Doutorado em Ciências Contábeis), 1-69. Universidade de Brasília (UnB), 2019. Disponível em: https://bit.ly/3eoXAIq.

NUNES, Selene; MARCELINO, Gileno; SILVA, Cesar. Os Tribunais de Contas na interpretação da Lei de Responsabilidade Fiscal. **Revista de Contabilidade e Organizações,** v.13, 2019. Disponível em: https://bit.ly/3raoRU5.

PINTO, Vilma. **Resultado Fiscal Estrutural: Desafios para uma nova meta orçamentária nacional.** Rio de Janeiro: Fundação Getulio Vargas, Escola Brasileira de Economia – FGV EPGE, 2018. Disponível em: https://bit.ly/3eUo0Rb.

SALTO, Felipe; ALMEIDA, Mansueto. **Finanças públicas: da contabilidade criativa ao resgate da credibilidade.** Editora Record, 2016.

18

Subsídios para uma reforma orçamentária no Brasil

Daniel Couri

Paulo Bijos

RESUMO: Neste artigo, abordamos problemas e soluções relacionados ao orçamento público no Brasil. É cada vez mais evidente que a crise orçamentária é importante fator subjacente à deterioração fiscal dos últimos anos e à baixa qualidade do gasto público. Nesse contexto, a reforma dos instrumentos de planejamento e orçamento deve estar presente em uma agenda de reconstrução nacional. Em particular, tratamos de temas como: o crescimento descoordenado das normas de finanças públicas, as disfuncionalidades de instrumentos como o Plano Plurianual (PPA) e a Lei de Diretrizes Orçamentárias (LDO), a fragmentação decisória das emendas parlamentares, a alocação míope de recursos públicos e a rigidez do nosso orçamento. Para mitigar os problemas elencados, propomos saídas institucionais que se reúnem em um tripé orçamentário, constituído pela adoção das boas práticas internacionais denominadas *"Medium Term Expenditure Framework"* e *"Spending Review"*, somadas a uma regra fiscal para o controle dos gastos públicos.

PARTE I – INTRODUÇÃO

O Brasil experimenta uma crise fiscal e orçamentária preocupante. Mesmo antes da pandemia da covid-19, em especial desde 2014, vivenciamos a perigosa combinação de deficits fiscais recorrentes e aumento expressivo da dívida pública. Medidas como o teto de gastos contribuíram para mitigar os problemas, mas os "freios de arrumação" das contas públicas convivem com problemas econômicos e orçamentários complexos, a exemplo do achatamento dos gastos com manutenção das políticas governamentais e dos investimentos.

Ao mesmo tempo, a forma de elaboração do orçamento tem se provado profundamente problemática. A recente polêmica em torno das emendas de relator-geral, das quais falaremos mais adiante, é um sintoma da precariedade do processo orçamentário federal. Além de fiscalmente irresponsável, a alocação de recursos públicos tem se revelado cada vez mais paroquial e menos comprometida com a qualidade das políticas públicas.

Nesse contexto, o presente artigo visa contribuir para a concepção de uma reforma estrutural dos instrumentos de planejamento fiscal e orçamentário do País, em linha com as melhores práticas internacionais. Com esse objetivo em mira, o artigo analisa, inicialmente, os principais problemas domésticos, com destaque para o crescimento descoordenado de regras fiscais, a disfuncionalidade de instrumentos de planejamento como o Plano Plurianual (PPA) e a Lei de Diretrizes Orçamentárias (LDO), a fragmentação decisória das emendas parlamentares, a miopia alocativa e a rigidez orçamentária.

À luz desse diagnóstico, são propostas soluções ancoradas em uma nova regra de despesa, em um arcabouço fiscal de médio prazo e na revisão periódica do gasto público. Por fim, o artigo sintetiza suas conclusões gerais, seguidas de considerações finais quanto à necessidade de se promover uma reforma estrutural das instituições fiscais e orçamentárias no Brasil.

PARTE II – EVIDÊNCIAS DE UM ORÇAMENTO EM CRISE

Inflação de regras

Em março de 2021, o Congresso promulgou a Emenda Constitucional n. 109 (EC 109). A origem da norma foi a chamada PEC Emergencial, uma proposta de 2019 que visava conter o crescimento do gasto obrigatório e reforçar o regime fiscal inaugurado pelo teto de gastos[1]. A EC 109 foi a décima terceira modificação no capítulo de finanças públicas da Constituição de 1988[2]. Apenas de 2015 em diante, sete emendas introduziram, alteraram ou revogaram regras fiscais e orçamentárias. Nenhuma outra parte da Constituição foi tantas vezes reformada no período.

---

1   A regra fiscal do teto de gastos foi criada pela Emenda Constitucional n. 95/2016.

2   Trata-se do Capítulo II do Título VI – Da tributação e do orçamento.

Analisadas isoladamente, algumas inovações são bem-vindas, pois corrigem ou aperfeiçoam a estrutura constitucional original, mas a soma dos novos comandos produz um arcabouço normativo complexo – há muitas regras e exceções – e disfuncional – as normas se acumulam sem que se avaliem os comandos mais antigos.

Em 1988, o capítulo de finanças públicas da Constituição possuía sete artigos e 81 dispositivos, entre *caputs*, incisos, parágrafos e alíneas. Hoje, são dezessete artigos e 188 dispositivos: a "Constituição Orçamentária" mais do que dobrou de tamanho em pouco mais de três décadas (Gráfico 1). Somente a EC 109, a emenda mais recente, acrescentou 58 novos dispositivos. Os dados consideram apenas os arts. 163 a 169 do corpo permanente da CF, sem, portanto, as alterações promovidas no texto do Ato das Disposições Constitucionais Transitórias (ADCT) ou as regras contidas nas próprias emendas constitucionais.

Gráfico 1. Número de dispositivos no capítulo de finanças públicas da CF/88

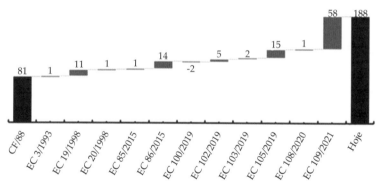

Fonte: Constituição Federal de 1988. Elaborado pelos autores.

Somos acumuladores em matéria fiscal e orçamentária. Somente uma das onze emendas constantes do Gráfico 1[3], a Emenda Constitucional n. 100/2019 (EC 100), teve o efeito líquido de reduzir o número de comandos no capítulo de finanças públicas. Ainda assim, alguns dos

---

3   As Emendas Constitucionais n. 42, de 2003, e n. 45, de 2004, apenas deram nova redação a dispositivos já existentes, sem alterar o número total de dispositivos no capítulo de finanças públicas da Constituição.

dispositivos remanescentes foram alterados pela EC 100, que tratou da execução obrigatória de emendas parlamentares de bancada estadual ao Projeto de Lei Orçamentária (LOA).

O resultado de tantas modificações é um arcabouço que se avoluma em camadas, sem que se reavalie, com a merecida atenção, a pertinência da disciplina anterior ou o conjunto da obra. Recentemente, por exemplo, a Emenda Constitucional n. 102/2019 (EC 102) introduziu duas novas regras que tentam, em alguma medida, mitigar o viés de curto prazo do orçamento:

a) a exigência de que a lei de diretrizes orçamentárias, para o exercício a que se refere e, pelo menos, para os dois subsequentes, traga a previsão de agregados fiscais e a proporção de recursos orçamentários que serão alocados em investimentos em andamento; e

b) a possibilidade de que a LOA contenha previsões de despesas para anos seguintes, com a especificação dos investimentos plurianuais e daqueles em andamento.

Em nenhum momento, contudo, aproveitou-se a oportunidade para revisar os dispositivos que tratam do PPA ou até mesmo questionar sua funcionalidade em face da atual configuração da LDO. Em oito edições, o plano nunca cumpriu seus objetivos, mas o texto original permanece intacto. O insucesso do PPA será tema do tópico à frente.

O elevado número de emendas constitucionais não é um acaso. De forma geral, ele pode ser associado ao modelo analítico adotado na Constituição brasileira[4]. O grau de detalhamento é tal que muitas vezes a aprovação de uma emenda é a única opção disponível. As frequentes alterações tornam o texto ainda mais prolixo e reduzem o raio de ação de leis ordinárias e complementares[5].

No caso das finanças públicas, em particular, o caminho da reforma constitucional, em alguns momentos, parece ter sido considerado uma alternativa superior em termos de segurança jurídica. Essa preocupação ficou evidente, por exemplo, na recente alteração do teto de gastos pro-

---

4   Segundo a organização americana *Comparative Constitutions Project*, a Constituição Federal de 1988 é a terceira maior do mundo em número de palavras (64.488 palavras, em 2015). O ranking está disponível em: https://comparativeconstitutionsproject.org/ccp-rankings/.

5   É curioso notar que, de janeiro de 2000 a julho de 2021, o Congresso Nacional aprovou mais emendas constitucionais do que leis complementares (85 emendas contra 79 leis complementares).

movida pela EC 109. A visão prevalecente foi a de que as medidas de contenção de despesas (gatilhos) previstas na Constituição para o caso de descumprimento do teto de gastos não poderiam ser acionadas, pois a própria regra impedia o descumprimento do teto na elaboração do orçamento. Diante da aparente antinomia, a opção foi alterar o texto constitucional. A mudança deu origem ao subteto para gastos obrigatórios, nova regra fiscal que tampouco resolve o problema com o acionamento dos gatilhos (IFI, 2021).

A via interpretativa, preservando o sentido original da norma, não chegou a ser cogitada pelo Poder Executivo[6]. O receio era de que o descumprimento do teto de gastos, na redação então vigente, ensejasse crime de responsabilidade do Presidente da República.

A rigidez orçamentária também influencia o inchaço de regras na Constituição Orçamentária. Parte relevante das despesas obrigatórias decorre de comandos constitucionais e, portanto, propostas que visem ao controle dos gastos públicos não teriam o mesmo alcance se veiculadas por meio da legislação ordinária ou complementar. Benefícios previdenciários, salários de servidores, benefícios de prestação continuada (BPC) e complementação da União ao Fundeb[7] são exemplos de obrigações estabelecidas pela Constituição.

Outro motivo para se inserirem mais regras na Constituição é sinalizar maior compromisso com a disciplina fiscal. Isso também está por trás de algumas das alterações promovidas pela EC 109, a exemplo da inclusão da sustentabilidade fiscal como referência para a condução da política fiscal ou do dever de os órgãos e entidades da administração avaliarem suas políticas públicas. A sustentabilidade fiscal e a avaliação de políticas já estariam implicitamente contempladas em outros comandos constitucionais, mas a menção categórica pode ser vista, por parte dos agentes econômicos, como um comprometimento mais forte com o controle das contas públicas.

---

6   Em artigo para a *Folha de S. Paulo*, Couri e coautores exploram uma solução para o teto de gastos compatível com a redação original. Disponível em: https://www1. folha.uol.com.br/ilustrissima/2020/09/regras-permitem-romper-teto-de-gastos-sem-abandonar-ajuste-fiscal.shtml.

7   Fundeb é o Fundo de Manutenção e Desenvolvimento da Educação Básica e de Valorização dos Profissionais da Educação. A despesa da União com a complementação ao Fundo decorre do art. 212-A, inciso IV, da Constituição Federal.

Por outro lado, a sinalização de compromisso com a disciplina fiscal pode produzir regras que não deveriam se submeter ao rigor das emendas. O auxílio emergencial a pessoas em situação de vulnerabilidade, pago em 2021, ilustra bem o problema. Mesmo diante de um cenário bastante incerto, a EC 109 fixou o valor máximo que poderia ser gasto com o auxílio sem afetar o cumprimento das regras fiscais (R$ 44,0 bilhões). Em pouco tempo, ficou claro que o valor não seria suficiente e que seria necessária nova solução caso o governo desejasse que as exceções continuassem valendo.

A inflação de normas também atinge as chamadas regras fiscais, que consistem na imposição de restrições sobre a política fiscal por meio de limites para indicadores fiscais agregados (FMI, 2018). Em 1988, as únicas regras fiscais previstas na Constituição eram a regra de ouro, os limites para dívida pública e os limites para despesa com pessoal (Gráfico 2 e Quadro 1). A Lei de Responsabilidade Fiscal (LRF), em 2000, criou a meta de resultado primário e estabeleceu os limites de gastos com pessoal previstos na Constituição. Em 2016, acrescentou-se o teto de gastos. Em 2021, foram instituídos o subteto de gastos obrigatórios e o limite para a relação entre despesas e receitas correntes.

Gráfico 2. Linha do tempo das principais regras fiscais

1988
Regra de ouro
+ Limite de endividamento
+ Limite de pessoal

2000
Regra de ouro
+ Limite de endividamento
+ Limite de pessoal
+ Meta de resultado

2016
Regra de ouro
+ Limite de endividamento
+ Limite de pessoal
+ Meta de resultado
+ Teto de gastos primários

2021
Regra de ouro
+ Limite de endividamento
+ Limite de pessoal
+ Meta de resultado
+ Teto de gastos primários
+ Teto de gastos obrigatórios
+ Limite de resultado corrente

Fonte: Constituição Federal de 1988 e Lei de Responsabilidade Fiscal. Elaborado pelos autores.

A criação de novas regras fiscais, nem sempre alinhadas com a literatura do seu tempo, acabou enfraquecendo o controle sobre regras anteriores. Como no caso do PPA (tema do próximo tópico), a regra de ouro permanecia inalterada desde 1988, enquanto novas regras pouco a pouco passavam a cumprir o papel disciplinador da política fiscal. Em 2018, contudo, a iminência de descumprimento atraiu as atenções para a regra de ouro. Embora ultrapassada e com falhas de desenho (COURI et al., 2018), a manutenção da regra, ao longo do tempo, criou um risco real de violação de comando constitucional.

Quadro 1. Principais regras fiscais no Brasil

Regra	Tipo	Base legal	Abrangência	Situação
Regra de ouro	Resultado	Constituição (art. 167, III)	Todos os entes	Vigente
Limite de endividamento	Dívida	Constituição (arts. 52, VI e IX, e 48, XIV)	Todos os entes	União: não instituído; demais entes: vigente
Meta de resultado primário	Resultado	LRF (art. 4º, § 1º)	Todos os entes	Vigente
Limite de gastos de pessoal	Despesa	Constituição (art. 169) e LRF (arts. 19 e 20)	Todos os entes	Vigente
Teto de gastos primários	Despesa	Constituição (arts. 107 a 112, ADCT)	União	Vigente
Teto de gastos obrigatórios	Despesa	Constituição (art. 109, ADCT)	União	Vigente
Limite de resultado corrente	Resultado	Constituição (art. 167-A)	Estados e Municípios	Vigente

Fonte: IFI (2018) e autores. Elaborado pelos autores.

O caso da regra de ouro ilustra como o acúmulo de dispositivos eleva os custos do *compliance* orçamentário: é cada vez maior o desafio de cumprir todas as normas de finanças públicas. Nesse contexto, as decisões são guiadas mais pela segurança jurídica do que pela racionalidade fiscal e acabam agravando o labirinto de regras orçamentárias. Os custos da inflação de regras também se expressam no comprometimento da transparência e na dificuldade adicional imposta aos órgãos de controle.

O PPA não deu certo

Antes da Constituição de 1988, havia apenas uma lei orçamentária de caráter temporário, que era a LOA. A Constituição Cidadã trouxe duas inovações: a LDO e o PPA. Apesar de sua sigla usual, o PPA não é só plano; também é lei. No modelo em vigor, portanto, devem ser periodicamente aprovadas três "leis orçamentárias"[8]: a LDO e a LOA, anualmente; e o PPA, a cada quatro anos. A iniciativa é sempre do Executivo.

---

8   Essas leis são disciplinadas pela seção da Constituição denominada "Dos Orçamentos" (arts. 165 a 169).

Esse arcabouço chama atenção pela sua complexidade, com três leis no lugar de uma. A questão é: com mais leis, o processo orçamentário cresceu em qualidade? Neste tópico, tal análise recai sobre o PPA, o mais polêmico dos três instrumentos. Pela letra da Constituição (art. 165, § 1º), a lei do PPA deveria estabelecer – para um período de quatro anos – "diretrizes, objetivos e metas" para despesas de capital (ex.: construção de escolas) e para despesas delas decorrentes (ex.: salários de professores), bem como para programas de duração continuada (ex.: Bolsa Família). Tudo isso de forma regionalizada.

Dificilmente alguém se oporia a algo conceitualmente tão nobre, teoricamente capaz de sanar a miopia orçamentária, alargando os horizontes para além de um ano em conexão com a atividade de planejamento governamental. Na prática, porém, nem tudo são flores. A integração entre o PPA e os orçamentos anuais se provou espinhosa, e, passados 30 anos, o PPA ainda desperta controvérsias, ao menos no âmbito federal.

Há mais de uma explicação para isso. Uma delas está associada ao fato de o PPA não ter encontrado um modelo que se sustentasse no tempo[9]. Já foram aprovados oito PPAs federais: um no governo Collor; dois no governo FHC; dois no governo Lula; dois no governo Dilma; e o último no governo Bolsonaro. Ao longo desse percurso, o PPA experimentou grande oscilação e instabilidade metodológica. Nos governos FHC e Lula, por exemplo, o PPA tornou-se demasiadamente analítico, com nível de detalhamento semelhante ao da LOA, o que atraiu a crítica de ter se tornado uma espécie de "orçamento plurianual". Já o PPA em vigor assumiu feição diametralmente oposta, tornando-se muito mais sintético, porém menos informativo.

Por trás da falta de clareza sobre o que deveria compor o PPA, também há uma questão de fundo preocupante. Como a responsabilidade pela elaboração do PPA e da LOA foi atribuída a órgãos distintos, reforçou-se a lógica de "silos" burocráticos, com desencontros institucionais e disputas de espaços entre esses instrumentos. Desse modo, no lugar de promover a integração entre planos e orçamentos, o novo modelo acabou por tornar conflituosa a relação entre PPA e LOA.

No plano conceitual, isso também teve consequências indesejáveis, nem sempre entendidas com a devida clareza. A estrutura de silos fomentou o frágil entendimento de que ao PPA caberia a gestão dos "programas" (conjunto articulado de ações que visam ao alcance de um objetivo),

---

9   Cf. IPEA (2021).

enquanto a LOA deveria se limitar ao detalhamento das "ações" de cada programa. Empobreceu-se, assim, a dimensão analítica dos órgãos encarregados pela coordenação do orçamento, na mesma medida em que se partiu em dois pedaços o que poderia ser tratado em um só local – o próprio orçamento, estruturado por programas.

Adotado por vários países desde a segunda metade do século passado, o orçamento-programa não exige o tipo de duplicidade que se criou no Brasil. Foi sintomática, nesse sentido, a declaração do renomado especialista Allen Schick de que o Brasil não deveria ter "dois orçamentos"[10]. De fato, parece mais coerente que o orçamento assuma a dimensão programática do gasto público, inclusive em perspectiva plurianual, sob a coordenação de um mesmo órgão e sem a necessidade de uma nova lei.

A atenção política ao PPA, por sua vez, também parece ser inexpressiva, especialmente no Congresso Nacional, onde o Plano é votado sob rito meramente formalístico, a cada quatro anos. Possivelmente, isso ocorre porque o PPA não tem poderes de autorizar despesas, reservados exclusivamente à LOA. Desse modo, a atenção parlamentar volta-se ao orçamento anual, único local onde se podem apresentar emendas capazes de se transformar em "despesas autorizadas".

Por mais de um ângulo, portanto, conclui-se que as soluções para o aprimoramento do processo orçamentário deveriam ser concebidas, inicialmente, em torno da própria LOA, que é o lugar onde se define a alocação de recursos escassos. Ao mesmo tempo, deve-se buscar um entendimento mais claro sobre a forma de articulação da LOA com os demais instrumentos de planejamento, de forma que se possa nortear, também, a futura regulamentação da matéria, examinada no tópico seguinte.

A eterna promessa de uma "nova 4.320"

A Constituição de 1988 prevê que lei complementar deve dispor sobre o exercício financeiro, a vigência, os prazos, a elaboração e a organização do PPA, da LDO e da LOA (art. 165, § 9º). Até hoje, no entanto, essa lei não foi aprovada, de modo que a norma geral que rege o processo orçamentário continua sendo a Lei n. 4.320, de 17 de março[11] de 1964, recepcionada pela Constituição Cidadã com *status* de lei complementar.

---

10 A frase *Brazil can't have two budgets* foi proferida em mesa de debates no então Ministério do Planejamento, em 2008.

11 A norma foi aprovada, portanto, ainda em ambiente democrático.

Ocorre que, à época da Lei n. 4.320, não existiam as figuras do PPA e da LDO, razão pela qual a referida lei nada dispõe sobre esses instrumentos. Criou-se, assim, um vácuo normativo que já dura mais de 30 anos.

A proposição em estágio mais avançado para se tornar a "nova 4.320" é o Projeto de Lei do Senado n. 229, de 2009. Aprovado em 2016 na Câmara Alta, o projeto encontra-se em tramitação na Câmara dos Deputados na forma do Projeto de Lei Complementar n. 295, de 2016, que há mais de quatro anos aguarda a criação de comissão temporária para deliberar sobre a matéria. O projeto prevê importantes avanços, a exemplo da previsão de que a LDO determine, a cada ano, o montante a ser gasto em investimentos em andamento e o espaço fiscal disponível para novos investimentos.

Assim constituído, especialmente por suas disposições relativas à gestão do espaço fiscal futuro, o referido projeto contém direcionamentos importantes para a modernização do processo orçamentário brasileiro. Nessa esteira, a proposição mereceria ser reexaminada à luz das boas práticas internacionais, a exemplo do *"Medium-Term Expenditure Framework"* (MTEF) e do *"Spending Review"*, discutidas na Parte III deste artigo. Tais práticas têm por objetivo justamente a gestão do espaço fiscal e a priorização de despesas públicas, aspectos que têm se revelado da maior importância para o Brasil atual.

A LDO não alcançou sua missão constitucional mais estratégica de fixar metas e prioridades da administração pública (art. 165, § 2º, da Constituição), passando a concentrar-se, excessivamente, em seu aspecto mais operacional de orientar a elaboração da LOA, conforme discutido no tópico adiante.

A hipertrofia operacional da LDO

A LDO deveria ocupar uma posição estratégica para o ciclo orçamentário. É ela quem estabelece o cenário fiscal de referência para a elaboração da proposta orçamentária. Esse papel se expressa, principalmente, na definição da meta de resultado primário para o exercício a que se refere e os dois seguintes[12]. Recentemente, a Emenda Constitucional n. 109, de 2021, reforçou a importância da LDO ao exigir que as diretrizes de política fiscal por ela estabelecidas estejam "em consonância com trajetória sustentável da dívida pública"[13].

---

12   Art. 4º, § 1º, da LRF.

13   Art. 165, § 2º, da Constituição Federal.

A relevância da LDO vai além. Ela orienta a elaboração da lei orçamentária não apenas por meio do plano macrofiscal, mas também ao estabelecer as "regras do jogo", os critérios operacionais que os Poderes e órgãos autônomos deverão observar na preparação dos seus orçamentos.

A LDO está prevista na Constituição desde 1988. De lá para cá, suas funções foram ampliadas consideravelmente. Parte dos acréscimos ocorreu no próprio texto constitucional, como no caso da EC 102, de 2019, que incluiu a previsão de novo anexo na LDO[14]. As novas funções, contudo, derivam principalmente da legislação infraconstitucional, em particular da LRF. Em pelo menos quinze passagens, a LRF remete à LDO o dever de disciplinar, em bases anuais, algum tema de finanças públicas.

É razoável imaginar que a apreciação, uma vez ao ano, de uma grande quantidade de normas em tempo exíguo[15] reduza a transparência do processo e praticamente inviabilize o controle pleno das regras de finanças públicas. Mas a hipertrofia da LDO prejudica o processo orçamentário também por outros canais.

Um deles é a inclusão na LDO de normas que deveriam ter regramento permanente, sem se sujeitar aos riscos do escrutínio anual do Legislativo. Os dispositivos que regulamentam o descumprimento da regra de ouro são um bom exemplo. A Constituição permite a inobservância da regra desde que autorizada pelo Legislativo. Essa autorização tem sido disciplinada pela LDO desde 2019. A violação da regra de ouro poderia ter consequências indesejáveis, como o *default* da dívida ou até mesmo um processo de impeachment do Presidente da República. Portanto, a necessidade de aprovar anualmente tais dispositivos gera uma tensão à gestão fiscal que poderia ser evitada caso fossem deslocados para a legislação permanente.

Além disso, a LDO tem se transformado em verdadeira norma experimental. Algumas das mudanças recentes na Constituição tiveram um primeiro ensaio na lei de diretrizes. O caso mais emblemático é o da execução mínima de emendas parlamentares (as chamadas "emendas impositivas").

---

14   Art. 165, § 12: Integrará a lei de diretrizes orçamentárias, para o exercício a que se refere e, pelo menos, para os 2 (dois) exercícios subsequentes, anexo com previsão de agregados fiscais e a proporção dos recursos para investimentos que serão alocados na lei orçamentária anual para a continuidade daqueles em andamento.

15   De acordo com o art. 35 do ADCT, o projeto de lei de diretrizes orçamentárias será encaminhado até quinze de abril e devolvido para sanção até o encerramento do primeiro período da sessão legislativa.

O experimento começou na LDO de 2014 com as emendas individuais. Em 2015, a garantia de execução foi alçada à Lei Maior pela Emenda Constitucional n. 86, de 2015. No ano seguinte, a LDO estendeu o regime especial de execução às emendas parlamentares provenientes das bancadas estaduais. E três anos depois, em 2019, a Emenda Constitucional n. 100 tratou de dar *status* constitucional também às emendas de bancada.

Os experimentos e excessos da LDO podem gerar questionamentos quanto à validade de parte dos seus dispositivos, dado que a fixação de normas gerais de finanças públicas é reservada à legislação complementar. A despeito disso, o fato é que o alargamento da LDO tem como pano de fundo a fragmentação decisória do Legislativo, tema do próximo tópico.

A fragmentação paroquial no Legislativo

O Congresso Nacional tornou-se coprotagonista na alocação de recursos públicos, e isso ocorre em contexto de elevadíssima rigidez orçamentária. O pouco que há de margem de manobra no orçamento (menos de 10% das despesas primárias[16]) é significativamente definido pelo Legislativo. Destaque-se que, em 2020 e 2021, as emendas orçamentárias foram responsáveis por mais de 50% dos investimentos autorizados nos orçamentos fiscal e da seguridade social (OFSS) da União.

Tabela 1. Peso relativo das emendas no OFSS de 2020 e 2021 (R$ bilhões)

Despesas discricionárias	2020	2021		
	Autógrafo[3]	Autógrafo[3]	Vetos	LOA inicial
Total	135,9	148,9	19,8	129,2
Emendas[1]	46,2	47,4	11,9	35,5
% de emendas	34,0	31,8	-	27,5
Investimentos (GND 4)[2]	39,5	49,6	14,4	35,2
Emendas[1]	22,1	27,2	8,6	18,6
% de emendas	55,9	54,8	-	52,7

---

16 Acompanha-se, aqui, a forma de cálculo adotada no Raio-X do Orçamento da União para 2021, disponível em: https://www2.camara.leg.br/orcamento-da-uniao/raio-x-do-orcamento/raio-x-2021/raio-x-do-orcamento-2021-autografo-v-15-04-2021-1.

Fonte: SIGA Brasil (Senado Federal), a partir de consulta feita pelos autores.
1. Por limitações informacionais da LOA, foram desconsideradas as emendas de bancada "RP 2".
2. O Grupo de Natureza de Despesa (GND) é utilizado para agregar despesas de mesmas características quanto ao objeto de gasto. As despesas com investimentos são classificadas com o GND 4.
3. Autógrafos representam os substitutivos aprovados em definitivo pelo Congresso e encaminhados ao Presidente da República para sanção ou veto. Em 2020 não houve vetos às emendas.

O que mais preocupa, nesse contexto, é a fragilidade do processo de definição das emendas orçamentárias. Conforme Tabela 2, a maior parte das emendas tem sido definida por um único parlamentar – o relator-geral do orçamento (emendas "RP 9").

Tabela 2. Emendas aos orçamentos de 2020 e 2021, por autor

Autor[1]	2020		2021			
	Autógrafo		Autógrafo		LOA inicial[2]	
	R$ bilhões	%	R$ bilhões	%	R$ bilhões	%
Individuais (RP 6)	9,5	20,5	9,7	19,6	9,7	27,2
Bancadas estaduais (RP 7)	5,9	12,8	7,3	14,8	7,3	20,6
Comissões permanentes (RP 8)	0,7	1,5	1,4	2,9	0,0	0,0
Relator-geral (RP 9)	30,1	65,2	29,0	58,9	18,5	52,2
Total	46,2	100,0	47,4	100,0	35,5	100,0

Fonte: SIGA Brasil (Senado Federal), a partir de consulta feita pelos autores, e Consultorias de Orçamento da Câmara dos Deputados e do Senado Federal. Elaborado pelos autores.
1. O RP – Identificador de Resultado Primário é um classificador orçamentário que auxilia a apuração do resultado primário, assim como a identificação das emendas parlamentares.
2. Reflete o efeito dos vetos presidenciais sobre o Autógrafo.

O que explica o quadro atual, marcado pela predominância de emendas individuais, de bancadas estaduais e de relator-geral, em detrimento das emendas de comissões temáticas? Como poderia um único parlamentar (o relator-geral) exercer tamanha influência na elaboração do orçamento? E como poderiam as comissões temáticas, que em tese representam a instância congressual mais qualificada para discutir políticas públicas, terem participação irrelevante na definição do gasto público?

A resposta a essas indagações passa pelo reconhecimento de que as emendas ao orçamento são instrumentos de grande interesse político tanto para os parlamentares quanto para o Executivo. As emendas individuais e de bancada, por serem geograficamente circunscritas, atendem com facilidade a demandas paroquiais (*pork barrel spendings*) motivadas pela conexão de parlamentares com suas bases eleitorais. As emendas de relator-geral, por sua vez, podem ser utilizadas pelo Executivo como parte da sua "caixa de ferramentas" na gestão do presidencialismo de coalizão.

Não bastasse isso, uma série de reportagens do jornal O Estado de São Paulo, de maio de 2021, levou a público a denúncia de um suposto "orçamento secreto" em torno das emendas de relator-geral ao orçamento de 2020[17]. O episódio também ficou conhecido como "tratoraço", haja vista a descoberta de ofícios de parlamentares que indicavam a compra de tratores e maquinários agrícolas por meio dessas emendas.

Polêmicas à parte, ainda que não houvesse emendas de relator-geral, fato é que o atual modelo de emendas ao orçamento continuaria disfuncional, com enorme fragmentação decisória. Pelas regras vigentes, cada um dos 594 parlamentares (deputados e senadores) pode apresentar até 25 emendas orçamentárias. No limite, portanto, podem ser incluídas até 14.850 emendas individuais nos orçamentos anuais. Não se tem notícia de que haja, no mundo, exemplo de outro país com regras semelhantes, que estimulem tamanha pulverização alocativa[18].

É evidente, em resumo, que o modelo atual favorece a fragmentação paroquial em detrimento da priorização estratégica do gasto público. A alteração desse estado de coisas requer a substituição do modelo em vigor por outro mais colegiado e especializado, no qual as comissões temáticas seriam o fórum de elaboração de emendas ao orçamento, com a participação da sociedade em audiências públicas. Esse novo modelo de governança legislativa orçamentária aproximaria o orçamento federal da análise de políticas públicas e incentivaria o Congresso Nacional a atuar de forma mais qualificada na definição de prioridades alocativas.

---

17   Conforme apontado por reportagens de Breno Pires no jornal *O Estado de São Paulo* em 2021. Disponível em: https://politica.estadao.com.br/noticias/geral,leia--todas-as-reportagens-sobre-o-orcamento-secreto,70003719972.

18   Embora o orçamento federal dos Estados Unidos da América também seja marcado pela grande quantidade de rubricas particularistas (*earmarks*), tal sistemática é bastante polêmica naquele país e não é institucionalizada como no caso brasileiro (BIJOS, 2021).

Miopia alocativa

Em junho de 2019, a polícia federal ameaçou paralisar a emissão de passaportes alegando que o orçamento do ano só permitiria que o serviço fosse prestado até meados de agosto. A míngua estaria relacionada ao contingenciamento promovido pelo governo com vistas ao cumprimento da meta fiscal daquele ano.

Três anos antes, na véspera dos jogos olímpicos, o Presidente da República enviava ao Congresso projeto de lei que concedia 37% de aumento às carreiras da polícia federal[19]. Em dezembro, o reajuste foi aprovado pelo Legislativo.

Esses dois eventos estão mais relacionados do que possam parecer. A falta de recursos para emissão de passaporte foi consequência, entre outros fatores, do crescimento dos gastos obrigatórios, como os salários dos servidores da própria polícia federal. Isso ocorre porque os efeitos de médio prazo da concessão de reajustes salariais sobre o funcionamento dos serviços públicos – a exemplo da emissão de passaportes – não estão sendo adequadamente considerados nas projeções orçamentárias.

Se é relativamente fácil perceber que grande parte das despesas que realizamos hoje é definida no passado, por que frequentemente negligenciamos o efeito futuro de escolhas feitas no presente?

A prevalência do curto prazo nas decisões orçamentárias reflete o comportamento esperado de agentes políticos que buscam implementar políticas que maximizem suas chances de reeleição[20]. No plano fiscal, essa conduta pode se traduzir em gastos, subsídios e isenções tributárias que desmereçam o efeito dessas escolhas sobre orçamentos futuros.

A negligência com o futuro pode fazer com que as próximas gerações arquem com o ônus fiscal de gastos que não a beneficiaram. Esse ônus pode ocorrer, por exemplo, via aumento de tributos ou diminuição do espaço para acomodar novas despesas.

Daí a importância de mecanismos que induzam os governos a internalizar as perspectivas de longo prazo em suas escolhas alocativas. A existência de um Banco Central autônomo no controle da inflação ou o

---

19 Projeto de lei n. 5.865, de 2016, transformado na Lei n. 13.371, de 2016.

20 A relação entre ciclos políticos e economia é um tema bastante estudado no campo das ciências sociais. Especificamente em relação à política fiscal, uma das principais referências é Rogoff (1990). Para o caso brasileiro, ver, por exemplo, Meneguin, Bugarin e Carvalho (2005) e Sakurai e Menezes-Filho (2008).

estabelecimento de regras fiscais são bons exemplos de como conter o viés imediatista dos agentes políticos (VAN EDEN; KHEMANI; EMERY, 2013).

No plano normativo, devem-se reconhecer alguns avanços. A LRF prevê a fixação de metas anuais de resultado primário (receitas menos despesas, sem contar os juros) para os três exercícios seguintes e exige a compensação de medidas que ampliem gastos obrigatórios ou renúncias de receitas. O Anexo de Riscos Fiscais que acompanha a LDO, outro bom exemplo, traz análises de sensibilidade de receitas e despesas e testes de estresse em variáveis macroeconômicas para lidar com incerteza no médio prazo. O projeto de LDO, por sua vez, deve estar acompanhado de avaliações sobre a situação financeira e atuarial dos regimes de previdência. Mais recentemente, o Senado Federal criou a Instituição Fiscal Independente (IFI), órgão com prerrogativa de elaborar projeções macrofiscais e de calcular o impacto de eventos fiscais relevantes sobre as contas públicas[21].

As regras atuais, todavia, não têm sido capazes de tratar adequadamente os dilemas intertemporais na aplicação dos recursos públicos. A solução parece depender da adoção plena do MTEF, a exemplo do que ocorre na maior parte dos países desenvolvidos[22]. Recentemente, como visto, a Emenda Constitucional n. 102, de 2019, incluiu a possibilidade de que a lei orçamentária anual (LOA) contenha previsões de despesas para exercícios seguintes, com a especificação dos investimentos plurianuais e daqueles em andamento; também criou um anexo para a LDO, que deve conter a previsão plurianual de agregados fiscais e a proporção dos recursos para investimentos que serão alocados na LOA. Os novos comandos podem preparar o terreno para que se avance na implementação do MTEF no Brasil (sobre o qual falaremos na Parte III deste capítulo).

O desafio maior passa a ser a superação da cultura orçamentária, de modo que o espaço fiscal futuro seja efetivamente gerenciado para lidar com novas demandas da sociedade. Só assim o Estado será capaz de agir antecipadamente para evitar que o orçamento se torne cada vez mais rígido, tema da próxima seção.

---

21 A IFI foi criada por meio da Resolução do Senado n. 42, de 2016.

22 No âmbito da OCDE, por exemplo, levantamento recente aponta que apenas Bélgica, México e Noruega ainda não adotam o MTEF (OCDE, 2019).

Rigidez orçamentária

O orçamento público é rígido quando a "margem de manobra" para alocação de recursos é pequena. Isso pode ser caracterizado por níveis elevados de despesas obrigatórias ou de vinculações de receitas. No orçamento da União de 2021, por exemplo, as despesas obrigatórias corresponderam a 90,2% das despesas primárias (não financeiras)[23] autorizadas. Noutras palavras, as despesas discricionárias, de livre alocação, atualmente representaram menos de 10% das despesas primárias.

Essa elevada rigidez não é gratuita. É fruto da falta de visão estratégica quanto à trajetória das despesas obrigatórias, que se expandiram nos últimos anos a despeito das restrições impostas pela LRF. De fato, as despesas primárias obrigatórias do governo central (União menos estatais federais) saltaram de 12% do PIB, em 2003, para 17,3% do PIB em 2015 (BRASIL, 2021), quando se deflagrou um processo de desequilíbrio persistente das contas públicas.

Do lado das receitas, a rigidez manifesta-se no excesso de vinculações. Embora a Constituição proíba, como regra geral (art. 167, IV), a vinculação de receita de impostos a órgão, fundo ou despesa, ela mesma prevê uma série de exceções[24], a exemplo dos chamados "mínimos constitucionais" da saúde e da educação. Por determinação da própria Lei Magna, a União deve aplicar anualmente, no mínimo: (i) 15% da respectiva receita corrente líquida (RCL) em ações e serviços públicos de saúde (art. 198, § 2º, I); e (ii) 18% da receita resultante de impostos na manutenção e desenvolvimento do ensino (art. 212, *caput*).

As vinculações são importantes instrumentos para evitar a captura, pelas elites locais, de recursos públicos que deveriam ser aplicados em favor da maioria da população, como nos casos da educação e saúde públicas (MENEZES-FILHO, 2020). Mas não se devem negligenciar os problemas que as acompanham. Em primeiro lugar, despesas atreladas à receita assumem caráter pró-cíclico (aumentam ou diminuem juntamente com a receita), enquanto o tecnicamente aconselhável é que a despesa

---

23 Excluídas as despesas primárias relativas a transferências aos demais entes da Federação. Acompanha-se, aqui, a forma de cálculo adotada no Raio-X do Orçamento da União para 2021, disponível em: https://www2.camara.leg.br/orcamento-da-uniao/raio-x-do-orcamento/raio-x-2021/raio-x-do-orcamento-2021--autografo-v-15-04-2021-1.

24 Algumas delas estipuladas no próprio inciso IV do art. 167 da Constituição, bem como no § 4º do mesmo artigo.

pública tenha comportamento anticíclico[25]. Em segundo lugar, a fixação de valores mínimos em determinado momento histórico pode perder sentido em face de necessidades futuras. O aumento da população idosa, por exemplo, tende a ampliar gastos com saúde, ao passo que a redução da população jovem tende a reduzir a pressão por gastos com educação. Tal cenário poderia justificar, por exemplo, a unificação dos "pisos" (mínimos constitucionais) da saúde e da educação, muito embora uma reformulação dessa natureza não deva ocorrer de forma precipitada, devendo-se ponderar, sempre, os prós e contras de cada vinculação.

O orçamento público deve ser concebido para atender a necessidades do futuro, não às do passado. Em regra, deveria ser evitada a definição prévia de "parâmetros mágicos" para elaboração dos orçamentos anuais. Um exemplo quase caricato, nesse sentido, é a atual fórmula de destinação de recursos federais à irrigação. Reza a Constituição que, durante 40 anos (contados desde 2015), devem ser aplicados 20% desses recursos na Região Centro-Oeste e 50% na Região Nordeste (art. 42 do ADCT).

Outro fator preocupante é o descontrole dos gastos tributários da União. Assim como no caso das despesas obrigatórias, as renúncias tributárias cresceram expressivamente nos últimos anos, apesar das limitações impostas pela LRF. De 2003 a 2015, saltaram de 2% para 4,5% do PIB. Trata-se de aspecto pertinente à análise da rigidez orçamentária porque 85% do estoque de gastos tributários da União são de vigência indeterminada[26].

Disso resulta que os orçamentos futuros serão impactados pela maior parte das renúncias em vigor, a não ser que sejam objeto de revisões legislativas. Apenas um pequeno volume de renúncias, com efeito, é alcançado por cláusulas de vigência (*sunset clauses*) recorrentemente estipuladas nas LDOs da União, que estipulam o prazo máximo de cinco anos para proposições legislativas que concedam, renovem ou ampliem benefícios tributários.

A Emenda Constitucional n. 109, de 2021, buscou endereçar esse problema ao exigir que o Presidente da República encaminhe ao Congresso

---

25 Essa foi uma das razões pelas quais o Novo Regime Fiscal, instituído pela Emenda Constitucional n. 95, de 2016, suspendeu as vinculações em comento (saúde e educação) durante sua vigência, passando a atualizar os mínimos constitucionais com base na inflação medida pelo IPCA.

26 Conforme consignado no Acórdão TCU-Plenário n. 1270-2018 (BRASIL, 2018).

plano de redução gradual renúncias tributárias para que, no prazo de até oito anos, o volume total dessas renúncias não ultrapasse 2% do PIB.

Deve-se ressaltar, porém, que a efetividade dessa nova diretriz constitucional, assim como de outras medidas destinadas à redução da rigidez orçamentária, pode ser comprometida pela falta de regras de *enforcement* e pela baixa institucionalização do processo de avaliação de políticas públicas no País. Afinal, seja para reduzir gastos tributários, ou para redimensionar despesas obrigatórias, o recomendável é que haja subsídios técnicos qualificados para tais decisões. Embora já seja possível identificar avanços nesse sentido, a exemplo da implementação, em 2019, do Conselho de Monitoramento e Avaliação de Políticas Públicas (CMAP)[27], ainda resta em aberto o desafio de integrar o processo de avalição de políticas públicas com o processo orçamentário.

PARTE III – POR UM NOVO MARCO ORÇAMENTÁRIO

O diagnóstico apresentado neste artigo torna clara a necessidade de uma reforma fiscal e orçamentária no Brasil. Os principais problemas mapeados foram: (i) crescimento desordenado de regras fiscais cada vez mais confusas; (ii) arcabouço disfuncional de "leis orçamentárias", com a persistência do PPA como lei figurativa e pouco representativa do planejamento estratégico governamental; (iii) carência de uma lei de finanças públicas atualizada no tempo, com a reiterada protelação da "nova 4320"; (iv) perpetuação da LDO como laboratório da experimentação de normas orçamentárias; (v) fragmentação e paroquialismo na alocação de recursos pelo Congresso Nacional; (vi) miopia das decisões alocativas, com precária gestão de espaço fiscal futuro; e (vii) elevada rigidez orçamentária.

Todos esses elementos deveriam ser levados em consideração no desenho de um novo marco fiscal e orçamentário para o País. Um arranjo moderno, todavia, não pode ser construído de forma incremental e por improviso, com a aplicação de "remendo novo em tecido velho", tal como tem ocorrido nos últimos anos. Na realidade, o atual estado de coisas

---

27 O CMAP é um colegiado consultivo do Poder Executivo responsável pela avaliação de políticas públicas financiadas pela União, seja na forma de gastos diretos ou indiretos (renúncias de receitas). Conforme ressaltado por Regatieri (2020), o CMAP segue a boa prática internacional de estar integrado a órgãos centrais do governo, sob a supervisão do Ministério da Economia, porém realiza apenas avaliações *ex post*, de tal sorte que o referido colegiado ainda mereceria evoluir para a realização de avaliações *ex ante* de políticas públicas.

requer, em alguns casos, até mesmo o afastamento de parte das regras existentes.

A Constituição de 1988 mereceria ser amplamente simplificada, reposicionando-a como norma orientadora do arcabouço jurídico. Não há sentido, por exemplo, em manter a constitucionalização de regras relativas a emendas orçamentárias individuais e de bancadas estaduais, que apenas agravam a rigidez, a fragmentação e o paroquialismo da despesa pública. Tais normas mereceriam ser afastadas do texto constitucional. De outro lado, sobretudo no plano infraconstitucional, caberia promover a substancial reconfiguração da LDO, com ênfase no fortalecimento da sua capacidade de antecipar a definição de metas e prioridades da despesa pública, em estrita conexão: (i) com a gestão de espaço fiscal futuro, em perspectiva plurianual; e (ii) com o processo de planejamento estratégico governamental, mais gerencial e menos legalista.

Não é intenção deste artigo, todavia, apresentar a definição pormenorizada de todos os elementos constituintes de um novo marco legal para as finanças públicas do país. O que se pretende realçar, a esta altura, são as diretrizes gerais das soluções que poderiam nortear essa reforma, tal como apresentado adiante, na forma de um tripé orçamentário.

Tripé Orçamentário

Defende-se neste artigo que o novo marco legal em discussão deve assentar-se no seguinte tripé orçamentário: (1) regra fiscal de despesa; (2) arcabouço fiscal e orçamentário de médio prazo; e (3) revisão periódica do gasto público.

1. Regra fiscal de despesa

O primeiro componente do tripé orçamentário, ora proposto, é sua âncora fiscal, a ser materializada na forma de uma nova regra fiscal de despesa, concebida a partir do aprendizado decorrente da experiência brasileira recente com o teto de gastos, em seus aspectos positivos e negativos. Sem descurar das necessidades de políticas públicas do País, essa regra deve ter em mira o compromisso com a geração de resultados fiscais consistentes com o objetivo de garantir a sustentabilidade da dívida pública.

Apesar das críticas ao seu desenho e com a credibilidade em xeque, o teto de gastos da União tem contribuído para conter o crescimento da despesa primária federal como proporção do PIB e ancorar expectativas quanto à sustentabilidade da dívida pública. O cumprimento da regra tem convivido, por exemplo, com a compressão dos investimentos públicos, que já se encontram em seu menor patamar histórico. Uma nova regra de despesa, portanto, deve ser mais flexível e realista nesse sentido, de sorte a viabilizar níveis de despesas públicas compatíveis com a estratégia de desenvolvimento do País.

2. Marco fiscal e orçamentário de médio prazo

O segundo elemento é a institucionalização de um marco fiscal e orçamentário de médio prazo, em substituição ao PPA. Isso significa aderir à boa prática internacional designada *Medium-Term Expenditure Framework* (MTEF), amplamente utilizada por democracias desenvolvidas. Em síntese, o MTEF parte da construção de um cenário fiscal de médio prazo, robustamente elaborado, acompanhado da definição de metas plurianuais para a dívida pública. A partir disso, deriva-se o resultado fiscal (receitas menos despesas) requerido para o cumprimento das referidas metas de endividamento, bem como o espaço fiscal disponível para alocação de recursos orçamentários no médio prazo. Essa prática tende a mitigar a miopia orçamentária, incutindo maior senso de antevisão estratégica ao processo alocativo, na medida em que a sociedade e o governo são estimulados a debater, com antecedência, qual será o destino do espaço fiscal disponível para orçamentos futuros.

Considerando que a LRF atribuiu à lei de diretrizes orçamentárias a missão de lei definidora de metas fiscais de médio prazo, a implementação do MTEF, no Brasil, poderia ser naturalmente operacionalizada no âmbito da LDO. A sistematização dessa articulação entre a LDO e o MTEF poderia ser considerada na elaboração da nova lei complementar de finanças públicas, ou "nova 4.320".

No terreno prático, também seria recomendável fomentar o alinhamento do MTEF à atividade de planejamento estratégico governamental, sobretudo sob a coordenação do centro de governo[28]. Nessa esteira, para que o MTEF fosse aproximado da análise de políticas públicas, seria desejável associá-lo à prática de revisão periódica do gasto público, que representa justamente o terceiro elemento do tripé em discussão. Ao contrário do que ocorre com o modelo do PPA, a adoção da abordagem do MTEF pela LDO, juntamente com a prática de revisão periódica do

---

28 Em 28 países da OCDE, praticantes do MTEF, seus órgãos centrais de orçamento são reconhecidos como agentes promotores de alinhamento do MTEF à atividade de planejamento estratégico (OCDE, 2019).

gasto, seria capaz de conciliar objetivos de políticas públicas com objetivos de política fiscal.

3. Revisão periódica do gasto público

O último componente do tripé orçamentário é a revisão periódica do gasto público, ou simplesmente Revisão do Gasto (RG). Trata-se, igualmente, da boa prática internacional (conhecida como *Spending Review*), adotada por 27 países-membros da Organização para Cooperação e Desenvolvimento Econômico (OCDE)[29]. A RG consiste no reexame sistemático dos gastos existentes com o objetivo de reduzir o tamanho do gasto público ou criar espaço fiscal para a redefinição das prioridades do lado das despesas. A RG pode fomentar a avaliação do desempenho de programas, processos e órgãos públicos, com foco tanto em revisões de eficiência quanto em revisões estratégicas (ROBINSON, 2014). Enquanto as revisões de eficiência restringem-se a avaliar se as políticas públicas em curso poderiam ser mantidas a custos menores, as revisões estratégicas questionam a "razão de ser" das despesas públicas em vigor. Nessa esteira, Schick (2014) sublinha que as revisões estratégicas podem suscitar interrogações estruturantes em relação: aos propósitos de organizações e programas públicos; às razões que justificam a assunção de determinada função pelo Estado; à possibilidade de certas atividades serem privatizadas; e à existência de arranjos alternativos de financiamento de políticas públicas.

Dada a sua capacidade estratégica de estimular a conexão entre orçamento público e políticas públicas, a RG tem sido apontada pela literatura especializada[30] como importante ferramenta (ou subcomponente) da chamada orçamentação por desempenho (*performance budgeting*), que tem por objetivo justamente o uso de informações de desempenho na alocação de recursos públicos. Cabe salientar, nesse sentido, que a integração da RG com o processo orçamentário é uma tendência em curso no âmbito da OCDE. Dos 27 países-membros praticantes da RG, dezessete já a adotam como exercício de periodicidade anual (OCDE, 2019).

---

29 Cabe registrar que, entre os seis países da OCDE que ainda não utilizam o *Spending Review*, Coreia do Sul, Islândia e Turquia já analisam aderir a essa prática, de modo que apenas Bélgica, Chile e República Checa ainda não a incluíram em sua agenda de reformas orçamentárias (OCDE, 2019).

30 A exemplo de Robinson (2014) e Shaw (2016).

O Projeto de Lei Complementar do Senado n. 428, de 2017, propõe a institucionalização da RG na forma de um Plano de Revisão Periódica de Gastos, a ser incluído como anexo ao plano de governo remetido pelo Presidente da República ao Congresso Nacional na abertura da sessão legislativa[31]. Na avaliação de Afonso e Ribeiro (2020, p. 22), tal sistemática "representaria uma verdadeira revolução na articulação entre as agendas legislativa e orçamentária, ainda muito pouco sensíveis à avaliação de desempenho das políticas públicas".

Em síntese, o tripé orçamentário opera sob a seguinte lógica resumida: a regra fiscal de despesa, periodicamente reavaliada, impõe limites objetivos ao tamanho da despesa pública, desse modo restringindo seu crescimento descontrolado. À luz desses limites e de metas para a dívida pública, marcos orçamentários de médio prazo ampliam os horizontes alocativos, estimulando o debate antecipado sobre o uso do espaço fiscal em orçamentos futuros, em articulação com atividade de planejamento governamental. Por fim, a Revisão do Gasto exige que as despesas já existentes ("base orçamentária") sejam periodicamente reavaliadas, evitando-se sua perpetuação acrítica ao longo do tempo. Essa é a síntese do tripé preconizado neste artigo.

Nesse novo arranjo, os conselhos fiscais (ou instituições fiscais independentes) devem salvaguardar o compromisso com a disciplina fiscal. Conselhos fiscais são agências independentes e apartidárias com competência para avaliar políticas, planos, regras e desempenho fiscais (DEBRUN et al., 2013). O surgimento dessas instituições, particularmente no rescaldo da crise financeira de 2008, está associado à tendência de os governos incorrerem em deficits excessivos, levando ao crescimento do endividamento público.

O viés deficitário, por sua vez, reflete as falhas na coordenação de variados grupos competindo pela apropriação de recursos públicos limitados (*common pool problem*), a preocupação dos agentes políticos com a reeleição (levando a gastos pré-eleitorais oportunistas) ou a compreensão imperfeita da restrição orçamentária do governo pela população em geral (DEBRUN et al., 2013).

---

31 O envio do plano de governo já está previsto no art. 84, XI, da Constituição Federal: "Art. 84. Compete privativamente ao Presidente da República: XI – remeter mensagem e plano de governo ao Congresso Nacional por ocasião da abertura da sessão legislativa, expondo a situação do País e solicitando as providências que julgar necessárias; (...)".

Em 2016, existiam 39 conselhos fiscais entre os países-membros do Fundo Monetário Internacional (FMI), dois terços dos quais estabelecidos depois de 2007 (BEETSMA et al., 2019). O rol ainda não inclui a IFI, criada no fim de 2016[32]. A OCDE também possui uma base de dados das instituições fiscais independentes dos países-membros. A IFI foi incluída na base de dados da OCDE por ser o Brasil um parceiro-chave da Organização. A lista contém 36 instituições mais o *European Fiscal Board* da Comissão Europeia[33].

Dos 39 conselhos fiscais listados pelo FMI, dezesseis elaboram suas próprias projeções macrofiscais. Em quatro países – Bélgica, Holanda, Coreia do Sul e Reino Unido – as projeções do conselho fiscal devem ser consideradas durante o processo orçamentário. Nos conselhos da Holanda e da Bélgica, a influência das projeções vai além: elas vinculam o próprio orçamento. Há, ainda, o caso do OBR, conselho fiscal do Reino Unido, em que as estimativas são consideradas no processo orçamentário e eventual não utilização deve ser justificada. A IFI do Senado Federal elabora projeções para as principais variáveis macrofiscais, mas sem o poder de vincular o processo orçamentário da União.

PARTE IV – CONCLUSÃO

Demonstrou-se neste artigo que o Brasil padece de uma série de disfunções fiscais e orçamentárias. Houve uma considerável "inflação de regras" nos últimos anos, que tornou o arcabouço das finanças públicas do País altamente detalhista e complexo, até mesmo no âmbito da Constituição Federal. Em paralelo, problemas antigos continuam em cena ou até mesmo agravaram-se. Instrumentos de planejamento como o PPA e a LDO ainda não provaram seu valor para o aperfeiçoamento dos orçamentos anuais. A geração de despesas é dominada pelo "curto-prazismo", típico de interesses particularistas. As emendas parlamentares ao orçamento, demasiadamente fragmentadas e paroquiais, passam ao largo de discussões colegiadas temáticas e especializadas. Os orçamentos anuais, nessa esteira, tornaram-se cada vez mais rígidos, consumidos por um agigantado volume de despesas obrigatórias.

---

32 A Resolução do Senado Federal n. 42/2016, que criou a IFI, é do dia 1.º de novembro.

33 A IFI é a única instituição da base que não pertence a um país membro da OCDE. Os dados estão disponíveis em: https://www.oecd.org/gov/budgeting/parliamentary-budget-officials/.

É inadiável, portanto, a necessidade de uma ampla reforma das instituições fiscais e orçamentárias no Brasil. Tal reforma, porém, não pode repetir os erros dos últimos anos, quando mudanças do texto constitucional se acumularam de forma descoordenada, acidental e improvisada. Uma reforma exitosa, que se pretenda duradoura, deve ser fruto de uma estratégia bem definida. Neste artigo, defende-se a estratégia representada por um tripé orçamentário constituído por uma nova regra fiscal de despesa, por um arcabouço fiscal de médio prazo e pela revisão periódica do gasto público. Alinhada a boas práticas internacionais, essa proposta busca nortear um processo reformista capaz de reposicionar o orçamento público brasileiro como instrumento de alavancagem do desenvolvimento nacional, com responsabilidade fiscal.

REFERÊNCIAS

AFONSO, José Roberto R.; RIBEIRO, Leonardo C. Revisão dos gastos públicos no Brasil. **Revista Conjuntura Econômica,** set. 2020.

BEETSMA, Roel; DEBRUN, Xavier; FANG, Xiangming; KIM, Young; LLEDÓ, Victor; MBAYE, Samba; ZHANG, Xiaoxiao. Independent fiscal councils: Recent trends and performance. **European Journal of Political Economy,** v. 57, p. 53-69, 2019.

BIJOS, Paulo R. S. **Governança legislativa orçamentária**: da fragmentação paroquialista à priorização estratégica. Brasília, DF: Câmara dos Deputados, 2021. 77 p. (Estudo Técnico n. 8/2021).

BRASIL. Tribunal de Contas da União. **Acórdão 1270/2018-TCU-Plenário.** Relatório de Auditoria. Brasília, DF: Tribunal de Contas da União, 2018.

BRASIL. Ministério da Economia. **Resultado do Tesouro Nacional (RTN).** Brasília, DF: Ministério da Economia, 2021. Disponível em: https://www.gov.br/tesouronacional/pt-br/estatisticas-fiscais-e-planejamento/resultado-do-tesouro-nacional-rtn. Acesso em: 28 abr. 2021.

BRASIL. Instituição Fiscal Independente (IFI). **Relatório de Acompanhamento Fiscal,** n. 12, jan. 2018. Brasília, DF: IFI, 2018.

BRASIL. Instituição Fiscal Independente (IFI). **Relatório de Acompanhamento Fiscal,** n. 50, mar. 2018. Brasília, DF: IFI, 2021.

BRASIL. Instituto de Pesquisa Econômica Aplicada (IPEA). Planejamento governamental: planos plurianuais em crise. In: BARBOSA, Sheila; COUTO, Leandro (Org.). **Boletim de Análise Político-Institucional n. 27,** mar. 2021. Rio de Janeiro: IPEA, 2021.

COURI, Daniel; SALTO, Felipe; BARROS, Gabriel; ORAIR, Rodrigo. **Regra de ouro no Brasil: balanço e desafios**. IFI – Estudo Especial n. 5, abr. 2018. Brasília, DF: IFI, 2018.

DEBRUN, Xavier; KINDA, Tidiane; CURRISTINE, Teresa; EYRAUD, Luc; HARRIS, Jason; SEIWALD, Johann. **The Functions and Impact of Fiscal Councils**, IMF Policy Paper; july 16, 2013. Washington, DC: International Monetary Fund.

FUNDO MONETÁRIO INTERNACIONAL (FMI). Fiscal Council Dataset.

MENEGUIN, Fernando B.; BUGARIN, Maurício S.; CARVALHO, Alexandre Xavier Ywata de. **O que leva um governante à reeleição?** Brasília: IPEA, 2005. 27. p. (Texto para discussão, n. 1135).

MENEZES-FILHO, Naércio Aquino. "Gastos com saúde e educação". In: Salto, F. & Pellegrini, J. **Contas públicas no Brasil**. Editora Saraiva. 2020.

ORGANIZAÇÃO PARA A COOPERAÇÃO E DESENVOLVIMENTO ECO-NÔMICO (OCDE). **Budgeting and public expenditures in OECD countries 2019**. Paris: OECD Publishing, 2019.

PIRES, Breno. Orçamento secreto bilionário de Bolsonaro banca trator su-perfaturado em troca de apoio no Congresso. **O Estado de São Paulo**, São Paulo, 8 mai. 2021. Disponível em: https://politica.estadao.com.br/noticias/geral,bolsonaro-cria-orcamento-secreto-em-troca-de-apoio--do-congresso,70003708713. Acesso em: 31 jul. 2021.

REGATIERI, Rebeca. O monitoramento e a avaliação de políticas públicas. In: SALTO, F.S.; PELLEGRINI, J.A (org.). **Contas públicas no Brasil**. São Paulo: Saraiva, 2020.

ROBINSON, Marc. Spending reviews. OECD **Journal on Budgeting**, v. 13/2, 2014.

ROGOFF, Kenneth S. Equilibrium political budget cycles. **The American Economic Review**, p. 21-36, 1990.

SAKURAI, Sergio Naruhiko; MENEZES-FILHO, Naercio Aquino. Fiscal policy and reelection in Brazilian municipalities. **Public Choice**, v. 137, n. 1, p. 301-314, 2008.

SCHICK, Allen. The metamorphoses of performance budgeting. **OECD Journal on Budgeting**, v. 13/2, 2014.

SHAW, Trevor. Performance budgeting practices and procedures. **OECD Journal on Budgeting**, v. 15/3, 2016.

VAN EDEN, Holger; KHEMANI, Pokar; EMERY, Richard. P. Developing legal frameworks to promote fiscal responsibility: design matters. **Public financial management and its emerging architecture**, p. 79-105, 2013.

19

Infraestrutura: diagnóstico e propostas

Igor Rocha

RESUMO: Tanto teórica quanto empiricamente, a importância da infraestrutura desperta interesse de diversos pesquisadores e *policy makers* que atuam sobre o tema. Trata-se de um setor fundamental pois está diretamente ligado a competitividade do país. Assim o capítulo a seguir tem como principais objetivos destacar a realidade da infraestrutura brasileira, seus gargalos e propostas para aumentar o investimento no setor. Para tanto é importante trazer à tona o papel complementar dos investimentos públicos e privados, bem como dados comparativos internacionais. A política econômica que vise a retomada do crescimento do país precisa estar alicerçada em uma infraestrutura moderna e eficiente onde o setor privado e o Estado caminhem de forma sinergética. Essa tem sido a tônica de diversos planos de infraestrutura bem-sucedidos ao redor do mundo.

INTRODUÇÃO

A importância do setor de infraestrutura para o crescimento das economias foi amplamente estudada por clássicos do desenvolvimento econômico. Nurkse (1953), Rostow (1965), Rosenstein-Rodan (1961) e Hirschman (1958) destacaram a relação positiva entre infraestrutura, externalidades e crescimento. Trata-se de um setor fundamental para que os países possam garantir o bem-estar da população, a competitividade e a inserção em mercados internacionais[1].

Hirschman (1958) destacou que o papel mais relevante da infraestrutura para a economia não estaria nos seus efeitos em termos de produto, mas, sim, em permitir e estimular as atividades produtivas. Em outras palavras, a infraestrutura seria o capital social básico, sem o qual outros setores – primário, indústria, e serviços – não podem se desenvolver. Além dos ganhos de competitividade e eficiência, o investimento no setor fomenta cadeias a jusante e a montante. Por essa razão, políticas públicas estruturantes de longo prazo costumam considerar a infraestrutura como um pilar central em sua formatação.

No Brasil, uma análise de longo prazo revela que o setor de infraestrutura já esteve no cerne da política pública em uma perspectiva estruturante. A despeito do excessivo endividamento externo que exacerbou as fragilidades do país, de fato, desde a era Vargas, passando pelo Plano de Metas de Juscelino e culminando no II Plano Nacional de Desenvolvimento (PND), na década de 70, as ações do Estado foram muito ativas para o fortalecimento da indústria de transformação e da infraestrutura no Brasil.

Após os anos 1980, chamados de década perdida, a despeito do êxito no combate à inflação com o Plano Real, na década de 1990, e das ações contundentes para a redução da pobreza extrema com o Bolsa Escola e o Bolsa Família, nos anos 2000, o Brasil não conseguiu apresentar uma trajetória virtuosa e perene de crescimento econômico. Mesmo havendo movimentos positivos para a atração da iniciativa privada para investimentos de infraestrutura, com leis relacionadas à concessão de serviços públicos e programas que visavam estimular investimentos públicos ou privados, não houve a coordenação adequada. Os patamares de investimentos dos últimos 40 anos foram insuficientes para superar os gargalos dos mais diversos segmentos. O Gráfico 1 apresenta os investimentos totais em infraestrutura, no Brasil, de 1970 a 2020.

---

1   Em geral, a infraestrutura é dividida em duas categorias principais: infraestrutura econômica e social. A chamada infraestrutura econômica cria condições para o processo de produção (rodovias, ferrovias, portos, aeroportos etc.), enquanto infraestrutura social está associada ao bem-estar geral da população, em projetos, por exemplo, relacionados a escolas, parques e hospitais. Para fins de recorte analítico deste artigo, o foco será dado para a chamada infraestrutura econômica.

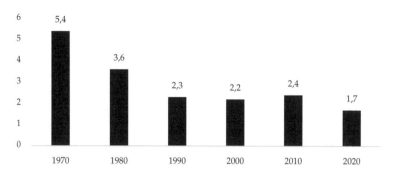

Fonte: Bielschowky (2002), Frischtak e Davies (2014) e Associação Brasileira de Infraestrutura e Indústrias de Base (ABDIB).

Sob uma ótica contemporânea, diversos projetos concedidos à iniciativa privada derivam ainda do planejamento estatal da década de 70. Infelizmente, não houve uma estratégia de desenvolvimento definida, com programas de investimentos bem planejados para o longo prazo, que pudessem potencializar a participação privada

Neste sentido, no capítulo apresentam-se a realidade da infraestrutura brasileira, seus gargalos e propostas para aumentar o investimento no setor. Para tanto, a análise está organizada em três seções, além desta introdução e da conclusão. A primeira traz um diagnóstico da infraestrutura brasileira. Na segunda, apresenta-se uma avaliação do papel dos investimentos públicos e privados. Já a terceira discute propostas para fomentar os investimentos em infraestrutura à luz dos gargalos estruturais do setor.

1. DIAGNÓSTICO DA INFRAESTRUTURA BRASILEIRA

A despeito de importantes ajustes institucionais para atração do investimento privado em infraestrutura, nas últimas quatro décadas, o Brasil tem apresentado um investimento muito abaixo das necessidades do país. Na década de 1990, os investimentos em infraestrutura apresentaram queda, apesar dos diversos processos de privatizações e concessões. No período, o investimento público ficou em segundo plano. Nos anos 2000, o Programa de Aceleração do Crescimento (PAC) foi uma política marcante para o setor de infraestrutura. Embora importante quanto ao mérito de reconhecer a importância do investimento público, não apresentou uma adequada governança. Além disso, a qualidade dos projetos era baixa e não havia racionalidade nos investimentos propostos. O forte incremento do investimento público impactou positivamente os níveis de investimento agregados, mas o lado privado não foi dinamizado em todo seu potencial.

O debate fiscal que se impôs diante da crise do biênio de 2015-2016 solapou a importância do investimento público (Ver Gráfico 2). Como se nota, os investimentos em infraestrutura no Brasil recuaram fortemente, de R$ 188,5 bilhões, no ápice da série, em 2014, para cerca de R$ 124,2 bilhões, em 2020 (1,7% do PIB), uma queda de 34,1%. A despeito das importantes mudanças ocorridas para o setor a partir do Programa de Parcerias de Investimentos (PPI), pela Lei n. 13.334, de 2016, que fortaleceu o arcabouço técnico e institucional para amparar investimentos privados no setor, o investimento total continuou extremamente deprimido nos anos que se seguiram até o presente.

Gráfico 2. Investimentos em Infraestrutura

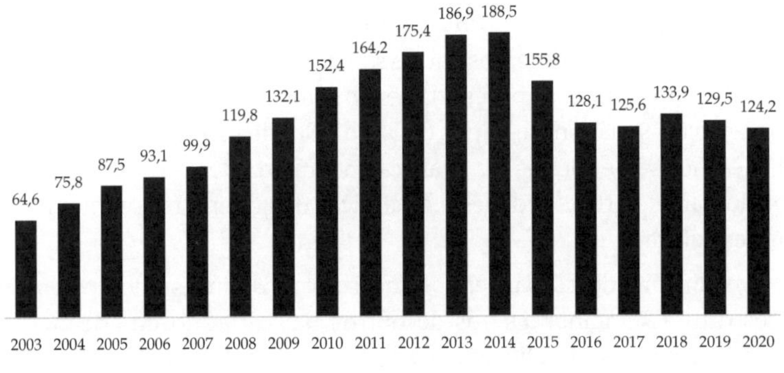

Fonte: ABDIB.

Nota: Inclui os setores de Energia Elétrica, Transportes, Saneamento e Telecomunicações. Não inclui o Setor de Petróleo e Gás. Números atualizados pelo IPCA do período.

O fato é que, por décadas, o país tem reduzido seu estoque de infraestrutura, uma vez que os patamares de investimentos abaixo de 2,5%

do PIB sequer recompõem a depreciação dos ativos. Para suprir os gargalos dos diversos segmentos do setor, seriam necessários investimentos anuais de cerca de R$ 300 bilhões (4,3% do PIB), pelos próximos 10 anos, incluindo o público e o privado. Em uma abertura por segmentos, é possível avaliar a magnitude das carências de investimentos.

Tabela 1. Investimentos realizados e necessidade

Setor	Investimento em 2020 (R$ Bilhões)	% do PIB	Investimentos Necessários (% PIB)
Transportes/Logística	26,9	0,36	2,26
Energia Elétrica	54,2	0,73	0,84
Telecomunicações	31,7	0,43	0,76
Saneamento	15,5	0,21	0,45
Total	128,3	1,73	4,31

Fonte: ABDIB.

Transportes, logística e saneamento são áreas extremamente carentes de investimentos. Em transportes e logística, estima-se que são necessários investimentos da ordem de 2,26% do PIB, ou seja, mais de R$ 150 bilhões anuais para suprir os gargalos do setor e ter uma infraestrutura de transporte e logística compatível com as necessidades do país. Porém, atualmente, investe-se apenas 0,36% do PIB ou R$ 26,9 bilhões por ano. No saneamento os investimentos anuais são de cerca de R$ 15 bilhões (0,21% do PIB). Para atender às necessidades do setor e universalizar a prestação dos serviços, seriam necessários 0,45% do PIB de investimentos por ano. Os desafios são enormes e a avaliação adequada dos problemas tem de considerar as particularidades e dinâmicas dos diferentes segmentos da infraestrutura.

A dificuldade do país em alcançar níveis de investimentos em infraestrutura semelhantes aos de outros países latino-americanos ou emergentes revela desafios imensos para a competitividade. No Gráfico 3, podemos ver um compilado de países onde o investimento em infraestrutura em relação ao PIB é bem superior ao do Brasil. Em relação ao PIB, na América Latina, o país investe cerca de um terço do despendido no Chile e de metade do observado no Paraguai. Fica bem atrás também da Bolívia, do Peru, da Colômbia e da Argentina. Nos países emergentes desta amostra, é possível verificar o expressivo patamar de investimentos da China e do Vietnã: 13,4% e 11,4% do PIB, respectivamente.

Gráfico 3. Investimentos em Infraestrutura (% PIB) – América Latina e Emergentes

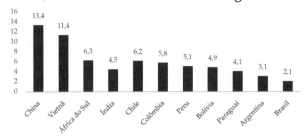

Fonte: Elaboração do autor a partir de dados da ABDIB, Comissão Econômica para América Latina e Caribe (CEPAL), Banco Interamericano de Desenvolvimento (BID) e Banco Mundial.
Nota: Dados para 2015.

A carência de fluxos de investimentos que visem suprir as carências do setor tem afetado sobremaneira a composição do estoque de infraestrutura. Após o ano de 1984, quando o Brasil atingiu o seu estoque mais alto, de 58,3% do PIB, devido ao forte investimento público das décadas anteriores, houve uma redução intensa até 36% do PIB, em 2016 (FRISCHTAK; MOURÃO, 2017). Os estoques de infraestrutura são também muito baixos quando comparados com outros países. Enquanto, no Brasil, o indicador está em 36% do PIB, a Índia, a China e a África do Sul apresentam níveis de 58%, 76% e 87% do PIB, respectivamente. Países desenvolvidos, por sua vez, exibem patamares também significativamente superior, como na Alemanha, Espanha, Suíça e Japão. O Gráfico 4 condensa as informações comparadas para o estoque de infraestrutura.

Gráfico 4. Estoques de Infraestrutura (% PIB por País)

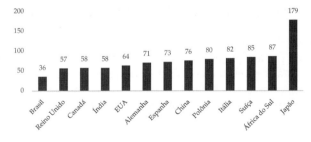

Fonte: DOBBS, R. et al. (2013) e Instituto de Pesquisa Econômica Aplicada (IPEA) (2018A).
Nota: Dados referentes ao ano de 2016.

Uma análise detalhada do estoque de infraestrutura brasileiro mostra que o segmento com maior participação no total é o de eletricidade, que chega a 14,5% do PIB, seguido por rodovias (6,0%), telecomunicações (5,25%) e saneamento (4,2%). Os demais segmentos, a saber, ferrovias, aeroportos, aquaviário e mobilidade urbana somados correspondem a 6,1% da participação total do estoque de infraestrutura do país. Os dados estão reunidos no Gráfico 5 a seguir.

**Gráfico 5. Estoque de Infraestrutura no Brasil
(% PIB por segmento)**

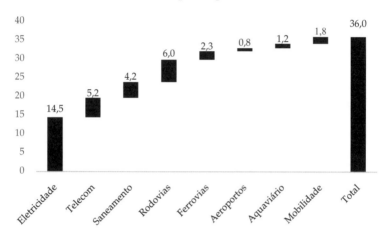

Fonte: IPEA (2018B).
Nota: Dados referentes ao ano de 2016.

2. O PAPEL DO INVESTIMENTO PÚBLICO E PRIVADO

A provisão de recursos públicos coadunada com um severo monitoramento da política pública é o que traz eficiência e êxito nas ações do Estado na área de investimentos. Trata-se de um componente fundamental para que economias emergentes entrem no seleto rol das nações desenvolvidas. Planos de longo prazo, que sirvam como mapa de "navegação" ao Estado e à iniciativa privada, são essenciais para expandir a infraestrutura nacional.

No mundo, os investimentos públicos em infraestrutura são muito representativos. Tadini e Rocha (2018) destacam que o Brasil é um dos únicos onde o investimento privado tem sido maior que o público[2]. Países como Hungria, Malta e Eslovênia possuem ao menos 50% de participação do Estado como investidor do setor. A participação em nações como Eslováquia, Letônia, Reino Unido, Suíça, Áustria, Luxemburgo, Dinamarca, Estônia e Portugal é de aproximadamente 30%. O papel do Estado como investidor em infraestrutura é relevante em diversos países por uma diversidade de fatores, sendo o mais recorrente a existência de um estoque relevante de ativos sem atratividade econômica para a iniciativa privada.

Gráfico 6. Participação Pública em Infraestrutura nos Países da Europa (%)

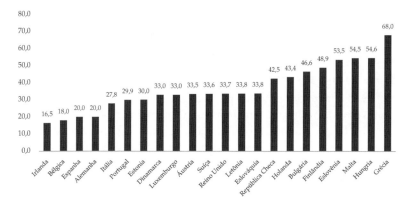

Fonte: Eurostat.
Nota: Participação média entre 2011-2015.

Em 15 países da América Latina e Caribe, incluindo o Brasil, na média anual entre 2008 e 2013, o setor público foi responsável por 90% dos aportes na área de recursos hídricos e saneamento básico e por 77% no setor de transportes. Por outro lado, em setores em que a participação pública é recorrentemente menor, como em energia e telecomunicações, os aportes do Estado corresponderam, respectivamente, a 44% e 7% do total dos investimentos no período.

---

2 Dados do Banco Mundial mostram que, nas economias emergentes, o financiamento público representa cerca de 70% do total de recursos aplicados em infraestrutura (TADINI; ROCHA, 2018).

Tabela 2. Participação Pública em Infraestrutura na América Latina (%)

	Saneamento	Telecomunicações	Energia	Transportes / Logística
Público	90%	7%	44%	77%
Privado	10%	93%	66%	23%

Fonte: IDB, CAF e Eclac, Infralatam Dados.
Nota: Argentina, Bolívia, Brasil, Chile, Colômbia, Costa Rica, El Salvador, Guatemala, Honduras, México, Nicarágua, Panamá, Paraguai, Peru, Uruguai. Médias entre 2008 e 2013.

No Brasil, nos últimos anos, a participação do investimento público em infraestrutura tem diminuído intensamente, sem a contrapartida privada para a manutenção ou incremento do investimento total. A parcela privada, embora tenha registrado uma queda expressiva de 19,9%, entre 2014 e 2020, com retração em valor de R$ 114,2 bilhões para R$ 91,5 bilhões, apresentou uma redução bem menor que os investimentos públicos. Neste último, a contração no mesmo período foi de 56,1%, passando de R$ 74,3 bilhões para R$ 32,6 bilhões.

Esse quadro de contração pública não foi compensado pelo investimento privado, resultando em uma redução substancial dos investimentos no setor. Como já abordado, diante do montante expressivo que o Brasil precisa investir anualmente – ao menos, cerca de R$ 300 bilhões por ano (4,3% do PIB) –, será preciso contar tanto com o setor público quanto com o setor privado. Preterir qualquer fonte de investimento é condicionar o país a um estado crônico de subdesenvolvimento.

Gráfico 7. Investimento público e privado na infraestrutura no Brasil (%)

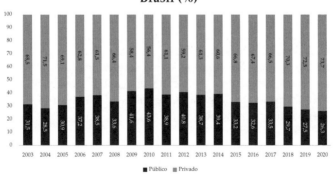

Fonte: ABDIB.
Nota: Estimativas para o ano de 2020.

Desde a década de 1990, tem ocorrido um movimento importante para o amadurecimento do ambiente institucional das concessões e, mais recentemente, das Parcerias Público-Privadas (PPPs). A Lei n. 11.079, de 2004, a criação do Programa de Parcerias de Investimentos, já mencionada, o recém-aprovado novo marco legal do saneamento básico (Lei n. 14.026, de 2020), bem como a nova lei de licitações (Lei n. 14.133, de 2021) são exemplos do aprofundamento deste processo.

O Programa de Parcerias de Investimento (PPI) foi lançado para expandir e fortalecer a relação entre o Estado e o setor privado, bem como para recuperar a governança do pública por meio de uma melhor articulação dos agentes envolvidos. Com o PPI duas estruturas foram criadas na Administração Federal: o Conselho do PPI e a Secretaria do PPI. O primeiro é o órgão colegiado que avalia e recomenda ao Presidente da República os projetos que integrarão o PPI, decidindo, ainda, sobre temas relacionados à execução dos contratos de parcerias e desestatizações. O segundo, vinculado ao Ministério da Economia, atua em apoio aos Ministérios e às Agências Reguladoras para a execução das atividades do Programa.

O PPI obteve êxito significativo por trazer projetos maduros para a iniciativa privada. No entanto, a sua escalabilidade e o baixo patamar dos investimentos públicos expõem as dificuldades do programa em recuperar os patamares de investimentos condizentes com as necessidades do país[3]. O Gráfico 8 mostra que os recursos empenhados pelo Ministério da Infraestrutura têm diminuído desde 2014.

---

3   Desde o seu lançamento o Programa de Parcerias de Investimentos (PPI), gerou um importante realinhamento instrucional e organizacional dos projetos de infraestrutura para iniciativa privada. Não por acaso, o mercado expressou um amplo interesse com a participação de diversos agentes. No núcleo duro, a 1.ª etapa do PPI apresentou à iniciativa privada um *pipeline* com 34 projetos, totalizando 9 bilhões de dólares. Na 2.ª etapa, foram definidos, num primeiro momento, 55 projetos, totalizando 15 bilhões de dólares. No decorrer do tempo, outros projetos foram integrados à iniciativa. Cabe ressaltar que todos que possuíam outorgas, nos mais diversos segmentos, apresentaram ágios expressivos, revelando o interesse do setor privado.

Gráfico 8. Investimento do Ministério da Infraestrutura (Em R$ Milhões)

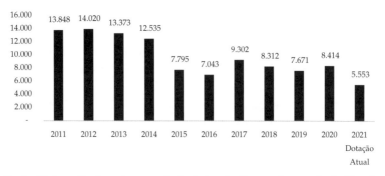

Fonte: Elaboração do autor a partir de dados do Sistema Integrado de Planejamento e Orçamento do Governo Federal (SIOP).

Nota: Inclui valores empenhados para investimentos em: Administração direta, Valec, ANTT, Antaq, DNIT, EPL, ANAC, FMM, FNAC, Funset. Para 2021 – Dotação atual de R$ 5,5 bilhões. Para o ano, valor previsto de R$ 8,0 bilhões. Valores a preços correntes.

Programas sem o adequado planejamento e acompanhamento dos resultados do investimento público estimularam versões extremamente críticas e equivocadas quanto à participação do Estado no setor. Com bons projetos para investimentos e havendo interesse da iniciativa privada, é importante haver mais concessões. Também as privatizações devem ser avaliadas pelo critério econômico e o do bem-estar social. A iniciativa privada atrai-se pela perspectiva de lucro. O Estado deve preocupar-se em buscar o maior retorno social agregado possível, por sua vez.

É um equívoco idealizar que o setor privado completará totalmente a lacuna deixada pelo setor público. Isso porque, por exemplo, importantes eixos logísticos de escoamento da produção do país, ainda sob a responsabilidade do setor público, não são atrativos à lógica de retorno da iniciativa privada. Por mais que aspectos relacionados a marcos regulatórios e segurança jurídica sejam pontos de muita relevância para o investimento privado, é o retorno a condição necessária, embora não suficiente, para ancora a lógica da atração dos agentes privados.

O exemplo do segmento de rodovias ajuda a esclarecer a questão. Após os programas de concessões iniciados nos anos 90, o Brasil ainda concentra 98,6% da malha rodoviária na gestão pública – incluindo o governo federal, os estados e os municípios. Da extensão total pavimentada, somente 10% são administrados por concessionárias privadas. É possível e desejável que ocorra uma maior entrada do setor privado neste segmento com estudos qualificados e projetos bem estruturados. No entanto, é difícil imaginar que será possível conceder toda a malha rodoviária e que será possível prescindir do investimento público, uma vez que somente projetos com retorno acima do custo de capital terão atratividade ao setor privado. É importante frisar que os diferentes segmentos da infraestrutura possuem realidades intertemporais, institucionais e de retorno distintas. Exemplos são telecomunicações e energia elétrica *vis-à-vis* a transporte, logística e saneamento.

O investimento público não tem a função de somente preencher a ausência do investimento privado, mas também de estimular o investimento deste último. Em períodos de restrição de demanda agregada, que contrai os gastos privados, como o consumo das famílias e as inversões das empresas, os investimentos públicos ou coordenados pelo Estado são importantes instrumentos de política econômica. Isso ocorre porque, em um ambiente de elevado desemprego, aumento da capacidade ociosa e incerteza, o início de uma recuperação econômica pode não se dar através dos gastos privados. Nesse caso, os investimentos em infraestrutura com participação do Estado podem promover um importante estímulo ao crescimento.

Por esse motivo, as ações do Estado conectadas ao setor de infraestrutura tomaram corpo no último ano. Os Estados Unidos (EUA) anunciaram US$ 2 trilhões em investimentos em infraestrutura, a primeira parte de um programa para remodelar a economia americana ao longo dos próximos oito anos. Em direção similar à da economia norte-americana, países como China, Índia e Indonésia já anunciaram seus planos de infraestrutura da ordem de US$ 1,6 trilhão, US$ 1,4 trilhão e US$ 430 bilhões, respectivamente, a serem executados até 2024. A África do Sul, US$ 133 bilhões em dez anos. O Reino Unido, US$ 825 bilhões até 2026. Trata-se de respostas diretas à necessidade de reconstruir a economia no pós-crise pandêmica de 2021-2022.

De forma análoga ao movimento global, a Coreia do Sul anunciou o seu *New Deal*, inspirado em um conjunto de programas implementados pelo governo Roosevelt (1933-37) para superar a Grande Depressão de 1929. Com uma roupagem moderna, o plano visa investir cerca de US$ 144 bilhões, até 2025, em políticas focadas em energia renovável, infraestrutura verde e no setor industrial.

É importante ainda enfatizar que a relação entre investimento público e privado já foi objeto de várias pesquisas na literatura econômica, tanto teóricas quanto empíricas. Além de estimular a demanda, gerando empregos e renda, o progresso da infraestrutura é fundamental para a competitividade e a eficiência da economia, fatores chaves para um crescimento sustentável no longo prazo. Para além desses fatores, o investimento no setor, em momentos de acentuada retração da economia, potencializa cadeias produtivas a jusante e a montante. Em outras palavras, na linha de Hirschman, há efeitos para frente e para trás que podem reativar ou alavancar o crescimento de uma economia em desenvolvimento como a brasileira.

Para ter claro, investimentos em infraestrutura demandam grande quantidade de insumos, obviamente estimulando a produção das empresas que irão fornecê-los (efeito para trás). Tais investimentos, ademais, possuem outros efeitos. Isto é, a melhoria do transporte, a geração de energia e a expansão de serviços de telecomunicações propagam o aumento da eficiência sistêmica da econômica, estimulando investimentos privados e a produtividade do país (efeito para frente).

Em um dos trabalhos mais referenciados sobre o tema, *"Industrilization and the Big Push"*, Murphy, Vishny e Shleider (1988) recuperaram as ideias de Rosenstain-Rodan acerca das externalidades do investimento para explicar o que se chama na literatura econômica de grande impulso (*"big push"*). Os autores argumentam que, por reduzir custos e gerar transbordamentos tecnológicos, o investimento em infraestrutura viabiliza diversos investimentos na economia e eleva a rentabilidade de outros projetos[4]. De acordo com os autores, o Estado tem papel central no desenvolvimento econômico em economias de mercado, uma vez que investimentos públicos em infraestrutura estimulam também os investimentos privados, o que leva a um aumento amplo dos investimentos totais (MAGACHO; ROCHA, 2019).

Estudos mais recentes do Fundo Monetário Internacional (FMI) vão na mesma direção. Abiad, Furceri e Topalova (2015) ao analisar as repercussões macroeconômicas dos investimentos públicos em economias avançadas, entre 1985 e 2013, encontraram evidências de que os gastos com infraestrutura geram efeitos positivos na demanda agregada, no curto prazo, e no produto potencial da economia. Baseado em um modelo dinâmico de equilíbrio geral, simulam um choque de investimentos públicos que poderia elevar os investimentos privados em 3%, após 10 anos. Em outro estudo do FMI – "Investimento público para a recuperação" –,

---

4   Em um modelo de equilíbrio geral com agentes racionais e concorrência imperfeita, o estudo mostra que esse tipo de investimento pode retirar a economia de um equilíbrio ruim, levando-a para um novo equilíbrio, capaz de estimular o desenvolvimento dos setores produtivos.

aumentar o investimento público em 1% do PIB dos países poderia fortalecer a confiança na recuperação e impulsionar o PIB em 2,7%, o investimento privado em 10% e o emprego em 1,2% após 2 anos (GASPAR et al., 2020). De acordo com o FMI, dado o cenário ainda de elevada incerteza, é preciso que o investimento público tenha uma ação contracíclica estimulando o investimento privado. Segundo o estudo, o investimento público pode gerar, diretamente, entre dois e oito empregos para cada milhão de dólares dispendidos em infraestrutura.

Em resumo, há uma grande amplitude de estudos que indicam a existência do chamado efeito *crowding in* do investimento público. Isto é, o investimento público em infraestrutura impulsiona os investimentos privados. Em momento de desaceleração das economias, o investimento em infraestrutura tem ainda maior relevância, cabendo à política econômica calibrar o papel do Estado não somente quanto às necessidades de investimento no setor, mas também ao ciclo e sinergias existentes com o setor privado.

3. PROPOSTAS PARA AUMENTAR OS INVESTIMENTOS

Aumentar os investimentos será crucial para a retomada da economia brasileira. O setor de infraestrutura apresenta uma série de gargalos em praticamente todos os segmentos. Tais problemas, como já pontuados, dificultam a competitividade da economia e a inserção em novos mercados. A superação destas questões exige um movimento articulado e planejado que envolva tanto o setor público quanto o privado.

A iniciativa de elaboração de estudos para definir um programa de médio e longo prazo de investimentos na infraestrutura é positiva. Trata-se do Decreto n. 10.531, de 2020, que institui a Estratégia Federal de Desenvolvimento para o Brasil, de 2020 a 2031, e do Decreto n. 10.526, de 2020, que institui o Comitê Interministerial de Planejamento da Infraestrutura e o Plano Integrado de Longo Prazo da Infraestrutura no âmbito do governo federal. Se elaborados e implementados de forma adequada, serão positivos para expandir a infraestrutura nacional. É o momento de fortalecer o planejamento, calibrar o orçamento e constituir uma força-tarefa para a retomada e finalização de obras paralisadas por questões de natureza orçamentária ou projetos mal desenhados.

Como destacado, o investimento público no setor é fundamental diante deste cenário. O seu êxito está condicionado a uma política fiscal responsável e associada ao planejamento, ao monitoramento e à devida avaliação da política pública. No setor privado, há ainda questões relacionadas aos efeitos da crise nos mais diversos segmentos. Um exemplo é como as autoridades governamentais, regulatórias e de controle irão lidar com os reequilíbrios econômicos e financeiros de contratos de concessões e PPPs. É momento de as autoridades públicas voltarem seus esforços para os setores onde estas questões ainda estão em aberto.

Ademais, os projetos de concessões em diversos segmentos, embora bem estruturados, não vão gerar resultados no curto prazo. Por esta razão, recuperar o investimento público é fundamental. Essa diretriz é plenamente compatível com a solidez das contas públicas, uma vez que há importantes recursos de outorgas oriundas de concessões bem-sucedidas. Não é tarefa fácil, mas precisará ser levado a sério no caminho para ampliarmos o crescimento econômico de maneira perene.

O investimento público executado com racionalidade e eficiência tem grande potencial para fomentar a economia, trazendo retornos potenciais atrativos em concessões e, logo, atraindo o interesse de investidores. Assegurar a demanda agregada atenuando a volatilidade dos ciclos na economia é condição central para dirimir a volatilidade e o risco de alguns segmentos e, consequentemente, melhorar a atratividade de projetos para a iniciativa privada.

O desenvolvimento do mercado de capitais para o financiamento de investimentos em infraestrutura enfrenta alguns obstáculos no país. Investimentos em infraestrutura normalmente exigem um volume relativamente alto de recursos e têm um tempo de maturação mais longo quando comparados a investimentos mais convencionais. Dessa forma, a continuidade da modernização dos marcos regulatórios dos segmentos da infraestrutura é fundamental, com regras claras e capazes de gerar um ambiente de investimentos que reduza as incertezas e os custos associados aos projetos. Outro ponto importante é aperfeiçoar a estrutura de garantias para os chamados riscos não gerenciáveis, difíceis de serem absorvidos pelo setor privado, afetando as condições e oferta de financiamento[5].

O capital privado é essencial nos investimentos em infraestrutura. Uma regulação madura é peça fundamental para atraí-lo. A remuneração regulatória deve estar adequada às condições de mercado no momento do

---

5 Com a entrada em vigor da MP 1.052/2021, a União poderá participar, como cotista, de fundo destinado à viabilização de projetos de concessão e de parcerias público-privadas. Esta medida provisória visa preencher uma importante demanda por parte do setor privado e a consequente lacuna deixada pela liquidação da Agência Brasileira Gestora de Fundos Garantidores e Garantias (ABGF) que era gestora do Fundo Garantidor de Infraestrutura (FGIE).

investimento, tanto para ativos ainda a serem licitados como para ativos operacionais que necessitem de reforços e melhorias. A metodologia de cálculo do Weighted Average Cost of Capital (WACC) regulatório é peça--chave para atrair investimentos no setor. Portanto, os resultados encontrados na aplicação da metodologia definida devem ser aderentes aos valores considerados pelo mercado para potencializar a atração de investidores.

Há uma atenção crescente dos investidores internacionais para o comprometimento dos países com a agenda socioambiental. Existe uma disponibilidade imensa de recursos no mundo, mas decisões de alocação do capital estão em diversos casos associadas a países e a empresas com governança adequada para questões ambientais e sociais. Tratar o meio ambiente de forma negligente ou ideológica cria barreiras substanciais aos investimentos globais, como discutido no Capítulo 11 deste livro.

É imperativo haver a devida transparência no debate com especialistas sobre o tema ambiental, justamente para evitar retrocessos na agenda ambiental do país. Cabe destacar a importância de se sistematizar o estoque de informações existentes sobre os recursos socioambientais já estudados, para que o processo de análise do licenciamento ambiental seja mais fluido. Finalmente, o país precisa criar um ambiente político e institucional mais harmônico, que dê sinais claros de confiabilidade e estabilidade para a atração de investidores internacionais.

CONCLUSÃO

Muitas pesquisas e diversos planos para o setor ao redor do mundo atribuem ao investimento em infraestrutura um papel determinante para a competitividade dos países. Uma infraestrutura robusta contribui para o crescimento da economia, geração de empregos e renda. Colabora, ainda, para aumentar a produtividade, a eficiência e para semear as condições à transformação da estrutura produtiva.

A retomada dos investimentos em infraestrutura no Brasil exige uma complexa interação entre o Estado e o setor privado. Eles devem cooperar de forma sinérgica. A superação dos desafios da economia brasileira depende da capacidade de retomada do Estado como investidor, financiador de projetos ou provedor de ferramentas que viabilizem a participação da iniciativa privada no setor. Uma infraestrutura planejada, multimodal e dinâmica é parte da construção de uma economia moderna, competitiva e eficiente, capaz de diminuir os custos produtivos e logísticos para as empresas, trazendo benefícios para os negócios, a exemplo da inserção desses atores em mercados internacionais

O deficit de investimento e as necessidades dos segmentos de infraestrutura só serão corrigidos por uma atuação equilibrada e conjunta do setor público e do mercado. É preciso construir os parâmetros regulatórios adequados, elaborar modelos de financiamento e garantias alinhados.

Obras públicas não significam uma atuação puramente estatal, sem participação do setor privado. Estas, bem como muitos dos serviços necessários às empresas estatais, são realizadas por empresas privadas. Privatizar ou conceder não representa a eliminação da presença do Estado naquela atividade. Contratos de concessão ou PPP podem proporcionar melhores incentivos à iniciativa privada para o alcance do interesse público, mas dependem da atuação do Estado, seja na regulação ou no fomento das atividades empresariais diretas, para alcançarem seus objetivos.

É com esse pragmatismo que, ao longo da história, diversos governos empreenderam ações objetivas no desenho de suas políticas públicas. Na vida real, a economia e a sociedade são constituídas por ambos: Estado e Mercado.

Podemos recordar que os investimentos em infraestrutura foram protagonistas na recuperação e alteração do panorama da economia e sociedade na Europa do pós-guerra. Movimento semelhante havia ocorrido nos Estados Unidos dos anos 1930. Após o *crash* da bolsa, em 1929, os Estados Unidos ingressaram na década de 1930 com sua taxa de desemprego superior a 22%. Na eleição de 1932, estabeleceu-se o debate da cautela e da paciência para superação da crise, representada pelo Presidente Herbert Hoover, *vis-à-vis* um "novo acordo" proposto por Franklin Roosevelt que demandava "ação agora!".

Os episódios históricos do Brasil e do mundo devem nos inspirar a pensar sobre o futuro e a necessária reconstrução das bases para retomar os investimentos e promover o crescimento econômico e o desenvolvimento social integrados.

REFERÊNCIAS

ABIAD, Abdul; FURCERI, Davide; TOPALOVA, Petia. The Macroeconomic Effects of Public Investment: Evidence from Advanced Economies. **IMF Working Paper WP/15/95**. International Monetary Fund, Washington DC, 2015.

BIELSCHOWSKY, Ricardo (2002), **Investimento e reformas no Brasil. Indústria e infraestrutura nos anos 1990.** IPEA, Instituto de Pesquisa Econômica Aplicada, 2002.

DOBBS, Richard et al. **Infrastructure productivity: how to save $1 trillion a year.** McKinsey Global Institute, p. 88, 2013.

FRISCHTAK, Claudio; DAVIES, Katharina. Investimento privado em infraestrutura e seu financiamento. In: PINHEIRO, Armando Castelar; FRISCHTAK, Cláudio Roberto (Orgs.). **Gargalos e soluções na infraestrutura de transportes.** Rio de Janeiro: Editora da FGV, c. 2, p. 39-64, 2014.

FUNDO MONETÁRIO INTERNACIONAL. **Fiscal Monitor: Public Investment for the Recovery**, 2020. Disponível em: https://www.imf.org/en/Publications/FM/Issues/2020/09/30/october-2020-fiscal-monitor. Acesso em: 17 jul. 2021.

GASPAR, Vitor; MAURO, Paolo, PATTILLO; Catherine; ESPINOZA, Raphael. Investimento público para a recuperação. Blog do FMI sobre temas econômicos da América Latina, 2020. Disponível em: https://www.imf.org/pt/News/Articles/2020/10/05/blog-public-investment-for-the-recovery#author2.

HIRSCHMAN, Albert. **The Strategy of Economic Development.** New Haven: Yale University Press, 1958.

INSTITUTO DE PESQUISA ECONÔMICA APLICADA. Uma estimativa do estoque de capital de infraestrutura no Brasil. In: **Desafios da Nação: Artigos de apoio**, volume 1, 2018A.

INSTITUTO DE PESQUISA ECONÔMICA APLICADA. Estoque de capital de infraestrutura no Brasil: Uma abordagem setorial. In: **Desafios da Nação: Artigos de apoio**, volume 1, 2018B.

MAGACHO, Guilherme; ROCHA. Igor. Por uma regra que preserve o investimento público. **Jornal Folha de S. Paulo**, 2019. Disponível em: https://www1.folha.uol.com.br/mercado/2019/10/por-uma-regra-fiscal-que-preserve-o-investimento-publico.shtml. Acesso em: 17 jul. 2021.

MURPHY, Kevin; SHLEIFER, Andrei; VISHNY, Robert. Increasing Returns, Durables, and Economic Fluctuations. **National Bureau of Economics Research**, 1988.

NURKSE, Ragnar. **Problems of capital formation in underdevelopment countries.** Oxford: Basil Blackwell, 1955.

ROSENSTEIN RODAN, Paul. Problems of Industrialization of Eastern and South- Eastern Europe. **The Economic Journal,** v. 53, p. 202-211, 1943.

ROSTOW, Walt Whitman. **The Economics of Take – Off into Self – Sustained Growth.** New York: St. Martin's press, 1965.

TADINI, Venilton. ROCHA, Igor. As particularidades do investimento em infraestrutura. **Texto para Discussão**, n. 1, ano 1. Associação Brasileira da Infraestrutura e Indústria de Base (ABDIB), São Paulo, 2018.

20

A Jangada brasileira[1]

Mathias Alencastro
Laura Trajber Waisbich

RESUMO: O Brasil vive hoje um processo de reconstrução de sua política externa, fruto dos inúmeros câmbios internacionais e geopolíticos dos últimos anos e das mudanças de rumo promovidas pelo governo de Jair Bolsonaro desde 2019. Este texto busca oferecer pistas para entender o futuro da inserção internacional do Brasil e incorporar as transformações da política externa brasileira sob Bolsonaro em um projeto progressista de nação. Aborda a retração do Itamaraty e a aceleração da descentralização da política externa em um mundo cada vez mais marcado pela competição Sino-Americana, bem como pelos imperativos da crise climática e o deslocamento da Amazônia ao centro das relações internacionais do Brasil. Oferece por fim recomendações para a construção de uma nova diplomacia capaz de equilibrar, por um lado, desenvolvimento econômico e a emergência climática e, por outro, autonomia nacional e regional em um cenário de crescente disputa entre superpotências.

Na era Bolsonaro, o isolamento do Brasil na cena internacional é incontestável. O descontrole do desmatamento na Amazônia, a animosidade com a China e a União Europeia, e a política de negação da gravidade da pandemia de covid-19 mudaram a imagem do país no mundo. Uma transformação assumida e exaltada. "Que sejamos pária", disse o Chanceler Ernesto Araújo no começo de 2021, celebrando a terra arrasada, pouco antes de sua demissão forçada[2].

---

1   Uma primeira versão deste texto foi publicada em francês, na revista *Grand Continent*, em setembro de 2021.
2   Ver Coletta (2020).

Conhecida pela elegância premonitória de suas capas, a Revista *Piauí* desenhou, em fevereiro de 2021, um mapa das Américas privado do espaço territorial brasileiro[3]. A imagem remete imediatamente à "Jangada de Pedra", o conto de José Saramago em que a Península Ibérica, desgarrada do continente europeu e à deriva no Atlântico, recria a sua identidade.

A metáfora da Jangada de Pedra se aplica ao momento em que vivemos. A história contará que o Presidente Jair Bolsonaro arrancou o Brasil do seu espaço geopolítico com o único objetivo de abalar as fundações da Nova República. Erguida em 1988, ela tem na sua origem uma ideia de Brasil ocidental, democrático e secular, que carrega as contradições escravistas e oligárquicas, mas deseja uma inserção autônoma do país dentro do sistema internacional[4]. Contará também que, no poder, Bolsonaro aspirava refundar o Brasil em torno de uma matriz religiosa fundamentalista, autoritária e anti-iluminista.

Essa visão também se expressou na política externa. Ela ficou evidente na reivindicação pelos bolsonaristas das bandeiras simbólicas e políticas do campo conservador em Israel, e na tentativa de vincular a política africana a temas religiosos, como a proteção de comunidades cristãs vítimas de terrorismo, e a defesa dos interesses da Igreja Universal do Reino de Deus no continente[5].

A dimensão central dessa política externa era a aproximação do governo brasileiro com outras lideranças de extrema-direita que orbitavam em torno de Donald Trump e de seus articuladores políticos como Steve Bannon. A partir da icônica política de "alinhamento automático" com Washington, que consistia na adesão incondicional do Brasil a todos os posicionamentos internacionais dos Estados Unidos, Bolsonaro tentou consolidar o seu estatuto de principal aliado geopolítico de Trump nas Américas, visitando os demais potenciais aliados durante todo o ano de 2019. O seu roteiro de viagens incluiu Israel, Emirados Árabes e Arábia Saudita, pela qual declarou estar "apaixonado" (ROCHA, 2019), assim como a Índia.

Nas instâncias multilaterais, o Itamaraty endossou agendas diametralmente opostas aos valores defendidos pelo Brasil democrático em questões ambientais e de defesa dos direitos LGBT. Durante a sua campanha eleitoral, Bolsonaro chegou a prometer "sair da ONU"[6]. No início

---

3   Ver Revista *Piauí* (2021).

4   Ver Cervo e Bueno (2002).

5   Ver Grin, Gherman e Caraciki (2019). Ver também Guimarães e Silva (2021).

6   Ver Estadão Conteúdo (2018).

do mandato, o Ministro da Economia, Paulo Guedes, também aventou um afastamento do Mercosul e, durante a pandemia, o governo esteve na linha de frente dos ataques à Organização Mundial de Saúde[7].

Esse projeto de política externa entrou em crise depois da derrota de Donald Trump, no início de 2020. Na ausência do presidente norte-americano "alinhado", Bolsonaro ficou mais exposto a pressões internacionais. Ele também se tornou um aliado menos atrativo para regimes da Europa e do Oriente Médio. Face a esse impasse, Bolsonaro acaba por substituir o vocal Ernesto Araújo por um diplomata de carreira, Carlos Alberto França, tido amplamente como mais moderado[8]. Ainda que concentrado no início do mandato, o impacto da tentativa de reformulação da política externa não pode ser minimizado. Em pouco mais de dois anos, o Brasil, outrora entusiasta do multilateralismo, assumiu um lugar improvável no sistema internacional. Se o *Apartheid* sul-africano era o último bastião do racismo colonial e o Irã dos Aiatolás, o último rebelde da política nuclear, a imprensa internacional passou a tratar o Brasil de Bolsonaro como o vilão da emergência climática.

No entanto, o processo histórico em curso não pode ser resumido aos sucessos e fracassos das políticas lançadas pelo governo Bolsonaro. Compreendê-lo passa também por incorporar as respostas que essas políticas desencadearam. Novos e velhos atores institucionais e societais brasileiros se adaptaram à nova realidade reforçando suas próprias inserções globais. Embora eles se encontrem, muitas vezes, em contradição – até em competição – esses atores buscam uma nova identidade e um novo projeto de Brasil. A reconstrução da política externa brasileira passa, invariavelmente, pela disputa entre essas diferentes visões de modelos de desenvolvimento e de identidade do Brasil no mundo.

É justamente sobre esta reconstrução que este ensaio se debruça. Duas premissas devem orientar a leitura deste capítulo. A primeira: o período bolsonarista viu a emergência de entes mais organizados, na presença de um novo ator, o Fórum de Governadores da Amazônia Legal, e a reconversão de um ator tradicional, a sociedade civil. Juntos, eles estão participando ativamente numa reconstrução que já está em curso. A segunda: o governo Bolsonaro introduziu as bases de uma nova política externa que não podem ser ignoradas. Nesse sentido, o governo Bolsonaro é bem-sucedido e, ao mesmo tempo, fracassado. A sua agenda não vingou

---

7   Ver Rodrigues (2019). Ver também Pacheco (2020).

8   Ver Vasconcelos (2021).

no sistema internacional, mas a posição do Brasil mudou profundamente durante o seu mandato.

Este texto busca oferecer pistas para incorporar as transformações da política externa brasileira sob Bolsonaro em um projeto progressista de nação. Para tanto, analisa-se o futuro do Brasil na geopolítica a partir de três dinâmicas interdependentes. Explora-se, em primeiro lugar, como as dificuldades do Itamaraty em articular respostas à pior crise ambiental e sanitária da história moderna do Brasil obrigaram outros atores a assumirem as suas funções emergenciais, mas não efêmeras, aceleraram um processo de descentralização da política externa conduzido por atores subnacionais.

Em seguida, é analisada a mudança da posição relativa do Brasil – e da América Latina no seu todo – na relação com os Estados Unidos e a China. Mostra-se como a guinada pró-americana do governo Bolsonaro não impediu a consolidação das relações econômicas entre Brasil e China por meio do agronegócio. Depois, sublinha-se o impacto da disputa entre Estados Unidos e China na coesão interna da América Latina.

A última parte aborda o novo papel da Amazônia nas relações internacionais brasileiras, que se deve a fatores concomitantes e bem documentados: a emergência do ativismo ambiental global, as pressões legais e inovações tecnológicas do setor privado, a elevação do *Green New Deal* à condição de paradigma econômico global e da diplomacia climática a questão de segurança nacional para os governos ocidentais.

A conclusão avalia os diferentes cenários para o futuro da política externa brasileira. A superação da crise internacional provocada pelo governo Bolsonaro e a criação de bases para uma nova diplomacia passa, por um lado, pelo equilíbrio entre o desenvolvimento econômico e a emergência climática e, por outro, pela autonomia nacional e regional em um contexto de crescente disputa entre superpotências.

RUÍNAS DIPLOMÁTICAS

Normalmente tratada como um tema secundário nos grandes ciclos eleitorais[9], a política externa foi um dos motores da radicalização da direita na campanha presidencial de 2018. Basta dizer que ela está na origem de duas das principais bandeiras de Jair Bolsonaro. A primeira é ancestral: o

---

9   Ver, por exemplo, Lopes (2011).

"Foro de São Paulo", que reúne o Partido dos Trabalhadores e outros movimentos de esquerda e extrema-esquerda da América Latina, foi apresentado por Bolsonaro e outros críticos da política externa do Presidente Luís Inácio Lula da Silva como um veículo subversivo a planejar a tomada de poder no continente e a implantação de um regime comunista. A partir de 2016, essa teoria ganhou força com a deriva autoritária da Venezuela, nunca explicitamente condenada pelo Partido dos Trabalhadores.

A segunda bandeira foi a chamada "caixa preta do BNDES" (Banco Nacional de Desenvolvimento Econômico e Social) ou a ideia de que o principal banco público de investimento brasileiro mantinha uma conta secreta destinada a operações políticas e ao financiamento de projetos em países alinhados com o governo petista[10]. Logo depois de sua eleição, uma avaliação rigorosa das contas do BNDES deixou claro que a "caixa preta" nunca passou de uma fantasia. Bolsonaro reconheceu, já em 2021, que havia se equivocado ao referir-se ao banco nestes termos[11].

A campanha contra a diplomacia dos anos Lula, era, no fundo, uma tentativa de desconstrução da política externa dos últimos trinta anos. Por trás dos ataques ao BNDES e à diplomacia Sul-Sul, buscava-se o desmonte do tripé cooperação-financiamento público-investimento privado, que ajudou ao Brasil consolidar o seu estatuto de potência emergente no plano internacional[12]. Durante esse período, o BNDES praticamente descontinuou o financiamento para atividades no exterior. O orçamento da Agência Brasileira de Cooperação caiu para mínimos históricos. Por fim, os conglomerados brasileiros mais internacionalizados, como a Odebrecht, a Vale e a Petrobras, praticamente encerram as suas atividades na África.

Os grandes temas do Foro de São Paulo e do financiamento supostamente opaco do BNDES orientaram Bolsonaro na sua política externa. Tanto o tensionamento inédito das relações com países da América Latina, marcado pela operação que levou ao reconhecimento do governo Juan

---

10   Ver Waisbich (2020). Ver também Rossi (2018).

11   Ver Mendonça (2021).

12   Importante, no entanto, ponderar que as críticas ao BNDES não são exclusividade de Bolsonaro, ainda que ele as tenha radicalizado. De fato, o debate acerca da expansão do papel do BNDES durante os governos do PT dentro e fora do Brasil, incluindo a chamada "política dos campeões nacionais" e o modelo de capitalização do banco via Tesouro, à margem do Orçamento Público, já haviam sido objeto de debates e críticas vindas dos mais diferentes campos da economia e da política. Ver, por exemplo, Waibich (2020).

Guaidó, na Venezuela, como a descontinuação da política africana tinham o objetivo político de destruir os alicerces anteriores e imprimir na diplomacia o ideário bolsonarista. A essas bandeiras se somava a estratégia de alinhamento automático com o governo de Donald Trump que, como denunciado por ex-chanceleres brasileiros, consistia na adoção de posicionamentos estratégicos semelhantes ou iguais aos de Washington em todas as questões internacionais, inclusive aquelas em que o Brasil tradicionalmente se opunha aos Estados Unidos, como o conflito israelo-palestino[13].

Felipe Martins, assessor internacional do presidente, teve um papel central na formulação dessa estratégia. Antigo funcionário da Embaixada dos Estados Unidos e pupilo do Embaixador Clifford M. Sobel, Martins começou sua carreira no então anônimo PSL (Partido Social Liberal), onde conheceu a família Bolsonaro nos primórdios da candidatura presidencial. Foi ele que conduziu a aproximação de Jair Bolsonaro com Donald Trump, por meio de Steve Bannon, e organizou a visita de Bolsonaro nos Estados Unidos em março de 2019 (PODER360, 2019). Marcada pelo jantar com Olavo de Carvalho e o encontro com Donald Trump, ela consta como o momento fundador da diplomacia bolsonarista.

A agenda bolsonarista para a política externa, no entanto, corria em paralelo com outro projeto defendido pela chamada "ala econômica do governo" chefiada pelo Ministro da Economia Paulo Guedes. Por meio da reformulada Secretaria de Comércio Exterior, o Ministério assumiria o comando das negociações dos acordos internacionais, tradicionalmente conduzidos pelo Itamaraty. À frente de um "superministério", Paulo Guedes também pretendeu substituir, gradualmente, o projeto de inserção econômica via integração regional – começando pelo Mercosul – por outro, de atração de investimentos internacionais. Este estaria calcado na busca pelo selo de membro da Organização para a Cooperação e Desenvolvimento Econômico (OCDE). Mas essa transição nunca passou do estágio de bravata.

As ameaças e investidas contra o Mercosul e a União das Nações Sul-Americanas (UNASUL), vulgarmente inspiradas no debate sobre o *Brexit*, apenas serviram para acirrar posições dentro do primeiro e a paralisia da segunda, inviabilizando o aprofundamento de qualquer projeto de integração regional e possibilidades de ação conjunta durante a crise sanitária. A ironia é que ambos continham importantes potenciais instru-

---

13 Ver Cardoso (2020).

mentos na luta contra a covid-19 na região: o Mercosul possui um mecanismo de compra conjunta de medicamentos e a UNASUL, um Conselho de Ministros da Saúde.

Enquanto a miríade de acordos comerciais prometida pela equipe de Guedes nunca saiu do papel, o único acordo finalizado no governo Bolsonaro, entre o Mercosul e a União Europeia, foi deliberadamente sabotado pelo presidente da República, que se deixou fotografar cortando o cabelo no mesmo horário de uma audiência decisiva com o Ministro das Relações Exteriores da França, Jean Yves Le Drian, em 30 de julho de 2019.

Rapidamente, os dois projetos, de alinhamento político ao eixo conservador chefiado por Trump e de diplomacia econômica por meio de acordos comerciais bilaterais com adesão à OCDE, entraram em contradição e, eventualmente, em colapso.

A dupla Martins-Ernesto teve dificuldades em repetir o sucesso da primeira ida a Washington. As viagens presidenciais ao Texas e à Flórida, os encontros bilaterais com o premiê Bibi Netanyahu, e as reuniões ministeriais com Varsóvia, Budapeste e Riad deixaram para trás pouco mais do que sessões de fotografias forçadas, discursos vazios e compromissos que nunca foram cumpridos. A investida do Ministério da Economia expôs ao público a vulnerabilidade a intervenções políticas do Itamaraty, conhecido na Esplanada dos Ministérios pelo exitoso "insulamento burocrático", protegido das oscilações da política doméstica[14]. O espetáculo de absurdos proporcionado por Ernesto Araújo também arranhou a imagem de excelência da instituição, cultivada por décadas no país e no exterior. Para citar apenas um exemplo, Araújo abriu as portas da Fundação Alexandre de Gusmão a personagens do submundo bolsonarista para debater teorias da conspiração sobre máscaras, marxismo e vacinas.

É verdade que a função do Itamaraty na política externa evoluiu significativamente nas últimas décadas, com a delegação de parte das suas atribuições para outros ministérios e atores societários, em um processo dual conhecido como "horizontalização" e "verticalização" da política externa brasileira[15]. Sob Bolsonaro, essa dinâmica ganhou novos contornos com um maior protagonismo de atores estaduais, organizados em torno do modelo de consórcio, nas relações internacionais do Brasil.

---

14   Ver Lopes (2011).
15   Ver França e Sanchez (2009). Ver também Farias e Ramanzini (2015).

Embora as iniciativas diplomáticas de outras entidades governativas subnacionais não sejam uma novidade no Brasil, tal como no resto do mundo, as agendas do Consórcio do Nordeste e do Fórum de Governadores da Amazônia Legal, para citar apenas dois exemplos, foram de um nível de escala e ambição únicos na história recente sob o governo Bolsonaro. Sobretudo, no campo da crise sanitária e das altercações do governo federal com a China, as entidades governamentais subnacionais agiram em oposição às diretivas federais, num momento raro de rebeldia no mundo policiado da política externa. A tensão entre órgãos e atores federais e estaduais é o motor da diplomacia do Brasil sob o governo Bolsonaro. Os estudos que se debruçam unicamente nos afazeres da equipe de Ernesto Araújo revelam apenas uma parte da história. Isto é, a atuação dos entes subnacionais deve ser analisada para uma compreensão completa da política externa do período, como mostraremos a seguir.

Criado em 2019 e presidido por Wellington Dias, governador do Estado do Piauí, o Consórcio do Nordeste resgatou o multilateralismo brasileiro negociando acordos de investimento com fundos chineses e europeus, atuando diretamente com fornecedores para a aquisição de equipamentos para a luta contra a covid-19, e elaborando um Fundo Verde para o Clima, a fim de requalificar o investimento externo na região. Paralelamente, o Fórum de Governadores da Amazônia Legal, que reúne os nove governadores com autoridade sobre o território amazônico brasileiro, emergiu como um interlocutor central nas questões climáticas[16]. Ele será discutido na terceira parte.

O futuro da política externa não passa pela transferência da autoridade do Itamaraty para os consórcios. Se, constitucionalmente, a responsabilidade pela condução das relações internacionais do país reside no governo federal, os entes subnacionais organizados podem ajudar a reforçar e ampliar a política externa brasileira, tradicionalmente distante de entes governativos não federais e dos interesses não formulados no eixo Rio-São Paulo-Brasília. A emergência de outros consórcios, como o do Centro-Oeste, mais atento à atuação internacional do agronegócio, pode ajudar a consolidar o paradigma de uma política externa construída por mosaicos, com o Itamaraty ao centro.

Nesse sentido, a regionalização da política externa não é apenas uma reação emergencial a um momento raro de caos político, mas uma importante inovação institucional com potencial democratizante não negli-

---

16   Ver Waibich e Alencastro (2021).

genciável. Sob esta ótica, ainda que como possibilidade, a descentralização da política externa pode vir a tornar a atuação brasileira no mundo mais democrática e eficiente nas grandes questões nacionais, começando pela política ambiental. É junto com os atores subnacionais, e não sem eles, que o Brasil travará a luta pela reinserção no mundo.

PAX SINICA OU HEGEMONIAS EM DISPUTA?

É na relação entre Brasil e China que a "Jangada" entra em contradição. Por um lado, Pequim é descrita por bolsonaristas como a arquirrival da aliança conservadora entre o Brasil e os Estados Unidos desde os tempos da campanha eleitoral de 2018. As declarações polêmicas sobre a China partem tanto dos militantes de base como dos funcionários de primeiro escalão, incluindo o próprio presidente. Por outro, a China é o motor econômico do governo Bolsonaro, que depende cada vez mais na consolidação do agronegócio para garantir a sua inserção internacional.

Se o crescimento econômico do agronegócio é um processo de décadas, sua influência política aumentou subitamente no governo Bolsonaro. Na eleição de 2018, pela primeira vez, o setor se uniu publicamente, e na sua quase totalidade, a favor de um candidato. O triunfo de Bolsonaro, e sua proximidade com a classe política e empresarial do Centro-Oeste, um dos raros elementos de continuidade do seu governo, levou parte do agronegócio a acreditar que o setor poderia vir a desempenhar o papel de fazedor de reis na política brasileira. Tal como o petro-estado do Texas, que contribuiu decisivamente para o sucesso da geração Bush-Reagan, o agro-estado do Centro-Oeste imaginou-se como a base da revolução conservadora no Brasil iniciada por Bolsonaro.

É importante conceder que o governo Bolsonaro mostrou grande habilidade na gestão da contradição que consiste na adoção de uma retórica agressiva contra a China, o principal parceiro econômico da sua base eleitoral, o agronegócio. Apostando numa suposta dependência da China do mercado agroalimentares brasileiros, Bolsonaro obteve bons resultados no curto prazo. A despeito das suas polêmicas sobre, por exemplo, os imunizantes chineses usados no combate à pandemia, a China aumentou exponencialmente o volume das suas importações, atingindo um máximo histórico em 2020, passando de US$ 15 a US$ 100 bilhões de dólares durante esse período.

É fundamental sublinhar, no entanto, que a estratégia bolsonarista é precária. O governo federal está longe de deter o monopólio da interdependência entre Brasil e China. Pelo contrário, a hostilidade do governo Bolsonaro estimulou o avanço de Pequim na classe política brasileira. Replicando estratégias usadas na Europa e na Austrália de construção de redes de influência para a defesa dos seus interesses, Pequim desenvolveu uma forte presença dentro da Câmara dos Deputados por meio da Câmara de Comércio, chefiada pelo deputado Fausto Pinato e do ex-presidente Michel Temer. A China também pode contar com a simpatia histórica de setores da esquerda, que continuam analisando sua emergência sob as lentes do anti-imperialismo norte-americano. A influência da China em todos os setores da classe política deixa antever que o alinhamento do Estado brasileiro à China continuará se aprofundando, independentemente da orientação ideológica dos seus governos.

Trata-se de tendência comum à América Latina. Pequim consolidou relações com aliados tradicionais na região, como Argentina e Venezuela, e ampliou parcerias com países tradicionalmente mais alinhados aos Estados Unidos, a exemplo do Chile e da Colômbia. Numa reviravolta histórica, a China está prestes a conseguir reverter o apoio do Paraguai e da Honduras a Taiwan, um dos símbolos da obediência regional ao projeto global norte-americano. A reconfiguração geopolítica da América Latina certamente se acelerou durante a pandemia. Mas foi Donald Trump quem criou as condições para a ampliação da presença da China na região, historicamente influenciada pelos Estados Unidos.

O republicano estruturou a sua política externa para a região em torno de três premissas. Primeiro, o alinhamento entre as prioridades estratégicas dos Estados Unidos e político-eleitorais do presidente. A dedicação quase exclusiva do governo Trump a países caribenhos, por exemplo, obedecia a lógicas puramente domésticas – a conquista do eleitorado-chave da Flórida. A segunda premissa consistia na ideia de que o Brasil atuaria como o gendarme de Washington na América Latina. Se o eixo Washington-Brasília esteve bastante ativo, no ano de 2019, e desempenhou um papel decisivo na Venezuela e na Bolívia, fracassou na gestão da pandemia. Os governos Bolsonaro e Trump se isolaram nas suas batalhas domésticas e jamais tentaram desenvolver alguma iniciativa de apoio regional financeiro ou sanitário. Um vazio ocupado pela China, que liderou na distribuição de vacinas durante o ano de 2021. Um ano depois do começo da pandemia, Chile e Colômbia, dois pilares da diplomacia norte-americana na América Latina, ainda dependem totalmente de insumos chineses para as suas campanhas de imunização. Durante esse período, as relações comerciais entre a China e os países da região manteve a sua dinâmica de crescimento. Um trabalho publicado pelo

Atlantic Council elabora quatro cenários para a relação entre a China e a América Latina. Em três deles, a China vai ultrapassar os Estados Unidos como principal parceira comercial da região em 2035[17].

As implicações políticas dessa futura mudança de paradigma ainda não estão sendo suficientemente exploradas. As diferentes dinâmicas domésticas, do processo constituinte no Chile às eleições polarizadas no Peru, passando pelos protestos na Colômbia, estão paralisando a diplomacia regional. Tumultuado pelo governo Bolsonaro, o Mercosul deixou de ser uma das forças motoras da política comercial, apesar da importância dos países do Bloco como principal destino das exportações de produtos industrializados brasileiros[18]. Nesse contexto, a discussão entre agentes locais sobre a necessidade de uma estratégia comum para o relacionamento com a China praticamente não existe.

Desse modo, a região está transitando da hegemonia dos Estados Unidos para um contexto de hiper competição entre potências de forma descoordenada[19].

O próximo governo brasileiro deve apreender a competição entre China e Estados Unidos como uma oportunidade centenária para os países da América Latina consolidarem um novo projeto de autonomia, à luz dos aprendizados que os anos de Guerra Fria deixaram de legado na região. Nesse sentido, a tão necessária qualificação e estruturação do programa de investimentos da China só será bem-sucedida se for complementada por um programa de integração econômica continental, de modo a que o Brasil trace a sua própria estratégia de equidistância pragmática.

Em particular, a disputa sino-americana poderá ensejar a construção de uma nova estratégia regional, na qual o Mercosul terá um papel de mediador dos interesses comuns dos países do Cone Sul. Tradicionalmente concebido nos moldes da União Europeia, o Mercosul tem encontrado dificuldades em aprofundar as relações industriais e comerciais na América Latina depois dos avanços dos anos 1990. O contexto de competição entre superpotências na região oferece uma oportunidade rara de reinvenção para a instituição. Em vez de ser apenas um mecanismo de integração, o Mercosul deve assumir o papel de negociador em chefe em questões de clima, comércio e segurança com a China e os Estados Unidos. Se as

---

17   Ver Prazeres, Bohl e Zhang (2021).
18   Ver Westin (2021).
19   Ver Patey (2021).

experiências dos Estados da África e do subcontinente indiano nos ensinam alguma coisa, é que, sem estratégia continental, as chances de a América Latina prosperar num contexto de competição entre China e Estados Unidos serão bem mais reduzidas.

A organização do Estado brasileiro para liderar a região nesse novo momento exige uma requalificação do conhecimento. Para ter claro, as bases intelectuais e técnicas para o diálogo e a cooperação com a China continuam tênues. Instituições públicas possuem um pequeno número de especialistas em Ásia. A imprensa tem dificuldade na cobertura da China, escritórios de advogados e empresas continuam mal preparados para as mudanças no campo da segurança e da tecnologia. Uma força-tarefa do governo para preparar o Brasil para o "desafio chinês" é o ponto de partida para um novo projeto internacional.

AMAZÔNIA *MUNDI*

Uma região cristaliza as evoluções institucionais e as mudanças geopolíticas que o Brasil atravessa: a Amazônia. Ela passou a definir a posição do Brasil no sistema internacional em um contexto de emergência climática.

Por um lado, o crescimento dos movimentos e partidos políticos ambientalistas nos países ocidentais e a consolidação do conceito ESG (da sigla *Environmental, Social and Governance,* em inglês), no setor privado, têm, paulatinamente, mudado a forma como os investidores internacionais avaliam o risco de investimento em países fortemente associados às mudanças climáticas, como o Brasil[20]. O país se encontra na lista dos maiores responsáveis pela emissão de gás de efeito estufa, sobretudo por mudanças no uso da terra, ao mesmo tempo que abriga importantes reservas da biodiversidade planetária.

Por outro, a eleição de Jair Bolsonaro, em 2018, posicionou o Brasil como antagonista dos esforços internacionais de reversão das mudanças climáticas, de modo que o país se encontra numa situação paradoxal nas relações internacionais. O governo parece testar os limites da ação internacional na matéria, multiplicando provocações contra aliados importantes tanto do Sul quanto do Norte, a ponto de comprometer não apenas a sua credibilidade, mas também seu importante legado histórico como media-

---

20   Ver Tooze (2020).

dor internacional em negociações ambientais[21]. Legado este que alçou o país a forjar, nas últimas décadas, ainda que com contradições, um papel único de "potência ambiental", como colocou o ex-chanceler e ministro do meio ambiente Rubens Ricupero[22].

Essa estratégia de alto risco mostra que o governo Bolsonaro e as forças predatórias que o cercam também estão conscientes do momento histórico. A eleição de Bolsonaro representava uma oportunidade rara, e talvez irrepetível, para a expansão do projeto extrativista da Amazônia. Tal projeto perpassa a história do Brasil independente, mas foi fortemente acelerado sob a ditadura militar. O paradigma colonizador-extrativista é caracterizado pela destruição física e/ou simbólica de comunidades indígenas, a abertura desregulada da floresta ao investimento privado, com a tentativa de erguer comunidades utópicas como a Fordlândia, e a abertura também às forças do estado (polícias e exército), em detrimento dos órgãos civis de proteção e fiscalização ambiental[23]. Inúmeras são as continuidades no padrão de ocupação e destruição da floresta entre a ditadura militar e a Nova República. Exceto talvez no período de 2003 a 2014, em que um conjunto de políticas públicas buscou reduzir o desmatamento na Amazônia e valorar a manutenção da floresta em pé[24], vigorou o padrão extrativista. Ainda assim, o caráter reacionário do projeto ambiental de Jair Bolsonaro não tem paralelo com o de outros governos democráticos[25].

A oposição a esse projeto governamental, organizada por parte da sociedade civil, por vozes dissidentes dentro do poder público e por alguns representantes de setores produtivos, também impactou a imagem da Amazônia no mundo. As intensas campanhas internacionais contra as queimadas na Amazônia e no Pantanal, nos primeiros dois anos do governo Bolsonaro, e a atuação da sociedade civil durante a Cúpula do Clima organizada pelos Estados Unidos, em abril de 2021, exemplificam a progressiva centralidade da Amazônia na agenda internacional deste heterogêneo conjunto de atores. Nesse processo, o ativismo internacional da sociedade brasileira se estruturou com o surgimento de organismos reunindo experts e financiadores, como a Concertação pela Amazônia. Destacam-se, ainda, outros voltados à justiça climática. Liderados por

---

21 Ver Edwards e Roberts (2015).
22 Ver Ricupero e Laquinto (2012).
23 Ver Salles (2021).
24 Ver Mello e Artaxo (2017).
25 Ver Rajão, Schimmit, Nunes e Soares-Filho (2021).

uma geração mais cosmopolita e presente nas redes sociais, encontraram interlocutores engajados em Washington e nas capitais europeias. Juntos, eles fizeram da proteção da Amazônia sob Bolsonaro o primeiro grande desafio da era da emergência climática.

Essas dinâmicas observadas no padrão de mobilização de atores sociais foram também acompanhadas por mudanças na configuração institucional. Na ausência do governo federal, governadores assumiram o papel de intermediários entre os diferentes atores da região e as contrapartes internacionais interessadas na preservação da floresta em pé. Criado em 2015, o Fórum de Governadores da Amazônia Legal, já mencionado anteriormente, pleiteava ter um papel na governança climática nos anos pré-Bolsonaro. A calamidade da agenda ambiental do atual governo o colocou no centro das atenções. Dado o desinteresse da Presidência e a retração do Itamaraty, discutida na seção anterior, o Fórum tem se tornado um importante interlocutor da sociedade civil brasileira e internacional para as questões amazônicas. Sua crescente legitimidade política advém de uma proximidade com as dinâmicas locais e, portanto, de sua capacidade para articular interesses próprios do espaço amazônico no nível internacional.

É central para o futuro da política ambiental brasileira a ideia de que o avanço da sociedade civil e dos governos estaduais deve complementar a retomada com força da atuação do governo federal. O Brasil não precisa regressar aos anos pré-Bolsonaro, quando a política ambiental, e, sobretudo, a luta contra o desmatamento da Amazônia eram pilotadas quase exclusivamente por Brasília. Para o governo federal, o desafio não está, precisamente, na disputa contraproducente de influência ou poder com os governos subnacionais ou a sociedade, mas na capacidade de implementar uma visão transversal da questão climática.

Nas relações internacionais, a Amazônia também será o ponto nevrálgico das interações entre o Brasil e as superpotências. A Amazônia é, por um lado, a principal vítima da expansão não regulada do agronegócio. Para continuar na sua dinâmica de expansão produtiva, o setor precisa encontrar os instrumentos logísticos e tecnológicos para associar o seu modelo produtivo à proteção da floresta. Essa agenda não deveria, em princípio, encontrar resistências na China. Aquele país elevou o aquecimento global à condição de prioridade estratégica[26] e tem especial interesse

---

26 Colenbrander, Cao, Nadin, Gelb e Pettinotti (2021).

na região amazônica, onde exerce uma influência econômica e política crescente por meio das suas relações com Peru, Venezuela e Brasil.

Ainda que permeada por tensões e incoerências, a China tem investido crescentemente em instrumentos para avaliar os riscos climáticos de seus investimentos e projetos no exterior. Esta preocupação já está na ordem do dia da Cofco no Brasil, a gigante de alimentos chinesa e investidora do agronegócio brasileiro, cada vez mais receosa em comprar soja brasileira com passivo ambiental[27]. A sustentabilidade ambiental pode não ser o principal motor das relações Brasil-China, mas a tendência é que a soja produzida na Amazônia desmatada tenha cada vez menos apelo aos consumidores internacionais, inclusive os chineses.

Seja pelo agronegócio seja pela questão energética ou ainda pela questão da infraestrutura, a preservação da Amazônia passa invariavelmente pela incorporação da China na governança transnacional da região. Esse é mais um exemplo de como o bolsonarismo promoveu uma ruptura no nosso sistema internacional. Ao esvaziar o Fundo Amazônia e antagonizar os parceiros ocidentais mais investidos na proteção da floresta, a política de terra arrasada do governo Bolsonaro, liderado neste campo pelo ex-Ministro do Meio Ambiente Ricardo Salles, nos obriga a repensar a governança transnacional da Amazônia quase a partir do zero. Na Reconstrução, seria lamentável retomarmos a discussão a partir de premissas geopolíticas obsoletas. Na última década, a China, e mais especificamente a sua demanda por produtos do agronegócio brasileiro, é o motor de uma parte significativa das emissões de carbono da floresta. A premissa de que não existe solução para a emergência climática sem a China, responsável por quase metade das emissões globais, deve ser aplicada à região amazônica. Um modelo de governança internacional que não incorpore a China está necessariamente fadado ao fracasso.

Não será uma inclusão fácil, pois o mercado e o capital chinês são hoje fonte de pressão sobre os recursos naturais da floresta não apenas no Brasil, mas em toda a Bacia[28]. No entanto, há indícios de que há aprendizados institucionais de ambos os lados e janelas de oportunidade para aprimorar a presença da China na Amazônia e adequá-la a padrões socioambientais existentes caso haja interesse dos atores locais em promovê-los e implementá-los de maneira séria e consistente[29].

---

27 Caetano, (2020). Ver também Bertazzi e Zhang (2019).
28 Para o caso do Peru, ver, por exemplo, Linares (2021).
29 Ver Abdenur, Santoro e Folly (2021).

Paralelamente, a Amazônia precisará redefinir a qualidade das relações com os países ocidentais. Os governos europeus e norte-americanos, os primeiros a elevar a emergência climática a uma questão de segurança nacional, fizeram da Amazônia o principal tema das relações bilaterais com o Brasil. Essa tendência tende a acentuar-se com a chegada ao poder de governos verdes de vertente tanto conservadora como progressista na Europa.

Brasília deve aproveitar a oportunidade aberta pelos governos da União Europeia (UE), que consideram o Acordo UE-Mercosul insuficiente na questão ambiental, para renegociar seus termos e criar as bases de uma "cooperação verde" entre as duas regiões. O governo brasileiro também pode fazer da Amazônia uma região onde as superpotências China e Estados Unidos trabalhem em conjunto para o desenvolvimento econômico e tecnológico. O que o Brasil não pode é alimentar a ilusão de que os países vão ceder nesta questão amazônica e ambiental. Outro erro seria insistir em um discurso envelhecido de que a "Amazônia é nossa" e que temos o direito de destruí-la, se assim bem entendermos. Não apenas manter a floresta em pé é parte de nosso interesse nacional, como esta é uma dimensão essencial para as instâncias internacionais. O século 21 do Brasil será amazônico.

UM NOVO LUGAR NO MUNDO

O fato é que a política externa está se organizando em torno de novos eixos: a relação com a China em um contexto de acirrada competição sino--americana, a economia exportadora do agronegócio e a emergência climática. Os novos polos regionais – o Centro-Oeste e a região amazônica – e atores institucionais também importam. O internacionalismo brasileiro está longe de se resumir às dinâmicas aqui apontadas. Mas, por serem emergentes e muito disputadas politicamente, vão definir os rumos da "Jangada brasileira".

A triangulação desses elementos pode ser resumida a dois desafios de ordem doméstica e externa: a) como superar a aparente contradição entre um Brasil produtor e sustentável; e b) como promover e coordenar a transição geopolítica na América Latina em um contexto de crise política e, quiçá, democrática. A conclusão busca oferecer algumas pistas para responder a essas perguntas.

O primeiro passo, e talvez o mais contraintuitivo, é restaurar o tripé entre diplomacia econômica, investimento público em prol do desenvolvimento, e setor privado. O sacrifício desse tripé no governo Bolsonaro ignora a histórica função da política externa como instrumento do desenvolvimento nacional[30]. Na melhor das hipóteses, concebe esta função como desvinculada do apoio à internacionalização de empresas e do capital nacional. Ainda que o passado recente tentativas falhas e por vezes problemáticas de viabilizar o tripé (ver Capítulo 16, neste volume), ignorar a função do tripé é uma aposta incompatível com a reconstrução do país, pois não existe projeto diplomático nos países ocidentais e não ocidentais que seja bem-sucedido sem recorrer a uma combinação desses três instrumentos.

Mas o desafio da restauração do tripé também passa pela sua modernização. A aliança entre o aparato diplomático, os bancos públicos de investimento e o setor privado deve ser adaptada aos imperativos globais de desenvolvimento sustentável e à realidade internacional cada vez mais multipolar. A política de campões nacionais, que levou a uma concentração de recursos públicos nas mãos de um grupo pequeno de empresas com inúmeras consequências negativas, deve ser descartada a favor de um programa que estimule a diversificação dos investimentos de empresas brasileiras no exterior além dos tradicionais setores de recursos naturais e de infraestrutura, de modo a estimular a modernização do capital doméstico. Por trás desta ideia está a premissa de que não existe política externa sem multinacionais, e não existem multinacionais sem um apoio organizado do Estado. Descontinuar o aporte de recursos do BNDES para operações internacionais equivale a abdicar da presença do Brasil em mercados em expansão como o africano no futuro.

Isto posto, a ideia de um regresso ao passado é insuportável. As operações de financiamentos de crédito a exportação devem passar por um robusto processo de avaliação interno e, sobretudo, levar em consideração as realidades locais. Países administrados por governantes que se recusam a acompanhar regras elementares de governança, ou de respeito aos direitos humanos e ao ambiente, não podem ser o objeto de financiamento públicos. É importante ressaltar, no entanto, que uma governança exigente e justa não inviabiliza a competitividade Brasil, pelo contrário. A ideia de que a tolerância a falhas na governança e a violações de direitos humanos e do meio ambiente é o preço a pagar pela presença do Brasil no exterior ignora os avanços importantes nesses campos em

---

30   Ver Cervo e Bueno (2021).

países do Sul Global. A diplomacia econômica nunca deve implicar o nivelamento para baixo dos nossos valores democráticos.

Essa transformação pode ser conduzida, pelo menos em parte, pelos Fóruns regionais como o Consórcio de Governadores do Nordeste, o Consórcio do Centro-Oeste e o Fórum de Governadores da Amazônia Legal devem institucionalizar as iniciativas econômicas e sociais lançadas durante a pandemia e sistematizar as suas parcerias internacionais. Bancos regionais devem acompanhar as iniciativas do BNDES e, sobretudo, participar ativamente na diversificação das empresas atuantes no exterior, a principal medida para acabar com a concentração de recursos em torno de conglomerados no setor da construção civil como a Odebrecht, um dos elementos constitutivos da política externa dos anos pré-Bolsonaro.

O segundo passo consiste na retomada da participação brasileira nos grandes fóruns internacionais, levada a mínimos históricos pelo governo Bolsonaro, mas de uma forma compatível com os novos desafios geopolíticos. Por exemplo, é preciso reavaliar o papel dos BRICS, passada uma década desde sua criação, e, sobretudo, diante da perda de competitividade da África do Sul dentro do continente africano, da virada etno-nacionalista da Índia, do aprofundamento do autoritarismo russo e da redundância do fórum para a China. A própria ideia de reforma da governança global precisa ser repensada neste novo contexto no qual a China já molda uma nova ordem internacional à luz de suas próprias prioridades. Estas que podem ou não convergir com os interesses dos demais integrantes dos BRICS, inclusive os do Brasil.

O país deve, em particular, reassumir um papel decisivo na organização política da América Latina, por meio da restauração do Mercosul, instrumento que ganha importância renovada com a crescente presença da China na região. Como argumentamos no capítulo, experiências em outras partes do mundo, como na África e na Oceania, deixam claro que o desafio chinês deve ser abordado de forma regional. Só uma estratégia conjunta desenvolvida por governos nacionais e executada por organizações multinacionais como o Mercosul pode atenuar a assimetria financeira e tecnológica que caracteriza as relações entre a China e os países da América Latina.

O terceiro passo é, evidentemente, dar robustez nacional e internacional à política ambiental brasileira. Velho fetiche dos economistas resgatado por Paulo Guedes no início do mandato de Bolsonaro, a ideia de um "superministério", ou uma versão do MITI japonês no Brasil, tentado no passado pelo Governo Collor de Mello é o oposto do que o país precisa para implementar uma política ousada e inovadora no meio ambiente. O novo Ministério do Meio Ambiente seria o contrário de uma máquina rígida e avassaladora. Ele se distinguiria pela autoridade política e capacidade técnica de influenciar políticas públicos em todos os campos além da sua de especialização. Discussões sobre educação, reforma fiscal, energia e transportes: o ambiente seria o prisma através do qual o Governo Federal desenvolveria as suas políticas públicas. Em paralelo, uma Secretaria Especial para o Clima, que assumiria o lugar Secretaria de Assuntos Estratégicos, poderia orientar a ação internacional do governo brasileiro em coordenação com as diferentes entidades regionais. Ela trabalharia junto com uma Agência Brasileira de Cooperação (ABC) totalmente remodelada para desenvolver políticas e projetos socioambientais regionais e internacionais. Junto com a Embrapa, a ABC-Verde seria um instrumento para o compartilhamento de políticas públicas exitosas no campo da adaptação e mitigação das mudanças climáticas, bem como de transformação verde. Seria também um ator importante no conjunto de instrumentos nacionais de internacionalização competitiva do agronegócio sustentável.

Esse novo aparato institucional teria como principal objetivo perenizar a presença internacional do agronegócio brasileiro, aumentando a sua qualidade e sustentabilidade para atender aos novos desafios impostos pelos governos ambientalistas europeus, e expandindo sua presença no continente africano. Como ilustrado na série de relatórios *The Future of Livestock in Africa*, a África deve abrigar 25% da população mundial em 2015 e tem como desafio central para as próximas décadas assegurar a sua produção alimentar. Isso passa por estratégias de curto prazo, para atender às necessidades alimentares – cerca de 15% da sua agropecuária será importada, em 2030, contra 5% atualmente – e de médio e longo prazo, para desenvolver a autossuficiência[31]. Nenhum país do mundo reúne os requisitos tecnológicos e políticos para atender a esse desafio além do Brasil.

Ao mesmo tempo, isso traz à tona profundos e necessários questionamentos acerca de nossa identidade, modelo de desenvolvimento e de inserção internacional. Até que ponto a primazia do agronegócio é compatível com um projeto de desenvolvimento nacional? Se olharmos para a história do Brasil, a extração dos recursos naturais e a construção de uma sociedade menos desigual são objetivos irreconciliáveis. Não se deve

---

31 Dados disponíveis em: http://www.fao.org/in-action/asl2050/en/.

alimentar ilusões sobre o caráter extrativista do agronegócio e o papel central da produção de soja na retomada do desmatamento na última década. Deve-se reconhecer, no entanto, que o agronegócio não pode ser resumido a um novo ciclo histórico da extração de recursos naturais. Ele é o resultado de, por um lado, um processo endógeno de desenvolvimento tecnológico e industrial e, por outro, de uma demanda exógena em permanente transformação.

A médio prazo, será preciso avançar nestes três eixos para que o Brasil volte a ter relevância estratégica para o mundo. Trata-se de desenvolver um projeto ambicioso para a Amazônia e voltar a ocupar o espaço regional e atlântico, lidando com as tensões de uma possível nova bipolaridade. Trata-se de um projeto ao mesmo tempo nacionalista e multilateralista. Para retomar a política externa, o Brasil tem de repensar seu modelo de desenvolvimento e seu papel no multilateralismo do século 21. A defesa intransigível do multilateralismo se encontra no núcleo duro da política externa brasileira desde seus primórdios. Retomar esta veia em 2023 é não apenas um dever constitucional, mas também a aposta mais acertada, coincidindo com o que parece ser um novo impulso vindo do ocidente e do oriente ao multilateralismo em tempos de crise sanitária e climática.

REFERÊNCIAS

ABDENUR, Adriana Erthal; SANTORO, Maurício e FOLLY, Maiara. What Railway Deals Taught Chinese and Brazilians in the Amazon. **Carnegie Endowment for International Peace**, 2021.

BERTAZZI, Pietro; ZHANG, Sabrina. Soy: China's Deforestation Dilemma. **CDP**, 2019. Disponível em: https://www.cdp.net/en/articles/forests/ soy-chinas-deforestation-dilemma. Acesso em: 20 de junho de 2021.

CAETANO, Rodrigo. Desmatamento leva gigante de alimentos da China a rastrear soja brasileira. **Exame**, 2020. Disponível em: https://exame.com/ brasil/sinal-amarelo-bloqueio-cargill-cofco-rastrear-soja-brasileira/. Acesso em: 20 de junho de 2021.

CARDOSO, Fernando Henrique et al. A Reconstrução Da Política Externa Brasileira, **Folha de S. Paulo**, 2020. Disponível em: https://www1.folha. uol.com.br/mundo/2020/05/a-reconstrucao-da-politica-externa- brasileira.shtml. Acesso: 20 de junho de 2021.

CERVO, Amado Luiz; BUENO, Clodoaldo. **História da Política Exterior do Brasil.** 2. ed. Brasília: Editora da UnB, 2002.

COLENBRANDER, Sarah; CAO, Yue; NADIN, Rebecca; GELB, Stephen; PETTINOTTI, Laetitia. Five expert views on China's pledge to become carbon neutral by 2060. **Overseas Development Institute**, 2021. Disponível em: https://odi.org/en/insights/five-expert-views-on-chinas--pledge-to-become-carbon-neutral-by-2060/. Acesso em: 11 de julho de 2021.

COLLETA, Ricardo. "Se atuação do Brasil nos faz um pária internacional, que sejamos esse pária", diz Ernesto. **Folha de S. Paulo**, 2020. Disponível em: https://www1.folha.uol.com.br/mundo/2020/10/se-atuacao-do--brasil-nos-faz-um-paria-internacional-que-sejamos-esse-paria-diz--chanceler.shtml. Acesso em: 20 de junho de 2021.

CONSELHO EMPRESARIAL BRASIL-CHINA. Mesmo com pandemia, trocas entre Brasil e China atingem US$ 101 bilhões e marcam recorde histórico no comércio exterior nacional. **Conselho Empresarial Brasil China**, 2021. Disponível em: https://www.cebc.org.br/2021/01/11/mesmo-com-pandemia-trocas-entre-brasil-e-china-atingem--us-101-bilhoes-e-marcam-recorde-historico-no-comercio-exterior--nacional/. Acesso em: 20 de junho de 2021.

EDWARDS, Guy; ROBERTS, J. Timmons. **A Fragmented Continent: Latin America and the Global Politics of Climate Change**. MIT Press, 2015.

ESTADÃO CONTEÚDO. "Se eu for eleito, o Brasil sai da ONU", diz Bolsonaro após apoio a Lula. **VEJA**, 2018. Disponível em: https://veja.abril.com.br/politica/bolsonaro-defende-saida-de-conselho-da-onu-apos--apoio-a-lula/. Acesso em: 21 de junho de 2021.

FARIAS, Rogério de Souza; RAMANZINI, Haroldo. Revisando a horizontalização: o desafio da análise da Política Externa Brasileira. **Revista Brasileira de Política Internacional,** v. 58, n. 2, p. 5-22, 2015.

FRANÇA, Cássio; SANCHEZ, Michelle Ratton. A horizontalização da política externa brasileira. **Valor Econômico**, 24/04/2009, Opinião, p. A14.

GRIN, Monica; GHERMAN, Michel; CARACIKI, Leonel. Beyond Jordan River's Waters: Evangelicals, Jews, and the Political Context in Contemporary Brazil. **International Journal of Latin American Religions**, v. 3, n. 2, p. 253-73, 2019.

GUIMARÃES, Feliciano; SILVA, Irma. Far-Right Populism and Foreign Policy Identity: Jair Bolsonaro's Ultra-Conservatism and the New Politics of Alignment. **International Affairs**, v. 97, n. 2, p. 345-63, 2021.

"JANTAR de Bolsonaro em Washington teve Olavo de Carvalho e Steve Bannon". **Poder360**, Brasília, 18 mar. 2019. Disponível em: https://www.

poder360.com.br/governo/jantar-de-bolsonaro-em-washington-teve--olavo-de-carvalho-e-steve-bannon/. Acesso em: 12 dez. 2021.

LINARES, Denisse. Sostenibilidad ambiental: ¿Cómo van las relaciones entre China y Perú en el 2021? **Derecho, Ambiente y Recursos Naturales**, 2021. Disponível em: https://dar.org.pe/sostenibilidad-ambiental--como-van-las-relaciones-entre-china-y-peru-en-el-2021/. Acesso em: 11 de agosto de 2021.

LOPES, Dawisson Belém. A Política Externa Brasileira e a Circunstância Democrática: do Silêncio Respeitoso à Politização Ruidosa. **Revista Brasileira de Política Internacional,** v. 54, n. 1 p. 67-86, 2011.

MELLO, Natália Girão Rodrigues de; ARTAXO, Paulo. Evolução do Plano de Ação para Prevenção e Controle do Desmatamento na Amazônia Legal. **Revista do Instituto de Estudos Brasileiros**, n. 66, 2017.

MENDONÇA, Ana. Bolsonaro diz que BNDES não tem caixa-preta: "Eu também pensava que era". **Estado de Minas**, 2021. Disponível em: https://www.em.com.br/app/noticia/politica/2021/06/17/interna_politica,1277836/bolsonaro-diz-que-bndes-nao-tem-caixa-preta-eu-tambem-pensava-que-era.shtml. Acesso em: 21 de junho de 2021.

PACHECO, Ronilson. No BRICS, Ernesto Araújo ataca OMS, sem qualquer menção aos 125 mil mortos. **UOL Notícias,** 2020. Disponível em: https://noticias.uol.com.br/colunas/ronilso-pacheco/2020/09/06/em-discurso--no-brics-ernesto-araujo-ataca-oms.htm. Acesso em: 23 de junho de 2021.

PATEY, Luke. **How China Lose**: **The Pushback against Chinese Global Ambitions**. Oxford: Oxford University Press, 2021

PRAZERES, Tatiana; BOHL, David; ZHANG, Pepe. China-LAC Trade: Four Scenarios in 2035. **Atlantic Council**, 2021. Disponível em: https://www.atlanticcouncil.org/in-depth-research-reports/china-lac-trade-four--scenarios-in-2035/. Acesso em: 20 de junho de 2021.

RAJÃO, Raoni; SCHIMMIT, Jair; NUNES, Felipe; SOARES-FILHO, Britaldo. Dicotomia da impunidade do desmatamento ilegal. **Policy Brief**. CSR; LAGESA. UFMG, junho de 2021.

REVISTA PIAUÍ. Piauí_173. **Revista Piauí**, n. 173, fevereiro de 2021. Disponível em: https://piaui.folha.uol.com.br/edicao/173/. Acesso em: 20 de junho de 2021.

RICUPERO, Rubens; LAQUINTO, Kalinka. Brasil, potência ambiental. **Revista Conjuntura Econômica**, v. 66, n. 5 p. 12-16, 2012.

ROCHA, Alexandre. "'Estou apaixonado pela Arábia Saudita', diz Bolsonaro", **ANBA (Agência de Notícias Brasil-Árabe)**, São Paulo, 30 out. 2019. Disponível em: https://anba.com.br/estou-apaixonado-pela-arabia--saudita-diz-bolsonaro/. Acesso em: 12 dez. 2021.

RODRIGUES, Leo. Guedes: Brasil sai do Mercosul se Argentina frear abertura do bloco. **Agência Brasil**, 2019. Disponível em: https://agenciabrasil.ebc.com.br/economia/noticia/2019-08/guedes-brasil-sai-do-mercosul-se-argentina-frear-abertura-do-bloco. Acesso em: 21 de junho de 2021.

ROSSI, Amanda. Existe Uma "caixa-Preta" do BNDES, como diz Bolsonaro? **BBC News Brasil**, 2018. Disponível em: https://www.bbc.com/portuguese/brasil-46267698. Acesso em: 20 de junho de 2021.

SALLES, João Moreira. Arrabalde. Parte III_A fronteira é um país estrangeiro. **Revista Piauí**, n. 172, janeiro de 2021. Disponível em: https://piaui.folha.uol.com.br/fronteira-e-um-pais-estrangeiro/. Acesso em: 11 de agosto de 2021.

TOOZE, Adam. Welcome to the Final Battle for the Climate. **Foreign Policy (blog)**. Disponível em: https://foreignpolicy.com/2020/10/17/great--power-competition-climate-china-europe-japan/. Acesso em: 20 de junho de 2021.

VASCONCELOS, Renata. Sem Ernesto Araújo, Itamaraty retorna à discrição e ensaia moderação. **Estado de São Paulo**, 2021. Disponível em: https://internacional.estadao.com.br/noticias/geral,cem-dias-sem-ernesto-o--que-mudou-no-itamaraty-sob-nova-direcao,70003770570 Acesso em: 10 de julho de 2021.

WAISBICH, Laura T.; ALENCASTRO, Mathias. Diplomacia subnacional é inovação institucional. **Folha de S. Paulo**, 05/05/2021. Disponível em: https://www1.folha.uol.com.br/opiniao/2021/05/diplomacia-subnacional-e-inovacao-institucional.shtml. Acesso em: 23 de junho de 2021.

WAISBICH, Laura Trajber. Negotiating Accountability in South-South Cooperation: The Case of Brazil. **Revista Brasileira de Política Internacional,** v. 63, n. 2, 2020.

WESTIN, Ricardo. Para economista, Mercosul chega aos 30 anos com Brasil distante e comércio enfraquecido. **Agência Senado**, 23/03/2021. Disponível em: https://www12.senado.leg.br/noticias/infomaterias/2021/03/para-economista-mercosul-chega-aos-30-anos-com-brasil-distante-e--comercio-enfraquecido. Acesso em: 11 de agosto de 2021.

Biografias dos autores e das autoras

PARTE I: O ESTADO BRASILEIRO

CAPÍTULO 1: O PAPEL DO ESTADO

Bráulio Borges

Bráulio Borges é graduado em economia na FEA-USP (2002) e mestre em Teoria Econômica pela mesma instituição (2005). Sua dissertação de mestrado, na área de finanças públicas, foi agraciada com o prêmio Tesouro Nacional. É economista-sênior da área de macroeconomia da LCA Consultores, onde trabalha desde 2004. Desde 2015 também é pesquisador-associado do FGV-IBRE.

CAPÍTULO 2: PARLAMENTARISMO OU PRESIDENCIALISMO?

João Villaverde e Rodrigo Brandão

João Villaverde é jornalista (PUC-SP), mestre e doutorando em Administração Pública e Governo pela FGV-SP. Atuou por 12 anos em jornais (*Valor Econômico* e *O Estado de S. Paulo*), tendo trabalhado em Brasília e São Paulo. Escreveu reportagens em diversos países (Itália, Turquia, Estados Unidos, Cuba, Uruguai e Argentina), além de percorrer o sertão baiano, o interior rural do Brasil central e o poder dos gabinetes federais na capital. É autor do livro-reportagem *Perigosas Pedaladas* (Geração Editorial, 2016), sobre o *impeachment* de Dilma Rousseff. É coautor, com José Márcio Rêgo, de *Rupturas do Pensamento* (Editora 34, 2021), livro que traz as memórias de Luiz Carlos Bresser-Pereira em entrevistas. João foi pesquisador visitante na Universidade de Columbia (Nova York) e por quatro anos trabalhou no mercado financeiro como consultor sênior para a Medley Global Advisors (MGA), com viagens de trabalho a Londres, Paris e à costa leste norte-americana. Foi colunista da revista *Época* (Globo), com artigos e ensaios publicados na *Folha*, no *Nexo*, no *Poder360* e nas revistas *Amálgama* e *Estado da Arte*. É professor da FGV-SP e da Escola Comum, conselheiro da ONG Vetor Brasil e autor da newsletter "Refúgio do Ruído".

Rodrigo Brandão é formado pela USP, com bacharelado em Ciências Sociais (2008), especialização em Economia (2010) e mestrado em Ciência Política (2011). Desde 2020, é doutorando em Sociologia na mesma instituição e pesquisador do C4AI – Center for Artificial Intelligence (uma parceria entre USP, Fapesp e IBM), onde investiga os usos de tecnologias emergentes feitos pela administração pública e o impacto dessas tecnologias sobre a democracia. Anteriormente, atuou, entre outras organizações, na Fundação Fernando Henrique Cardoso, como coordenador-assistente da área de estudos e debates, e na Companhia Siderúrgica Nacional (CSN), como especialista em relações institucionais.

CAPÍTULO 3: SISTEMAS ELEITORAIS E O VOTO DISTRITAL MISTO

Leandro Consentino

Leandro Consentino é doutor em Ciência Política pela Universidade de São Paulo, tendo obtido o título de Mestre em Ciência Política e Bacharel em Relações Internacionais pela mesma instituição. Atualmente, é professor de graduação no Insper e de pós-graduação na Fundação Escola de Sociologia e Política de São Paulo. Foi Superintendente Executivo da Fundação Mario Covas e exerce, voluntariamente, a titularidade da Diretoria de Cursos e Seminários. Além disso, ministra cursos livres de Educação Política desde 2010.

CAPÍTULO 4: A QUESTÃO FISCAL FEDERATIVA E O PODER LOCAL

Karina Bugarin

Karina Bugarin possui graduação em Ciências Econômicas – Insper Instituto de Ensino e Pesquisa (2008) e mestrado em Economia – University of Tsukuba (2011). Atualmente é aluna de Doutorado em Ciências Econômicas na Universidade de São Paulo (USP) e pesquisadora do Núcleo de Economia Regional e Urbana da USP (Nereus/USP), Laboratório de Economia do Setor Público (LabPub/USP) e Economics and Politics Research Group (EPRG). Foi Subsecretária de Produtividade, Competitividade e Desenvolvimento Sustentável na Secretaria de Desenvolvimento Econômico do Estado de São Paulo (2019-2020), assessora de Persio Arida (2018), consultora do Banco Mundial e gestora na Secretaria de Assuntos Estratégicos da Presidência da República.

PARTE II: O GOVERNO A SERVIÇO DO POVO

CAPÍTULO 5: A IMPRENSA E AS REDES SOCIAIS NO PROCESSO DE *ACCOUNTABILITY*

Laura Karpuska e Vandson Lima

Laura Karpuska é economista. Laura tem graduação pela FEA-USP e Ph.D. pela Universidade do Estado de Nova York em Stony Brook. Sua pesquisa foca em economia política. Laura foi economista do J.P. Morgan e sócia da

BlueLine Asset. Hoje ela é professora do Insper em São Paulo. Laura é uma das organizadoras do podcast das *economistAs*, que busca dar mais voz às pesquisadoras brasileiras e incentivar jovens mulheres à profissão. Ela também é colunista do jornal *O Estado de S. Paulo*.

Vandson Lima é jornalista. Criado em Guaianazes, bairro da periferia da Zona Leste de São Paulo, e filho de migrantes nordestinos, foi o primeiro de sua família a chegar a uma universidade, cursando Comunicação Social pela USP. É mestrando em Políticas Públicas e Governo pela Fundação Getulio Vargas (FGV) e trabalha há 12 anos como repórter de política do jornal *Valor Econômico*. Mora em Brasília.

CAPÍTULO 6: COMUNICAÇÃO E TRANSPARÊNCIA DOS ATOS PÚBLICOS

Tai Nalon

Tai Nalon é diretora executiva e cofundadora do "Aos Fatos", site dedicado à checagem de fatos e ao monitoramento de campanhas de desinformação. Jornalista pela Uerj, desenvolve projetos de jornalismo em formatos inovadores, como inteligência artificial, artes visuais e ciência de dados. Lidera no "Aos Fatos" o time vencedor do Prêmio Gabo 2020 na categoria inovação, do Prêmio Claudio Weber Abramo de Jornalismo de Dados na categoria inovação em 2019 e do Digital Media LATAM 2020 na categoria de melhor projeto digital. Foi finalista dos Online Journalism Awards 2019 e menção honrosa nos prêmios de excelência de 2019 da Sociedad Interamericana de Prensa. Foi repórter e redatora de política e administração pública na *Folha de S.Paulo* em Brasília, no Rio e em São Paulo entre 2008 e 2014. Vive hoje no Rio de Janeiro.

PARTE III: OS ALICERCES DO BRASIL

CAPÍTULO 7: EDUCAÇÃO BÁSICA

Talita Nascimento

Talita Nascimento é mestre em Políticas Educacionais pela Universidade de Columbia, nos Estados Unidos e Bacharel em Direito pela Universidade de São Paulo (USP). Ainda na graduação, Talita foi presidente do Centro Acadêmico XI de Agosto, onde trabalhou na criação da Clínica de Direitos Humanos Luiz Gama focada na população em situação de rua de São Paulo. Depois de formada, trabalhou como advogada no mercado financeiro, até que decidiu se dedicar à temática da educação. Exerceu cargos de liderança em diversas organizações educacionais, como a Unesco, Instituto Sonho Grande, Fundação Getulio Vargas e Ministério da Educação. Atualmente, é chefe de gabinete da Deputada Federal Tabata Amaral e presidente do Instituto Vamos Juntas, organização que luta por mais mulheres na política.

CAPÍTULO 8: EDUCAÇÃO SUPERIOR E TÉCNICA

Daniel Barros

Daniel Barros é jornalista e gestor público especializado em educação, autor do livro-reportagem *País Mal Educado: por que se aprende tão pouco nas escolas brasileiras?* (Record, 2018). De janeiro de 2019 a novembro de 2021 foi Subsecretário de Ensino Técnico e Profissionalizante da Secretaria de Desenvolvimento Econômico do Estado de São Paulo. Seu trabalho consistiu na implementação do itinerário técnico do Novo Ensino Médio na rede estadual paulista e em requalificação para adultos. Em dezembro de 2021 tornou-se sócio da Galena, uma EdTech voltada a preparação e inclusão de jovens no mercado produtivo. É mestre em administração pública pela Universidade Columbia, em Nova York, e graduado em jornalismo pela UFRJ. Foi repórter da Revista *Exame*, onde ganhou prêmios jornalísticos como o prestigiado Esso, na categoria Educação (2014). Também trabalhou na consultoria McKinsey&Company e na Fundação Lemann, com foco na Base Nacional Comum Curricular.

CAPÍTULO 9: COMO PREPARAR O ESTADO PARA ATENDER ÀS DEMANDAS CRESCENTES DE SAÚDE?

Maria Dolores Montoya Diaz e
Paula Pereda

Maria Dolores Montoya Diaz é docente do departamento de Economia da Faculdade de Economia, Administração e Contabilidade da Universidade de São Paulo. Trabalha nas áreas de econometria aplicada, principalmente em temas de Economia da Saúde e de Gênero. Possui publicações em periódicos nacionais e internacionais da área.

Paula Pereda é docente do departamento de Economia da Faculdade de Economia, Administração e Contabilidade da Universidade de São Paulo. Trabalha com microeconomia aplicada e avaliação de políticas públicas, com foco em meio ambiente, saúde e gênero. Possui publicações em periódicos nacionais e internacionais da área.

CAPÍTULO 10: VIOLÊNCIA, DIREITOS HUMANOS E O CONTRATO SOCIAL

Nathalia Novaes Alves

Nathalia Novaes Alves é cientista social e possui mestrado em Estudos Árabes e Judaicos, pela Universidade de São Paulo, e em Cooperação Internacional (com ênfase em Desenvolvimento e Ajuda Humanitária), pelo Instituto de Estudos de Políticas Internacionais de Milão, Itália. Tendo um histórico de atuação em análise política, pesquisa acadêmica e ativismo por direitos humanos, trabalha atualmente como consultora internacional para o Escritório das Nações Unidas sobre Drogas e Crime (UNODC/Moçambique) em temas relacionados a combate à corrupção e crimes contra a vida selvagem.

PARTE IV: UM BRASIL PARA TODOS

CAPÍTULO 11: POLÍTICAS SOCIAIS E TRANSFERÊNCIAS DE RENDA

Pedro Fernando Nery

Pedro Fernando Nery é Doutor em Economia do Meio Ambiente, Mestre em Economia e Bacharel em Ciências Econômicas (UnB). É Consultor Legislativo para Economia do Trabalho, Renda e Previdência no Senado Federal, e professor de programas de mestrado do IDP. É também colunista semanal do jornal *O Estado de São Paulo* e foi Conselheiro do Banco Regional de Desenvolvimento do Extremo-Sul (BRDE). Escreveu o livro *Reforma da Previdência – Por que o Brasil não Pode Esperar?* (Elsevier, 2019 – com Paulo Tafner).

CAPÍTULO 12: REGRESSIVIDADE E JUSTIÇA SOCIAL

Laura Carvalho, Rodrigo Orair e Theo Ribas Palomo

Laura Carvalho é Professora Associada Livre-Docente do Departamento de Economia da Universidade de São Paulo (FEA/USP), pesquisadora líder do Centro de Pesquisa em Macroeconomia das Desigualdades (Made/USP), bolsista de produtividade do CNPq e Senior Fellow do Schwartz Center of Economic Policy Analysis (Scepa). Possui doutorado em economia pela New School for Social Research e graduação e mestrado em economia pela Universidade Federal do Rio de Janeiro. Sua pesquisa se concentra nas áreas de macroeconomia e desenvolvimento econômico, com ênfase na relação entre distribuição de renda e crescimento econômico. Além de publicar artigos acadêmicos em revistas como o Journal of Economic Behavior & Organization, Journal of Evolutionary Economics, Cambridge Journal of Economics, Journal of Post Keynesian Economics, Review of Keynesian Economics e Metroeconomica, foi colunista da *Folha de S. Paulo* entre 2015 e 2019 e do *Nexo* entre 2020 e 2021. É autora dos livros *Valsa Brasileira: do boom ao caos econômico* (Todavia, 2018) e *Curto-circuito: o vírus e a volta do Estado* (Todavia, 2020).

Rodrigo Orair é economista pela UFMG, mestre em Teoria Econômica pela Unicamp e doutorando em Economia na FEA/USP. É pesquisador licenciado do Instituto de Pesquisa Econômica Aplicada (Ipea) e pesquisador associado ao International Policy Centre for Inclusive Growth (IPC-IG). Exerceu o mandato de Diretor da Instituição Fiscal Independente do Senado Federal. Especialista em macroeconomia e política fiscal, tendo publicado inúmeros estudos em tópicos relacionados às finanças públicas nos níveis central e subnacional, assim como sobre as relações entre tributação, distribuição de renda e desigualdade. Foi agraciado com inúmeros prêmios acadêmicos, como o primeiro lugar por quatro vezes no Prêmio Tesouro Nacional e o primeiro lugar por duas vezes no Prêmio SOF de Monografias.

Theo Ribas Palomo é graduando em Economia na FEA/USP e bolsista de pesquisa do Made/USP. Tem interesse em temas de pesquisa como impactos distributivos da política fiscal, desigualdades entre países e desenvolvimento econômico.

CAPÍTULO 13: MEIO AMBIENTE E SUSTENTABILIDADE

Natalie Unterstell e Gustavo Tosello Pinheiro

Natalie Unterstell tem mestrado em administração pública pela Escola de Governo John F. Kennedy da Universidade de Harvard e graduação em administração de empresas na Fundação Getulio Vargas (EAESP-FGV). Atuou em governos federal e estaduais, onde apoiou a construção de políticas públicas, incluindo o mais ambicioso programa de adaptação à mudança do clima já realizado no país, o Brasil 2040, como diretora na SAE/Presidência da República. Contribuiu como negociadora do Brasil nos assuntos de mudança do clima na ONU e Secretária Adjunta do Fórum Brasileiro de Mudança do Clima (FBMC). É membro do Painel de Acreditação do Green Climate Fund e co-fundadora e membro de diversos projetos e organizações, como a Política Por Inteiro. Atualmente, dirige o think tank Talanoa, dedicado às políticas de mudança do clima no Brasil. Ativa em mídias sociais, foi colunista da revista *Época* (Globo) e uma frequente articulista e comentarista na imprensa nacional e internacional.

Gustavo Tosello Pinheiro tem graduação em administração pública pela Fundação Getulio Vargas (EAESP-FGV). É cofundador da Convergência pelo Brasil, iniciativa que reúne ex-ministros da Fazenda e ex-presidentes do Banco Central do Brasil em torno da agenda de mudança do clima. Coordena o portfólio de investimentos em zero carbono do Instituto Clima e Sociedade, é conselheiro da Climate Ventures e fundador da Bratus Natural Capital.

CAPÍTULO 14: RACISMO E ASCENSÃO SOCIAL: UM PARADOXO REAL

Irapuã Santana

Irapuã Santana é doutor em Direito Processual pela UERJ em 2020, cuja tese se tornou o livro *Acesso à Justiça: Uma Análise Multidisciplinar* (Editora JusPodivm, 2021). Mestre em Direito Processual pela mesma universidade, onde sua dissertação foi aprovada com louvor e distinção, em 2015, dando origem ao livro *O Princípio da Igualdade na Mediação e o Acesso à Justiça* (Mackenzie, 2016). Foi aprovado no disputado programa de intercâmbio "Linkage", da Faculdade de Direito de Yale, nos Estados Unidos. Atuou, entre os anos de 2014 e 2018, como assessor de ministro no STF e TSE. Desde 2014, exerce trabalho voluntário na EDUCAFRO, como consultor jurídico, responsável pelas principais ações judiciais da entidade no país. É colunista do jornal *O Globo*. Autor do livro *13 de maio: A Maior Fake News de Nossa História* (Livres, 2019).

CAPÍTULO 15: MORAR E SE LOCOMOVER

Tainá Pacheco e Laryssa Kruger

Tainá Pacheco é bacharel em economia pela USP e mestre em Administração Pública e Governo pela FGV-SP. Possui 5 anos de experiência em gestão pública, tendo trabalhado na Prefeitura de São Paulo na reformulação do atendimento ao cidadão na cidade, SP156. Atualmente é consultora da UNESCO para aplicações experimentais de economia comportamental na Prefeitura de São Paulo e desenvolve projetos de pesquisa em temas urbanos no CEPESP/FGV e na FIPE/USP. Suas pesquisas são na área de economia urbana, concentradas em habitação e transportes.

Laryssa Kruger é mestre em Urbanismo pela FAU USP, Especialista em Habitação Social pela Escola da Cidade e formada em Gestão de Políticas Públicas pela USP. Atualmente é pesquisadora do Núcleo de Questões Urbanas do Insper e consultora da Latin America and Caribbean Centre da London School of Economics and Political Science – LSE na temática de territórios periféricos e vulneráveis.

PARTE V: A ECONOMIA

CAPÍTULO 16: POLÍTICA ECONÔMICA: DE ONDE PARTIMOS E PARA ONDE VAMOS

Laura Karpuska, Felipe Salto e Ricardo Barboza

Felipe Salto é economista pela Escola de Economia de São Paulo da Fundação Getulio Vargas (EESP/FGV) e mestre em Administração Pública e Governo pela Escola de Administração de Empresas de São Paulo (EAESP/FGV). Recebeu o prêmio de melhor dissertação de mestrado, em 2013, conferido pelo GV/Pesquisa. Foi consultor econômico na Tendências Consultoria, do ex-ministro Mailson da Nóbrega, de 2008 a 2014, e assessor do Senador José Serra entre 2015 e 2016. Ministrou aulas nos cursos de pós-graduação *lato sensu* da EESP/FGV. Organizou o livro *Finanças públicas: da contabilidade criativa ao resgate da credibilidade* (Record, 2016), laureado com o Prêmio Jabuti. Em novembro de 2016, foi aprovado pelo Senado Federal para exercer mandato de seis anos como o primeiro Diretor-Executivo da Instituição Fiscal Independente do Senado Federal, a IFI. Neste cargo, foi o responsável pela implantação e construção da nova instituição. Organizou o livro *Contas públicas no Brasil* (Saraiva, 2020). É professor do Instituto Brasileiro de Ensino, Desenvolvimento e Pesquisa (IDP) e colunista do jornal *O Estado de S. Paulo* (página A2).

Ricardo Barboza é economista, mestre em economia da indústria e da tecnologia pela UFRJ e mestre em macroeconomia e finanças pela PUC-Rio. É professor da Alumni Coppead-UFRJ e economista do BNDES. Escreve regularmente colunas de opinião para o jornal *Valor Econômico*. Organizador do livro *Maravilhosa para todos: políticas públicas para o Rio de Janeiro*. Escreve neste livro em caráter estritamente pessoal, não refletindo, necessariamente, a opinião de seus empregadores.

CAPÍTULO 17: A NECESSIDADE DE UMA REFORMA FISCAL

Felipe Salto, Guilherme Tinoco e Vilma Pinto

Guilherme Tinoco é economista formado pela UFMG (2007) e mestre em teoria econômica pela FEA/USP (2011). Foi um dos ganhadores do Prêmio SEAE de 2006 e do Prêmio Tesouro Nacional em 2011. É economista do BNDES, onde atuou por diversos anos no Departamento de Pesquisa Econômica (DEPEC) e atualmente está cedido para o governo do estado de São Paulo, onde trabalha como assessor especial do Secretário da Fazenda e Planejamento. Atua na área de conjuntura econômica e finanças públicas, tendo publicado artigos acadêmicos na Revista do BNDES e em outras revistas e artigos jornalísticos em diferentes veículos.

Vilma Pinto é Diretora da Instituição Fiscal Independente (IFI) do Senado Federal. Possui graduação em Ciências Econômicas pela Universidade do Estado do Rio de Janeiro – UERJ (2014) e mestrado em Economia Empresarial e Finanças pela Escola Brasileira de Economia da Fundação Getulio Vargas – FGV/EPGE (2018). Foi assessora econômica na Secretaria de Estado da Fazenda do Paraná (SEFA PR). É pesquisadora licenciada do Instituto Brasileiro de Economia da Fundação Getulio Vargas – IBRE/FGV. Tem experiência na área de Economia, com ênfase em finanças públicas, atuando principalmente nos seguintes temas: arrecadação tributária, reforma tributária, responsabilidade fiscal e deficit público.

CAPÍTULO 18: OS INSTRUMENTOS DE PLANEJAMENTO FISCAL E ORÇAMENTÁRIO

Daniel Couri e Paulo Bijos

Daniel Couri é mestre em economia do setor público pela Universidade de Brasília. Membro do Conselho Diretor da Instituição Fiscal Independente do Senado Federal. Consultor de Orçamentos do Senado Federal desde 2014. Foi Auditor Federal de Controle Externo do Tribunal de Contas da União (TCU) entre 2008 e 2014. Entre 2006 e 2008, foi Analista de Planejamento e Orçamento do então Ministério do Planejamento, Orçamento e Gestão.

Paulo Bijos é doutorando em Ciência Política pela UnB e Mestre em Estudos Legislativos pelo Centro de Formação, Treinamento e Aperfeiçoamento da Câmara dos Deputados. Desde 2016, é Consultor de Orçamento e Fiscalização Financeira da Câmara dos Deputados. Já exerceu os cargos de Consultor de Orçamentos, Fiscalização e Controle do Senado Federal, Conselheiro-Substituto do Tribunal de Contas do Estado de São Paulo, Auditor Federal de Controle Externo do TCU e Analista de Planejamento e Orçamento do à época Ministério do Planejamento, Orçamento e Gestão.

CAPÍTULO 19: INFRAESTRUTURA: DIAGNÓSTICO E PROPOSTAS

Igor Rocha

Igor Rocha é doutor pela University of Cambridge e membro do Sidney Sussex College e da Cambridge Society for Social and Economic Development, Reino Unido. Possui mestrado em Economia pela Universidade Estadual de Campinas (2011) sob orientação do Professor Doutor Mariano Laplane, e graduação em Ciências Econômicas pela Pontifícia Universidade Católica de São Paulo (2009). Recebeu em 2012 o prêmio Luca d'Agliano (Itália) em conjunto com o Churchill College (University of Cambridge) pelo projeto de pesquisa *Essays on Economic Growth and Industrial Development: A comparative analysis between Brazil and South Korea* sob a orientação do Professor Doutor Gabriel Palma. Em 2019 foi vencedor do prêmio ABDE--BID na categoria desenvolvimento em debate. Atualmente é Diretor de Planejamento e Economia da Associação Brasileira da Infraestrutura e Indústrias de Base (ABDIB), além de Professor do programa MBA PPP e Concessões da Fundação Escola de Sociologia e Política de São Paulo (FESPSP) em parceria com a LSE (London School of Economics).

CAPÍTULO 20: O BRASIL NO MUNDO

Mathias Alencastro e Laura Trajber Waisbich

Mathias Alencastro é pesquisador do International Postdoctoral Program do Centro Brasileiro de Análise e Planejamento (CEBRAP) e da Fundação de Amparo à Pesquisa do Estado de São Paulo (FAPESP). Doutor em ciência política pela Universidade de Oxford e mestre em história pela Universidade Paris-Sorbonne. Estuda as relações entre Brasil e África e a economia política das multinacionais em Angola e Moçambique. Foi pesquisador visitante no Instituto de Ciências Sociais (ICS) da Universidade de Lisboa, em Portugal, e da Witwatersrand University, na África do Sul. Foi assessor especial da Secretaria de Assuntos Estratégicos, vinculado à Presidência da República, em 2015. É colunista do jornal *Folha de S. Paulo* e contribui com artigos para publicações brasileiras e estrangeiras.

Laura Trajber Waisbich é pesquisadora sênior do Instituto Igarapé e pesquisadora associada do Centro Brasileiro de Análise e Planejamento (Cebrap) e do Centro de Estudos da Cooperação Sul-Sul (Articulação SUL). Laura atua há mais de dez anos com pesquisa e incidência política nos temas de Cooperação para o Desenvolvimento, Política Externa Brasileira, Políticas Sociais, Participação Social e Direitos Humanos. No passado, trabalhou junto a organizações não governamentais e centros de pesquisa no Brasil, Estados Unidos, Bélgica e Reino Unido. Possui Doutorado em Geografia pela University of Cambridge (Reino Unido), mestrado em Ciência Política pelo Institut d'Etudes Politiques de Paris (Sciences Po Paris) e bacharelado em Relações Internacionais pela Pontifícia Universidade Católica de São Paulo (PUC-SP).

Agradecimentos dos organizadores

Felipe Salto: O momento de afronta às instituições democráticas, marcado pelo desmonte de políticas públicas essenciais e pelo descaso com o desenvolvimento econômico e a justiça social, requer reflexão e ação. Organizar um livro como o "Reconstrução" é parte das tarefas cívicas da nossa geração neste momento histórico. Com admiração e carinho, agradeço a João Villaverde, pela amizade e parceria neste projeto. De imediato, aceitou o convite para organizar o grupo de discussão que concebeu este livro. Laura Karpuska, economista brilhante da nossa geração, somou-se ao projeto para trazer sensibilidade política e social, rigor técnico e capacidade impressionante de congregar ideias diferentes e estabelecer o diálogo com os diversos colaboradores deste compêndio. Agradeço aos coautores e coautoras, na figura do Daniel Couri, que além de esboçar, na coletânea, uma proposta completa para o arcabouço orçamentário brasileiro, tem sido um amigo leal, daqueles que contamos nos dedos de uma mão, atuando a meu lado na condução da Instituição Fiscal Independente (IFI) do Senado Federal desde novembro de 2016. A Armínio Fraga, autor da orelha deste livro, minha gratidão pelo estímulo constante e pela generosidade com as novas gerações. Agradeço a: Affonso Celso Pastore, Mailson da Nóbrega, Edmar Bacha, José Roberto Afonso, Fabio Giambiagi, George Avelino Filho, Senadores Tasso Jereissati, Simone Tebet e José Serra, Leonardo Ribeiro, Vilma Pinto, Josué Pellegrini, Samuel de Abreu Pessôa, Gustavo Loyola, Bernard Appy, Nathan Blanche, Mansueto Almeida, Monica de Bolle, Rafael Cortez, Yoshiaki Nakano, Rafael Bacciotti, Bernardo Wjuniski, Alessandro Casaleechi e Marcos Lisboa. A meus pais, João e Maria José, e a minha irmã, Juliana, todo carinho e amor que posso dar.

João Villaverde: Agradeço muito a Laura e Felipe pelos intensos e sinceros papos durante todo esse período. A todos e todas que contribuíram com o projeto: vocês são demais! Obrigado mesmo.

Luisa Palacios me ofereceu conselhos inestimáveis. Iuri Dantas (meu compadre) e Thiago Krause sempre tornaram meu pensamento melhor, em constante diálogo. Obrigado, de coração, Luisa, Iuri e Thiago.

Sou grato, também, pelas conversas com pessoas brilhantes que entregaram uma parte de seu tempo para mim na travessia dos últimos anos: José Marcio Rego, Luiz Felipe de Alencastro, Oscar Vilhena, Vera Magalhães, Thomas Traumann, Marco Antonio Teixeira Carvalho, Fábio Terra, Joice Toyota, Cheikh Kane, Alana Rizzo, Alexandre Schneider, Ana Clara Costa, Carlos Andreazza, Paulo Malta, Lara Mesquita, Mario Aquino, Cibele Franzese, Nelson Marconi, Maria Rita Loureiro, Claudio Couto, Rafael Alcadipani, Gustavo Fernandes, Iuri Pitta, Priscila Cruz, Celso Rocha de Barros, João Gabriel de Lima, Fernando Abrucio, Ricardo Lessa, Vera Rosa, Ariana Frances (amiga querida), Sérgio Praça, Matias Spektor, Gabriel Brasil, André Spritzer, Hildamaris Rodrigues, Beatriz Rey, Monica Waldvogel, todos e todas do grupo de leitura (vocês são demais!), Luciano Máximo, Flávia Loss, Juruna e Carol Ruy, Ricardo Patah, Sérgio Nobre, Clemente Ganz Lucio, Eduardo Pavão (*in memoriam*), Idelber Avelar, Daniel Lopes, Rodrigo Cássio, João Guilherme Machado, Leo Barchini, Lucas Paulino, Andreza Matais, Sérgio Lamucci, Fabio Graner, Tami Fakih, Adami Campos, André Roncaglia, Josie Melo, Guilherme Pimenta, Marcos Mortari, Paulo "King of the Fork" Filho, Leo Goy, Má Dias, Bia Bulla, Bruno Carazza, Thiago Blumenthal (*in memoriam*), Eduardo Wolf, Gilberto Morbach, Ajuda Luciano! (Cá, Jú, Gio, Má), Mario Lima, Luka Amorim, Fabio Cypriano, José S. Faro, Diogo de Hollanda, Guilherme Felitti, Carlos Sanmartin, Marcelo Parreira, Thiago Manuca, Doris Coutinho, Matheus Lacerda, Cristiano Pimentel, Luiz Henrique Mendes, Marlene Valim, Henrique Geffert, Geraldo Antunes, Heber Lobato Jr., Má Liuzzi, Marcelo Marques, Rafa Leite (e eu certamente deixei gente querida de fora!). Ao pessoal da MGA (Brendan, Daniel, Tugba, Ignacio, Fernando, Pilar, Tim, Nick, Yasser, Phil, Nigel, Stan e Bob): obrigado por me aturarem há mais de quatro anos. Ao João Tavares, a Ana Padilha e ao Pedro Carraro, agradeço pelo convite para ser professor da incrível turma de alunas e alunos na Escola Comum, em julho de 2021.

Sempre agradeço a João Almeida e Luis Villaverde; a Dan Omaki, Nikolas D'Orto, Fabio Nozza, Morgan Golfetti & todas e todos dos velhos tempos; as famílias Crivellari, Almeida e Villaverde; a Helô Grieco Moreira (você é nota mil); a Maria Inês Nassif, Denise Neumann, Robinson Borges, Adriana Fernandes, Murilo Rodrigues Alves, Luiz Weber, Anne Warth; a Júlia Bolliger & companhia (Bruninha, Ítalo, Glenda, Alex, Bê, Felipe e Leka). Ao Botafogo de Futebol e Regatas, cuja reconstrução urge.

A Persio Arida e a Luiz Carlos Bresser-Pereira: obrigado por apostarem em mim.

Revisei este livro ao som de Duke Ellington (*Berlin 1959*), Lulu Santos (*Tempos Modernos*), Paralamas (*BigBang*), Aerosmith (*Home Tonight*) e dos Stones (*Tattoo You*).

Este trabalho vai em memória de Nelita Villaverde e com amor a Bárbara Pombo e ao nosso Teo ("*...everybody wants to rule the world*").

Laura Karpuska: Não posso deixar de começar agradecendo ao Felipe e ao João. Sem o convite deles, eu não teria conhecido pessoas tão incríveis como as que conheci durante o curso de mais de ano deste projeto e apren-